权威·前沿·原创

皮书系列为
“十二五”国家重点图书出版规划项目

中国社会科学院创新工程学术出版项目

投资蓝皮书

BLUE BOOK OF INVESTMENT

中国投资发展报告（2015）

ANNUAL REPORT ON THE DEVELOPMENT OF CHINA'S INVESTMENT (2015)

主　编／谢　平
副主编／张志前

社会科学文献出版社
SOCIAL SCIENCES ACADEMIC PRESS (CHINA)

图书在版编目（CIP）数据

中国投资发展报告. 2015/谢平主编. —北京：社会科学文献出版社，2015.4
（投资蓝皮书）
ISBN 978－7－5097－7257－7

Ⅰ. ①中… Ⅱ. ①谢… Ⅲ. ①投资－研究报告－中国－2015 Ⅳ. ①F832.48

中国版本图书馆 CIP 数据核字（2015）第 052959 号

投资蓝皮书
中国投资发展报告（2015）

主　　编／谢　平
副 主 编／张志前

出 版 人／谢寿光
项目统筹／许秀江　王婧怡
责任编辑／蔡莎莎　王楠楠

出　　版／社会科学文献出版社 · 经济与管理出版分社（010）59367226
　　　　　地址：北京市北三环中路甲 29 号院华龙大厦　邮编：100029
　　　　　网址：www.ssap.com.cn
发　　行／市场营销中心（010）59367081　59367090
　　　　　读者服务中心（010）59367028
印　　装／北京季蜂印刷有限公司

规　　格／开 本：787mm × 1092mm　1/16
　　　　　印 张：28　字 数：423 千字
版　　次／2015 年 4 月第 1 版　2015 年 4 月第 1 次印刷
书　　号／ISBN 978－7－5097－7257－7
定　　价／128.00 元

皮书序列号／B－2012－264

2015年投资蓝皮书编委会

主要编撰者简介

谢　平　1955年生，经济学博士，教授、博士生导师。历任中国人民银行政策研究室副主任、非银行金融机构司司长、湖南分行行长、研究局局长、金融稳定局局长，申银万国证券股份有限公司董事长，中央汇金公司总经理。现任中投公司副总经理。

张志前　1969年生，经济学博士，高级经济师，中国建银投资公司投资研究院高级研究员。长期从事经济政策研究和金融投资工作，历任国家航天局政策研究室科员，中国航天科技集团公司办公厅副处长，中国建设银行总行资产保全部高级副经理，中国建银投资公司政策研究室高级经理、研究中心主任。主要研究领域为宏观经济、金融投资、房地产、国企改革等。

中国建投投资研究院简介

中国建投投资研究院（以下简称建投研究院）是中国建银投资有限责任公司（以下简称中国建投）的直属机构。作为一家非营利性的研究机构，建投研究院致力于引导和组织研究力量，提供优质研究成果，促进学术交流，培养专业人才，为社会贡献才智。

建投研究院重点围绕国内外宏观经济发展趋势、国家改革重点关注的领域及产业投资领域等热点问题，组织开展理论与应用研究。目前组织出版的研究成果共三个系列。一是“投资蓝皮书”：《中国投资发展报告（2012）》《中国投资发展报告（2013）》《中国投资发展报告（2014）》；二是《中国建投研究丛书》12 部：《柯达兴衰启示录》《集团治理与管控》《产业结构演进与城镇化》《企业文化解构与实践》《我国金融资源产权制度研究》《资产证券化》《利率市场化》《解码中国城投债》《进城圆梦》《中外国有企业治理比较研究》《中外国有企业风险管理比较研究》《中外国有企业内部审计比较研究》；三是《建投投资评论》两期。这些研究成果弥补了相关领域的研究空白，在社会上形成了一定的影响力。

中国建投是以股权投资为主、多元产业经营的综合性投资集团，主要业务涵盖投资、金融、不动产、科技咨询、文化传媒等领域，业务范围覆盖我国大陆除西藏以外的所有省、自治区、直辖市，并在中国香港、东南亚、欧洲等地区延伸布局。

摘　要

“投资蓝皮书”系列是中国建银投资有限责任公司历经数年在投资实践中对中国投资发展的各方面问题进行深入研究和思考后的成果，以期为专业投资人士提供决策参考。

《中国投资发展报告（2015）》从宏观经济、相关产业和行业等方面分析了宏观经济形势以及重点产业和热点行业中有关投资研究方面的问题。

全书由总报告和专题报告组成。总报告全面回顾和分析了2014年中国宏观经济形势，并对2015年中国经济步入新常态后的发展趋势和投资机会进行预测。专题报告包括主题投资篇、产业投资篇和金融投资篇。主题投资篇（含3篇）主要探讨推动我国经济发展的有关国企改革、技术进步和京津冀一体化建设主题下的投资现状和投资机会。产业投资篇（含5篇）主要对代表经济转型升级方向的一些重点产业进行深入研究，包括先进制造业、信息技术业、文化传媒业、养老产业、医疗健康业，分析相关产业发展趋势和投资机会。金融投资篇（含5篇）主要分析和研判信托、资产管理、融资租赁、股权投资、互联网金融等非金融全新业态的运行状况及发展趋势。

2014年，中国经济在结构体制、发展方式等方面发生了深刻变化。与此同时，适应新常态发展的宏观经济政策也逐步成形和出台，成为保持经济平稳增长、促进经济活力增强、推动结构不断优化升级的有力保障。展望2015年，全球经济仍处于深度调整阶段，结构调整和再工业化或成全球经济复苏的主导力量。中国政府将继续推进各项改革和措施，实现向两个中高阶段的转变，努力提升中国在国际舞台上的经济地位。2015年，在经济新常态下，投资应遵循技术进步、深化改革、区域化及一体化的主题投资逻辑，顺应结构调整升级趋势，重点关注先进制造业、TMT 产业、大健康产业、大文化产业及非金融全新产业的投资机会，适应新常态下的产业发展变化，在投资布局中争取主动。

关键词：宏观经济　主题投资　产业投资　金融投资

序

当前，中国经济已经进入新常态，在改革的驱动下，经济的质量和效益正在朝着更高的层级迈进。但同时，“三期叠加”的矛盾依然存在，稳增长难度加大，全球经济、政治风险的不确定性要求我们保持高度警惕。在这种形势下，我们需要审时度势，利用好各方优势和资源，取得经济的稳定发展和改革的有序推进，以充分的准备迎接国内外变化和发展所带来的机遇和挑战。

2014 年，世界经济复苏乏力，格局出现了较大的分化。首先表现为美欧日等发达经济体经济发展的差异性。美国经济强势复苏，就业表现超出预期。欧元区经济仍未摆脱低迷，在通缩压力下不少成员国正处于衰退边缘。日本连续两个季度的负增长标志其已经陷入技术性衰退。其次，新兴市场的经济增速也出现了较大分化。中国虽然在新常态下经济增速有所放缓，但 7.4% 的增长率仍处世界前列。印度也表现不俗，而俄罗斯、巴西和南非受经济制裁、大宗商品价格下跌以及埃博拉疫情等因素的影响，经济受到重创。

在世界经济深度调整、复苏动力不足、不确定因素增多的背景下，如何实现中国经济发展的新常态，成为 2015 年经济工作的重点。

首先是如何实现新常态的“新”，也就是经济的降速、提质、增效。2015 年，我国政府将经济增长目标定为 7%，这与目前的国内外形势以及社会承受力相适应，另外也是对地方政府和社会各界预期的引导。降速不是最终目的，降速是为了给改革预留更多的空间，通过改革实现中国经济的提质、增效才是“新”的本质。改革需循序渐进，短期内可能看不到显著效果，但在外部风险加剧的背景下，寻找经济自身的新动力更加迫在眉睫。这种动力一是来源于政府增加公共产品和服务供给；二是来源于大众创业、万众创新。二者都与投资有着密不可分的联系。

增加公共产品和服务供给意味着加强政府投资，加大政府对教育、卫生等的投入，并鼓励社会参与。2015 年的政府工作报告中提到，要确保完成“十二五”规划重点建设任务，启动实施一批新的重大工程项目，包括棚户区和危房改造、城市地下管网等民生项目，中西部铁路和公路、内河航道等重大交通项目，水利、高标准农田等农业项目，信息、电力、油气等重大网络项目，清洁能源及油气矿产资源保障项目，传统产业技术改造等项目，节能环保和生态建设项目，共七大类。除了增加投资预算，民间资本的参与也是这些投资项目顺利进行的保障。

推动大众创业、万众创新在一定程度上将激发民间投资，其一方面可以刺激经济需求，另一方面也能扩大就业。在刚过去的 2014 年，固定资产投资中民间投资增长了 18.1%，高于整个固定资产投资增长的幅度，其中投资比重为 64.1%，这说明民间投资正在实现快速增长，而且这个速度还将继续保持下去。

其次是如何实现新常态的“常态”。“常”与“稳”相通，经济可以降速，但不能出现“硬着陆”。2015 年政府工作报告对当前经济的判断是“投资增长乏力，新的消费热点不多，国际市场没有大的起色，稳增长难度加大”，这与 2014 年“稳中向好”的判断相比发生了较大的转变，表明政府对 2015 年经济下行的担忧加剧。目前通缩风险加剧，总需求在潜在之下运行。而传统的“三驾马车”中，消费潜力难以在短期内充分释放，出口受限于外贸环境恶化，且这种状况很可能会在 2015 年持续。因此，目前仍需要通过投资来稳住总需求，进而稳增长。

当然，相关主体在投资的过程中不能再“任性”，而要做到“有所为、有所不为”。对于一些不利于结构升级的投资项目，要放一放，缓一缓，而对于符合规划和布局要求、有利于转型升级的投资项目，则要下放核准权限，减少投资项目前置审批，积极鼓励民间资本参与。例如，先进制造业、信息技术、文化传媒、养老服务、医疗健康等，都是既符合结构升级要求，又非常有发展前景的行业。

除了对内投资之外，随着“一带一路”战略的提出，对外投资也将成为2015年的投资热点，中国企业“走出去”的步伐将加快。其中的投资机会包括参与基建、能源、文化、旅游等投资合作，出口铁路、电力、通信、工程机械以及汽车、飞机、电子等中国装备，促进冶金、建材等产业对外投资等。其一方面可以减轻国内产能过剩的压力，另一方面也可以提升我国在国际舞台上的地位。

在经济的新常态下需要具备投资的新视角，在这个需要转变旧观念的关口，中国建投投资研究院编写的《中国投资发展报告（2015）》以一个专业投资机构的视角，恰逢其时地为我们提供了一个把脉经济新常态、营造投资新气象的工具。书中对宏观环境、改革方向、产业发展和金融投资等方面发生的“新”变化均做了详尽的梳理和分析，各届投资人士均可在其中获得有价值的信息和启示。从这个意义上讲，本书值得向各位推荐。

以为序。

中国投资有限责任公司副总经理

二〇一五年三月十二日

目 录

BLUE BOOK

ⅡB Ⅰ 总报告

ⅡB Ⅱ 主题投资篇

BⅢ 产业投资篇

BⅣ 金融投资篇

皮书数据库阅读**使用指南**

总 报 告

General Reports

B.1

2015年宏观经济形势预测与中国投资机会分析

张志前　娄 莹*

摘 要：2014年全球经济处于缓慢复苏态势，发达经济体整体向好，新兴国家经济增速缓中趋稳，世界经济增长呈现两极格局。美国经济整体乐观，消费、投资增速加快，稳健复苏态势基本明确；欧元区摆脱颓势，弱复苏态势开始显现，但复苏根基仍很脆弱；日本改革效果有限，经济增长乏力；新兴国家经济增速整体下降，亮点与风险并存；中国经济步入“换挡期”，下行压力逐渐增大。展望2015年，美国全面退出量化宽松政策，内生增长动力强劲，或将成为全

* 张志前，经济学博士，高级经济师，中国建投投资研究院副秘书长、高级研究员；娄莹，清华大学博士生，中国建投投资研究院实习生。

球复苏的主导力量；欧元区乍暖还寒，受核心大国拖累，复苏进程缓慢曲折；日本缺乏持久的经济增长动力，改革成果有待观望；新兴市场国家增速放缓，前景充满不确定性。中国经济增长步入新常态，“稳增长、调结构、促改革”作为主线贯穿其中，经济增速将在7%左右。2015年投资机会将集中在互联网、基础设施、新能源、医疗健康等新兴产业和政策导向型行业。

关键词：宏观经济　回顾展望　形势预测　投资机会

一　2014年宏观经济形势回顾

2014年，全球经济复苏不平衡加大。美国经济保持温和复苏态势，欧元区经济呈现弱复苏趋势，在安倍经济学的刺激下日本的GDP增速冲高回落。新兴市场国家中，只有印度一枝独秀，俄罗斯经济受到油价下跌的重创，巴西、中国的经济增速放缓。实际上，金融危机距今已7年多，全球经济复苏依然缓慢，各国货币政策出现分化。经济运行中的深层次问题持续暴露，再平衡周期拉长。在投资市场上，2014年发达国家股市持续走高，美国三大股指屡创新高，但大宗商品价格持续下跌。

（一）世界经济形势回顾

1. 美国：经济保持温和复苏态势

2014年前三季度美国GDP年化增长率分别为-0.8%、6.8%和6.4%（见图1）。一季度经济疲软主要是受到私人投资和净出口增速放缓的拖累。但随着恶劣天气、库存调整等临时性因素的消除，从二季度开始美国经济逐渐回暖，私人投资环比增长19.1%，对GDP的拉动率由负转正。三季度美国石油进口额的大幅下滑，贸易赤字的减少使得净出口对GDP的拉动率由负转正，带动经济增长1.32个百分点。以国防开支为代表的政府开支是三季度的一个重要增长点，但这种增长并不具有持续性。

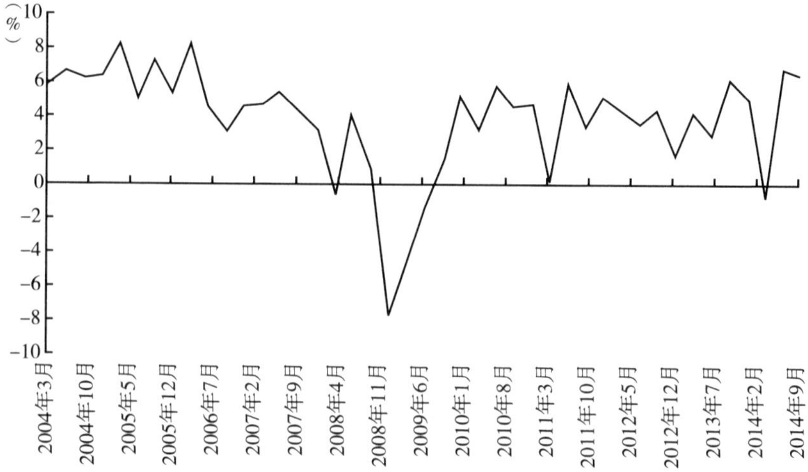

图1　美国GDP环比折年率

资料来源：Wind资讯。

（1）消费数据乐观，助力经济复苏

消费是2014年美国经济复苏的主要驱动力。2014年初，美国消费和食品服务销售额走出15年一遇的暴风雪的阴影，实现强势反弹，3月环比增长1.49%，创下2010年10月以来的最大涨幅（见图2）。此后，零售增速回落企稳，但环比涨幅仍保持在0.3%左右。持续上扬的消费者信心指数和消费信贷体现了美国居民不断走强的市场信心，居民加杠杆消费意愿明显增强，消费信贷的放量可以有效释放居民的消费需求，从而为将来的经济复苏提供有力支撑。

（2）就业改善和居民收入增加

2014年12月，美国月均新增非农就业人数25.2万人，失业率下降到5.6%（见图3）。就业数据的改善反映出企业雇佣意愿的增强，劳动力市场正重新回到稳健复苏的轨道上。与此同时，居民收入也有所上升。随着美国股市的回暖和房价的止跌，居民资产状况显著改善，负债率降至较低水平，

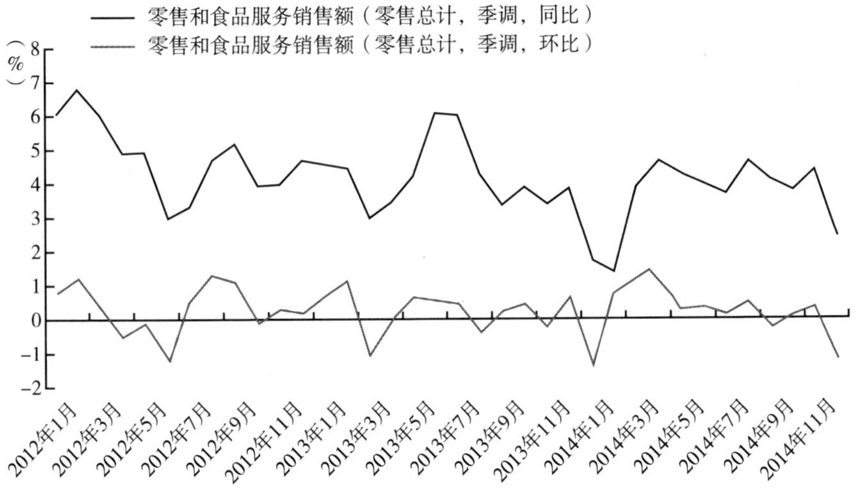

图 2　美国零售市场走势

资料来源：Wind 资讯。

居民的借贷能力和消费意愿得以提升，这都将成为未来消费能力释放的有效支撑。

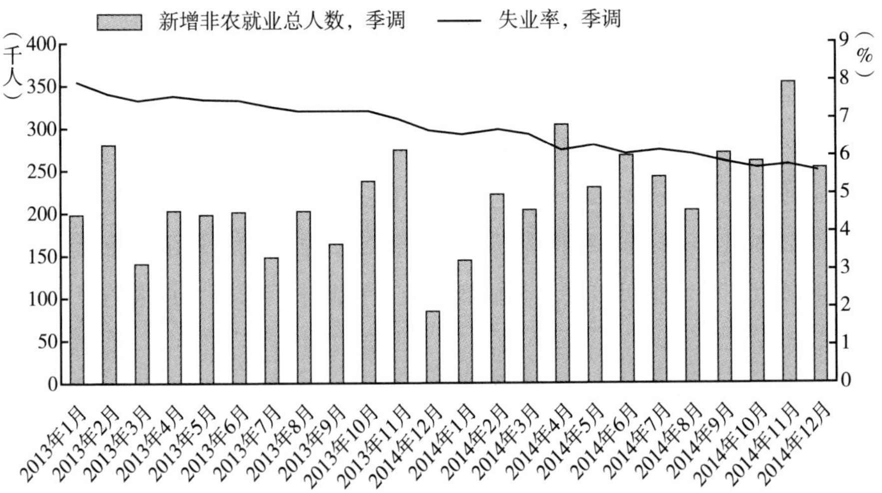

图 3　美国劳动力市场变化情况

资料来源：Wind 资讯。

（3）内需强劲带动制造业复苏

2014 年美国制造业 PMI 指数呈现明显扩张态势。美国供应管理协会（the Institute for Supply Management，ISM）的数据显示，10 月美国制造业采购经理指数（Purchasing Managers' Index，PMI）为 59，较 2013 年同期的 56.5 上升了 2.5，达到 2011 年 3 月以来的高点，此后 PMI 指数有所下滑（见图 4）。制造业强劲的增长势头主要得益于新订单的增长和产出的拉动。从新订单增加和产能扩张的数据来看，此次美国制造业的迅速增长已不再是补亏效应，强劲的内需为美国复苏奠定了比较稳固的根基，美国制造业发展势头乐观。

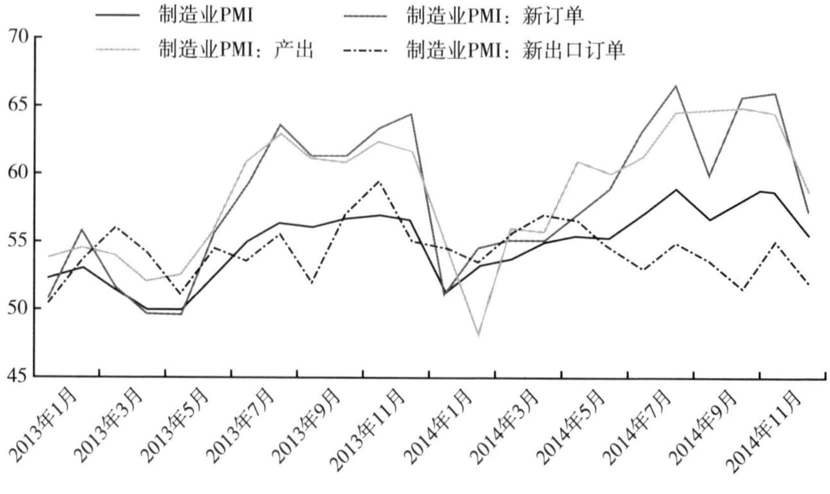

图 4　美国 ISM 制造业 PMI 指数

资料来源：Wind 资讯。

（4）房地产市场回暖

2014 年美国房地产市场增长势头加快，结束了 2013 年的增长停滞状态开始回归正轨。成屋销售量自 2014 年初降至低点后稳步提升，6 月至 10 月月成屋销售量保持在 500 万套以上，房地产市场交易活跃（见图 5）。在新屋建设方面，美国 2014 年前 10 个月平均新屋开工年化数据为 100.37 万套，高于 2008 年的 90 万套。美国房地产销售、开工均处于上行状态，房地产的复苏已经比较稳健，再加上经济和内需的持续改善，楼市会加快复苏，对美国经济起到提振作用。

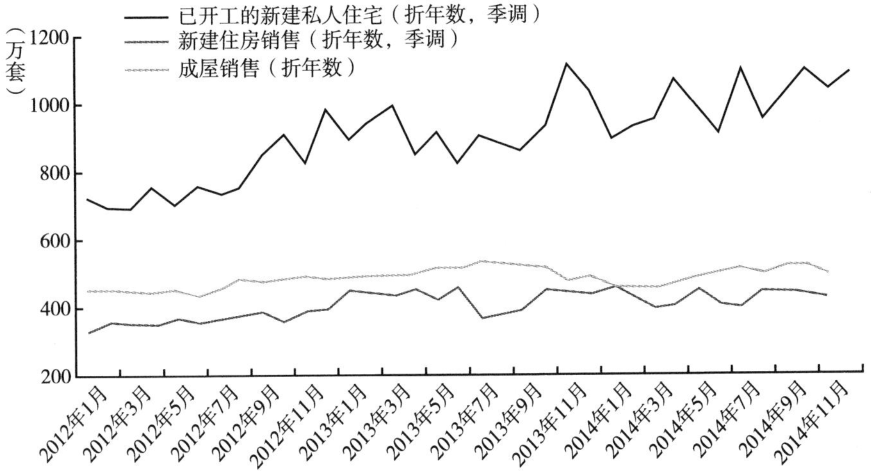

图5　美国房地产开工及销售情况走势

资料来源：Wind资讯。

（5）退出量化宽松政策“靴子落地”

随着宏观经济的逐步改善，2013年6月美联储首次向外界提出考虑退出量化宽松政策（Quantitative Easing，QE），并于2014年1月开始逐步缩减购买资产债券的规模。美联储在连续7次缩减QE规模后于当地时间10月29日发布声明，宣布美国将正式退出第三轮的量化宽松政策。2014年成为美国货币政策自次贷危机以来的第一个收紧之年。尽管部分经济数据存在波动，但美国经济整体向好，美联储如期结束QE计划体现了其对美国经济和就业市场复苏前景的坚定信心。2014年美国股市表现良好，三大股指屡创新高。但与此同时，随着美元走强，以黄金、石油为代表的大宗商品价格出现了持续下跌。

2. 欧元区：根基脆弱，缓慢复苏

2014年欧元区经济呈现出弱复苏趋势，GDP延续了2013年四季度的增长态势，连续4个季度实现正增长，同比增速均在0.5%以上（见图6），出口仍是拉动GDP增长的主要动力。从核心国家来看，德国一季度环比增长高达3.3%，但二、三季度增长乏力，环比增速分别为-0.2%和0.1%，经济增长趋于停滞。法国受制于低下的企业竞争力和缓慢的结构性改革，经济仍未走出颓势，经济增速仍在低位徘徊。意大利作为欧元区第三大经济体表现不佳，伦齐政府上台后并未很好地履行其改善就业市场的承诺，意大利经济再度陷入了技术性衰退，前三季度GDP分别环比下跌0.3%、0.7%和0.1%。与欧洲核心国家的低迷相反，西班牙、希腊、葡萄牙等欧债危机的重灾国开始缓慢走出颓势，2014年三季度，GDP环比增速分别实现了0.5%、0.7%和1.2%的正增长，债务风险得以控制，经济保持了较好的弱复苏势头。

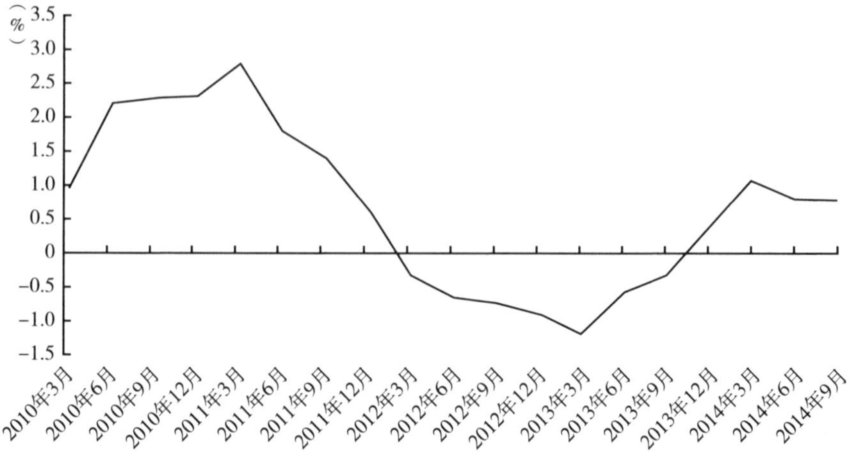

图6 欧元区GDP当季同比增速

资料来源：Wind资讯。

（1）消费初现回暖迹象，但复苏根基仍很脆弱

2014年欧元区内需初显复苏迹象，各项指标都有所走强，但仍缺乏长期增长的持久动力。首先，零售销售已于2014年开始逐渐摆脱欧债危机的负面影响，自2014年初以来连续11个月实现同比正增长，月均同比增长1.17%（见图7）。其次，随着经济转暖，欧元区消费者信心指数跌幅明显收窄，12月小幅上升至-10.9，前11个月较上年同期平均提高8.7，表明消费者对欧洲未来经济复苏的信心增强，也预示着内需回暖的态势在短期内会一直持续。

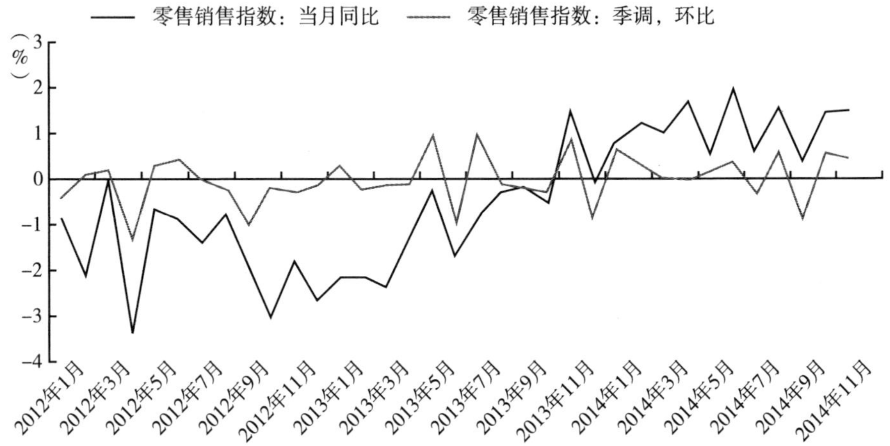

图7　欧元区零售销售增速

资料来源：Wind资讯。

（2）欧元区就业市场进一步改善

2014年11月欧元区失业率由2013年底的11.8%降至11.5%，除了法国、意大利等国失业率仍有上涨外，大部分国家的失业率都较上年有不同程度的下降（见图8）。此外，欧洲央行针对私营部门的一些定向操作（如长期再融资操作，即TLTRO）也对内需有一定的刺激效果。值得注意的是，尽管欧元区国家的失业率较2013年的峰值有所下降，但其绝对水平仍处于高位，与充分就业状态仍有不小的差距；同时，消费信贷仍在下滑，家庭部门还没有步入加杠杆周期，任何风吹草动都有可能动摇消费者脆弱的市场信心。

（3）外需仍是主要支柱，地缘政治问题带来负面冲击

近年来，贸易一直是欧元区经济的重要支柱，自2010年起商品和服务出口就成为对欧元区GDP拉动作用最大的部门。2014年1～11月，欧元区18国净出口同比增幅高达21.94%，进口和出口累计均出现正增长，出口增长速度明显加快，贸易的回暖对欧元区的经济增长起到了显著的促进作用。欧元区进出口额当月同比变化情况见图9。从贸易对象来看，2014年以来欧元区对美国和中国的出口额出现加速增长态势，对外需形成有力支撑。虽然欧盟对俄

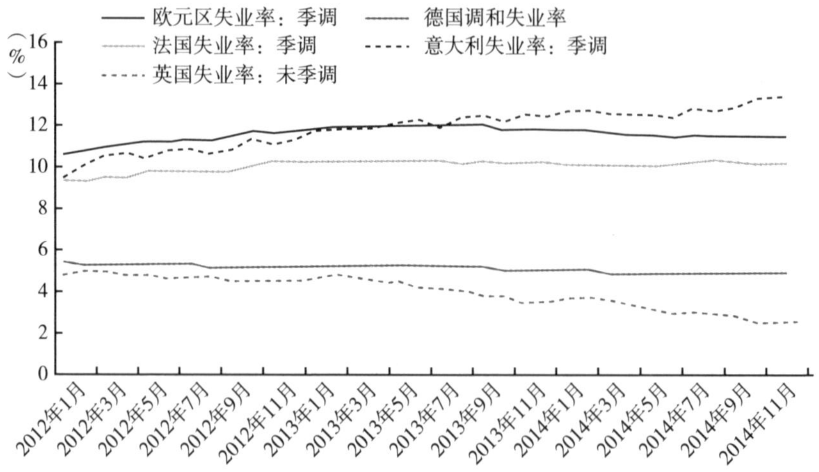

图 8　欧元区及欧洲主要国家失业率

资料来源：Wind 资讯。

罗斯的经济制裁会在一定程度上对欧元区的对外贸易形成障碍，但总体而言，由于美国经济的稳步复苏以及中国的定向刺激政策陆续落地，欧元区的外部需求仍有较大的增长空间，对外贸易仍是欧元区经济增长的主要动力。

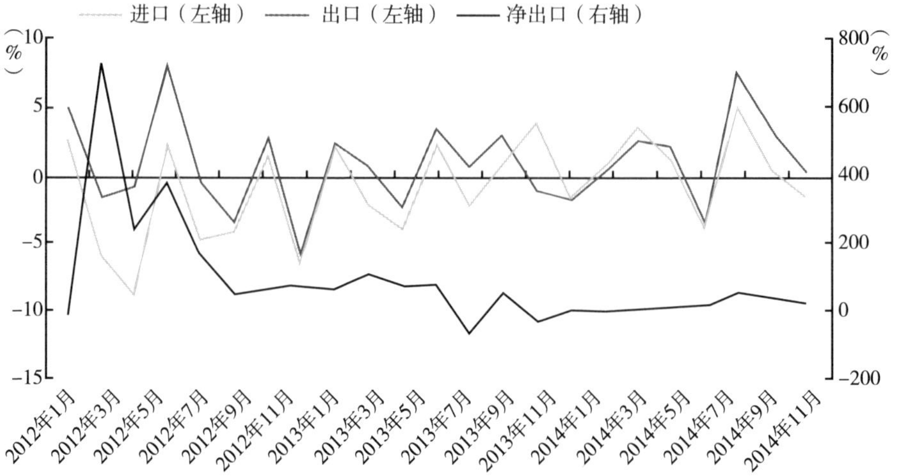

图 9　欧元区进出口额当月同比变化情况

资料来源：Wind 资讯。

（4）制造业回暖但复苏乏力

内需和外需的增长共同促进了欧元区制造业的扩张。从工业产出来看，2013 年 9 月，欧元区工业产出结束了 2011 年底以来的负增长，并在 2014 年延续正增长态势，实现了连续 7 个月的同比攀升，工业产出出现了中枢上移的趋势。主要成员国中德国表现稳健，领先其他国家率先回归正增长，工业产出自 2013 年 8 月起连续同比增长 12 个月；2014 年，意大利工业产出跌幅收窄，但仍在 0 这一正负分界线处徘徊；法国的表现不尽如人意，工业产出再度出现下滑，年中跌幅一度高达 3.58%（见图 10）。而西班牙、葡萄牙等边缘国家在进入 2014 年后工业产出呈现加速增长态势，对欧元区整体数据的提升功不可没。然而，11 月，德、法等核心国家的工业产出再度萎缩，为欧元区的复苏蒙上了一层阴影。

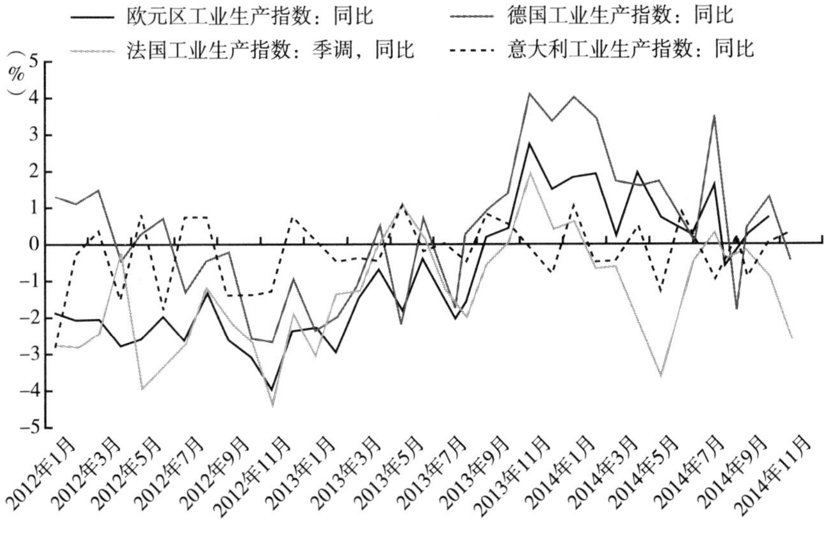

图 10　欧元区及主要国家工业产出变化情况

资料来源：Wind 资讯。

3. 日本：政策效果有限，经济复苏乏力

2014 年在安倍经济学的刺激下，日本的 GDP 增速冲高回落。一季度 GDP 环比高达 1.3%，但二、三季度经济增速迅速下滑，三季度下降至 -0.9%

（见图11）。分单项来看，造成2014年日本经济波动的首要原因是私人消费，在增税预期的作用下日本民众在4月1日上调消费税之前狂热购物，引发了日本一季度经济虚假繁荣的盛景。二季度以来，由于信心不足和消费税上调，居民消费迅速回落。另一个制约日本经济增长的因素是库存的减少，库存下降反映了日本企业信心不足。贸易方面，出口一直是2013年间拉动GDP增长的主要因素，但2014年以来日本对外贸易出现疲软态势，出口增速出现中枢下调。另外，2014年日本制造业的表现也只能说是差强人意，制造业PMI指数勉强维持在50的荣枯线以上，较上年有较大幅度的下降。

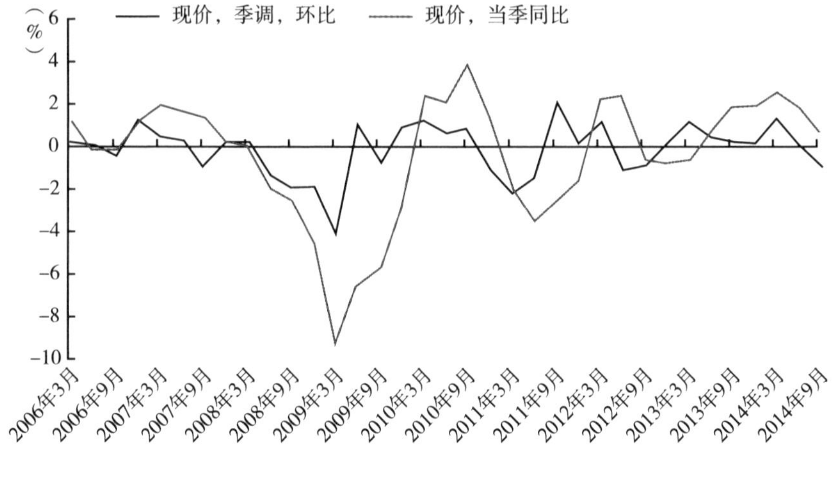

图11　日本GDP增长率

资料来源：Wind资讯。

日本首相安倍晋三在2012年底上台后推行了大规模的经济刺激计划，其中包括宽松的货币政策、灵活的财政政策以及经济增长战略，即安倍经济学“三支箭”。政策推出的主要目的和逻辑是通过实施宽松的货币政策降低私人融资成本，刺激企业扩大投资，从而带动居民收入和消费需求的增加，促进经济重新回到复苏轨道。政策推出后确实收到了一定成效，2013年和2014年一季度日本GDP增长表现不俗，GDP同比增速由负转正。在量化宽松政策的推动下，日本的CPI和核心CPI于2013年6月均扭负为正，同比增速在2014年5月创下最近20年来的新高（见图12）。强有力的刺激“药方”确实能使日本经济在短期内得到提振，但在“药效”发挥的过程中也会带来相应的副作用，而这种副作用在2014年二季度以来逐渐显现。

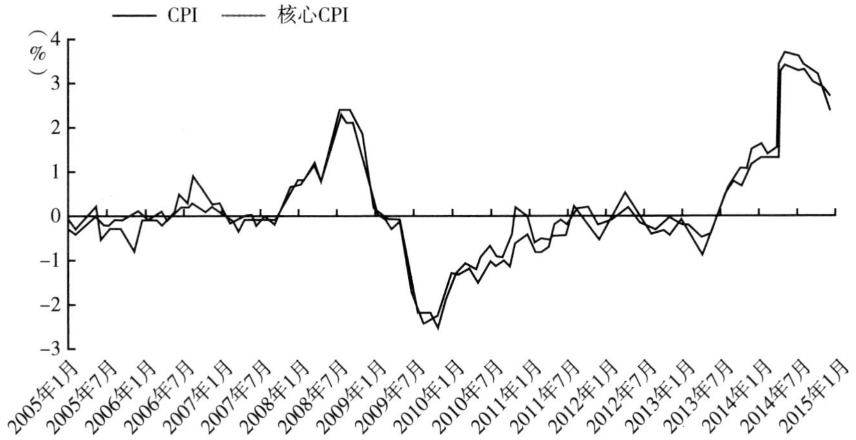

图12　日本CPI和核心CPI同比增速

资料来源：Wind资讯。

4. 新兴经济体：经济增长整体减速，风险与亮点并存

2014年，新兴经济体出现了自全球金融危机以来最为疲弱的增长态势，受外界经济环境变化和自身经济结构问题的影响，多数新兴经济体不同程度地出现了经济减速。IMF预测2014年新兴市场的经济增速仅为4.43%，低于2013年的4.55%。但具体来看，不同国家的增长态势有所区别，印度、泰国、智利取得的经济成就引人瞩目，而俄罗斯、巴西等国家则表现不佳，经济陷入衰退。

印度可以说是2014年新兴市场经济增长中的亮点。2014年以来，印度的经济基本面得到明显改善，前三季度GDP增长强劲，同比增长率在6%左右，为2011年底以来的最高值。印度总理莫迪和印度央行行长拉詹上台后积极推进结构性改革，重新调整印度央行的货币政策大框架，采取措施抑制通货膨胀，帮助企业重振信心，印度经济发展的良性周期已经开启。印度财政部预测，在2015年3月即将结束的财政年度，印度经济增长率将达到

5.5%，成为新兴市场国家中的一个亮点。

2014 年受累于国际大宗商品价格下跌和世界杯假期停产，巴西经济出现了“技术性衰退”，前三季度 GDP 同比增长率分别为 1.92%、-0.87% 和 -0.24%，连续两个季度出现负增长。受西方国家经济制裁和原油价格下跌的影响，2014 年俄罗斯经济表现疲弱，卢布出现断崖式下跌，国内通货膨胀高企，经济增速连续放缓，全年经济增速小于 1%，2015 年颓势不改——俄罗斯经济部将 2015 年俄罗斯的经济增长预期由此前的增长 1.2% 下调至萎缩 0.8%。2014 年南非经济增速出现了下滑，国内供应短缺和基础设施建设落后阻碍了南非经济的全面复苏，全年增速预计为 1.4%，是自 2009 年以来的最低谷（见图 13）。

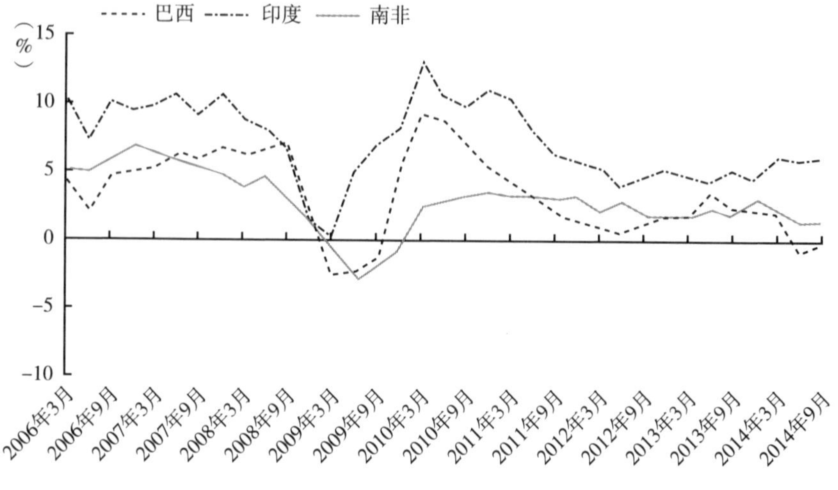

图 13　新兴经济体 GDP 同比增长率

资料来源：Wind 资讯。

（二）中国经济形势回顾

回顾 2014 年，中国经济总体运行平稳，稳中有进，稳中提质。截至 2014 年，中国 GDP 达 63.65 万亿元，累计同比增长 7.4%（见图 14）。尽管经济增速低于上年同期水平，但整体仍处于合理的区间内，经济增长已告别过去的高速增长阶段，开始进入换挡期。分产业来看，第一产业发展平稳，累计同比增长4.1%，较上年同期提高0.1个百分点；第二产业2004年产值为27.14万亿元，同比增长7.3%，增速较上年有所放缓；第三产业延续2013年的积极势头，2004年产值为30.67万亿元，在GDP中的占比首次超过一半，至51.6%（见图14），带动GDP增长3.8个百分点，高于第二产业的3.2个百分点（见图15）。这次产业结构的新变化是我国经济结构升级转型，服务业蓬勃发展，第二、三产业良性互动的结果，是中国经济结构调整升级取得的重要成果，表明中国的产业结构得到了进一步的优化。未来以计算机互联网、金融服务、医疗卫生为主的第三产业将成为我国经济增长的主要引擎。

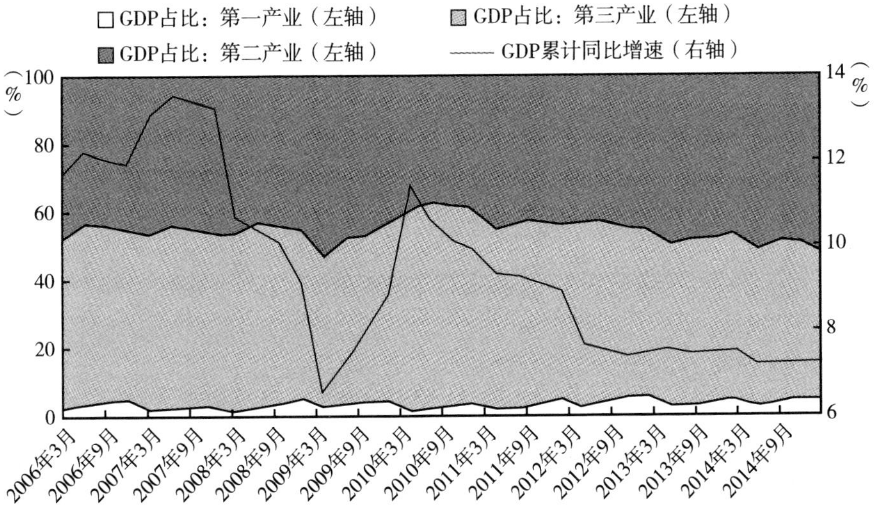

图14　中国GDP累计同比增长率和三大产业在GDP中的占比

资料来源：Wind资讯。

1. 投资增长持续放缓，投资结构趋于优化

2014年我国固定资产投资完成额增速进一步放缓，全年固定资产投资完成额达50.2万亿元，同比增长15.7%，增速较上年下降3.9个百分点。分产业来看，第二产业和第三产业投资增速双双回落是造成我国固定资产投资增长速度下降的主要原因；由于政府对农业的支持力度不断加大，第一产业投资增速在2014年下半年有了较大幅度的提高，但由于基数较小，仍无

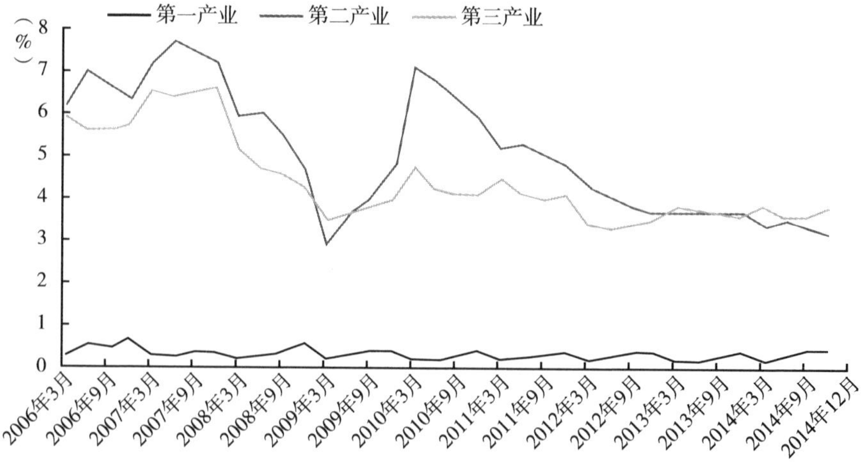

图 15　三大产业对 GDP 累计同比的拉动率

资料来源：Wind 资讯。

法扭转全国固定资产投资增速持续下行的局面（见图 16）。从中央和地方的投资项目来看，中央项目的投资增速出现明显上升，资金来源中国家预算内资金在总固定资产投资中的占比也有所提高，这都体现了政府希望以投资稳增长的基本思路。而地方政府由于资金来源受到限制，投资增速继续回落。

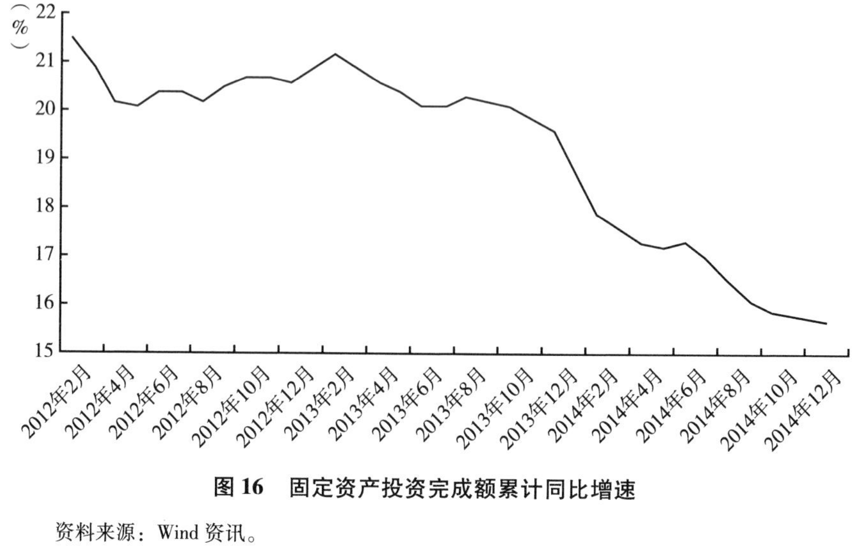

图 16　固定资产投资完成额累计同比增速

资料来源：Wind 资讯。

从具体分项数据来看，制造业投资、房地产投资和基础设施建设投资仍然是2014年规模最大的三个投资领域。基础设施建设投资受益于中央政府稳增长和微刺激的政策，呈现稳步增长态势，一定程度上对冲了房地产和制造业的下行风险。2014年以来，政府在铁路、核电、4G建设、保障房等领域持续发力，发改委基建项目复批力度明显加快。2014年制造业投资增速继续回落。化工、金属冶炼、电气制造等产能过剩、投资过度行业的固定资产投资都出现了不同程度的下降，对制造业投资增长形成拖累。值得注意的是，2014年中国互联网和相关服务、卫生和社会工作等新兴产业的固定资产投资增速有所加快，体现了我国目前投资结构的优化。

2. 消费增速有所减缓，但初现回暖迹象

2014年，中国社会消费品零售总额为26.24万亿元，名义同比增长12.0%，增速较上年同期下降1.1个百分点。社会消费品零售总额的名义增速出现下降一部分原因是受到了2014年CPI有所走低的影响。扣除价格因素，2014年社会消费品零售总额实际增长率为10.9%，较上年同期下降0.6个百分点（见图17）。2014年我国消费增速有所回落的原因主要有以下几点：一是经济下行带来的收入增长缓慢拖累了终端产品的内生需求；二是随着楼市降温、房地产销售下降，建材装潢、家具家电等相关耐用品的消费持续回落；三是反腐政策的实施造成限额以上企业消费品零售额增速大幅放缓。

2014年居民收入继续增加，城镇和农村居民人均可支配收入变化情况见图18。根据城乡一体化住户调查，全年全国居民人均可支配收入20167元，同比上年名义增长10.1%，扣除价格因素实际增长8.0%。

尽管整体来看2014年我国零售总额增速有所放缓，但一些数据仍向人们释放出了积极的信号，消费回暖的迹象开始出现。首先，信息和文化娱乐消费成为2014年消费领域的一大亮点，全年通信器材消费增速高达32.7%，远高于上年的20.4%；全年电影票房收入预计超过280亿元，同比增长30%左右。网上消费是2014年我国居民消费的另一大增长极，全年全国网上零售额达27898亿元，比上年增长49.7%。

其次，从消费者的预期来看，消费者信心指数、满意指数和预期指数在

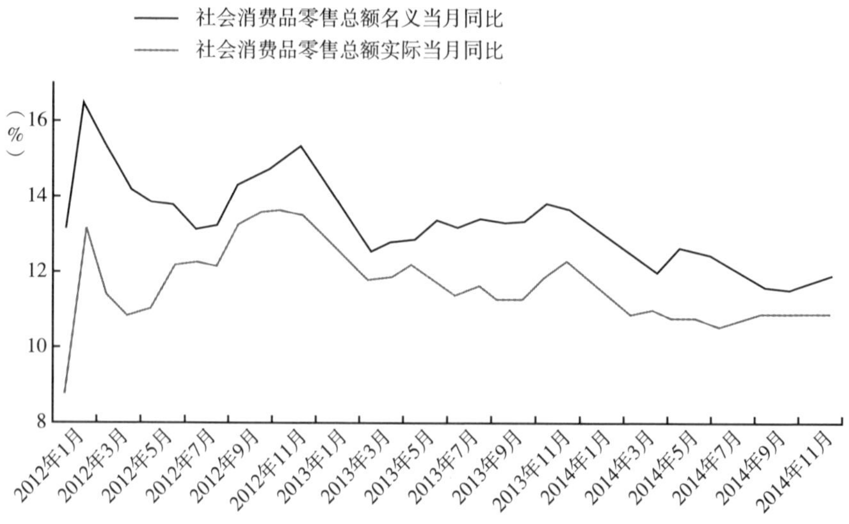

图 17　社会消费品零售总额同比增速

资料来源：Wind 资讯。

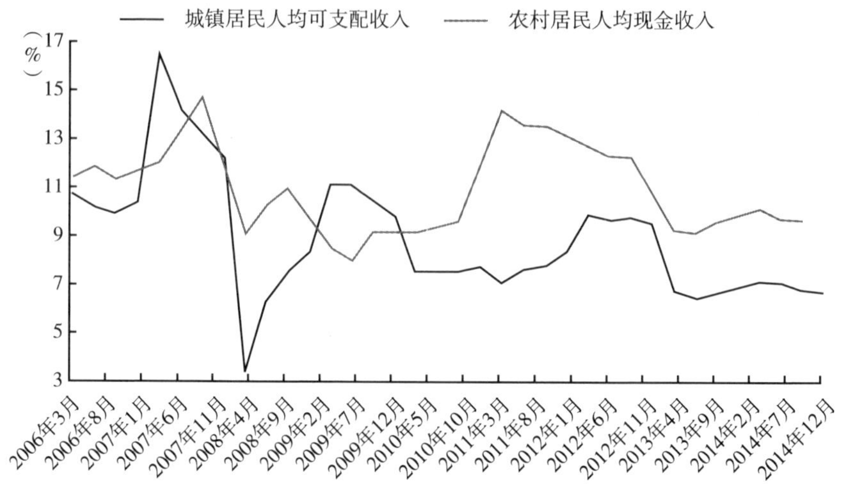

图 18　城乡居民人均可支配收入累计同比

资料来源：Wind 资讯。

2014 年均有较大幅度的提升，表明消费者对未来预期良好，消费意愿的增强预示了未来消费需求的复苏。

3. 进出口震荡式回升

2014 年，中国对外进口和出口的增速在年初出现较大幅度回落后于二季度开始缓慢回升，到了第四季度，受国际大宗商品价格下跌的影响，进出口增速出现回落（见图 19）。全年进出口总额达 26.43 万亿元，比上年增长 2.3%。其中，出口 14.39 万亿元，增长 4.9%；进口 12.04 万亿元，下降 0.6%。进出口相抵，顺差 2.35 万亿元，再创历史新高。

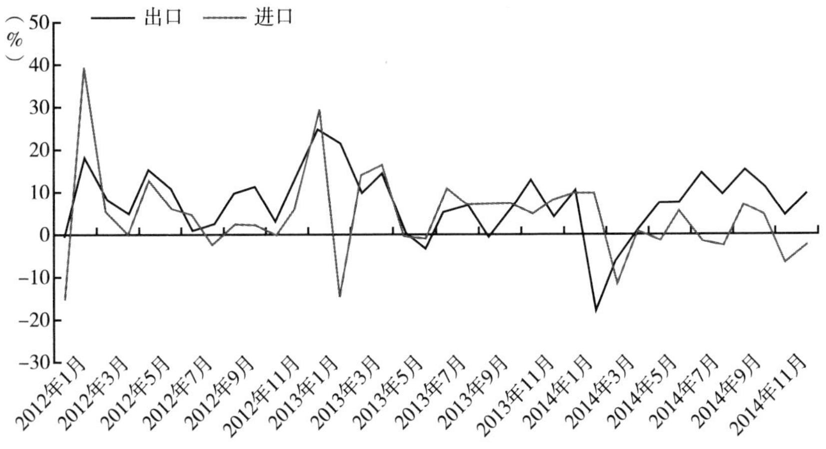

图 19　中国进出口额当月同比增长速度

资料来源：Wind 资讯。

从贸易类型来看，一般贸易出口呈现出良好的增长态势，2014 年同比增长 10.7%，占同期出口总额的 61.40%。而加工贸易的出口额则不断下降，特别是生产技术较低、利润最薄的来料加工装配贸易，2014 年出口额持续萎缩，同比下降 1.9%（见图 20）。一般贸易的加速增长和加工贸易的收缩反映了我国外贸企业国际竞争力和自主发展能力的逐步增强，我国的贸易结构正不断得到优化和升级。

从出口的行业分布来看，占我国出口比例最大的机电产品和高新技术产

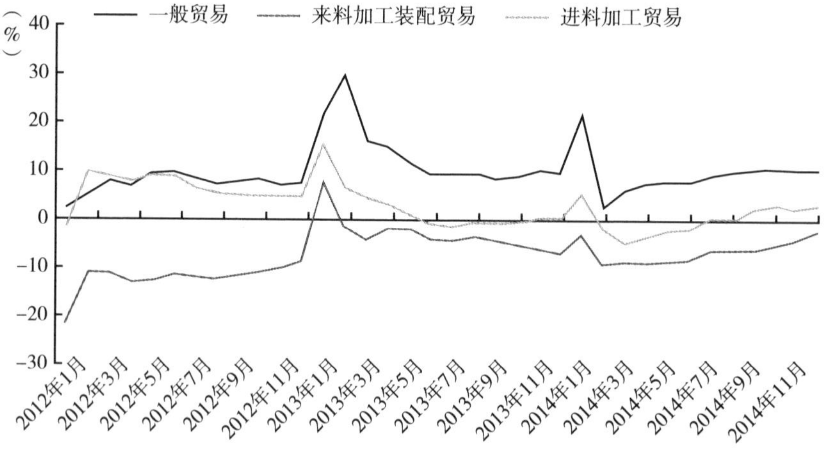

图 20　中国一般贸易和加工贸易出口累计同比增速

资料来源：Wind 资讯。

品出口额出现大幅回落，而纺织鞋帽、家具等劳动密集型行业的出口额则加速提升。我国在机电和高新技术行业上的国际竞争力依然较弱，出口增长更多的还是依赖传统劳动密集型产业的拉动，距离改善产业结构、促进产品升级的目标还有很长的路要走。

4. 经济下行压力下货币政策逐渐宽松

2014 年，我国狭义货币供应量 M1 余额同比增长 3. 2%，增速较上年同期降低 6. 1 个百分点；广义货币供应量 M2 余额同比增长 12. 2%，增速同比降低 1. 4 个百分点（见图 21）。货币供应量的下降主要是受到财政存款环比暴增、新增贷款环比减少和外汇占款低预期增长的拖累。实体经济融资需求疲弱导致货币乘数有所下降，货币出现内生性收缩，表现为 M2 的增速出现明显回落。而 M1 增速的大幅回落则表明目前企业经营活力依然较弱，持有活期存款的意愿较弱。此外，受互联网金融的冲击，新增人民币存款 9. 48 万亿元，比上年同期少 3. 08 万亿元。

社会融资方面，2014 年我国社会融资规模为 16. 46 万亿元，比上年同期减少 8598 亿元。虽较上年同期减少 4. 96%，但仍处于历史次高水平。其中，新增人民币贷款 9. 48 万亿元，占比达到了 57. 59%，同比提高 8 个百分

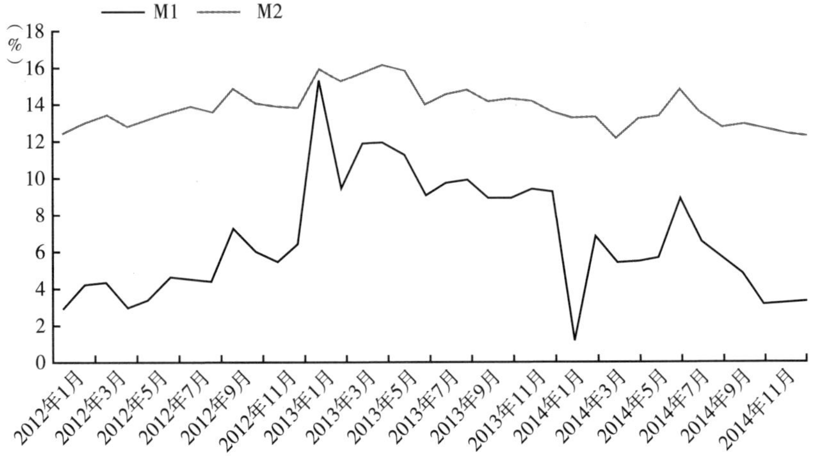

图 21　中国货币供应量同比增速

资料来源：Wind 资讯。

点。而包括信托贷款、委托贷款和未贴现银行承兑汇票在内的表外融资则出现加速收缩（见图 22），这一方面是因为在经济下行的背景下银行风险偏好

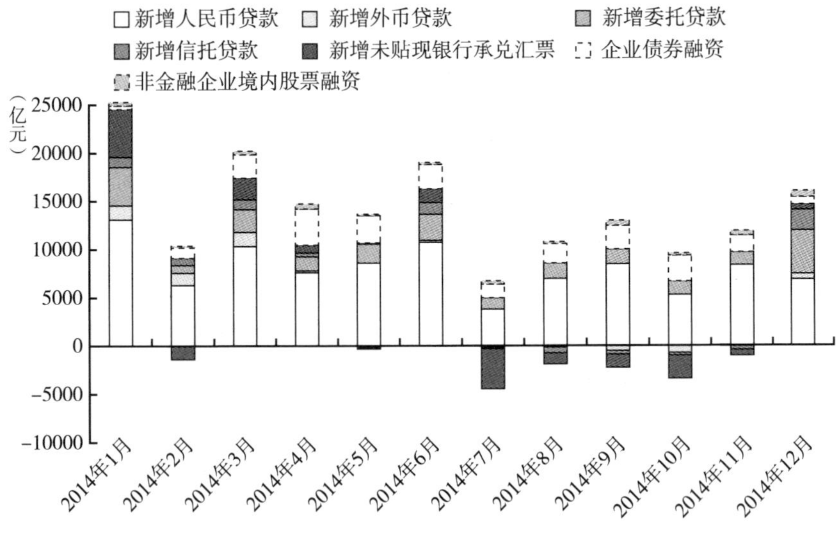

图 22　2014 年中国社会融资情况

资料来源：Wind 资讯。

降低，对承兑汇票的接受持更谨慎的态度；另一方面则是因为随着经济结构调整步伐加快、监管措施加强，商业银行的一些表外业务开始转向表内。值得关注的是，2014 年我国债券和股票融资出现大幅增加，从而带动直接融资金额和占比双双创下历史新高。直接融资在社会融资规模中的占比提高是融资结构优化的表现，有助于企业融资成本的降低。

2014 年 11 月 22 日，中国人民银行启动了 28 个月以来的首次降息。降息的影响首先在市场行情上得以体现，虽然中国人民银行一再强调此次降息并不会改变稳健货币政策的取向，但市场对其为“稳增长”而进一步降息或降准的预期不断增加，投资者的投资热情受到鼓舞。但值得注意的是，此次不对称降息对实体经济的拉动作用可能难达预期。首先，不对称降息和存款利率浮动区间上调会在某种程度上加重部分银行的负债成本，银行为增强吸收存款的竞争力可能会将存款利率上浮到顶，银行负债端成本难降。其次，此次降息实际仍未解决我国中小企业融资难的问题，银行成本上升且风险偏好下降，使利率下降很难惠及大多数中小企业。因此，本轮降息对实体经济的提振作用还有待观望。

二　2015年宏观经济形势展望

2015 年世界经济将保持缓慢复苏，发达国家的情况可能会好于新兴市场国家。美国经济复苏形势趋于稳健，就业市场持续改善，个人消费增长也可持续，美国经济将继续引领全球经济的复苏。欧洲 2015 年复苏形势或将有所好转，欧元区宽松的货币政策与相对紧缩的财政政策仍会延续。日本经济正陷入技术性衰退，但量宽规模的扩大和消费税上调影响的减弱有望使日本经济在短期内重现增长。经济增速放缓的趋势有望趋稳，但仍要注意各种风险。大宗商品价格方面，国际油价或将继续在低位徘徊。

（一）世界经济形势展望

1. 美国：势头良好，或成全球复苏主导力量

对于美国未来的经济走势，大部分国际组织和经济机构普遍认为 2015

年美国经济增速将超过3%，这一预测不仅高于美国危机期间（2008～2014年）1.11%的平均水平，甚至还高于2.65%的历史（1980～2014年）平均水平，反映了国际组织和经济机构对美国未来经济的乐观态度。而本报告同样认为2015年美国经济内生增长动力稳健而强劲，将继续呈现温和复苏的态势，并有可能成为全球经济复苏的主导力量和主要动力。

第一，消费疲软的状况有所改善，从一些先行指标来看，2014年9月，美国的职位空缺率由年初的2.7%上升至3.3%；员工平均每周工时由1月的34.4小时上升至34.6小时；非暂时性失业人数较年初下降23.45%，总计减少100多万人。职位空缺的增加、劳动时间的增长以及永久失业的减少都预示着美国就业市场2015年仍有较大的增长空间，这将有力支撑起私人消费，美国消费“引擎”的故障隐患将逐步排除。

第二，美国企业经历了五年痛苦的去杠杆过程，实现了泡沫破灭、低效率企业退出市场、市场出清的优化调整，同时银行业的资产负债表也出现明显改善，因此在相对宽松的货币政策环境下，美国的投资规模预计会继续扩大，2015年增速有望超过10%。

第三，美国房市在短期降温后将重新复苏。房屋空置率的下降和营建许可房屋套数的增长都预示2015年美国的房地产投资和建设会出现较大的增长空间，房屋价格等景气性指标的上升则表明美国消费者对房地产市场的未来充满信心。

尽管复苏前景明朗，但2015年美国经济仍面临一些挑战，如储蓄率上升、劳动生产力提升较慢、外围经济拖累导致外需不足以及货币乘数下降等，此外还不排除2015年奥巴马任期将至，为提升民众支持率而采取激进政策所带来的政治风险，这些因素可能成为美国复苏之路上的阻碍。

2. 欧元区：乍暖还寒，前路坎坷

2014年欧元区延续了2013年下半年以来的弱复苏态势，经济总量有望实现两年来的首次正增长。预计欧元区在2015年仍将保持弱复苏势头，但经济增速仍然较为缓慢。

就积极方面而言，2014 年支撑欧元区经济增长的有利因素仍将持续。欧洲央行将继续实施宽松的货币政策，一季度欧元版 QE 推出超出市场预期，对全球经济及全球市场产生深刻影响，规模性的货币扩张政策将在 2015 年正式推出，私营部门的债务负担会有所减轻。而外围经济的增长以及逐渐走低的欧元汇率也将扩大外需，欧元区对外贸易有望在 2015 年继续领跑其他部门，成为拉动其经济增长的首要动力。

尽管经济已初现回暖迹象，但欧元区 2015 年仍面临诸多挑战。首先，由于欧元区自身的特殊性，财政政策与货币政策的二元结构在短期内不会发生实质性的改变，各国货币政策和财政政策容易产生冲突与错配，成员国遭受个体冲击时由于缺乏货币政策的自主性而被迫依赖于财政政策，会造成一些不必要的财政负担和赤字。其次，从成员国家来看，得益于内需恢复、外需拉动以及国内金融条件和市场信心的好转，以西班牙、爱尔兰为代表的边缘国的经济增长将在 2015 年重新恢复活力。而欧元区核心大国的表现则相对疲软，德国一直是领跑欧元区经济的“火车头”，但在 2014 年其经济发展一度陷入停滞状态，成为未来欧元区经济增长的一大隐患，而法国和意大利的孱弱表现则着实拖累了欧元区经济的复苏进程。

3. 日本：安倍经济学“三支箭”或成强弩之末

展望 2015 年日本经济，复苏之路充满阻碍，安倍经济学从表面看来卓有成效，但并未解决制约日本经济的根本性问题，“三支箭”或成强弩之末，提振 2015 年日本经济的作用比较有限。

在控制通货紧缩方面，此次日本摆脱通缩的原因之一是日元贬值带来的进口产品物价上涨，但贬值不会一直持续，通胀动力并不持久。而“第三支箭”虽然涉及削减企业税、养老、女性就业、农业改革等深层次问题，从长远来看对日本改善社会收入分配格局、繁荣就业市场具有积极作用，但政策效果不会立竿见影，短期内很难从根本上为日本经济注入活力。总之，前“两支箭”暂时提高了日本的通货膨胀水平，但可持续性成疑；第三支箭虽然覆盖面广泛，但短时间内难以发挥根本效果。由于经济基本面并未显现好转迹象，国内需求依旧疲软，预计 2015 年超级量宽的政策效果依旧非常有限，日本经济复苏之路困难重重。

关于日本的政府债务问题，2013 年日本的政府债务已占到 GDP 的 240%，而 2015 年日本仍将推行财政扩张政策，消费税的推迟和公司税的下调势必加重政府的财政负担，预计 2015 年日本的政府债务占 GDP 的比重将继续攀升。尽管在经常账户余额长期为正，居民和企业高储蓄、低投资的背景下，日本爆发债务危机的概率较低，但高企的政府债务束缚了财政政策的实施，一味依靠宽松的货币政策很难刺激实体经济回到经济复苏的正轨。

4. 新兴经济体：发展前景依旧乐观

作为当今世界最具活力的增长极，我们认为 2015 年新兴经济体的经济增长依旧乐观，依然具备较大的发展潜力和竞争力。

第一，世界经济的整体复苏为新兴经济体的发展提供了良好的外部条件，外需的加速增长将拉动这些经济体的出口。实际上，中国、韩国等国已经从美欧等发达经济体的复苏中受益，商品和服务出口情况明显改善。

第二，近年来，中国、印度等主要的新兴经济体都根据自身国情推行了有针对性的结构性改革（如印度吸引外来投资、改善经常账户余额等），这些稳增长、调结构、促转型的改革政策已逐渐显露效果，新兴经济体的基本面整体向好。

第三，尽管美国退出 QE 和加息预期会造成新兴经济体的资本外流，但由于此次美国退出 QE 的过程相对缓和，投资者早有预期，再加上当前新兴经济体抵御风险的能力有所提升，预计 2015 年因为资本外流而爆发经济危机的可能性不大。

因此总体来说，2015 年新兴经济体增长前景乐观，经济增速放缓的趋势有望趋稳，但仍要注意外债高企、经常账户赤字较高和地缘政治问题所带来的潜在风险。

（二）中国经济形势展望

2015 年中国宏观经济将延续新常态运行轨迹，经济增速继续放缓，结构性转型持续推进，企业盈利弱化，金融机构坏账率上升，但在稳增长政策的支撑下，经济增速大致稳定在7%左右，通胀温和向下。短期流动性环境依然保持中性偏松，无风险利率的下行仍将持续。我国将继续维持中性或适度宽松的货币政策，重点领域的改革继续缓慢推进，混合所有制改革是市场关注的热点，改革朝着经济体制更为市场化的方向推进。

1. 投资增速进一步放缓，投资结构趋于优化

预计2015年，我国社会固定资产投资增速将进一步放缓，而房地产投资和相关制造业投资仍是拖累社会固定资产投资的主要因素。除2008年全球金融危机期间外，房地产投资在近20年里都保持了20%以上的高速增长，但2014年房地产投资增速仅为12.4%，以往的高速增长模式恐难再现。2014年5月以来，我国房地产百城价格指数连续6个月环比下降，待售面积高达5.82亿平方米，疲软的市场价格和高企的库存压力打击了地产开发商的投资信心，尽管年末相关政策的出台会对房地产行业形成短时提振，但总体而言房地产投资的下行趋势已难以扭转。地产行业的不景气会对建材、金属、采矿、家电等其他相关行业产生链式影响，进而引起需求下滑、现金流恶化等负面影响，整体的投资增速将会因此被拖累。基建投资作为缓和改革冲击的重要工具，将继续发挥其经济托底的作用，预计2015年将继续稳步增长。

分行业来看，预计2015年传统行业将进入去产能尾声，新兴行业投资会异军突起。近年来，我国固定资产投资在行业间出现了较大分化，化工、金属冶炼、电气制造等产能过剩、投资过度的行业的投资增速仅停留在个位数，有的甚至出现了负增长，而互联网和相关服务、信息传输等高科技制造业和高端服务业的投资增速则高达30%以上。传统产业的收缩和新兴行业的崛起表明我国投资结构和产业结构正趋于优化。

2. 内需仍有广阔空间

鉴于2015年中央政府会加快推进相关支持和改革政策，在通胀压力较小的情况下，预计2015年内需扩大、消费增长还有较大空间。2014年10月29日国务院召开常务会议，指出要健全社保体系，改善消费环境，提升

消费者的消费意愿，让群众能消费、敢消费、愿消费。此外，会议提出今后将重点关注移动互联网和物联网、绿色节能、住房、旅游休闲、教育文体和养老健康六大消费领域。一方面，这些行业作为新兴产业，能有力吸引消费支出；另一方面，这些行业大多为服务业，能吸收大量就业，从而形成政策之间的良性互动。近期，商务部和发改委也陆续出台了相关的促进政策，包括扩大就业、棚户区改造和城镇化建设等，这些都为消费的扩大和升级提供了有力的空间，预计2015年我国消费需求会稳步回升。

3. 外贸复苏拉动经济增长

基于2014年和2015年即将出现的一些积极因素，我们预计2015年中国的对外贸易将温和复苏并拉动经济增长。在外部需求方面，世界银行预计2014年全球的GDP增速为3.2%，而2015年全球的GDP增速将达到3.4%，世界经济回暖将有力拉动中国外需增长。从贸易政策看，2013年以来，我国相继建立了上海自贸区、提出了亚太自贸区和“一带一路”建设规划等旨在扩大和深化中国对外开放的新举措，力图消除与欧盟、东盟和西亚国家间的贸易壁垒，开展更为广泛的区域贸易与合作。贸易壁垒的消除有利于我国向价值链上游攀升、提高本国的竞争优势，对促进产业结构升级、推进对外贸易提升都具有重大意义。综合以上因素来看，尽管中国仍面临劳动力成本上升、新兴经济体外需疲软等不利因素，但我们对2015年中国对外贸易的温和复苏充满信心。

三　新常态下的中国经济图景

2014年5月，习近平总书记在河南考察时指出“我国发展仍处于重要战略机遇期，我们要增强信心，从当前我国经济发展的阶段性特征出发，适应新常态，保持战略上的平常心”。目前的数据显示，中国已经在2013年和2014年连续两年GDP增速低于8%，中国正逐渐告别过去的高速增长阶段，开始步入经济增长的新常态，而这也将成为中国经济在未来中长期发展阶段内的基本增长趋势。新常态区别于高能耗、高污染、高产出的旧常态，同时也区别于经济发展过程中的突发事件、金融危机和短期的经济调整。在新常态下，中国未来的经济发展将会有以下特征。

一是经济增长从高速转入中高速阶段。中国在1978年改革开放后共出现过4次GDP增速连续两年低于8%的情况，前三次都是受到外部因素的临时性干扰，因此GDP很快就回到了高速增长的路径。但这次的情况有所不同，此次经济增长降速有外部因素的影响，但更主要的是内生性的原因，是潜在增长率的下降。从国际经验来看，世界上的主要发达国家在经济发展到一定阶段时都会出现“换挡”降速现象，这在美国、日本、韩国等国都有所体现；从自身发展动力来看，目前中国的人口红利正逐步消失，后发优势有所减弱，在结构调整尚未完成、新兴动力尚未凸显时，中国的内生增长动力已无法支持过快的GDP增长，GDP潜在增长率降低；从增长效率来看，过去几十年为实现经济赶超、稳定就业，我国采用了高能耗、高污染、低技能的经济发展模式，但目前来看我国既没有必要也不能再沿用原有的增长模式，实现经济的健康可持续发展变得更为重要。因此，在这样的背景下，未来一段时间我国经济在7%～8%的中高速阶段运行是合理的，也是有效率的。

二是产业结构调整和升级将成为主线。改革开放后的三十年，中国经济高速增长，批量化生产的成本优势使我国获得了“世界工厂”的称号。但我国的比较优势在相当程度上是依靠廉价劳动力获得的，这导致行业的竞争优势主要集中在低附加价值的非核心部件制造和劳动密集的装配环节中，产品的附加值难以提高。随着人口红利消失和环境恶化，这种不合理的产业结构必须调整。产业结构调整包括产业结构合理化和高级化两个方面。产业结构合理化是指最终形成各产业之间相互协调，有较强的产业结构转换能力和良好的适应性，能适应市场需求的变化，并带来最佳效益的产业结构，具体表现为产业之间的数量比例关系、经济技术联系和相互作用关系趋向协调平衡的过程。产业结构高级化，又称为产业结构升级，是指产业结构系统从较低级形式向较高级形式转化的过程。产业结构的高级化一般遵循产业结构演变规律，由低级到高级演进。新常态下，中国的经济结构不断优化升级，发生全面而深刻的变化，涉及消费结构、产业结构、城乡结构等方面。

三是改革和创新将成为经济发展的新动力。在中国经济进入新常态，经济增速重心下移、下行压力较大的背景下，要保持经济合理的增长速度，必须要从以往的要素驱动、投资驱动转变到改革和创新驱动上来，用改革和创新继续推动中国经济发展。“狠抓改革攻坚”“突出创新驱动”，通过改革“点火器”启动创新发展“新引擎”，充分释放体制机制红利，是主动适应新常态、引领新常态的有力法宝。要使中国制造变为中国创造，最关键的就是要改革和创新，拥有自己的知识产权、品牌和市场。2014 年，中央经济工作会议提出，要把改革创新贯穿于经济社会发展的各个领域、各个环节，保持宏观经济政策的连续性和稳定性，着力激发市场活力，加快转方式、调结构。关于 2015 年经济工作的要求，中央进一步提出，要坚持以提高经济发展质量和效益为中心，主动适应经济发展新常态，保持经济在合理区间运行。我们可以发现，在经济进入新常态之后，中央非常注重改革和创新，力图通过改革创新和结构调整，使中国经济保持合理的增长速度。

四　中国经济新常态下的投资机会

1. 围绕结构调整进行行业选择

中国进入新常态后，经济增长面临的资源条件、环境条件、人口结构条件、劳动力条件等发生变化。劳动力成本的上升使中国制造工厂的地位逐渐消失；自汇改以来的人民币升值恶化了我国的贸易条件；社会融资规模的大幅扩大不仅增加了金融风险，也让企业承受着巨大的利息债务。国际经验表明，当人均 GDP 跨过 7000 美元后，一国经济将处于转型期，这种转型是社会、经济、体制和政策的全面转型，也是各种资源发展碰到瓶颈后倒逼机制推进的必然过程。20 世纪 70 年代美日两国的经济增长均有一定幅度的下调，经济放缓伴随着制造业的下滑，但服务业和高端制造业仍持续成长。中国的高端制造业主要集中在化工、机械等领域，而服务业中的批发零售、医疗健康、金融保险、信息服务业也将出现高速增长。

2. 围绕深化改革选择投资组合

根据十八届三中全会确定的改革路线图，到2020年，要在重要领域和关键环节改革上取得决定性成果，形成系统完备、科学规范、运行有效的制度体系，使各方面制度更加成熟、更加定型。2014年是中国的深化改革元年，而2015年将成为各项改革政策的切实推行之年。如何规避改革带来的冲击和风险，充分利用改革红利是值得思考和研究的问题。在金融改革方面，我国已完成了上海自贸区和沪港通的建立和实践，2015年有望开通深港通并在天津、广东等地继续开展自贸区试点，以进一步促进我国金融市场自由化，引入更多的国外资本，这对于我国券商、保险和港口运营板块将是一大利好。在社会领域，中央将继续加大新型城镇化建设、卫生医疗改革等政策的推进力度，同时加强对智能电网、风电等新能源建设的支持力度，在这样的背景下，农业、医疗保健、新能源等板块将成为投资热点。

3. 围绕金融改革行业重点投资

金融是现代经济的核心，金融改革是改革的重点。推进金融回归支持实体经济的发展是金融改革的目标和方向。2014年11月21日中国人民银行宣布将于2014年11月22日起下调人民币贷款利率和存款基准利率，尽管下调时间和下调幅度超出市场预期，但在当前经济下行的背景下，实体经济融资依然非常困难，资金由银行流向企业的通道并不畅通，因此2015年中国人民银行出于稳增长的目的再次降息或降准以降低企业融资成本的概率非常大。基于此，我们应将对利率和融资成本敏感度高的行业纳入主要的投资选择。这其中可以包含杠杆率相对较高、对利率具有较大弹性的行业以及2014年受益于融资成本下降、业绩已出现改善的行业，如非银行金融业、交通运输、机械、有色金属等行业。

4. 围绕政策导向区域进行投资

习近平主席在2014年的APEC会议上重点提出了“一带一路”战略，

倡导亚太地区各经济体进一步加强开放和沟通，通过交通一体化和投资便利化等手段实现“亚太梦”。从投资机会来看，高铁、工程建设、港口公路、能源管道等基建板块将从该计划中受益，而从区域来看，新疆和福建板块则是其中的受益者。2014 年 10 月 29 日国务院召开常务会议，部署推进消费扩大升级，促进经济提质增效。会议还提出了今后将重点推进的六大消费领域，包括移动互联网和物联网、绿色节能、住房、旅游休闲、教育文体和养老健康，而这六大板块也可作为 2015 年投资者关注的重点。

B.2

2014年中国投资发展回顾及2015年展望

张璐璐 王 申*

摘 要：2014年，我国股票市场迎来了久违的大牛市，下半年开始以证券、银行为代表的蓝筹股大幅上涨，但市场分化严重，中小板、创业板涨幅有限；债券市场新发行规模大幅增长，收益上扬；受益于股债双牛，基金指数普遍上涨；商品期货受经济疲弱影响，大部分表现不佳，原油期货出现暴跌；房地产进入调整期，信托规模增速放缓，风险投资与私募股权投资市场有所回暖，银行理财市场规模快速增长。展望2015年，在经济筑底、改革加速、流动性宽松的背景下，预计股票市场将继续上扬，债券市场震荡上升，商品市场弱市震荡；房地产市场继续去库存；银行理财和信托的收益率保持稳定；风险投资与私募股权投资市场维持活跃态势。

关键词：投资市场 投资评级 回顾 展望

一 2014年中国投资市场总体回顾

（一）投资市场总体规模

2014年我国投资市场规模进一步扩大，股权、债权、衍生品等都有了

* 张璐璐，博士，中国建投投资研究院研究部主任，主要研究方向为宏观经济、金融投资、先进技术与产业发展；王申，管理学博士，现就职于建投研究院，主要研究方向为先进制造业。

不同程度的发展和增长。截止到 2014 年，我国 A 股市场总市值达到 37.25 万亿元，比 2013 年末增长 55.83%，上市公司总数达到 2613 家，比 2013 年底增加 124 家；债券余额达到 35.93 万亿元，比 2013 年增长 19.82%；基金市场上基金总数达 1930 只，比 2013 年增加 342 只，基金份额达 4.20 万亿份，比 2013 年末增长 34.72%，管理资产净值达 4.45 万亿元，比 2013 年末增长 51.93%；信托行业资产管理规模再创新高，达到 13.98 万亿元，较 2013 年末的 10.91 万亿元增长 28.14%；2014 年，全国共发行（按起始日期）银行理财产品 6.52 万只，较上年同期增长 44.11%；全国商品房全年销售面积达 12.06 亿平方米，同比下降 7.58%；风险投资与私募股权投资（Venture Capital and Private Equity，VC/PE）案例达 1223 个，同比增长 66.02%，投资金额累计 1964.27 亿元，同比增长 176.17%（见表 1）。

表 1　截至 2014 年我国投资市场规模变化情况

市场	规模	同比增长率	增速变化
股票	总市值 37.25 万亿元	55.83%	上升 52.04 个百分点
债券	余额 35.93 万亿元	19.82%	上升 5.67 个百分点
基金	管理资产净值 4.45 万亿元	51.93%	上升 47.14 个百分点
信托	信托资产净值 13.98 万亿元	28.14%	下降 17.91 个百分点
银行理财	产品数量 6.52 万只	44.11%	上升 6.65 个百分点
VC/PE	投资金额 1964.27 亿元	176.17%	上升 2.18 倍

（二）各投资市场特点分析

1. 股权投资市场趋于活跃

2014 年我国股票市场全部 AB 股成交量为 7.30 万亿股，成交额达 73.87 万亿元，成交量与成交额双双创 2010 年以来的新高，全年交易活跃，尤其下半年开始我国股市走出一波牛市。在二级市场繁荣的带动下，股票一级市场融资量较上年也有较大提升，2014 年，沪深两市共募集资金 7718.10 亿元，较上年同期增加 3644.03 亿元，增幅达到 89.44%，融资速度加快。集资金额的大幅增加主要是 IPO 开闸和增发大量增加所致。其中，增发融资金额达到6911.24亿元，较2013年增长92.07%；IPO自2013年停摆后重新启动，IPO公司累计达到125家，募集资金668.89亿元，成为2014年募集资金规模扩大的重要驱动力；配股项目仅募集资金137.97亿元，同比下降71.00%。

尽管2014年我国宏观经济基本面较弱，GDP开始出现下行趋势，但我国风险投资与私募股权市场仍呈现出了回暖迹象，基金募资额、投资额和退出三方面都有所上升。2014年，VC/PE募集完成基金为354家，同比增长88.30%，募资金额为2751.21亿元，同比上升3.96%；合计投资1223起，总金额为1964.27亿元，同比分别上涨66.02%和176.17%；VC/PE退出案例有914个，退出金额为1183.74亿元。

2. 房地产市场步入调整期

2014年以来，房地产市场逐步进入调整期，全国房地产销售和开发延续了上年的回落态势。全国商品房销售面积为12.06亿平方米，同比下降7.58%；房地产开发投资完成额共计9.50万亿元，同比增长10.49%，增速比上年同期回落9.30个百分点。由于销售情况和市场预期不乐观，房地产开发企业对后续投资更加谨慎，房企新开工累计增速大幅下降。尽管从长期看我国房地产投资经过十多年的高速增长，整体供求关系正趋向平衡，支撑房地产投资持续高速增长的内在动力正在减弱，但在当前政策和信贷的双支撑下，房地产业在短期内仍将维持“跌有限，涨不动”的现状。

3. 固定收益产品依旧火爆

2014年，债券市场不断升温，合计发行各类债券6932只，较2013年同期增长3274只，增幅为89.50%，合计发行规模达12.14万亿元，增长3.10万亿元，增幅为34.29%。受市场流动性增强和棚户区改造政策的刺激，企业债供给爆发，合计发行584只，比2013年同期增加210只，而从募集金额来看，共募集6971.98亿元，比上年同期增加2219.68亿元，同比增幅为46.71%。债券二级市场成交总额为41.74万亿元，同比下降1.66%（见表2）。

表 2　2014 年我国投资市场交易变化情况

市场	成交情况	同比变化
股票	成交总额 73.87 万亿元	+57.60%
VC/PE	投资金额 1964.27 亿元	+176.17%
房地产	商品房销售面积 12.06 亿平方米	-7.58%
债券二级市场	成交金额 41.74 万亿元	-1.66%

以互联网金融理财为代表的新兴理财产品迅速发展，带出了银行理财产品的火爆行情。2014 年，全国共发行（按起始日期）银行理财产品 6.52 万只，较上年同期增长 44.11%。其中，期限为 1～6 个月的产品占比最高，约占 81.46%。收益结构发生重大变化，预期年化收益 5%～8% 的产品成为主力，占比从上年的 30.99% 上升至 65.43%，以余额宝为代表的互联网金融理财，以其认购门槛低、收益高、操作方便的特点迅速占领市场。

（三）各类投资产品收益特点分析

2014 年投资市场收益率集体走高，股票市场、基金市场大幅上扬，固定收益市场也呈现小牛市格局。2014 年末，沪深 300 指数的市盈率为 12.91 倍，较 2013 年末大幅上升。债券市场全年保持了良好的稳步上升态势，走出一波牛市，中证全债指数在 2014 年末报收 158.32，较年初增长 10.82%。从净值来看，高收益基金在股债双牛的行情中取得了良好的收益，截止到 2014 年末，全部基金单位净值为 1.06 元，较 2013 年末上涨 12.77%。集合信托产品平均预期年收益率从上年同期的 8.79% 上升为 8.99%，总体呈现走高趋势（见表 3）。2014 年发行的银行理财产品收益率分布发生了较大的变化，预期年化收益 5%～8% 的产品成为主力。

表 3　2014 年我国投资市场收益变化情况

市场	收益率(%)	收益率变化(较 2013 年)
股票	51.66	上升 59.22 个百分点
债券	10.82	上升 11.89 个百分点
基金	12.77	上升 6.69 个百分点
信托	8.99	上升 0.20 个百分点

（四）投资者情况分析

1. 机构投资者规模不断扩大

截至2014年底，保险公司保险资产总额超过10万亿元，增长17.5%；信托资产总额达到13.98万亿元，比2013年末增长28.14%；公募基金管理资产净值4.45万亿元，比2013年末增长51.93%；券商资管受托管理资金本金总额7.97万亿元，较2013年末增长53.27%（见表4）。

表4　我国机构投资者资产状况

机构投资者	资产状况
保险公司	资产总额超过10万亿元(截至2014年底)
信托资产	资产总额达13.98万亿元(截至2014年底)
公募基金	管理资产净值4.45万亿元(截至2014年三季度)
券商资管	管理资产净值7.97万亿元(截至2014年三季度)

2. 机构投资者经营业绩有所提高

从经营业绩来看，随着资本市场的活跃和市场行情的向好，各机构整体的经营水平都有所提升。2014年，证券行业总收入为2602.84亿元，净利润为965.54亿元，分别同比增长63.45%、119.34%；保险行业原保险保费总收入约为2.02万亿元，同比增长17.49%；信托业总收入为954.95亿元，利润为642.30亿元，同比分别增长14.69%、12.96%（见表5）。

表5　机构经营业绩

	证券业	保险业	信托业
公司数(家)	120	141	95
总资产(万亿元)	4.09	10.16	0.36
净资产(亿元)	9205.19	—	3196.22
收入(亿元)	2602.84	20234.81	954.95
同比增长(%)	63.45	17.49	14.69
利润(亿元)	965.54	—	642.30
同比增长(%)	119.34	—	12.96

资料来源：Wind资讯。

（五）投资行业及区域情况分析

1. 信息技术受资本青睐

从证券市场的融资总量来看，2014 年融资量前三名依次为银行、资本货物和多元金融。在股权融资方面，实体经济融资总量较往年有了较大提高，2014 年全行业股权融资规模为 7725.39 亿元，其中实体经济融资（剔除金融业）7018.34 亿元，同比上升 104.21%。证券市场股权融资分行业看，融资较多的是装备制造和信息技术设备等领域。

VC/PE 投资分行业看，2014 年投资最多的是信息技术行业，达 770.63 亿元，占 39.3%；其次是日常消费，达 430.09 亿元，占 21.9%；再次是金融业，达 222.28 亿元，占 11.3%。从投资趋势来看，2014 年以移动互联网应用为代表的信息技术、日常消费两大行业的投资占比提高较多，分别比 2013 年提高了 14.5 个和 18.7 个百分点；投资占比减少的行业是金融、工业和可选消费，分别减少了 13.3 个、13.6 个和 8.9 个百分点。

2. 投资市场区域发展不平衡

从融资规模和交易活跃程度来看，东部地区的投资市场明显较为发达，而中部、西部地区则还有很大的发展空间。以股票融资为例，一级市场融资额排名前三的依次是：北京 1409.69 亿元、广东 920.31 亿元、江苏 902.44 亿元，前 10 名全部为东部地区城市。首次公开募股（Initial Public Offerings, IPO）融资总额排名前三的依次是：广东 182.38 亿元、江苏 92.99 亿元、北京 74.90 亿元，陕西省和重庆市分别以 54.60 亿元和 14.86 亿元进入前 10 名，分列第 5 名和第 9 名，中部、西部地区投资市场正逐步发展。

2014 年 VC/PE 投资主要集中在经济较发达的华北和华东地区：华北地区投资额占 54.4%，投资案例占 48.1%；华东地区投资额占 33.8%，投资案例占 32.0%。北京是创业者的乐园，共有投资案例 558 个，投资额为 735.56 亿元；其次是上海，有投资案例 225 个，投资额为 270.71 亿元，投资规模不及北京的一半。

（六）对外投资情况分析

在外需疲软、人民币面临升值压力、出口受阻的背景下，我国的对外直接投资迅速增长。2014 年，我国非金融类企业对外直接投资总额达到 1028.9 亿美元，同比增长 14.1%（见图 1）。2008 年我国对外直接投资总额为 406 亿美元，之后平稳增长，2011 年以来呈现加速增长的态势。2014 年中国相继参与设立亚洲基础设施投资银行和丝路基金，其势必会作为对外投资的融资主体，促进中国对外直接投资的快速、健康增长。

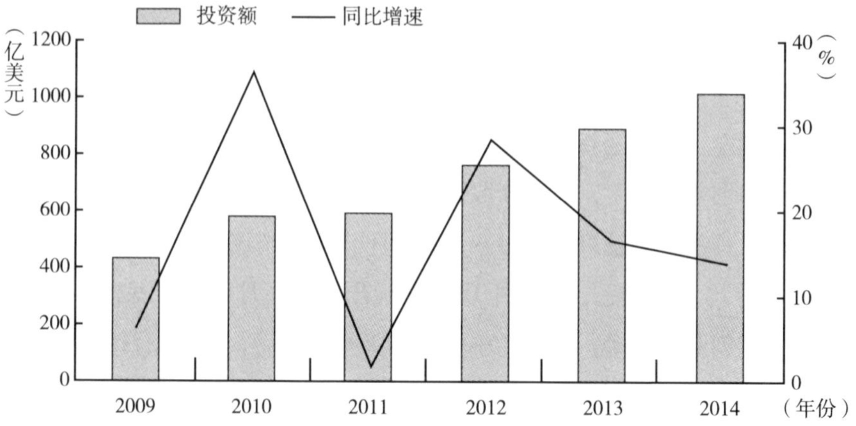

图 1　2009 ~ 2014 年我国非金融类企业对外直接投资情况

资料来源：Wind 资讯，建投研究院。

二　2014年中国主要投资市场走势

（一）证券市场

1. 股票市场

2014 年，中国股票市场从下半年开始走出一波行情，交易活跃。2014 年，上证综指收于 3234.68 点，较 2013 年末上升 1118.70 点，涨幅为

52.87%；深圳成指收于11014.62点，较2013年末上升2892.83点，涨幅为35.62%。2014年，沪深两市A股市场成交金额为73.87万亿元，同比增长58.88%。

2014年，沪深两市共募集资金7718.10亿元，较上年同期增加3644.03亿元，增幅达到89.44%，融资速度加快。集资金额的大幅增加主要是IPO开闸和增发大量增加所致。其中，增发项目478个，融资金额达到6911.24亿元，较2013年增长92.07%；IPO自2013年停摆后重新启动，IPO公司累计达到125家，募集资金668.89亿元，成为2014年募集资金规模扩大的重要驱动力；配股项目仅13个，项目数与上年持平，募集资金137.97亿元，同比下降71.00%。

2014年1月，IPO如约重启，但每月新股发行数量存在较大波动，发行节奏并不稳定。一季度新股发行集中在1月，有45家公司发行新股，主要以中小板和创业板为主，由于新股发行改革还在探索阶段，加之整个市场仍较为低迷，募集金额较以往明显减少。2月IPO急剧放缓，仅有3只新股上市，3~5月均无新股上市。6月IPO重新开闸，当月即有6只新股发行上市，其中，创业板2家，主板和中小板各1家。此后，新股发行数量一直较为稳定，每个月发行10只左右，月融资额在50亿元上下。三季度共发行股票35只，四季度发行33只，以主板和创业板为主。从上市后的股价表现来看，2014年前三季度上市的新股首日表现都很抢眼，大部分都触及44%的二次临停限制，“新股不败”的神话重新上演，也使得投资者参与“打新”的热情高涨。行业方面，机械设备、石油化工、信息技术、生物医药、社会服务、消费品等行业募集资金较高，金融行业中国信证券的上市进一步引燃了市场对券商概念的热情。

募资节奏方面，2014年股票一级市场融资额逐季递增，第三季度增幅最大，环比增长24.5%。从结构上看，一级市场募资额的上升主要是受到增发融资额逐季上升的拉动，尽管第二季度IPO融资金额以及配股融资金额都出现了不同程度的下降，但增发融资规模相比一季度增幅超过26%，有力地带动了融资总额的不断上涨。同样的，三、四季度由于增发融资与IPO

融资的持续上涨抵消了配股融资减少的负面影响，融资总额依旧保持了良好的上升势头。

2014 年，A 股二级市场总体先抑后扬，在经历了年初的小幅上扬后，2014 年 2 月国内主要股指均呈现震荡下跌态势，这种颓势在 6 月得以扭转，下半年开始各股整体上扬，并且从 11 月开始呈现加速上升态势（见图 2）。股市指数表现严重分化，新兴成长类股票，如创业板、中小板等指数呈现震荡走势，全年收益率不高；大盘蓝筹类股票指数先降后升，从 11 月开始走出独立行情，拉动大盘快速上扬。截止到 2014 年 12 月 31 日，上证综合指数上涨 52.87%，深圳成指上涨 35.62%，沪深 300 指数上涨 51.66%，创业板指数上涨 12.83%，中小板指数上涨 9.67%。

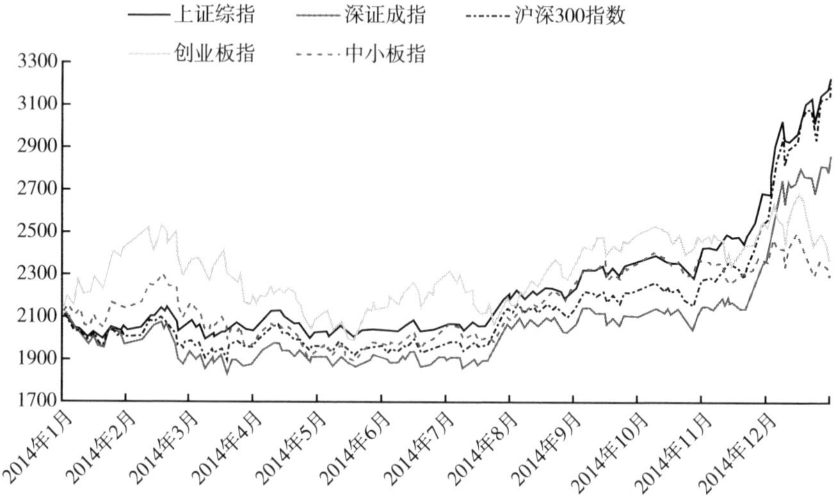

图 2　A 股主要指数 2014 年走势

资料来源：Wind 资讯，建投研究院。

2014 年以来，中国宏观经济下行压力明显加大，全年 GDP 实际同比增速降至 7.4%。但进入下半年，经济活动出现一些积极变化：政策托底、中央投资大幅增加、出口出现企稳迹象，这些都带动了股票市场的回暖。同时，A 股市场迎来资金面相对宽松的时期，无风险利率持续下行、央行降息等多方面因素，都在货币环境层面对A股形成了较好的支撑。

2014年1~2月，在巨额新增外汇占款的推动下，市场对于成长股的追捧达到极致，创业板和中小板再度出现大幅上涨。但2014年春节后随着人民币连续大幅贬值，国际套利资本流入我国的趋势被逆转，市场风险偏好随之快速回落，从而导致创业板和中小板指数出现明显的调整。三季度以后，在稳增长政策和金融改革的推动下，海外投资和新技术概念的相关行业表现活跃，涨幅较大。全年来看，金融、公用事业等行业涨幅居前，工业、材料、信息技术等行业次之，而能源、日常消费、医疗保健行业表现最差（见图3）。

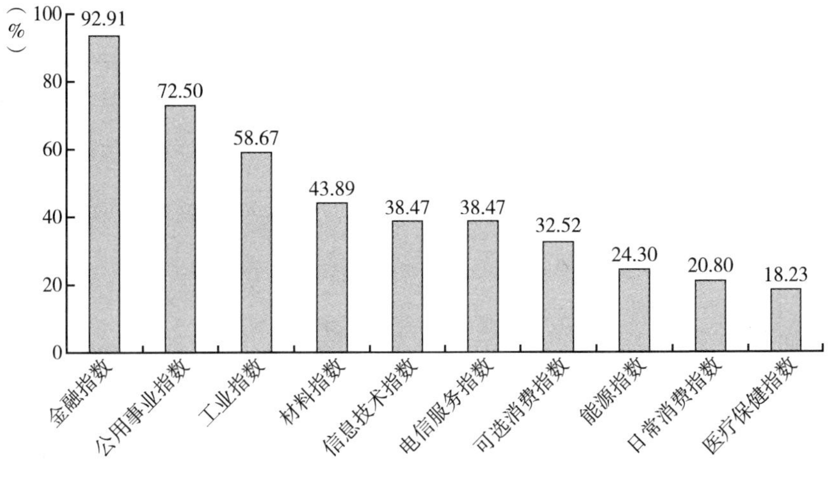

图3　2014年行业指数涨跌幅

资料来源：Wind资讯，建投研究院。

从估值水平来看，2014年末，A股市场的市盈率水平明显提升。上证A股、沪深300指数的动态市盈率均比年初提升近50%，深圳A股和中小板的估值水平提升较少，只有20%左右，而创业板由于市盈率水平高达60倍，全年股指水平基本没有变化（见图4）。

2. 债券市场

2014年，由于金融债以及企业债出现了较快的增长，同时货币政策有所放松，债券市场不断升温，合计发行各类债券6932只，发行规模达12.14万亿元。

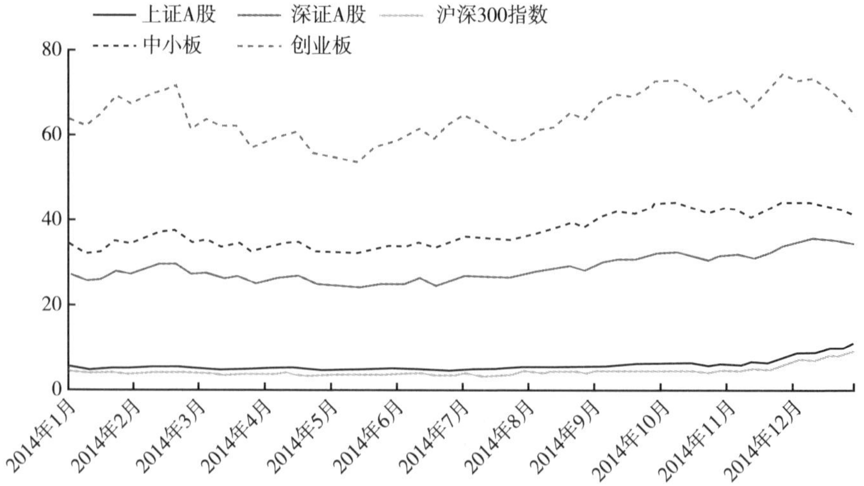

图4　2014 年市盈率比较

资料来源：Wind 资讯，建投研究院。

2014 年企业债供给爆发，合计发行 584 只，共募集 6971.98 亿元。其一方面是由于 2014 年以来市场流动性有所增强，融资成本下降；另一方面则是受到政府推进棚户区改造政策的刺激。2014 年 5 月，继 2013 年末发文通知企业债券融资支持棚户区改造后，发改委再次发布《关于创新企业债券融资方式扎实推进棚户区改造建设有关问题的通知》，此后用于棚户区改造项目的债券发行节奏有所加快，相关品种的发行额也明显增加。2014 年，公司债作为一个新兴品种，发行数量较上年同期有所上涨，但发行规模普遍较小。2014 年公司债共发行 431 只，募集资金 1342.56 亿元，而上年同期仅发行 366 只，募集资金却高达 1702.04 亿元。2014 年 8 月 1 日，证监会提出“融十条”，指出要“扩大公司债券发行主体范围，丰富债券发行方式，将交易所公司债券发行主体扩展至所有公司制法人，全面建立健全债券私募发行的相关制度，允许在全国中小企业股份转让系统挂牌的公司发行中小企业私募债”，这一举措促进了高度分裂的中国债券市场的统一，缓解了中小企业面临的融资困境，中小企业公司债发行量有所提升。同往年类似，地方债的发行量再创新高，2014 年全年发行 4000 亿元，同比增长 14.29%。2014 年是城投债的到期高峰，地方政府和融资平台开始通过发行新债实现债务展期，这是地方债冲高的重要原因。4 月以来，政府及相关部门陆续在不同场合出台了一些地方债相关的规范意见或管理办法，通过限制举债主体、发债规模和用途等对地方债的发行进行了规范和限制，地方债的发行将更为审慎。从融资规模来看，发行规模排名前三的依次是金融债、短期融资券和国债（见图 5）。

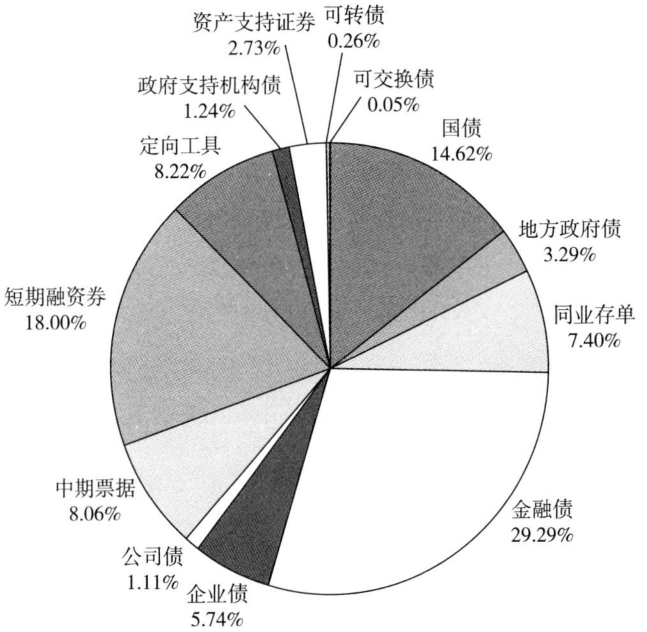

图 5　2014 年债券发行规模占比

资料来源：Wind 资讯，建投研究院。

2014 年，债券二级市场成交总额为 41.74 万亿元，同比下降 1.66%。2013 年一季度之后，整个债券市场需求进入低迷期，特别是下半年的交投活跃度大幅降低，最终以大熊市收尾。2014 年债券二级市场开始温和复苏，第一季度成交额为 7.31 万亿元，环比上升 33.88%，此后逐季上升，中国债券市场走出低迷期并进入了结构型牛市行情。二季度以来，中国人民银行多次推出定向降准等宽松货币政策刺激经济，在定向宽松财政货币政策的引导下，债券市场成交活跃，四季度债券二级市场成交总额上升到 12.54 万亿元（见图 6）。

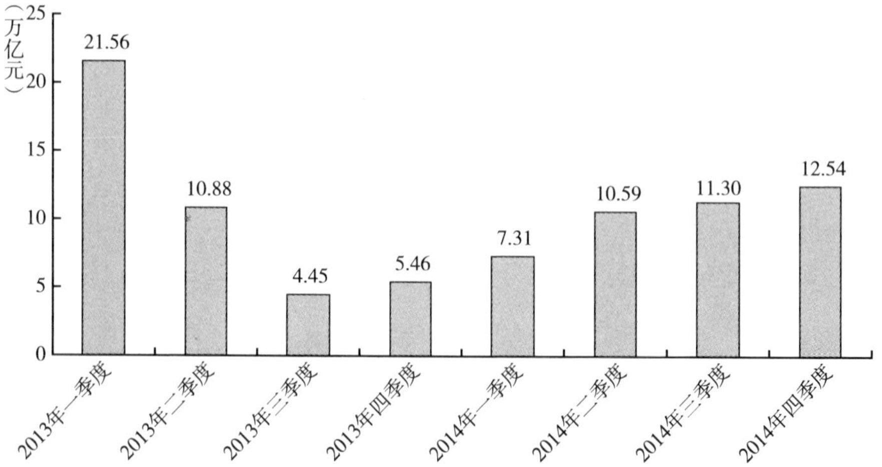

图6　债券二级市场成交额

资料来源：Wind 资讯，建投研究院。

从债券指数走势看，全年保持了良好的稳步上升态势，走出一波牛市。2014 年初，央行为保持适度流动性，推出分支行常备借贷便利操作试点，并连续进行逆回购以提供短期资金支持。2014 年春节后现金回流状况良好，央行公开市场业务平稳操作，保持总量流动性合理充裕，在此带动下利率和信用品收益率快速下行。一季度末，指数上涨幅度逐渐趋缓，获利回吐压力有所释放，一方面低迷的经济数据导致“稳增长”预期开始升温，另一方面央行公开市场持续回笼资金，未释放明确的宽松信号，市场对于长期流动性预期仍偏谨慎。二季度以来，微刺激政策的力度和频度不断增加，稳增长措施的力度也同时增加，表现为基建投资增速继续维持高位，货币政策进一步转向中性偏宽松，这些措施的累积和叠加使得宏观经济的下滑态势逐步趋缓，并修正前期较为悲观的市场预期，出口和消费增速反弹，广义信贷的规模和增速不断改善，交易性机构和配置型机构的需求持续旺盛，现券各品种收益率持续下行。三季度初，债券指数出现小幅下挫，其主要原因是市场受债券违约事件的影响加深及对违约风险产生担忧，其后受稳增长措施和货币宽松政策的影响，继续稳步上升。

3. 基金

截止到2014年末，我国基金市场上共有基金1934只，基金份额为4.20万亿份，资产净值为4.45万亿元。其中货币基金占据了整个基金市场的半壁江山，份额占比达到51.83%，较上年末提高了23.61个百分点；股票型基金份额占比为36.76%，较上年下降了3.12个百分点；混合型基金份额占比为21.46%，上升了1.67个百分点；债券型基金和合格境内机构投资者（Qualified Domestic Institutional Investor，QDII）基金份额占比基本维持不变。

2014年，受益于证券市场的牛市，各类型基金指数普遍实现了正增长，中国基金总指数上涨19.59%，上证基金指数上涨43.05%。指数型基金指数在各类型基金中涨幅最大，涨幅达到51.58%。由于受到牛市刺激且仓位较高，股票型基金总指数涨幅也较大，为28.93%。债市稳步上升，债券型基金指数也表现较好，全年涨幅达17.82%。2014年我国流动性趋向宽裕，货币基金指数仅上涨4.12%。QDII基金受到发达国家股市低迷等外部因素的影响，表现一般，其指数仅上涨7.26%，涨幅在各类基金指数中排倒数第二（见图7）。

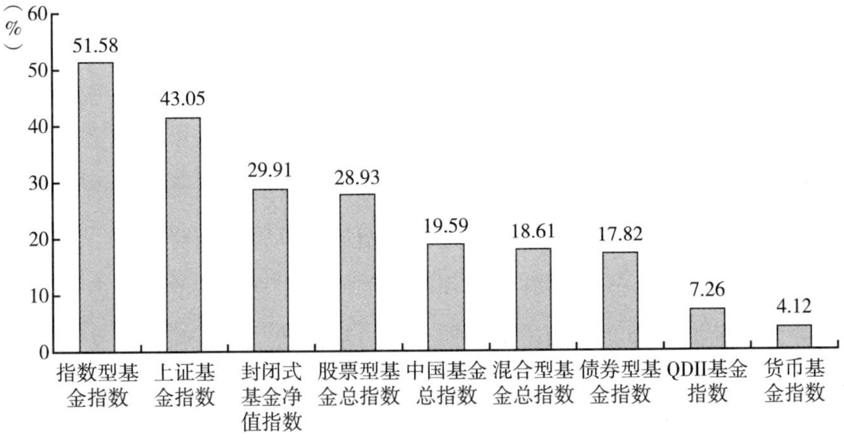

图7　各类基金指数涨幅

资料来源：Wind资讯，建投研究院。

从净值来看，各基金出现分化，在股票上配置较多的基金上涨幅度较大。截止到2014年12月31日，全部基金的单位净值较上年底上涨6.69%。按类型来看，由于市场风险偏好上升，股票型基金单位净值上升最多，达17.28%；其次是封闭式基金，单位净值上升12.85%；混合型基金、开放式基金紧随其后，单位净值分别上升8.57%、7.64%；债券型基金受货币政策适度宽松和降息的刺激，表现良好，单位净值上升5.31%；低风险基金品种表现较差，以黄金ETF为主的另类投资基金下跌3.00%；QDII基金和货币基金的单位净值也上升有限，涨幅分别仅有0.78%、0.99%（见图8）。

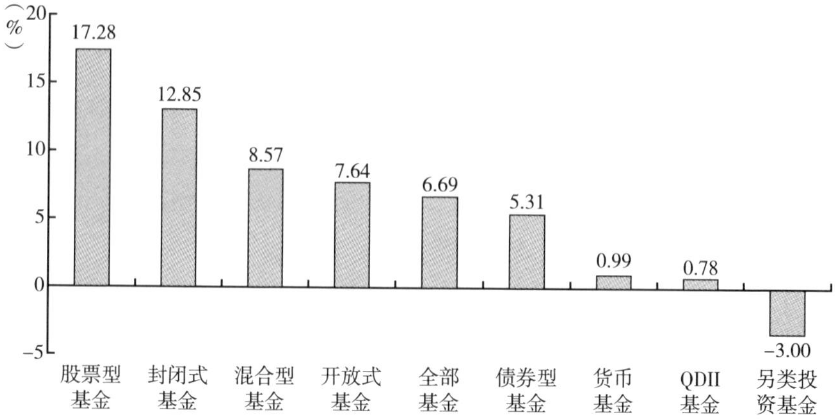

图8　2014年四季度末各类基金单位净值变化情况

资料来源：Wind资讯，建投研究院。

新基金募集方面，2014年共有345只新基金发行成立，较上年同期减少33只，同比下降8.73%。新基金发行规模依旧延续了2013年平均份额递减的趋势，2014年基金发行规模仅有4066.22亿份，平均规模为11.79亿份，分别较上年同期下降25.19%和18.04%（见图9）。综合近几年的情况看，新基金募集很难再出现2007年和2009年时动辄百亿的规模，这主要是因为近几年经济环境总体波动较大，经济增长有所放缓，以往的高速增长时代一去不返，加之市场多数时期处在下跌和震荡的行情中，投资者通常采取谨慎观望态度，在震荡行情中他们往往更加青睐精选投资品的绩优基金，而非采取分散投资策略的一篮子基金，以免涨跌不一而摊薄了基金资产的收益。另外，投资者获得收益后立即赎回的阶段性投资方式也是造成新基金平均发行份额递减的重要原因。

从基金类型来看，受股票市场走势趋好的影响，股票型基金和混合型基金的发行份额出现显著上升，2014 年分别发行 84 只、96 只，同比分别增长 20.00%、41.18%。货币基金发行了 84 只，同比上升 58.49%，但平均发行规模却在 28.57 亿份的基础上下滑 15.65%，并导致总发行规模下降 13.18%。2014 年互联网货币基金增长趋缓，但随着用户群的逐步稳定，在市场流动性较为宽松的条件下，货币基金的收益率开始回落，这一类型的基金规模将趋于稳定。

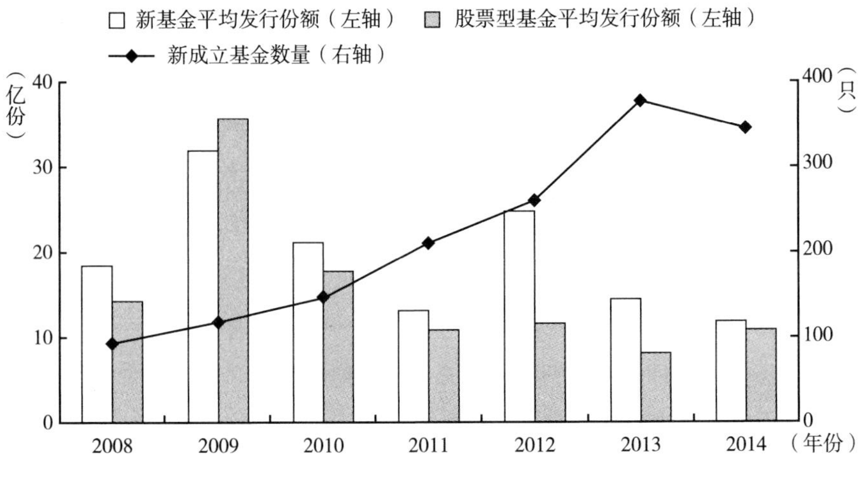

图 9　2008～2014 年新基金成立情况

资料来源：Wind 资讯，建投研究院。

4. 商品期货

中国期货业协会统计数据显示，2014 年全国期货市场累计成交量为 25.06 亿手，累计成交额为 291.99 万亿元，同比分别增长 21.54% 和 9.16%。

由于经济增速下降、产能过剩、政策红利短期难以刺激需求改善等因素，在中央主导的经济增长结构转型、提倡市场主导资源配置的政策指引下，投资扩张减速，上游工业生产端的商品需求压力依然不减，价格表现相对疲软。在这样的背景下，受中国经济周期性与结构性调整、欧洲和日本经济复苏不佳的外部环境以及美元指数出现创纪录持续反弹的影响，2014 年大宗商品表现不佳，总体呈现跌多涨少的局面。上半年只有农产品表现强劲，但是下半年开始农产品也纷纷出现下滑走势；其他商品期货除了在 7 月和 12 月有所反弹外，在全年其他时间呈现持续下跌走势（见图 10）。

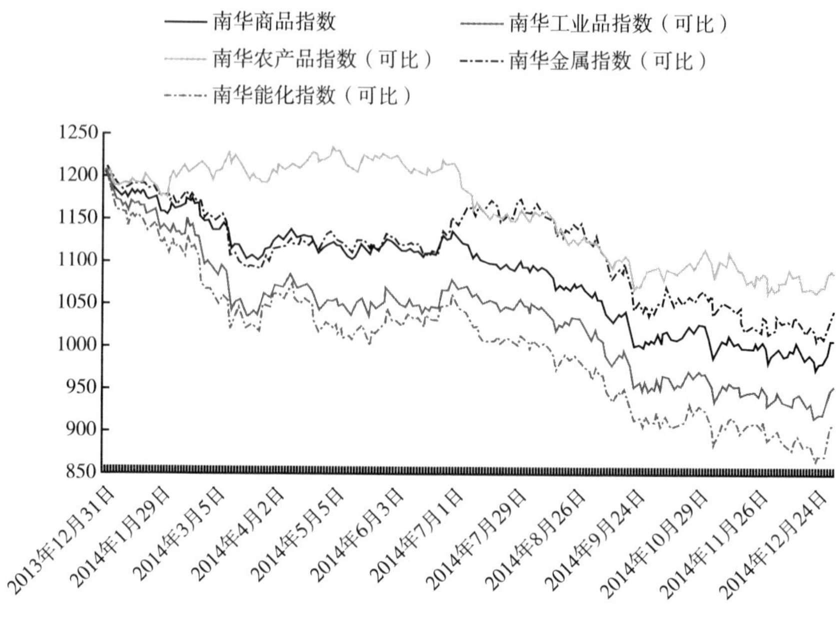

图 10　2014 年大宗商品期货走势

资料来源：Wind 资讯，建投研究院。

（二）房地产市场

2014 年以来，房地产市场逐步进入调整期，全国房地产销售和开发延续了上年的回落态势。截至 2014 年 12 月，全国商品房全年销售面积为 12.06 亿平方米，同比下降 7.58%，其中住宅销售面积下降 9.11%。全年房地产开发投资共计9.50万亿元，同比增长10.49%，增速比上年同期回落9.30个百分点（见图11）。从宏观经济看，2014年GDP同比增速下滑至7.4%，全社会固定资产投资增幅也明显回落至15.7%，房地产投资的失速对固定资产投资和GDP增长都产生了较大的负面影响，这也是9月30日央行对房地产市场实施“救市”政策的原因。从短期因素看，受房地产市场调整的影响，市场对房地产的预期发生了明显的反转，也影响了房企对市场预期的乐观态度，导致开发投资同比增幅回落较为明显。另外，房地产属于资金密集型产业，与当期金融信贷环境密切相关，伴随利率市场化进程逐步推进和银行加强对房地产行业的风险控制，获得房地产开发贷款和个人住房按揭贷款的难度加大。从中长期因素看，我国房地产投资经过10多年的高速增长，住房居住水平和户均住房占有量显著提高，整体供求关系正趋向平衡，支撑房地产投资持续高速增长的内在动力趋弱。从这个角度看，房地产投资增速下降符合行业发展的一般规律。但随着“930救市政策”逐步落地，在按揭新政、公积金新政、降息等政策的刺激下，楼市销量开始回暖。

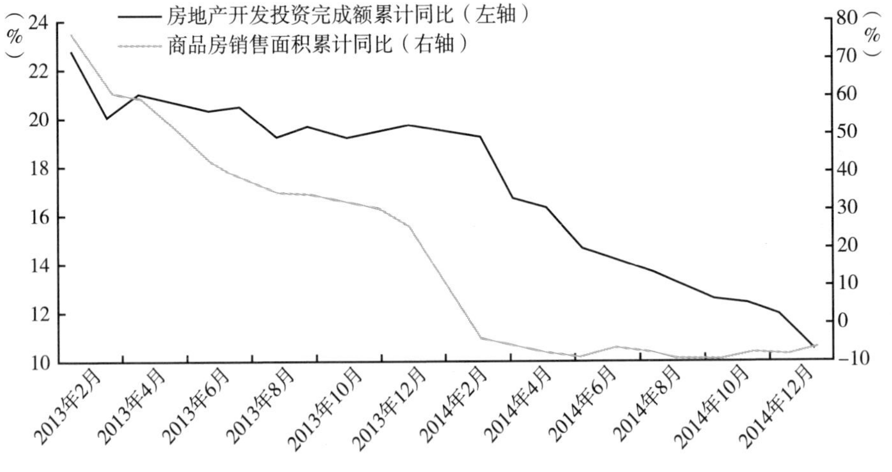

图11　房地产开发投资和销售面积累计同比

资料来源：Wind资讯，建投研究院。

截至2014年末，房地产开发企业房屋新开工面积为17.96亿平方米，同比下降10.7%，降幅较年初有所收窄。2014年房屋竣工面积在经历了年初短暂的负增长后在5月开始稳步回升，全年房地产开发企业竣工面积达到10.75亿平方米，累计同比增长5.9%，其中住宅竣工面积8.09亿平方米，同比增长2.7%。2014年房地产开发企业土地购置面积为3.34亿平方米，同比下滑14.00%（见图12）。

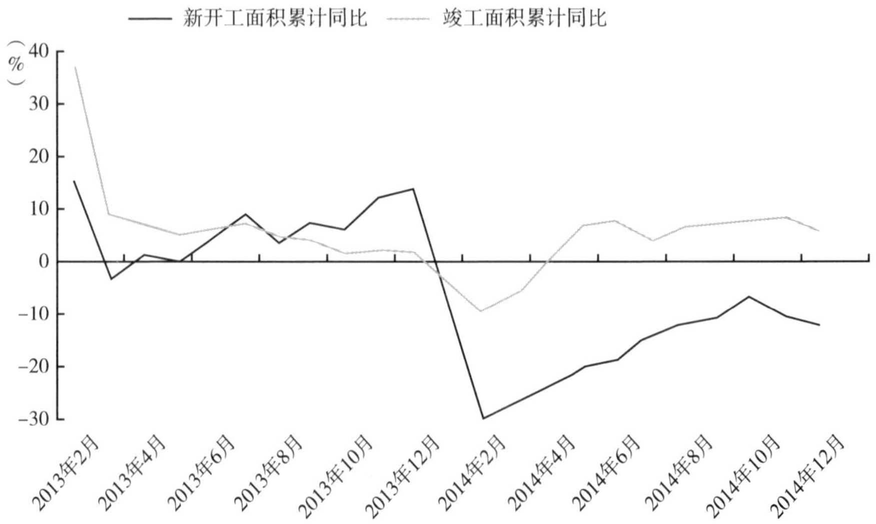

图12　房屋新开工及竣工面积累计同比

资料来源：Wind资讯，建投研究院。

从百城住宅价格指数来看，全国100个城市住宅价格在一季度延续了上一年的增长态势后于二季度开始持续下跌，同比涨幅不断下滑并从四季度开始步入负值区间。2014年3月两会召开期间，中央提出“双向调控”分类指导，未来着重依靠市场自身调节作用，政策环境逐步平稳。此外，房地产信贷仍然偏紧，受销售回款受阻、企业资金链趋紧以及去库存压力增加的影响，一些房地产开发企业采取“以价换量”的市场策略，房价下跌的情绪逐渐在市场上蔓延，导致购房者对后市预期不稳，供需双方的博弈加剧，导致价格出现加大幅度的下滑。不过由于三季度末开始房地产调控放松，加上降息等因素影响，四季度刚性需求开始释放，房地产销售单价开始趋稳。

分区域来看，一线城市房地产业复苏力度更大、更快，到2014年12月底房价仅同比下滑0.08%；二线城市复苏力度相对较弱，到2014年12月底房价同比下滑0.38%；而三线城市受供给过剩和需求不足的双重影响，复苏力度最弱，到2014年12月底房价同比下滑0.68%（见图13）。

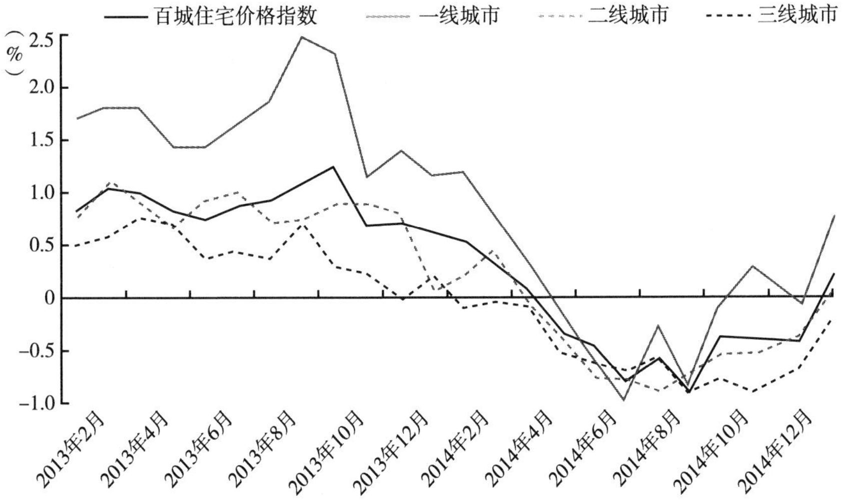

图13　百城住宅价格指数及一、二、三线城市房价同比变化情况

资料来源：Wind资讯，建投研究院。

（三）信托市场

2014年中国信托市场保持平稳增长，但增速开始放缓。这首先是由于信托业受到较弱的基本面和房地产行业增速下滑的宏观背景的影响；其次，2014年以来信用风险和兑付危机频频发生，市场也开始担忧信托可能出现的违约和兑付风险；最后，近年来银行理财、互联网理财、货币基金的飞速发展也抢占了一定的市场，某种程度上分流了信托资金的增量。

截至2014年末，信托行业资产管理规模再创新高，达到13.98万亿元，较2013年末的10.91万亿元增长28.14%；较2014年三季度末的12.95万亿元增长7.95%。资产规模的增幅明显回落，较2013年末46.05%的同比增长率回落了17.91个百分点；从年内季度环比增速看，2014年前三季度也延续了自2013年一季度开始的持续回落态势：2014年一季度为7.52%，二季度为6.40%，三季度为3.77%，四季度环比增速大幅回升，至7.95%，企稳迹象明显。信托资产增幅放缓有两方面的原因，一方面是弱经济周期和强市场竞争对信托业传统融资信托业务的冲击效应明显加大；另一方面是旧增长方式的萎缩速度与新增长方式的培育速度之间的“时间落差”，即新业务培育需要一个过程，其培育速度目前尚滞后于旧业务的萎缩速度。如何加快转型，是信托业未来发展所面临的核心挑战。

从营业收入看，2014年末，信托业实现经营收入954.95亿元（平均每家信托公司14.04亿元），相比2013年末的832.60亿元增长14.69%，但较2013年末30.42%的同比增长率回落了15.73个百分点；从利润总额看，2014年末，信托业实现利润总额642.30亿元（平均每家信托公司9.45亿元），相比2013年末的568.61亿元增长12.96%，但较2013年末28.82%的同比增长率回落了15.86个百分点；从人均利润看，2014年末，信托业实现人均利润301万元，相比2013年的305.65万元小幅减少4.65万元，首次出现了负增长。2014年信托业经营业绩下滑的原因主要有两个，一是信托资产增速持续放缓，增量效益贡献下滑；二是信托报酬率呈现下降趋势，量降的同时价也开始下降，信托报酬的价值贡献下滑。这说明信托业转型发展所需的内涵式增长方式尚未最终成型，新增长方式下的业务不仅没有“放量”，也没有“放价”，这也是信托业转型发展道路上的巨大挑战。

与信托资产与收入增速放缓的情况相反，2014年信托行业固有资本的增速却明显加快。截至2014年末，信托业实收资本1386.52亿元（平均每家信托公司20.39亿元），相比2013年末的1116.55亿元，增加269.97亿元，增长24.18%，较2013年末13.93%的同比增长率提高10.25个百分点。在实收资本增加的推动下，2014年信托业的所有者权益增加到3196.22亿元，较2013年末的2555.18亿元增长25.09%。与此同时，2014年末，信托业的固有资产规模增加到3586.02亿元，相比2013年末的2871.41亿元增长24.89%。信托公司固有实力的不断增强，反映了信托业未雨绸缪，主动增加应对挑战的筹码，借此不断增强风险抵御能力，并为业务转型奠定资本基础。

在产品发行规模方面，2014 年信托业共发行 9375 款产品，同比上升 64.39%，实际发行规模为 6146.93 亿元，同比减少 5.43%。2014 年信托产品发行数量逐季上升（见图 14），主要原因是受证券市场牛市的刺激，发行最多的是证券投资信托，数量占 48.95%；二季度发行规模下滑主要是受银监会规范非标产品的影响，新增贷款类信托规模下降 352.71 亿元，同比下滑 20.18%。

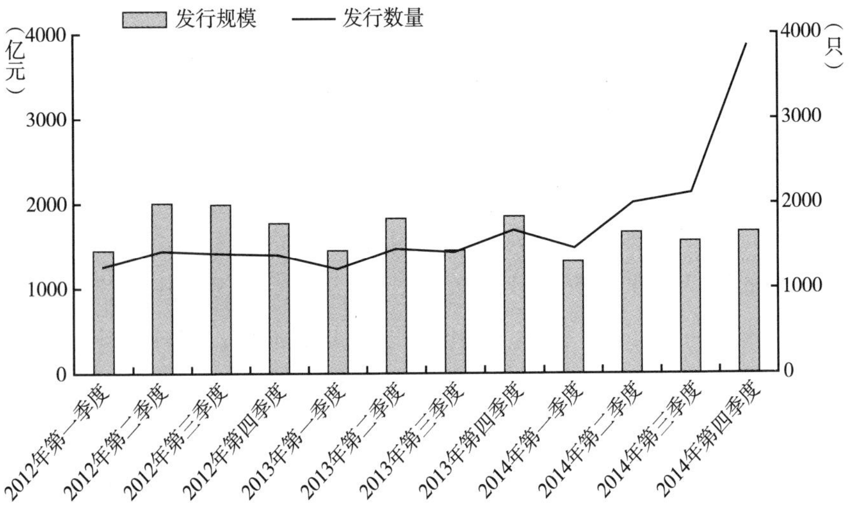

图 14　信托产品发行规模

资料来源：Wind 资讯，建投研究院。

从投向来看，在集合信托产品中，房地产类信托资金规模合计 2863.19 亿元，占比为 23.4%，比上年同期降低 11.7 个百分点，尽管房地产类信托仍是 2014 年集合信托产品资金的主要流向，但楼市不断降温使得房地产行业景气度每况愈下，行业融资需求快速回落，再加上金融机构非标业务收紧，房地产类信托资金规模恐难再现以往的高速增长之势。2014 年，基础产业信托资金规模达到 2733.69 亿元，占比为 22.4%，仅次于房地产信托，但呈现出逐季回落的态势。流向工商企业方向的资金占比下降幅度较大，从

2013 年的 14.1% 下降到 2014 年的 12.7%。这主要是由于 2014 年以来，中央政府陆续出台了一些地方政府债务清理的相关文件以规范地方城投债务，使得投向基础产业和工商企业的资金有所减少。此外，信托投向基础产业和工商企业的资金很多都属于通道类非标业务，而在非标业务逐渐分流到基金子公司和券商资管的背景下，投向回落也在情理之中。投向金融方向的资金为 2447.97 亿元，占比为 20%，较 2013 年上升 1.33 个百分点，股市和债券市场的向好表现增强了信托公司的信心，金融类投向表现良好。

收益方面，2014 年集合信托产品平均预期年收益率从 2013 年的 8.79% 上升为 8.99%，总体呈现走高趋势（见图 15）；信托平均年限从 2013 年的 1.60 年降低到 1.55 年，降低的主要原因是证券类信托占比提高，而证券类信托的期限较短。2014 年以来，我国货币政策有所放松，但信托产品的收益率并未出现显著回落反而呈现上行趋势，这一方面是受到信托到期高峰逐步逼近的影响，信托公司在借新还旧的压力下推高了产品收益率；另一方面，在信用事件频繁发生的背景下，投资者的风险偏好下降也提高了信托产品的风险溢价。信托产品收益率高企也从侧面反映出目前我国中小企业、房地产行业等高风险的实体经济部门仍面临着较高的融资利率，央行提出的降低社会融资成本的任务仍很艰巨。

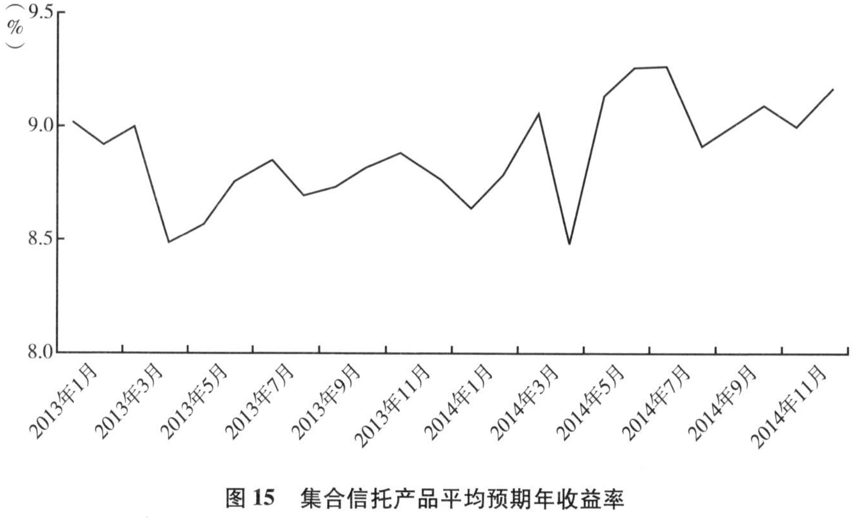

图 15　集合信托产品平均预期年收益率

资料来源：用益信托网，建投研究院。

在各类集合信托产品的收益率中，房地产类信托以 9.73% 的平均收益率稳居第一位，其次是基础产业类信托，平均收益率为 9.46%。尽管房地产类信托面临各地调控政策的打压，是市场担忧的主要风险点之一，但仍凭借着较高的收益率得到了投资者的认可。金融类信托以 8.26% 的平均收益率排名最后，主要原因是证券投资类产品的平均期限缩短以及受到市场利率下行的影响（见图 16）。

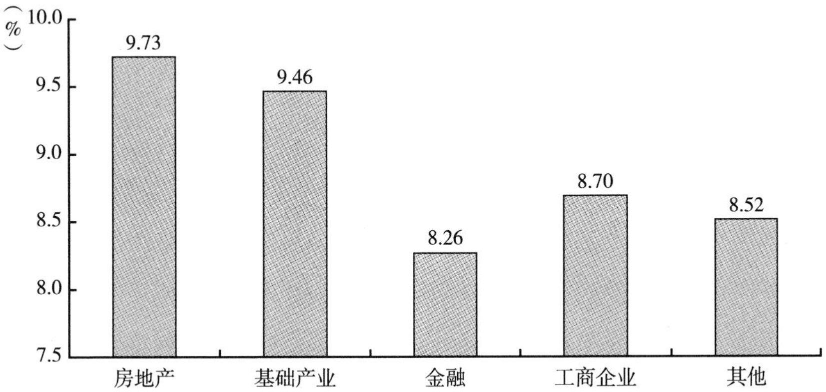

图 16　2014 年不同投向的集合信托产品的平均收益率

资料来源：用益信托网，建投研究院。

（四）风险投资与私募股权投资市场

2014 年，尽管我国宏观经济基本面较弱，GDP 增长率出现下行趋势，但我国风险投资与私募股权市场仍呈现出回暖迹象，基金募资额、投资额和退出三方面都有所上升。

2014 年，VC/PE 募集完成基金个数为 354 家，同比增长 88.30%；募资金额为 2751.21 亿元，同比仅上升 3.96%（见图 17）。其中，VC 基金募集特别活跃，2014 年共有 126 家完成募资，同比上升 43.18%；募资总额达到 397.4 亿元，同比增长 98.85%，募资总额再创新高。其大幅上升的原因主要有以下两点：一是受到外资机构募资步伐加快的推动，二是我国的信息技术、互联网、先进制造业等新兴产业的发展仍处于初级阶段，存在大量的投资机会，海内外的投资者因此提高了对我国产业转型期股权投资机遇的关注度。

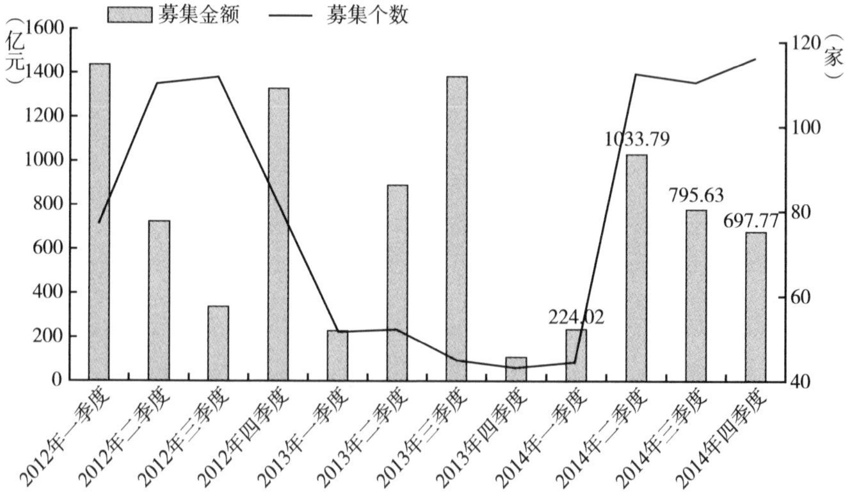

图 17　PE 新募集基金情况

资料来源：Wind 资讯、建投研究院。

2014 年，VC/PE 投资案例 1223 起，同比增长 66.02%，投资金额累计 1964.27 亿元，同比增长 176.17%（见图 18）。

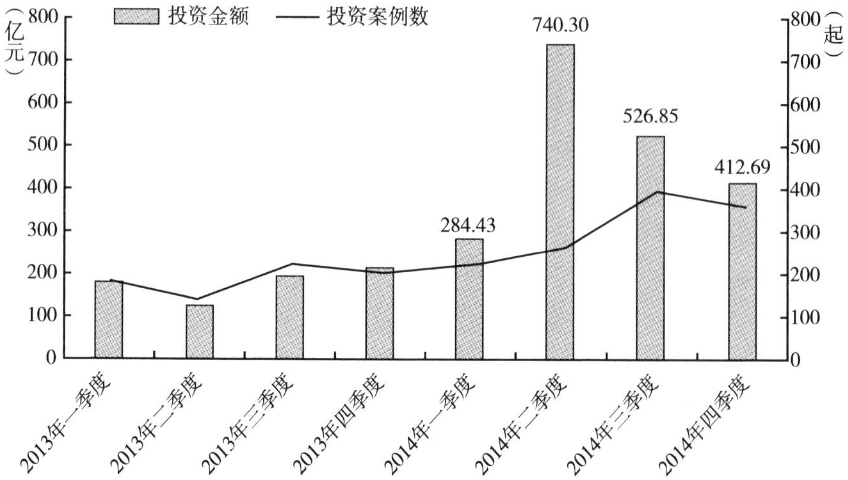

图 18　PE/VC 投资情况

资料来源：Wind 资讯、建投研究院。

分行业来看，2014 年 VC/PE 投资金额最多的是信息技术行业，达 770.63 亿元，占 39.3%，这些投资主要投向移动互联网；其次是日常消费，达 430.09 亿元，占 21.9%；再次是金融业，达 222.28 亿元，占 11.3%；其余行业包括可选消费（占 8.6%）、医疗保健（占 5.5%）、能源（占 5.1%）、工业（占 4.8%）、材料（占 3.4%），其他行业（占 0.2%）（见图 19）。

从投资趋势来看，2014 年移动互联网应用为代表的信息技术、日常消费两大行业占比提高最多，分别比 2013 年提高了 14.5 个百分点和 18.7 个百分点；2014 年占比减少的行业是金融、工业和可选消费，分别减少了 13.3 个百分点、13.6 个百分点和 8.9 个百分点。

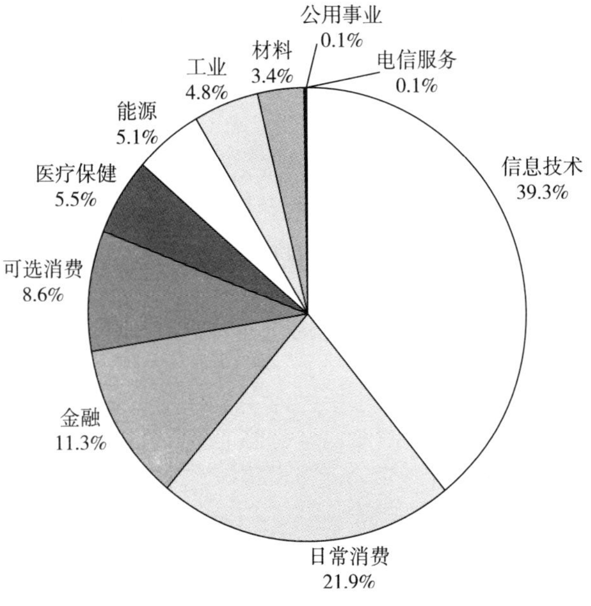

图 19　VC/PE 投资行业分布

资料来源：Wind、建投研究院。

2014 年，共有退出案例 914 个，退出金额 1183.74 亿元。分行业来看，金融行业虽然退出案例只有 39 个，但是退出交易的金额最高，达 305.49 亿元，占退出交易总额的 25.8%；信息技术行业退出案例数最多，达 250 个，退出金额 228.90 亿元，占退出交易总额的 19.3%。退出案例数排名前几位的行业还有可选消费、工业、材料、医疗保健等。

通过并购、股权交易等非 IPO 方式退出的案例数在 2014 年有了快速增长，全年共实现退出案例 625 个，同比增长 363%，退出金额 799. 20 亿元，同比增长 308%（见图 20）。

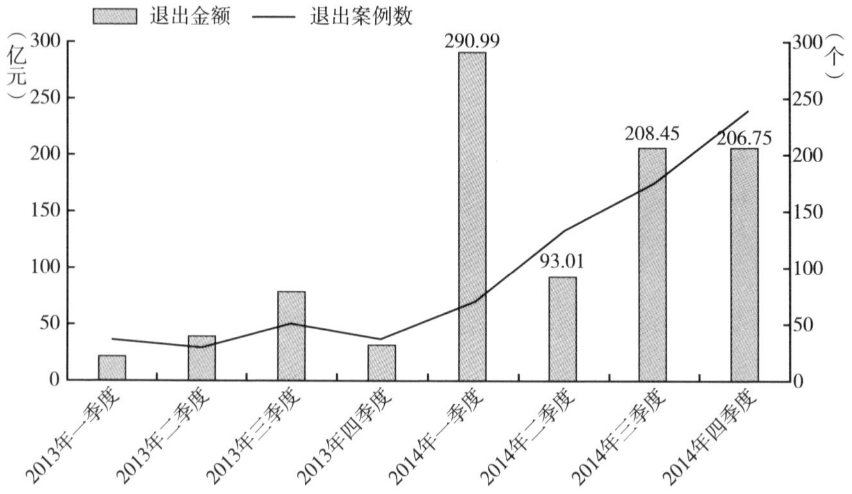

图 20　VC/PE 通过非 IPO 途径退出的情况

资料来源：Wind 资讯、建投研究院。

（五）银行理财产品市场

2014 年，全国共发行（按起始日期）银行理财产品 6. 52 万只，较上年同期增长 44. 11%（见图 21）。银行理财产品发行量增长的原因如下：其一，银行理财产品仍是商业银行吸纳资金、缓解流动性压力的主要工具，发行的动力不减；其二，银行理财作为风险较低的理财产品，在投资渠道匮乏的背景下，仍吸引着大量的投资者；其三，2013 年以来互联网金融的兴起加剧了现金理财领域的竞争，商业银行在激烈的竞争下也加紧开发自己的现金管理类理财产品，希望能在这一领域抢占一席之地。

2014 年，共有 454 家商业银行参与发行了理财产品，比 2013 年的 186

家增加了1.44倍。在利率市场化的背景下，各银行的参与度大大提升。其中发行数量前三位的依次是中国建设银行、交通银行和中国银行，市场占比分别为7.91%、7.76%和5.73%。值得一提的是，尽管目前传统大型银行在理财产品的发行中仍占据主导地位，但城市商业银行理财产品的发行数量和市场占比也在逐年攀升，银行理财领域的市场竞争势必更加激烈。

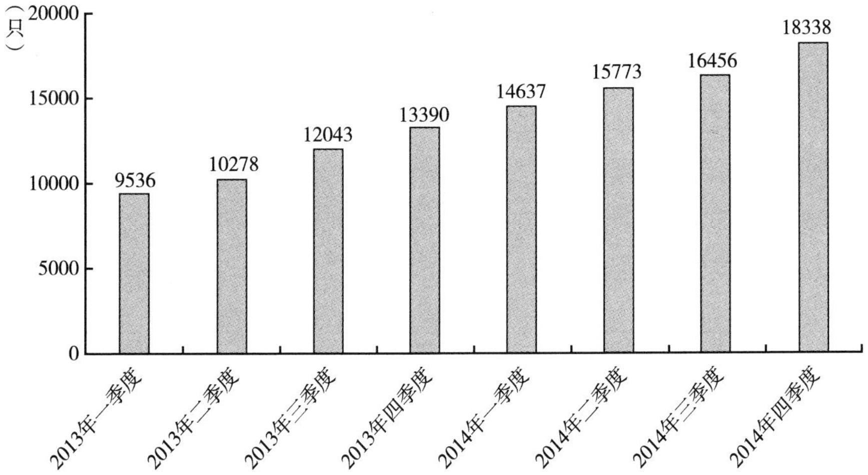

图21　银行理财产品发行数量

资料来源：Wind资讯、建投研究院。

类型结构方面，2014年发行的银行理财产品中，非保本型占67.9%，低于上年同期2.3个百分点；保本固定型占比从上年同期的10.65%提高到11.70%；保本浮动型占比相对比较稳定，在20%左右（见图22）。虽然大部分银行理财产品为非保本型，但由于银行拥有比较严格的风险控制与投资体系，对自身的品牌和声誉也较为珍惜，实际中，非保本理财产品均被投资者看作“近似”无风险。

期限方面，2014年发行的银行理财产品中，期限为1~6个月的占比最高，约为81.46%，仍是市场的主流。其中，期限为1~3个月的产品最受欢迎，占比为58.60%。与2013年同期相比，1~6个月的理财产品的市场占比变化不大，而1个月以内的超短期理财产品的占比上升了0.44个百分

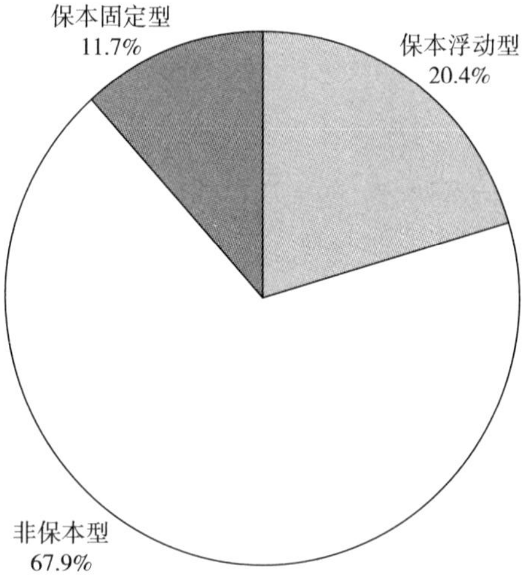

图 22　银行理财产品的类型结构

资料来源：Wind 资讯、建投研究院。

点，这部分产品主要用于满足一些追求资金效率最大化的投资者的需求（见表6）。

表 6　2014 年银行理财产品期限分布

单位：%，只

期限	1 个月以内	1～3 个月	3～6 个月	6～12 个月	12～24 个月	24 个月以上	未公布
占比	4.66	58.60	22.86	11.69	1.28	0.19	0.72
数量	3085	38801	15139	7741	846	124	480

资料来源：Wind 资讯。

收益方面，2014 年发行的银行理财产品收益率分布发生了较大的变化，预期年化收益 5%～8%（含）的产品成为主力，占比从上年的 30.99% 上升至 65.43%，而预期年化收益 3%～5%（含）的产品的占比则从上年的 59.64% 下降至 28.73%（见表 7）。但是按照季度来看，预期年化收益 5%～8%（含）的产品实际已呈现冲高回落的态势。从 2013 年初到 2014 年一季度，预期年化收益 5%～8%（含）的理财产品一直处于上升趋势，而预期年化收益 3%～

5%（含）的理财产品一直处于下降趋势，其主要原因是受市场资金面的影响以及互联网金融异军突起。2013 年一季度宽松的货币政策令固定收益类产品的收益持续下滑，银行理财的预期收益率也随之持续下滑，但 2013 年二季度后，资金面逐步转紧，银行理财产品的平均预期收益率也逐步走高，并一直持续到 2014 年春节前。春节后，市场资金紧张程度有所缓解，但平均预期收益率依然保持在 5.5% 的水平之上。以余额宝为代表的互联网金融理财，以其认购门槛低、收益高、操作方便的特点，对预期 3% ~5%（含）收益率的银行理财产品产生了巨大冲击。而预期 5% ~8%（含）收益率的银行理财产品凭借传统优势，保持稳定增长。因此，2014 年一季度末，预期 5% ~8%（含）收益率的理财产品占比达到 78.53% 的历史高值，预期 3% ~5%（含）收益率的产品占比仅为 15.53%。二季度以来，随着市场资金紧张程度的缓解、互联网金融理财收益率的降低以及银行短期理财产品自身的调整，预期年化收益 3% ~5%（含）的理财产品出现反弹，5% ~8%（含）的理财产品出现回调。

表 7　2014 年银行理财产品收益率分布

单位：%，只

预期年化收益	0 ~2%（含）	2% ~3%（含）	3% ~5%（含）	5% ~8%（含）	8% 以上	未公布
占比	0.83	1.16	28.73	65.43	0.34	3.50
数量	552	770	19024	43327	222	2320

资料来源：Wind 资讯。

三　2015年国内主要投资市场展望

（一）证券市场

1. 股票市场

2015 年，在经济企稳、政策宽松、流动性丰裕的共同作用下，股票市场预计将延续 2014 年下半年以来的上涨趋势，继续在震荡中上扬，但收益率会收窄。从市场资金供给的角度看，①继沪港通、深港通之后，海外资金将进一步回流A股，2015年A股有望纳入MSCI指数体系，海外基金配置A股的需求将上升；②从居民资产配置的角度看，随着利率下行趋势的形成以及刚性兑付局面的打破，信托等理财产品的吸引力也开始下降，未来股票资产的比重有望提升，这也将助推资本市场的发展。因此，预计2015年A股将进入牛市行情。预计上证综指年中可能会突破4000点大关，但全年合理的涨幅应在20%左右。

过去几年主板蓝筹股一直表现不佳，2015年在经济稳定增长的背景下蓝筹股有估值修复的需求，而海外资金也更青睐蓝筹股，因此预计2015年蓝筹股将表现良好，蓝筹股的上扬也将带动股指的上升。2014年中小板和创业板在新经济和新技术等概念的操作下也有所上扬，但是由于其估值风险高、概念炒作退潮，以及2014年年报公布的业绩表现不及投资者预期，预计2015年中小板、创业板将呈现震荡格局，指数上涨有限。

在板块和行业选择上，政策红利、工业升级和企业业绩良好的板块将更受市场青睐。在制度红利方面，随着2015年继续深化改革，国企、土地、金融改革等制度性变革将激发资本、土地等要素的活力，因此土地流转、国企重组、非银行金融等板块值得投资者继续关注。在工业升级上，随着全球在制造业领域的竞争加剧，“中国制造”逐步向“中国智造”转型，资本将在数字化、网络化、智能化等工业应用领域加快布局，因此高端装备制造、智能装备、精密机械、北斗导航等领域的投资机会依旧很大。此外，业绩良好、分红率高的蓝筹股在2015年也将会有较好的表现，节能环保、信息技术等行业的表现也值得期待。

2. 债券市场

2015年债券市场的流动性趋于宽松，利率中枢下移，债券市场整体上将呈现小牛市的格局——继续在震荡中上升，预计发行量和交投活跃度将超过2014年水平。

供给方面，2015年金融自由化过程将继续推进，在金融加杠杆的背景下债券供给数量和品种都将有所增加。

需求方面，随着刚性兑付逐渐被打破，除了标准化的信用债，信托、基金子公司、理财等非标准化债券产品中蕴藏的风险逐渐暴露。违约率的上升将驱使投资者在高信用评级债券上增加配置，低等级信用债将面临不利局面。

在债券投资品种的选择上，利率债方面，随着经济数据有所好转、货币政策宽松预期的兑现，以及 CPI 的低位运行，长端利率的下行条件增加，2015 年短期的交易性机会将会较多。

信用债方面，《国务院关于加强地方政府性债务管理的意见》允许地方政府通过债券置换的形式逐步消化存量债务，实际上降低了地方政府的部分融资成本，降低了城投债信用违约的风险。此外，基金和非银行金融机构的影响力增强提高了中、高等级的信用债品种在利率趋势变化时反应的灵活度，信用债品种的交易性机会将会高于以往。从票息收入和交易性机会的角度出发，建议配置中、高等级企业债券。

可转债方面，市场对于改革的预期仍然较高，2015 年的改革步伐不会停止，且股票市场表现良好，将带动相关品种的上涨，建议关注配置有军工、土地流转、国企改革等主题性机会的存量债和新债。

3. 基金

2015 年在股市、债市双双向好的预期下，预计基金规模将同比增加，基金指数将继续实现正增长，但是各基金板块涨幅分化。在股市继续走势趋好的预期下，预计股票型基金指数涨幅最大；债券型基金或能实现较小涨幅，在流动性宽松预期下存在阶段性机会；在流动性趋于宽松和利率下降的背景下，货币基金将继续维持稳健收益；世界经济复苏缓慢将拖累海外股市表现，因此 2015 年 QDII 基金的表现将不尽如人意。

在股票基金中，2015 年积极进取型股票基金的表现将好于稳健型基金。在资产配置上，应该更偏重于蓝筹股和国企改革、先进制造、信息技术、节能环保、非银行金融等板块。

4. 商品期货

世界经济复苏缓慢，总体不利于 2015 年大宗商品的表现。预计黄金期货 2015 年将围绕 1200 美元震荡，没有趋势性行情。经济上美强欧弱的状态延续，地缘政治风险可控；主要经济体通胀压力偏低，部分地区通缩风险依然较大；贵金属保值需求较小，且消费需求增长缓慢，这些都给金价走势带来了不确定性。

2014年下半年开始原油经历了大幅度下跌，年底跌破50美元，已经低于非常规石油开采的现金成本。预计受经济复苏疲弱、地缘政治风险可控的影响，2015年美国西德克萨斯轻质原油（West Texas Intermediate，WTI）均价在60美元左右，预计不会长期徘徊在50美元以下，因为过低的油价会导致非常规石油新增投资停滞、产出下滑。原油供给面从2015年下半年开始将逐渐改善。

农产品是刚性需求，总体来看全球农产品处于供需平衡状态，受经济形势影响库存略有上升。预计2015年农产品价格将维持底部震荡走势，全年会出现阶段性机会。

受经济复苏疲弱的影响，预计2015年其他工业大宗商品将维持震荡格局，部分品种出现反弹，但整体难以出现趋势性上涨的机会。

（二）房地产

2015年房地产市场将迎来触底反弹。从商品住宅供给来看，2014年商品房新开工面积负增长，施工面积低速增长，因此2015年新入市商品房增速将降低，房地产库存高峰将在下半年见顶。商业地产方面，2014年投资依旧保持较快增长态势，但增速有所放缓，因此2015年商业地产供给将继续有所增加，库存将进一步上升。

2015年，在住宅限购取消、利率降低、贷款放宽的政策支持下，过去两年被压抑的住宅地产首套置业和改善需求被激发，房地产的销售将逐渐走出低谷，预计在下半年实现同比正增长。商业地产受经济复苏缓慢的影响，销售量将继续同比负增长，空置率有所上升。

在成交价格方面，2015年商业地产受供大于求的影响，预计价格将继续下跌。而商品住宅受销售会暖的影响，预计价格将在三季度前后开始回升，但是城市间会出现分化。具体而言，一、二线城市由于过去几年被压抑的刚性需求释放，供需矛盾很快缓解，库存将在2015年下半年开始回落，价格将出现一定的反弹，但是涨幅相对有限；三、四线城市由于房屋供给充裕，但是需求相对不足，去库存压力大，大部分城市房价难以出现反弹。

在房地产政策方面，2015 年将继续呵护合理的住房需求，政府在房贷额度、购房补贴、税收减免等方面将继续给予优惠支持。

（三）信托市场

2015 年我国信贷环境将有所宽松，预计随着金融市场化的进一步推进、IPO 注册制的实际落地，企业融资渠道大大拓展，对信托计划的需求增速放缓。在弱经济周期和市场竞争加剧的情况下，预计 2015 年全年的信托产品发行额度将与上年持平或略有上升，这是因为一方面激烈的竞争导致信托通道价值下降，另一方面，房地产市场的复苏将有利于房地产信托产品的发行，两方面的影响相互抵消。

在市场压力和政策引导的双重推动下，2015 年信托业的业务结构将朝着更加符合信托本源和市场需求变化的方向进行优化。预计 2015 年，融资类信托的占比将继续下降，而投资类信托和事务类信托的比重稳步提升，一些新领域的信托产品也将不断涌现，例如，土地流转、健康养老、消费信托、家族财富传承、子女教育、海外投资等。

从信托投向看，预计随着房地产市场的触底，2015 年房地产类信托的规模占比将会同比上升；基建投资的信托随着地方政府债务的清理和地方政府融资的规范，占比将有所下降；工商企业的信托项目随着经济企稳，需求相对稳定，占比波动不大。

虽然 2014 年信托业风险事件频发，但使用自有资金进行刚性兑付成为很多信托公司的最终选择，在行业风险可控的前提下，预计 2015 年隐性刚兑或将继续。受风险溢价上升和市场利率下降的共同影响，信托收益率将基本维持稳定，保持在 8% ~12%。

（四）风险投资与私募股权投资市场

2015 年 VC/PE 市场将继续走向成熟，在整个投资环节上，VC/PE 公司将深耕细作，充分培育企业和挖掘价值。一方面，VC/PE 公司将继续将投资前移——“PEVC 化”、“VC 天使化”、“天使投资”、VC 投资的数量将继续大幅增长，但是单个项目的平均投资额会变小；另一方面，由于（移动）互联网时代新技术、新概念层出不穷，VC/PE 公司还将重点关注新兴技术领域；此外，寻找改革红利将是 VC 在 2015 年寻求突破的重要领域。

具体而言，在募资方面，受互联网热潮和 IPO 开闸的影响，2014 年募集基金规模和数量都比上年有较大幅度增长，预计 2015 年将延续这一浪潮。同时，由于社保基金、保险资金等也将更多地涉及 VC/PE 市场，单个基金的规模会有所上升，这有利于优秀投资机构参与基金管理。大部分的中小机构由于前期项目退出少甚至没有，在新基金设立募资中面临重重困难。

在投资数量上，随着中国经济的转型升级和改革深化，加之新募基金的增长，预计 2015 年 VC/PE 投资将继续保持增长。在行业选择上，2015 年 VC 投资将继续青睐于高科技、大数据、互联网金融、生活服务和商业服务等领域；PE 则在消费品、先进制造、节能环保、医疗健康等领域重点布局；并购基金将在国企改革、产业并购等方面继续大显身手。

在退出方面，预计随着资本市场的行情好转和 IPO 发行的稳步进行，退出案例将有所增加，通过上市公司并购项目退出的 VC/PE 案例也会有所增加。政策趋势方面，2015 年 IPO 注册制可能正式推出，这将大大拓宽 VC/PE 的退出通道。

（五）银行理财

2015 年将会继续执行相对宽松的货币政策，加上目前银行考核制度的变化，中长期理财会成为银行重点推出的产品。在流动性宽松的背景下，银行理财产品的收益率总体保持稳定或略有下滑，主要产品的收益率为 4% ~7%。

互联网金融的快速发展强化了银行的危机意识，银行理财产品的品种和规模快速上升，假如银行理财产品的发行规模保持目前的增长速度，2015 年新增规模或达到 10 万亿元，到年底规模或接近 30 万亿元。

2015 年，随着互联网金融产品风险的不断暴露和客户风险意识的加强，互联网金融产品将不再对银行理财产品构成重大威胁，双方的市场份额将趋于稳定。

在产品类型方面，随着利率市场化的深入发展和监管机构对理财业务的规范要求，投资到标准化资产的比重将增加，资产证券化的推进为投资者提供了更多的产品选择。

四　2015年中国建投投资评级预测结果

通过对 8 个市场的相关影响因素进行测算，中国建投评级给出的 2014 年投资市场评级和 2015 年投资市场预测的情况如下（见表 8）。

➢股票市场（预测评级：收益★★★，活跃度★★★★）：股市从 2014 下半年开始进入牛市，预计 2015 年在经济企稳、政策宽松、流动性丰裕的共同作用下，股票市场将震荡上行，呈现慢牛行情，因此预计其收益率有所收窄，活跃度略有下滑。

➢债券市场（预测评级：收益★★★★，活跃度★★★★）：由于 2015 年市场流动性趋于宽松，利率中枢下移，预计债券市场继续呈现小牛市格局，活跃度将继续攀升。

➢基金市场（预测评级：收益★★★★，活跃度★★★★）：2015 年在股票、债券市场继续走势向好的预期下，收益率将维持在较高水平，基金市场保持活跃态势。

➢商品市场（预测评级：收益★★，活跃度★★★★）：2015 年在全球经济复苏缓慢的背景下，预计商品市场以震荡走势为主，部分品种会有反弹，交易活跃度维持不变。

➢房地产市场（预测评级：收益★★，活跃度★★）：2015 年将迎来触底反弹，在住宅限购取消、利率降低、贷款放宽的政策支持下，刚性需求将得到释放。因此，预计 2015 年成交价格和成交量将趋稳。

➢信托市场（预测评级：收益★★★★，活跃度★）：受风险溢价上升和市场利率下降的共同影响，信托收益率将基本维持稳定，行业增长率将继续下滑。

➢VC/PE 市场（预测评级：收益★★★★，活跃度★★★★）：2015 年随着 IPO 发行加快和注册制的推出，退出渠道拓展，VC/PE 的收益水平将进一步改善，募资和投资继续保持活跃。

➢银行理财市场（预测评级：收益★★★，活跃度★★★）：在 2015 年宽松的流动性背景下，预计银行理财收益率总体保持稳定或略有下滑，市场活跃水平维持稳定。

表 8　2014 年投资市场评级和 2015 年投资市场预测

投资市场	2014 年投资市场评级		2015 年投资市场预测评级	
	收益	活跃度	收益	活跃度
股票市场	★★★★★	★★★★★	★★★★↓	★★★★↓
债券市场	★★★★	★★	★★★★	★★★★↑
基金市场	★★★★	★★★★	★★★★	★★★★
商品市场	★	★★★★	★★↑	★★★★
房地产市场	★	★★	★★↑	★★
信托市场	★★★★	★	★★★★	★
VC/PE 市场	★★★	★★★★	★★★★↑	★★★★
银行理财市场	★★★	★★★	★★★	★★★

注："↑"表示与上年比有所改善；"↓"表示与上年比有所下降。

附录：中国建投投资评级体系说明

（一）背景和目的

随着我国经济增长、资本市场开放、金融业发展，投资市场发展迅速，人民收入不断提升，投资需求增大，投资种类日益丰富。为给投资者提供对投资市场的宏观把握，我们打破投资市场的传统界限，将 A 股、债券、商品期货、房地产（住宅，下同）、VC/PE、信托、银行理财、开放式基金 8

个市场用统一的方法计算出评级结果，对各个市场的收益以及活跃度进行横向比较，在回顾当期市场变化的基础上，对下一期各个市场的变化做出预测，为投资者的资产配置提供决策参考。评级体系现已开发出定位于年度和季度的回顾和预测评级。

（二）设计思路和方法

1. 当期收益评级

各个市场的风险不同，预期收益也相差较大，因此为使各个市场具有可比性，我们将各个市场的收益指标进行了风险调整，之后再用统一的评级标准，对应风险调整后的收益指标给出最后的评级结果。

2. 当期活跃度评级

各个市场的活跃度在一定程度上反映了市场的成熟度和投资者的认可度，对投资者具有一定的参考价值。我们对各个市场选取能够反映市场活跃度的指标，根据其对活跃度的影响程度赋予权重，经过时间平滑调整，得到活跃度指标。之后再根据我们的评级标准给出最后的评级结果。

3. 下一期收益预测评级

首先，考虑每个市场的影响因素，找出包括宏观经济、资金面、政策面、相关市场收益等在内的全部影响因素，建立指数预测模型。其次，分别对每个市场的影响因素进行预测、检验、权重分配，在这个过程中综合考虑模型计算与专家问卷打分结果，计算出预测的收益率。最后，对收益率进行风险波动因素调整，得到最终的收益预测评级结果。

4. 下一期活跃度预测评级

综合考虑本期活跃度评级与下一期收益预测评级，得到下一期的活跃度预测评级。

（三）评级体系指标选取

1. 收益指标

针对不同市场，选取最能反映该市场收益变化同时被投资者认可的指标作为收益评级和预测指标。

A 股市场：沪深 300 指数收益率；

债券市场：中证全债指数收益率；

商品期货市场：中证商品期货指数收益率；

房地产市场：百城价格指数收益率；

VC/PE 市场：年化收益率；

信托市场：信托产品平均年化收益率；

银行理财市场：理财产品平均年化收益率；

基金市场：中证基金指数收益率；

2. 活跃度指标

针对不同市场，选取最能反映该市场交易额和交易量变化的指标作为活跃程度的评级和预测指标。

股票市场：交易量、交易额、IPO 数量；

债券市场：发行期数、发行总额、成交总额；

商品期货市场：成交量、成交额；

房地产市场：投资额、新开工面积、施工面积、竣工面积、销售量、销售额；

VC/PE 市场：募、投、退规模及数量；

信托市场：资产规模、产品数量；

银行理财市场：银行理财产品发行量、到期量；

基金市场：资产净值、基金份额、新增基金数量。

（四）评级标准释义

1. 收益评级标准

以三星代表中等投资收益，对应的收益率水平与各银行理财产品中的较低收益水平相近，同时既要高于 1 年期存款利率又要高于同期 CPI。一星代表负收益；二星代表低于三星的正收益；四星收益高于贷款利率，意味着理论上讲即使通过贷款融资再用于投资也存在套利机会；五星代表较高收益。

表 9　收益评级标准表

★★★★★	调整后年化收益率在 20% 以上
★★★★	调整后年化收益率为 8% ~20%
★★★	调整后年化收益率为 4% ~8%
★★	调整后年化收益率为 0 ~4%
★	调整后年化收益率在 0 以下

2. 活跃度评级标准

表 10　活跃度评级标准表

★★★★★	经过时间平滑调整后的指标值环比增长率与五年平均增长率的变化率在 1 以上
★★★★	经过时间平滑调整后的指标值环比增长率与五年平均增长率的变化率为 0.3 ~1
★★★	经过时间平滑调整后的指标值环比增长率与五年平均增长率的变化率为 -0.3 ~0.3
★★	经过时间平滑调整后的指标值环比增长率与五年平均增长率的变化率为 -1 ~ -0.3
★	经过时间平滑调整后的指标值环比增长率与五年平均增长率的变化率在 -1 以下

主题投资篇

Subject Investment

B.3 技术进步主题下的投资机会研究

张璐璐*

摘　要：身处变革时代，不进则退。第五次科技革命的到来，不仅带来了人们工作和生活方式的改变，也带来了产业发展与国家竞争力的重构。新一代科技革命将发生在哪些领域，会对产业产生哪些革命性的影响，如何抓住技术变革带来的国家竞争格局重构和产业结构变革的机会，是我国政府、企业乃至民众关注的重要问题。本报告分析了未来技术进步可能发生的领域，剖析了新技术对产业发展的革命性影响，基于分析做出前景判断，并提出了投资应重点关注的领域。

关键词：先进技术　产业变革　投资机会

* 张璐璐，博士，中国建投投资研究院研究部主任，主要研究方向为宏观经济、金融投资、先进技术与产业发展。

一　技术进步及其对经济社会的影响

科技革命的过程也是产业革命的过程。科学预测第五次科技革命发生的领域和可能的影响是把握产业变革与发展的关键。习近平主席指出：当今世界综合国力竞争的核心和焦点在于科学技术。第五次科技革命最可能发生在信息技术、先进制造、新能源技术等交叉融合领域。

随着电子信息技术的普及，21 世纪最初的 20 年（截至 2020 年）被称为全球迎来第五次科技革命的时间。由于相关产业、政策、基础设施尚未完善，加之 2008 年后全球性的金融危机带来淘汰过剩产能、促进新产业发展的信号，世界经济和产业格局可能面临“大洗牌”。这对于错失前四次科技革命先机的中国来说，是一次“弯道超车”的绝佳机会。

演化经济学证明，落后国家试图利用劳动力、资源等成本要素价格低廉的比较优势，在传统产业上实现对发达国家追赶的做法，将永远不会缩小与后者的经济差距。相反，在新技术革命刚刚兴起的时候，虽然新技术最初出现在发达国家，但由于其技术体系处于最原始的早期阶段，科技知识大都处于公共领域并停留在实验室阶段，知识的意会性程度很低，落后国家在这时如果能够迅速进入新技术体系，将可能在未来的国际竞争中居于主动地位。因此，我们不仅应该以史为鉴，更要科学预测和积极把握第五次科技革命的机遇，从科技领域的跟跑者跃升为领先者，从低端产业转向高端产业，从价值链低端转向价值链高端。

新技术将对全球经济及中国产业结构升级与转型产生重要意义。

（一）新技术改变全球经济社会生活，重塑国家竞争力

第一，新技术适应全球各国经济发展的需要。新技术带来新的生产工具，提高生产效率，改变生产方式，给国家经济发展带来契机。从历史上来看，历次技术革命都极大促进了各国经济发展状况的好转，以及社会运营效率的提高。例如，第一次技术革命带来的大工厂时代使得劳动力向城市转移

和聚集，从农业社会过渡到工业社会；第二次技术革命引起了世界能源消费结构的变化，从以煤炭为主转向以石油为主，带动了相关产业的发展；第三次技术革命实现了机械化和电气化，改变了产业结构的布局，促进了经济发展；第四次技术革命以信息技术为核心，改变了当今产业结构的面貌，大力促进了三大产业的发展。当今的新技术革命将会把产业结构从价值链低端发展到价值链高端，麦肯锡对这些颠覆性技术所能创造的价值进行了估算，到2025年，这些技术对全球经济的直接影响将会达到14万亿~33万亿美元。

第二，新技术革命会重塑各个国家的经济竞争力，建立新的竞争格局。每一次科技革命都会拉开各大国之间全方位、立体式的较量，国家格局不断进行调整。科技革命和产业革命会影响国际格局，科技进步和人才提升助力经济、军事发展，进而提升一国的政治影响力，并最终提升其综合国力和国际地位。第二次科技革命尽管起源于在第一次科技革命中崛起的强国——英、法、德，并在后来波及欧洲的其他国家，但是其最终完成于美国，在这一时期美国和德国开始赶超英国并跃升为新科技的主要发明国。第三次科技革命使得美国跃升为世界第一强国，第四次科技革命在各个国家间开展了以科技为核心的战略竞争，美国等西方发达国家在此阶段占领了绝对优势。这次新技术革命是新的产业升级的信号，可能带来世界经济和产业格局的“大洗牌”。

第三，新技术革命会改变人类社会的经济生活方式。例如，下一代基因组科学和先进机器人等技术会给人们的健康带来很大的好处；先进材料具有特殊性能，会取代原来使用的材料以制造出更先进的物质设备，使人们在品质改进中享用到生产力水平提升和低碳经济发展所带来的巨大利益；机器人技术和自动驾驶汽车技术会极大地方便人们的日常生活；移动互联网对人们的工作生活产生巨大影响，改变了人们对距离和空间的认识，给人们带来生活习惯和工作习惯的巨大变化；大数据处理方法会改变传统农业和金融服务等行业，例如，农业大数据的应用会为生产发展和政府决策提供科学、准确的依据，而金融大数据的应用则能帮助人们降低投资决策过程中因信息不对称所面临的金融风险。

（二）新技术是中国产业结构升级与转型的契机与关键

从战略层面上讲，新技术对我国产业结构升级与转型具有重大意义。改革开放以来，我国进入工业化初期阶段，制造业从劳动密集型向资源密集型转变，实现了经济的快速发展。然而，这种产业结构利润率不高，物资资源消耗大，对生态环境影响大。无论从成本效益还是可持续发展角度考虑，我国都需要推进产业结构的转型升级。我国在产业结构调整中应着力发展战略性新兴产业、提倡新能源产业、促进节能环保产业等，往高科技低碳经济方向发展。而新技术（包括先进制造、生物技术、信息技术、能源技术、智能技术）可以为我国产业结构升级提供契机，引导产业结构升级的战略发展方向，并加速产业结构升级的进程。

从产业层面上讲，新技术会加快中国产业结构升级。中国产业结构升级和转型不再仅仅是产业间的结构升级，而是要在同一产业内部“深挖掘”，完成产业内部的结构升级，即在同一产业内部从劳动密集型生产环节向技术密集型环节升级。在整个产业结构中，第一产业的优势已经逐渐被第二、第三产业所取代，未来某一产业内部要依赖新技术进行加工和再加工，并逐步向纵深化发展，以不断提高生产效率，实现产业结构的升级和转型。每一个产业都要根据自身的综合实力和比较优势，利用新技术来增加产业的附加值。

二　新兴技术及其影响

未来，随着新技术的发展与应用，在信息技术领域、先进制造领域、新能源领域将产生革命性的突破。

（一）信息技术及其影响

信息技术革命被称为第四次工业革命，也是第五次技术革命的重要组成部分。互联网技术的发展和应用普及带动了信息产业变革，传统产业形态发生改变，新型产业与商业模式不断涌现，信息技术将与各产业紧密结合，为经济社会生活和人们生活方式带来全面的革命性的改变。

以大数据、云计算、移动互联网、物联网等为代表的新一代信息技术发展突飞猛进，并逐步与其他产业实现跨界融合，这对于我国的工业现代化、农业现代化、服务业现代化具有重要意义。

（二）先进制造技术及其影响

最近几十年来，以微电子、信息、新材料、控制论、系统科学等为代表的科学与技术的迅猛发展及其在制造领域的广泛渗透、应用、融合与衍生，极大地拓展了制造活动的深度和广度，急剧地改变了现代制造业的设计方法、产品结构、生产方式、生产工艺和设备以及生产组织结构，产生了一大批新的、先进的制造技术和制造模式。先进制造技术将以其发展速度快、技术创新能力强的特质催生一批技术密集乃至知识密集的产业部门。未来几年，在材料领域有望获得重大突破的热点是纳米材料、超导材料、生物医用材料、电子和光电子材料，材料产业在这些领域的突破将带动先进制造、节能环保、医疗健康、信息技术等产业的发展。

以机器人技术、新材料技术和3D打印技术为代表的先进制造技术是未来制造业发展的引擎。

（三）新能源技术及其影响

中国经济发展到现阶段，能源状况已成为制约经济继续发展和转型升级的瓶颈。目前，中国的单位GDP能耗是世界平均水平的2倍、美国平均水平的2.4倍、日本平均水平的4.4倍。2013年我国石油（成品油）和原油的表观消费量分别达到4.98亿吨和4.87亿吨，同比分别增长1.7%和2.8%；石油对外依存度达到58.1%，预计2014年将超美国，成为石油第一大进口国。而除石油之外，我国天然气和煤炭的对外依存度也持续升高。2013年，我国天然气对外依存度由2012年的25.5%上升至31.6%，首次突破30%；煤炭对外依存度为8.13%，较2012年的7.11%上升明显。在内部粗放能耗的同时，能源对外依存度过高也是制约我国国际竞争力与能源安全水平提升的重要因素。

2014年6月，习近平总书记在中央财经领导小组第六次会议上提出了推动能源消费、能源供给、能源技术和能源体制四个方面的“能源革命”，并提出五点要求：一是推动能源消费革命，抑制不合理能源消费；二是推动能源供给革命，建立多元供应体系；三是推动能源技术革命，带动产业升级；四是推动能源体制革命，打通能源发展快车道；五是全方位加强国际合作，实现开放条件下的能源安全。

按照能源革命的发展趋势，非常规油气、煤制油气、生物质能、光伏、风电、新一代核电、新能源汽车等领域都将有所突破。

三 技术进步对产业发展的影响

（一）技术进步对第一产业的影响

第一产业传统的产业形态——农业在新一轮的技术革命中受到深远的影响。先进的制造技术和信息技术带来了农业生产活动、经营活动、管理活动和农业服务模式等生产与服务诸多环节的改变、提升甚至飞跃。

一是促进农业精确化生产。信息化平台使农业数据更加精确、全面和即时。物联网的应用可实现农作物和生长环境的相互匹配；大数据的挖掘可为农产品做智能标签，使农作物管理细化到单株作物；大数据经云计算处理，对生产、加工、物流等各种数据进行分析，可实现整个生产的精准化监测和科学化管理，以帮助管理者做出决策。

二是推动智能化农业的实现。通过远程操控，物联网可以使很多生产过程实现自动化、智能化；通过将各种精密技术集于一身，农业机器人作业可以大大提高农业劳动的质量和效率，同样可以实现生产过程的自动化和智能化。

三是建设信息化农村。通过农村内外部数据的整合，实现户、村、农产品之间的信息配套及农民、农村、农业三个层面的数据共享，解决信息技术和产品种类少、数量少的状况，实现整个农村的信息化。

四是提高农民素质，提升生产效率。大数据感应系统可让农民准确掌握农作物的生长状况，实现精确的生产性指导；农村智能大数据分析系统可让农民对市场、政策、生产活动进行准确、有效的预期；云计算技术可让农民按需部署或定制所需的农业信息、农业知识普惠服务等。这一系列便利措施的实施可促进更加懂技术、不盲从的智慧型农民队伍形成。

（二）技术进步对第二产业的影响

信息技术、先进制造技术和新能源技术对制造业、建筑业、能源业等工业产业形态均产生了深刻影响。

云计算对制造业的影响主要表现为创新制造业的运营模式，诞生出“云制造”。云制造借鉴了云计算的“服务为中心”精神，提出“制造即服务”，不直接出售标准产品，而是将“制造能力”作为商品出售，提供更多个性化定制产品。云制造将制造业资源进行虚拟化、优化调度并协同互联，这些制造资源包括制造全生命周期活动中的各类制造设备（如机床、加工中心、计算设备）及制造过程中的各种模型、数据、软件、领域知识等。云制造是希望运用包括云计算在内的当代信息技术前沿理念，支持制造业在广泛的网络资源环境下，提供高附加值、低成本和全球化制造的服务。

云计算对制造业的影响具体体现为以下几点。一是提升制造业企业的核心竞争力。在企业层面上，采用云制造模式的企业能够通过购买服务的方式，降低设计与制造成本，大幅缩短企业产品升级换代周期，提高产品性能，提升企业信息化能力，大幅提升工业企业的自主创新效率，并推动企业核心竞争优势的提升。二是帮助中小企业向专业化生产转型。云制造模式尤其适合专业化中小企业的发展。基于互联网的云制造服务平台支持制造外包，可实现制造资源和制造能力的网上交易，帮助专业化的加工制造企业赢得更多的商业机会，促进中小型制造企业优胜劣汰，实现企业的合理分工与高效协作。三是促进产业链整合，提升社会生产力。在产业整合层面上，云制造能将个性化的工厂、小设备公司结合起来，形成一个制造个性化产品的产业链条，完成只有大公司才能完成的制造实践，充分利用分工提升社会生产力。四是推动个性化定制生产，以满足消费者需求。消费者和整个社会将获得种类更加丰富、更符合自身需求的制造品，从而提升消费体验，这也将促进制造业实现质的飞跃。

移动互联网技术使得互联网已经从消费互联网发展至产业互联网，新的商业形态开始进入产业领域，并且从服务业逐渐走向制造业，走向工业领域。互联网与工业融合创新新兴通信技术带来的是制造业本身从数字化走向网络化、智能化。

一是制造业服务化，即由单纯的产品制造向服务制造转变。例如，三一重工通过网络实现了服务型制造转型。通过在设备上安装 2G、3G 的移动通信模块，并与三一重工的后台联系起来，三一重工可以实时采集设备的运行状况，并进行主动维护。三一重工在全球有 10 万台设备接入了后台的网络中心，通过大数据处理进行实时的远程监控和预警。三一重工实施这一新技术后利润大幅度提升，3 年间新增利润超过 20 亿元，而且成本降低了 60%。

二是个性化定制，由规模化标准产品向个性化定制产品延伸。通过移动终端搜集用户数据，并在后台的云中心进行大数据分析。通过大数据分析对市场进行预测，以将自身业务延伸到产业生态圈的其他环节，进行跨界经营。采用这样的方式，既实现了个性化制造，也实现了批量化生产。根据用户群的需求，提炼共性，实施批量生产，既控制了成本，又满足了个性化需求。例如，尚品宅配每年获取 30 多万名用户的信息来充实数据库，由 3000 多位设计师通过互联网进行家具设计。这家企业的板材利用率可以达到 93%，而同行业只有 80% 多。这是非常典型的移动互联网生产模式。

三是组织分散化。过去的工业都是集中式的大规模生产，现在由于与互联网相融合，已经呈现出向组织分散的转变。主要模式包括协同研发、众筹融资、众包设计、网络制造，而这些模式已经开始广泛地为移动终端所联结和实现。以海尔公司为例，他们建立了开放创新平台，面向全球的设计资源和用户需求，征集产品解决方案。现在已有跨越视频、电子、家电等领域的200多万专业设计人员注册。通过这样的平台，有1600多名设计师参与“帝樽”空调的设计，两年内收集了12万条用户需求和创意。这款空调曾入选2012年世界创意经济研究中心“影响世界的十大创意产品”。

先进制造技术对第二产业的影响主要体现为3D打印技术与机器人技术的应用。

3D打印作为制造技术的新型技术，对制造业的影响是最大的也是最直接的。3D打印技术的发展，将使得越来越多的产品能够用3D打印机制造，同时，打印的成本也越来越低。3D打印机的推广应用将减少产品推向市场的时间，产品用户只要简单下载设计图就可在数小时内通过3D打印机将产品打印出来，从而不需要大规模生产线，不需要库存大量的零部件，也不需要大量的工人，这会给以劳动密集型产业为主的制造业国家带来较大的冲击，但是3D打印的出现对科技的发展和社会的进步是有益的。

3D打印机更精确、更快捷的模型制作技术有利于建筑设计业的发展。随着建筑模型越来越复杂，传统的手绘效果图和3D效果图已经不能满足建筑设计业发展的需要，建筑师和规划师往往在方案的后期阶段需要人工制造建筑或者规划模型向客户展示，但是人工制作模型费事费力，并且在尺寸的把握上存在一定的偏差。而3D打印提供了一种与现在流行的3D效果图、建筑模型等传统的建筑造型表现方式不同的、全新的操作模式，且这种操作方式比用软件画图、按照图纸仿形雕刻更真实、更精确、更快捷。

（三）技术进步对第三产业的影响

服务业迅猛发展的今天，先进技术无疑为服务模式的创新提供了高效的动能与营养。服务业诸多产业形态因技术进步而发生巨大改变，走上改造升级之路。金融、医疗健康、文化传媒、教育、旅游、勘探等行业均是技术进步的率先受益者与创新探索者。

1. 金融业

金融业是收益相对较高、对市场反应较为敏感的行业，金融信息化的建设一直是技术与商业探索的热点。提升内部效率、降低沟通成本，同时提供更多的渠道服务于金融客户是金融信息化的根本出发点。

技术进步对金融业的影响表现为以下几个方面。

一是全面提高了金融行业的管理及经营效率。大数据使服务渠道从传统渠道转向新的客户接触点，如社交媒体网站；利用云服务的全面信息，金融机构组成产品服务体系，为不同地理位置的不同客户提供同样细致周到的产品体验；通过移动智能终端，移动互联网让更广泛的人群享受到更优质的金融服务。知识型工作自动化采用人工智能系统代替工作人员，使金融产业运作更加自动化。例如，使用人工神经网络系统可协助银行的顾客服务系统核对账目、发行信用卡和恢复密码等。

二是信息技术时代的金融业诞生了新产品、新业务。基于互联网所带来的大数据，数据分析团队可以对未来的互联网金融产品进行设计、定价、管理和风险控制，使之更紧密地贴合消费者需求。基于云计算技术，金融业发挥创造性，迎合市场需求，出现了云保险、一站式财富管理等新兴业态。

三是移动金融顺应多层次金融需求，推动实现金融服务的普惠性。移动金融蓬勃发展，一方面让互联网巨头纷纷进军金融服务领域，另一方面，包括传统商业银行在内的各种金融机构，也都加快了与互联网融合的脚步，以其简单、便捷、门槛低的优势，让更广泛的人群，尤其是弱势群体，能有机会享受到种类更多、更优质的金融服务，从转账支付到理财产品的购买等各方面为老百姓提供便利性服务。从这个意义上讲，移动金融时代实现了普惠金融的公平性，给每个人都带来便利。

四是移动金融未来有望改变金融业经营模式，金融业竞争格局或因此发生改变。随着移动金融应用的普及，未来银行、证券等行业的网点规模效应可能会递减，更多的网点可能会消失，绝大部分业务将由线下转到线上，行业竞争将更多地依赖产品设计创新能力、客户需求锚定能力、跨界资源的整合能力等软实力。这将带来金融业竞争格局的重构。

五是金融风险结构发生改变。大数据可提供信贷征信、反洗钱、反欺诈、金融环境变化等风险评估和预警信息，降低信息不对称带来的各种金融风险；云计算平台可以提供金融全网信息及客户信用分析，使金融机构降低系统性金融风险；同时，由于缺乏监管，互联网金融时代有着新的金融风险。

六是降低了金融运营成本。云计算利用并行计算、分布式计算和网格计算节约了软硬件资源，共享的基础设施和数据信息大大降低了金融机构各自建立信息处理系统的物力成本和费用；移动互联网使得金融内部移动办公模式成为现实，提高了工作效率，降低了企业运营成本。

2. 医疗健康产业

信息技术产业、先进制造技术的应用，影响着健康医疗产业中医疗器械和技术的革新、医疗服务模式的改变，以及医院管理效率的提升。先进材料和机器人技术对于医疗器械革新具有巨大的促进作用，提供了更多的医疗技术和手段，有助于减轻患者的痛苦、延长患者的寿命。新一代基因测序技术为临床领域的实践提供了有效、便捷、廉价的服务手段和模式。大数据、云计算和移动互联网等信息技术将建立医疗信息平台和数字化平台，改变健康医疗行业的服务模式，使得远程医疗、移动医疗成为现实，同时提升医院的运营效率。这些先进技术的应用将带来传统健康服务产业的巨大变革，使之向着更有利于人类生活健康、便捷、高效的方向发展。

一是带来医疗器械和技术的革新。生物医疗先进材料能够提供更多的医疗技术和手段，包括医用金属材料、医用高分子材料、医用无机材料、医用复合材料等。新一代基因测序技术影响了医学临床上的五个领域：生育健康、肿瘤个体化诊断和治疗、遗传病、传染病、移植分型，为临床领域的实践提供了有效、便捷、廉价的服务手段和模式。

二是延伸了健康服务产业链。以云计算为技术手段，以大数据为生产资料，传统健康服务产业链得以延伸，主要表现在三个方面：医疗健康信息数据采集、分析和处理成为新行业并出现在新产业链中；在医疗健康大数据的支撑下，健康管理、疾病管理、远程医疗等萌芽行业蓬勃发展；传统的药品研发、诊疗服务等行业实现个性化药品、个性化医疗等服务。

三是促进健康医疗自动化。通过机器人学习系统的应用，知识型工作自动化技术为医者带来极大便利，并将用于医疗保健的诊断与药物发现。例如，机器学习可用于处理各种不同的数据，绘制患者的医疗史图像，比较并寻找类似病例；计算机可阅读医疗证据报告、病历、临床试验报告、医学专业文章等。

四是构建远程医疗平台。云计算和物联网技术为远程医疗建立了健康医疗信息平台，物联网技术使远程医疗服务得以实现，护士和医生可以通过传感器装置远程监控慢性病患者的健康状况，为患者在需要治疗时提供建议和帮助；远程医疗可以为危急重病患者提供持续监护服务，对病患的生命体征数据进行监控并自动报警，从而降低重症护理成本。

五是创新移动医疗服务模式。移动互联网技术使移动医疗成为未来医疗服务新模式。例如，更多的医学资料可以在手机中存储；新一代的嵌入式操作系统可采集个人的基本医疗信息数据并植入移动终端；手机传感器技术可搜集生理参数；基于地理位置的服务可为患者推荐附近的医疗点等。

六是促进医院管理信息化，提升医疗管理效率。在云计算和互联网技术的推动下，医院实现了数字信息化管理。云计算可以全面整合医院内的管理信息以及患者的诊断、治疗、费用信息，实现医院各项业务数字化运作和智能化管理，并与医院外部的信息系统进行数据交换和信息共享，全方位提升医院的服务水平。另外，电子病历和健康档案共享为医院和病人节约了大量时间。

七是机器人技术带来手术与康复领域的变革。机器人技术一方面可作为医疗设备协助外科手术治疗，另一方面可以为残疾人和老年人的康复护理提供协助。中国、日本、欧洲等国家和地区的老龄化现象日趋严重，催生出医疗机器人最热门的一个应用方向——养老机器人。养老机器人包括远程控制的陪护机器人、可以检测身体健康状况并制定锻炼方案的智能训练仪、可帮助老人站立和行走的智能电动车机器人等，有一些已经投入到医院、养老院、家庭中使用。养老机器人可以自动采集老人日常活动的数据及监测环境，实现区域无线定位，对火灾、老人摔跤等异常情况及时预警、报警，提升养老机构的信息化水平和工作效率，为老人们提供更专业、安全、贴心的陪护照顾，帮助老年人自由行动，提高老年人的生活质量。

3. 文化传媒业

移动互联网和3D打印技术的发展将对文化产业产生巨大的影响。移动互联网所带来的信息传播方式与人们获取视听渠道的改变，将改变传统的文化信息载体和经营模式，带来新的视听模式和创新性盈利模式，一些传统业态将发生颠覆性变化。3D打印技术在文化产业的运用将激发人们的个性化需求，形成规模浩大的文化创意产业，增加社会就业，并能够为电影制作带来便利。这两项颠覆性技术对文化产业的影响不容小觑。

一是改变传统文化传媒的传播方式，带来新的视听模式。例如移动电视，目前移动电视用户主要集中在积极尝试新事物、个性化需求较高的年轻群体，这样的群体规模在未来将逐渐扩大。随着移动电视业务进一步规模化，广告主也将积极参与其中。截至2013年12月，我国手机端在线收看或下载视频用户数为2.47亿人，年增长率高达83.8%。移动互联网正在使人们从电视台的播放时段中解放出来，从影院、客厅、个人电脑中解放出来。又如移动电子阅读，随着网络的快速发展和生活节奏的加快，充分利用上下班坐车的零碎时间的需求已经使我们的阅读习惯发生了潜移默化的改变，移动电子阅读成为现代人的一种生活方式。内容数字化使电子阅读内容丰富，结合手机多媒体的互动优势使其不但增加了音乐、动画、视频等新阅读感受，还可将这种感受随时带在身边，由于具有这些优点，移动电子阅读市场的繁荣是可以预见的。

二是充分利用文化产品的黏性，将客户绑定移动端，实现创新性盈利模式。在移动网络虚拟世界里，服务社区化将成为焦点。社区可以延伸出不同的用户体验，提高用户对企业的黏性。移动广告业务是一个具有前瞻性的业务形态，可能是下一代移动互联网繁荣发展的动力因素。另外，手机游戏的方便、快捷让我们可以随时随地享受游戏的乐趣。手机游戏的黏着性非常强，成为移动互联网的重要盈利模式，将掀起移动互联网商业模式的全新变革。

同时，3D 打印技术将催生文化创意制造业新形态的兴起。3D 打印技术将激发个性化需求，形成巨大规模的文化创意制造产业。

4. 旅游休闲业

移动互联网技术通过对旅游休闲业产业链各环节的渗透，打破旅游产业链原有的结构和平衡，催生出新的商业形态和交互模式。

技术进步在旅游休闲业中的应用有以下几个方面。

一是应用于旅游内容的提供。内容提供者位于旅游产业链的最前端，为整个产业链的运转提供信息资源。内容提供者可以将信息打包销售给专业的旅游服务机构，也可以让消费者直接有偿下载使用。移动互联网进一步降低了旅游服务业的进入门槛，只要感兴趣，任何人那可以成为旅游内容提供者。随着智能手机的普及，将有越来越多的个人开发者或团队参与到客户端软件的制作中，移动互联网为有志于此的人提供了舞台，内容提供者的大量涌现、云计算的兴起，将使旅游信息更加丰富多彩。

二是应用于旅游服务的提供。旅游服务提供商是指直接向游客提供旅游服务的机构或组织，是旅游产业链的核心环节，包括旅游服务网站、旅行社、旅游景点管委会、酒店、景区商店等。在移动互联网时代，这些传统旅游服务提供商需要根据自身的行业特性调整自己的服务内容和服务方式，通过网站手机版和客户端软件增加用户的黏性，提升品牌知名度。旅行社的在线咨询将演变为移动在线咨询，或者针对某旅行团或旅行路线建立虚拟社区，通过延伸服务与游客展开实时互动，及时为游客提供指导和帮助。宾馆施行手机预订和手机支付，游客可以随时了解客房的入住动态。手机电子商务将促进景点特色商品的销售，在信用卡支付不便的地区，手机支付将成为游客的首选。那些对信息技术比较敏感的旅游服务提供商，将成为移动互联网的首批受益者，也将在激烈的市场竞争中获取更大的市场份额。

三是应用于旅游交易。金融和物流是与旅游业紧密相关的两个行业，移动互联网也将改变这两种行业的商业形态，从而对旅游业产生间接影响。网上银行、支付宝、财付通、易宝等成为人们网络交易的首选工具，手机银行正被各家银行大力推广，手机版支付宝也日益受到消费者的青睐，手机支付正被3家电信运营商积极推动，旅游交易工具的多元化将结束单纯依靠现金或银行卡交易的历史。移动互联网的运用使物流业可以更好地为旅游业服务，游客在旅游景点购物后，可以通过快递寄回，并通过手机上网随时查询货物的动向，这样既可以减少旅途中行李的重量，又可以刺激游客多消费，同时，旅游产品的大规模寄送又为物流业带来了丰厚收益，移动互联网将促使旅游相关产业之间更加紧密地合作。

5. 教育

在云计算、机器人技术和知识型工作自动化技术的推动下，教育行业逐渐实现教育信息资源的大整合，以及教学活动方式的重大变革，从而大大提高了教育公平、降低了教育投入、提高了教育管理的效率。云计算技术推动着教育信息资源汇总到云平台，使得教育信息资源的共享更为方便与快捷，促进了教育的公平性，同时提高了教育管理的效率。云计算、机器人和知识型工作自动化推动了教学活动方式的变革，如开放式教育、个性化定制教育、机器人辅助教育、自动化家教机，以及现代远程教育的实现。机器人技术和知识型工作自动化在教学上的应用引领教育向着智能化方向发展，不仅能推动教育进步也将推动教育公平。这些颠覆性技术在革新教育活动方式、促进教育公平性、提高教育管理效率、实现“智能家教”等方面具有显著的优势。

技术进步对教育行业的影响表现为以下几个方面。

一是云计算促进教育公平发展。云计算使教育信息资源的共建、共享更为便捷，大大促进了教育的公平性。目前我国各级教育行政机构、学校和教育企业已经建设了大量的教育信息资源，并且还在建设更多的教育信息资源。由于可以将教育信息资源存储在云上，教育信息资源的共享将更为方便与快捷。各个教育机构或信息资源建设人员也可以利用云计算所提供的强大的协同工作能力实现教育信息资源的共建。受教育者不再局限于学校的学生，只要以低成本获取接入资格，就可以公平地享用教育资源。教育的公平和普及将有利于全民素质的提高。

二是云计算可降低教育信息化成本。教育云计算能够节约学校等教育机构在计算机、网络交换、教学软件等软硬件设备上的购买和维护成本，从而降低教育信息化的成本。云计算能把分布在大量分布式计算机上的内存、存储和计算能力集中起来成为一个虚拟的资源池，并通过网络为用户提供实用计算（Utility Computing）服务。云计算对用户端的设备要求很低——这一特点决定了云计算将会在学校大受欢迎，可以为学校节约大量的计算机、网络交换等硬件设备的购买和维护成本。

三是云平台变革了教学活动方式。利用云计算平台，实现网络教学、移动教学、自主学习，通过资源汇总形成云端资源池，让传统的“填鸭式”教学转变为一个自由而宽松的“以自我为主”的开放式教育方式。学生可以根据自己的需要，在自己的学习终端上选择不同的课程组合、主讲老师，并及时获得老师的帮助、与同学分享，完全自主掌控学习节奏，有针对性地查漏补缺，形成个性化的“定制教育”。此外，一些教育云计算项目中提供的云共享功能可随时将学习进度上传到云终端，这样，学生在任何时刻、任何地方都可以利用台式电脑、笔记本电脑或是手机等终端接入系统，从而继续学习。

四是云计算提高了教育管理效率。云计算以其通用性、高可靠性、共享、公用的特点，可以将不同平台、不同后台数据库的管理系统有机地整合在一起，可以将招生管理、注册管理、学位管理、校友管理、教师管理、学籍管理、教务管理、培养管理、就业管理、公寓管理等各管理系统的数据按需求便捷地提取到决策支持系统，进行数据汇总、分析和统计，帮助相关人员做出正确的决策，协助各管理部门实现精细化管理、精准化管理，显著提高教育管理效率。

五是促进教育智能化。教育机器人的应用可提高学生的综合能力；知识型工作自动化的使用提高了教育的自动化和智能化水平，例如，教学专家系统可依据学生的特点，以最合适的教学方法进行教学辅导。

6. 勘探

机器人技术，尤其是智能机器人，在科考勘探中发挥了极大的作用。以现有成果来看，我国的水下机器人“蛟龙号”、地面移动机器人“玉兔号”等的足迹遍及极地、深海甚至太空，在我国科考事业中扮演了极其重要的角色。智能机器人不仅能够适应恶劣的自然环境，拓宽人类的探索领域，还具备实时对考察对象进行扫描记录、分析反馈、检测检验、样本采集和搬运等多种综合性功能。

同样的，智能型救援机器人也越来越多地用于灾害搜救方面。在地震、矿难、火灾等特殊环境下，救援机器人能够有效搜寻遇难者，机器人的应用大大延展了人类的感知能力，同时显著降低了二次破坏对救援人员生命的威胁。

总的来说，智能机器人在科学勘探、灾害搜救领域的运用主要依赖其三个方面的特征：一是功能综合性，二是环境适应性，三是智能可控性。

四　先进技术的前景展望与投资机遇

金融危机后，工业发展模式发生重大改变，全球正步入信息技术与制造技术深度融合的以数字化、智能化制造为发展主线的“工业4.0”时代；技术进步无疑是主导未来经济发展的关键因素之一。除此之外，中国经济转型与改革进入深水区，资源配置由政府主导向市场化方向转变，各领域改革随之全面推进；人口红利进入拐点，社会发展进入新阶段，老龄化与需求结构改变催生诸多产业需求。观察未来中国的产业发展，现代农业、先进制造与节能环保产业、信息技术产业、医疗健康产业、养老服务业、教育服务业、金融服务业、文化传媒产业、现代旅游业将蕴藏巨大的投资机遇。

（一）现代农业

我国的工业化带动农业现代化发展，城镇化带来农业现代化需求，信息化则为农业现代化提供了发展推力，并提升现代农业的生产经营水平。此外，农村劳动力大量转移到城市，为农业实现规模化生产、集约化经营创造了有利时机，相关政策也大力支持农业现代化发展。同时，从产业发展进程看，农业作为传统行业中唯一没有被彻底整合的行业，将经历由“分散”向“集中”转变的过程，其中存在巨大的投资机会。预计到2020年，现代农业建设将取得突破性进展，基本形成技术装备先进、组织方式优化、产业体系完善、供给保障有力、综合效益明显的新格局，主要农产品优势区基本实现农业现代化。

未来几年，现代农业将迎来发展的春天，传统农业的改造和经营升级，将提高农业产业化和规模化经营水平，带动农业经营服务业的发展。因此，未来在我国现代农业发展中孕育着大量的投资机会。

（二）先进制造与节能环保产业

我国正处于结构调整期，需要通过产业转型升级支撑未来经济的中高速增长。在产业转型升级上，我国将顺应国际产业变革趋势，向服务化、高端化、智能化、网络化和绿色化发展。我国企业将提升产业价值链，从价值链低端转向价值链中高端，从成本竞争转向质量、技术、品牌、服务的竞争，从资源要素驱动转向创新驱动，这将推动先进制造产业的发展。

在资源约束趋紧、环境污染严重、生态系统退化的严峻形势下，生态文明在十八大中得到重视，新型城镇化也要求通过节能环保战略提升人们的生活质量。在政策的推动下，我国的节能环保产业在未来一段时期仍将保持年均15%～20%的复合增长率。

总体而言，我国先进制造和节能环保产业与世界先进水平相比存在较大差距，产业技术创新能力较弱，产业结构分散、集中度低，大企业国际竞争力有待提升。未来先进制造业和节能环保产业将通过国内、国际市场并购整合、技术创新等手段实现产业转型升级，而这一过程需要社会资本的大力参与。

（三）信息技术产业

全球信息技术快速发展，对商业模式、企业管理和个人生活产生了深刻的影响。以大数据、云计算、移动互联网、物联网等为代表的新一代信息技术发展突飞猛进，并逐步与其他产业实现跨界融合，对于我国的工业现代化、农业现代化、服务业现代化具有重要意义。

我国将全面提高信息化水平，加快建设宽带、融合、安全、泛在的下一代国家信息基础设施，推动信息化和工业化深度融合，推进经济社会各领域信息化。信息技术产业将带动大量的相关产业投资，以智慧城市为例，利用新兴信息技术加速产业升级，推动创新型城市建设，将带动数万亿元相关产业的投资。

在信息技术革命的带动下，新的投资机会不断涌现，而人们在工作和生活水平不断提高的同时也提高了对信息技术产业的新需求。未来几年，在互联网、物联网、云计算和大数据等信息技术领域将存在巨大的投资机会。

（四）医疗健康产业

2013 年 9 月 28 日，《国务院关于促进健康服务业发展的若干意见》提出，至 2020 年健康服务业总规模将达到 8 万亿元以上，非公立医疗机构床位数和服务量要达到总量的 20%。医疗卫生服务体系更加完善，形成以非营利性医疗机构为主体、营利性医疗机构为补充，以公立医疗机构为主导、非公立医疗机构共同发展的多元办医格局。康复、护理等服务业快速增长，各类医疗卫生机构的服务质量进一步提升。

医疗服务产业是我国少数未经市场化变革的“处女地”，“新医改”推动医疗需求大幅上升，医疗服务行业落后的盈利模式掣肘全产业发展：医疗优质资源集中在大城市的大医院，供给结构性失衡，老百姓看病难和看病贵；医疗服务长期“以药养医”和“以械养医”，医疗服务价值被严重低估，限制了医疗服务数量和质量的提升。医疗服务产业变革迫在眉睫，变革的关键是改变“三大结构失衡”：①调整产业结构，建立完善的初诊和转诊制度，引导医疗资源均衡分布；②改善收入结构，提高医疗服务价格，实现“以医养医”；③调整产权结构，引入社会资本参与公立医院改革，推动医疗服务行业市场化。

医疗服务产业具有较大的发展空间，“新医改”为社会资本介入医疗服务业提供了契机，也为培育中国大型医疗集团提供了土壤，并且在改革中孕育着巨大的投资机遇。

（五）养老服务业

2012 年起我国进入老龄化社会，并且我国的老龄化速度很快，2015 ~ 2035 年，我国老年人口比例将增加一倍，达到 20%。但是目前中国的养老产业仍处于初始发展阶段，养老供给存在巨大的缺口——2010 年中国老年人市场的年需求将达到 1 万亿元，2050 年左右将达到 5 万亿元，而目前中国每年为老年人提供的产品不足 1000 亿元。因此，未来五年将是我国养老产业发展的关键时期，随着社会保障制度的不断完善，政策支持力度的不断加强，养老产品和服务需求将快速增长，养老产业发展速度将不断加快，商业模式将逐渐清晰，整个养老产业链中蕴含着大量的投资机会。

（六）教育服务业

未来随着我国人口红利的逐渐消失和产业对高素质人才需求的提升，我国教育服务方面的需求将快速提升，正规教育、职业教育、培训服务等方面的投资机会将不断涌现。此外，教育产业与互联网的跨界融合值得重点关注。根据艾瑞统计数据，2013 年我国在线教育市场规模已达 839.70 亿元，预计到 2017 年中国在线教育市场规模有望超过 1700 亿元，复合增长率达 19.87%。可私人订制的需求导向型教育服务模式具有广阔的市场前景。

（七）金融服务业

金融服务业在改革中不断发展。党的十八届三中全会《中共中央关于全面深化改革若干重大问题的决定》要求继续推进金融业改革，扩大金融业对内、对外开放，具体来说有 3 条：①完善人民币汇率市场化形成机制；②加快推进利率市场化；③推动资本市场双向开放，加快实现人民币资本项目可兑换。

从供给角度看，金融改革将降低传统金融机构的准入门槛、构建立体式的金融服务体系，社会资本将具有更多机会、通过更多形式进驻金融行业。未来多层次资本市场逐步构建，金融产品和投资渠道更加多元化，这将有力推动重点领域与行业转型和调整，更加有助于实体经济的发展。

从需求角度看，随着我国经济的持续发展、城镇化的推进、居民财富的不断增长，投资和理财需求日益增多，这对金融服务的产品品种和服务形式提出了更高的要求。

随着金融混业经营日趋深入、互联网与金融加速融合，新的金融需求不断被激发，而市场竞争将进一步加强，行业优胜劣汰和兼并重组将更为普遍。未来几年，金融行业发展机遇与市场挑战并存。

（八）文化传媒产业

从美国文化产业发展经验来看，当人均GDP超过5000美元之后，文化消费进入高速增长期，占GDP的比重直线上升，一直持续到人均GDP超过3万美元。我国的人均GDP已经超过6000美元，居民文化消费支出逐年稳步上升，未来几年有望进入爆发式增长期，文化产业增加值年均增速将达20%。

而随着互联网和移动互联网技术等信息技术产业的快速发展，文化传媒产业出现多层次跨界整合、新媒体产品快速涌现、新旧媒体融合等变化。因此，未来几年，文化传媒产业将出现重组并购的趋势，同时新旧媒体融合、新的文化业态将不断涌现，新型媒体集团逐渐崛起，这些都给我们带来了大量的投资机会。

（九）现代旅游业

随着人民生活水平的提高，旅游消费在居民消费中的比例持续上升。我国旅游消费市场以10%的速度稳步增长，预计2014年将达到3.3万亿元的规模，约占GDP的5.4%。未来五年，随着居民收入的增长、高速交通体系的完善、景区服务水平的提升、新旅游业态的涌现、商业模式的创新，旅游消费需求继续稳步增长，旅游产业将迎来新的黄金发展期。此外，信息技术将会被更加广泛地运用到旅游业发展的方方面面，在很大程度上改变传统的旅游消费方式、旅游经营方式和旅游管理方式。生态旅游、疗养旅游、医疗旅游等旅游新模式将推动旅游业向现代服务业的运行模式发展，推动旅游业转型升级。

参考文献

[1] 章泽昂、邬家炜：《基于云计算的教育信息化平台的研究》，《技术应用》2010年第6期。

[2] 周迎、曾凡、黄昊：《浅谈云计算在医疗卫生信息化建设中的应用前景》，《中国医学教育技术》2010年第8期。

[3] 徐化祥：《云计算对教育的影响初探》，《电脑知识与技术》2009年第4期。

[4] 李想、陆健：《云计算对医疗卫生信息化建设的影响与对策》，《解放军医院管理杂志》2013年第1期。

[5] 李晓辉：《云计算应用到农业生产的意义》，《信息产业》2014年第5期。

[6] 李建州、张运来、李惠璠：《移动互联网在旅游业中的应用研究》，《旅游学刊》2011年10月。

[7] 肖志辉：《移动互联网研究综述》，《电信科学》2009年5月。

[8] 东方证券研究所策略团队、通信行业研究团队王明旭等：《那片即将落雨的“云”——“云计算”产业主题投资机会分析》，Wind资讯，2010年10月。

[9] 邱虹天：《云计算引领IT工业转型——国内云计算产业链正在构建》，Wind资讯，2011年5月。

[10] 马仁敏：《行业信息化继续深入，推进云计算产业链发展——〈电子信息制造业“十二五”发展规划〉之计算机软硬件行业解读》，Wind资讯，2012年2月。

[11] 赵成：《移动互联网时代之大颠覆、大格局、大机遇》，Wind资讯，2014年4月。

[12] 张常新、李大军：《移动创造增量，O2O盘活存量》，Wind资讯，2014年6月。

[13] 毛平：《手机将是您的阿凡达》，Wind资讯，2010年3月。

[14]《未来中国移动互联网有六大发展趋势》，中国新闻网，2013年5月29日。

[15] 赛迪顾问股份有限公司：《中国云计算产业发展白皮书（2011版）》，http：//

wenku. baidu. com/view/65cb27c38bd63186bcebbc11. html，2011 年 4 月。

[16] 工业和信息化部电信研究院：《云计算白皮书（2012 年）》，http：//wenku. baidu. com/view/657d27c28bd63186bcebbcba. html，2012 年 4 月。

[17] 《中国教育行业云计算应用白皮书》，http：//www. cloudguide. com. cn/news/show/id/2522. html。

[18] 《云计算对电子政务的影响与应对策略》，http：//wenku. baidu. com/link? url = cNh8igU3APO4YdPmfRhgDkvKdqE7ySlO4TDRrBDcedvwrCtfL1ky4 _ ijFhmVOJBcl5G4xya UbBzGUFfKcnHOUF9H9vn1Pyt - Kvn1lifkbfq。

[19] 《云计算行业市场分析报告》，http：//wenku. baidu. com/link? url = v1gWoKLbwyq8bYa3Qd8ipl4TBek5Uiqnm6PgAfse8RX5K2TkyqSbocR6SNhn9MhGUXzoeslSjGxJsvZfDeRCgZmEXaEE3KmqVfQqcqcL8ey。

[20] 《云计算研究报告》，http：//wenku. baidu. com/link? url = 1vc8dpSLGflLy0GEY2OsC6f9Jnf4dGTonD7KUJ0ucAhnYmVf5fIu0e8smwHsnmpBfHoaAmJGeJ4NQDTvvFFQAxdStTvHKGQcjKEsQZtF1te。

[21] 中国企业发展规划院明天策略集团：《中国云计算产业研究报告》，http：//wenku. baidu. com/view/ea5a81ca5022aaea988f0f05. html。

[22] 工业和信息化部电信研究院：《移动互联网白皮书（2011 年）》，http：//wenku. baidu. com/view/01e519d484254b35eefd34f5. html，2011 年 5 月。

[23] 工业和信息化部电信研究院：《移动互联网白皮书（2013 年）》，http：//doc. mbalib. com/view/58eb42db73f6c4308fb1204a42919c52. html，2013 年 2 月。

[24] 工业和信息化部电信研究院：《移动互联网白皮书（2014 年）》，http：//wenku. baidu. com/view/6c0a9a06804d2b160b4ec07e. html，2014 年 5 月。

[25] 中国互联网络信息中心：《中国互联网络发展状况统计报告》，http：//wenku. baidu. com/view/eefa4556b52acfc789ebc991. html，2014 年 7 月。

B.4
国企改革主题下的投资机会研究

蒋学伟*

摘　要：在国家政策的支持和鼓励下，新一轮国企改革将成为社会资本的重要投资机会。在国企的改革、发展和国际化过程中，社会资本都有其投资机会。社会资本应选择合适的投资对象，具备应有的资源与能力，采取有效的方式，规避相关的风险，这样才能获得预期的投资收益。

关键词：国企改革　投资机会　发展国际化

中共十八届三中全会开启了新一轮国企改革大潮。改革基本方向是市场化，基本路径是“改革”、“发展”和“国际化”。其中，“改革”是基础和重点。只有通过“改革”建立高效运营、治理规范的机制，才能有效地进行规模化发展和整合全球资源的国际化发展。

社会资本可以利用国企改革过程中涌现出的众多投资机会，与国有资本发挥各自的优势，互利共赢，共同提升社会资源的配置及运营效率，推动产业结构的升级和经济增长模式的转型。经过前阶段从整体上搞活国有企业、扭亏脱困、抓大放小、重组兼并和战略调整等一系列措施，现存国有企业大都规模较大、管理效率较高，它们也将是本轮改革的重点对象，

* 蒋学伟，中国投资咨询有限责任公司研究总监，管理学博士、高级经济师，主要研究方向为企业战略管理、产业经济、国有经济改革等。

包括上市公司。①

对于社会资本来说，国企改革的投资机会尽管就在眼前，但是要想抓住却不容易。社会投资者需要谨慎选择合适的投资对象，匹配投资的需求条件，采用或创新合适的投资方式，规避可能的投资风险，由此才可能获得预期的投资收益。否则，国企改革的投资“盛宴”就可能只是水中月、镜中花。

一 国企改革的政策导向

前期的国企改革基本上都是自下而上进行的，目的是解决其经营困境。在本轮改革中，由于国有企业经营状况基本良好，改革由顶层设计开始，自上而下，以实现国有经济布局调整和国有企业战略性改组。2013 年 11 月，十八届三中全会通过的《中共中央关于全面深化改革若干重大问题的决定》（以下简称《决定》）为国企改革指明方向，确定其原则和目标。从大型中央企业到地方国有企业，已经拉开了新一轮国企改革的帷幕。

（一）国家层级

《决定》提出，“全面深化改革的总目标是完善和发展中国特色社会主义制度，推进国家治理体系和治理能力现代化。必须更加注重改革的系统性、整体性、协同性，加快发展社会主义市场经济、民主政治、先进文化、和谐社会、生态文明，让一切劳动、知识、技术、管理、资本的活力竞相迸发，让一切创造社会财富的源泉充分涌流，让发展成果更多、更公平地惠及全体人民。”这个改革总目标的确立，从经济发展方面来看就是要打破影响

① 目前 A 股所有上市公司中，实际控制人为国资委、地方国资委、地方政府、中央国有企业、地方国有企业、大学以及集体企业的上市公司总计 1010 家，占到 A 股所有上市公司的 1/3 以上。国资上市公司的总市值占到上海和深圳两市总市值的一半以上。（杨烨、吴黎华：《京粤皖滇竞相设立国资改革基金，撬动 25 万亿市值》，《经济参考报》2015 年 1 月 22 日。）

资源配置及其使用的现有各种有形或无形的藩篱或障碍，尤其是所有制隔阂，同等对待非公有制经济，并鼓励、支持、引导非公有制经济发展，激发非公有制经济的活力和创造力，使各种生产要素都能最大化地发挥其效力，从而创造更大规模的社会财富。

为了“坚持公有制主体地位，发挥国有经济主导作用，不断增强国有经济活力、控制力、影响力”，需要对国企进行进一步的改革，而国企在进行自我革命的同时，也需要外部社会力量的推动。其改革重点是，发展混合所有制经济，从资产监管转向资本管理，完善现代企业制度，界定不同国有企业功能并进行分类管理，健全公司法人治理结构。同时，保护非公有制的经济产权和合法利益，鼓励非公有制企业参与国有企业改革。

为了落实中央关于国企的改革精神，国务院于2014年成立国有企业改革领导小组。国企改革工作已经成为经济改革重点，并影响国家经济发展全局。2014年12月中央经济工作会议指出，推进国企改革要奔着问题去，以增强企业活力、提高效率为中心，提高国企核心竞争力，建立现代企业制度。同月，国资委召开的中央企业、地方国资委负责人会议要求，主动适应经济发展新常态，做强、做优、做大国有企业；积极推进国有企业改革，界定不同国有企业功能，发展混合所有制经济，进一步完善现代企业制度；实施创新驱动发展战略；开展国际化经营。

（二）中央企业层级

从企业层级来看，一些中央企业已经开始进行改革探索，目前主要是在混合所有制改革方面。2014年2月，中石化（600028. SH、00386. HK）宣布，以全资子公司中国石化销售公司为平台对其所属油品销售业务进行重组。经重组后的销售公司拟通过增资扩股方式引入社会资本，实现混合所有制经营。中石化启动混合所有制改革之举拉开了中央企业深层次改革的大幕。9月，25家战略投资者以现金1070亿元，认购增资后销售公司29. 99%的股份。在引资过程中，公司同步与产业投资者商谈业务合作协议，先后与大润发（厚朴投资团）、复星、航美（金石投资团）、宝利德（佳兴投资团）等12家业务合作伙伴形成了产业合作协议，创新推进新兴业务发展。

自中石化率先宣布开启混合所有制后，中海油、中冶、中石油、宝钢集团、中航科工、中海运、大唐集团、中国电信等多家中央企业也相继成立改革领导小组，研究和制定下一步改革方案。交通银行也发布公告推进混合所有制改革。中信股份（00267. HK）在整体上市过程中通过配售和可转换优先股引入27名战略投资者，[①] 实现股权多元化。[②]

2014年7月15日，国务院国资委发布中央企业“四项改革”试点名单，国家开发投资公司（以下简称国开投）、中粮集团、中国医药集团（以下简称国药集团）、中国建筑材料集团（以下简称中国建材集团）、中国节能环保集团、新兴际华集团6家企业入围试点。“四项改革”试点内容主要包括在国开投、中粮集团开展改组国有资本投资公司试点；在国药集团、中国建材集团开展发展混合所有制经济试点；在新兴际华集团、中国节能环保集团、国药集团、中国建材集团开展董事会行使高级管理人员选聘、业绩考核和薪酬管理职权试点；选择2～3家企业开展派驻纪检组试点。

目前，中国建材集团旗下上市公司洛阳玻璃（600876. SH、01108. HK）、方兴科技（600552. SH）相关重组正在进行。根据相关公告，洛阳玻璃拟置出该公司的普通浮法玻璃业务和其他相关资产等，拟置入蚌埠中建材信息显示材料公司的全部股权；方兴科技拟购买独立第三方所持有的信息显示类资产。2014年11月，国资委宣布中国华孚集团整体并入中粮集团。国开投实际控制的中纺投资（600061. SH）拟收购国开投等所持有的安信证券的全部股份，国开投中鲁果汁公司（600962. SH）被江苏环亚建设工程公司借壳变身为医疗服务提供商。中国医药公司（600056. SH）吸收合并天方药业公司（600253. SH）后，基本实现通用技术集团医药资产的整体上市，使其具备了医药工业、医药商业和国际贸易在内的完整产业链。12月3

① 中信集团通过注资中信泰富实现在香港整体上市，中信泰富更名为中国中信股份有限公司（简称“中信股份”）。

② 刘彩萍、杨刚：《中信混改亮相》，《新世纪》2015年第4期。

日，中国节能环保集团旗下的启源装备公司（300140. SZ）宣布重大资产重组停牌。

根据国资委对国有企业布局结构调整的意见，对于中央企业，将在分类的基础上使其保持核心竞争力，对于并不具有核心竞争力的企业，将通过两种方法进行调整：一是内部调整，主要采用行政安排方式，即“四个一批”——授权一批、下放一批、收缩一批、移交一批，调整一部分产能过剩、效益不好、亏损严重、没有办法挽回的企业；二是外部调整，即让社会资本参与进来，搞混合所有制。这样做将大幅度减少中央企业的数量，最终可能只保留数十家规模比较大的体现国家核心竞争力的关键行业和核心领域的企业、体现国计民生的资源性企业，以及科技创新领头行业中的企业。[①]

（三）地方层级

相对于国家层级的国资国企顶层改革设计的缓步稳行，地方国资的动作要积极得多。2013 年 12 月，上海发布第一个地方国资国企改革方案——《关于进一步深化上海国资改革促进企业发展的意见》，拉开了新一轮地方改革序幕。至 2014 年底，除河北和西藏等少数地区以外，全国各省区市基本都已经正式公布了国资国企改革方案，安徽、河南和吉林等地则出台了相关的专项改革方案或将改革方案包含于其他相关政策规定中。[②]

地方国企改革方案大多包括以下主要内容：国有企业改革总目标、发展混合所有制经济、改善企业治理结构、转变监管方式、区分不同企业功能、优化国资布局、经营收益上缴等。其中，混合所有制是主攻方向，并且将集

① 王道军、张璐：《国企改革方案最快一季度出台，央企拟砍掉一半以上》，《东方早报》2015 年 1 月 6 日。

② 安徽：《2014 年深化全省国资国企改革的安排意见》；陕西：《关于推进混合所有制经济发展的意见》和《关于省属企业实施分类管理的意见》；河南：《省管企业发展混合所有制经济试点工作方案》和《省管企业市场化选聘职业经理人试点工作方案》；吉林：《关于国务院近期支持东北振兴若干重大政策举措的落实意见》；福建：《关于进一步完善促进产业发展体制机制工作实施方案的通知》；内蒙古：《关于自治区直属国有企业分类监管的意见》。

中于战略新兴产业和公共服务领域。实际上，国企改革没有统一的、最好的模式，需要因地制宜。例如，北京特别强调首都功能定位；上海着重突出产业化引领、国际化发展；广东则积极引入市场机制，大力探索混合所有制的实现方式。

由于国家层面的国资国企改革的顶层设计方案在2014年一直没有出台，这让部分地区一直观望。各地在推动改革措施落地过程中，更多的还是以试点探索和个体突破为主。改革方案多数是原则性改革方案，落到实处的还较少。总体上看，地方国资国企改革的整体进度仍相对偏缓。

上海已经领先国内的国资改革，自发布国资改革方案以来，其已制定实施了24项配套的改革措施，当地国资委监管企业从52家减少至44家，新增海外投资330多亿元。[①] 主要改革实践如下。①2014年6月，锦江股份公司（600754. SH）通过定向增发引入战略投资者弘毅资本，约占12.43%的股份，弘毅资本成为其第二大股东。②11月，上港集团（600018. SH）发布由公司管理层和1.6万多名员工（占公司员工总人数的72%）通过非公开发行认购18.2亿元的持股方案，并委托长江养老保险公司设立专项产品进行资产管理。③通过资产重组，重新搭建国有资产的流动平台，发挥平台运营资本的功能，其中上海国际集团以金融资本为主、上海国盛集团以产业资本为主。④上海纺织集团与上海仪电控股签订战略合作协议，探索和实践上海国资系统企业集团联合发展的模式，将在产品采购、系统配套、信息化服务、智慧型不动产开发经营、金融服务等领域开展广泛合作，以共同探索和推进新技术、新产业、新模式、新业态的“四新”改革转型和发展建设，同时实现信息互通、资源共享、携手共进。⑤上海城投集团改制为公司法人，上海纺织集团和华谊集团谋划整体上市或核心资产上市，锦江国际和光明集团业务布局海外，上海现代建筑设计集团和绿地集团分别借壳棱光实业和金丰投资上市。

---

① 孙嘉夏：《上海国资改革一周年，两大集团整体上市提速》，《每日经济新闻》2014年12月18日。

二 社会资本的投资选择

社会资本在不同的场合或学科有着不同的含义。本报告所指的“社会资本”是中国党政文件所提出的具有中国特色的概念，它的内涵和外延并没有非常明确的界定。在国家政策法规的语境中，它是指相对于传统国有资本、政府资本及外商资本的民间资本，即私有企业或个人资本，它已经被纳入官方统计。随着 1992 年中共十四大确立“社会主义市场经济体制”，国有经济从一些行业中逐步退出，国家鼓励民营经济组织进入相关行业，逐步成为推动经济发展的主要动力。

2004 年以后，“社会资本”和“民间投资”等概念开始进入国家政策文件。社会资本包含民间资本。[①] 2004 年 7 月，国务院《关于投资体制改革的决定》（国发〔2004〕20 号）提出“鼓励社会投资”。2010 年 5 月，国务院《关于鼓励和引导民间投资健康发展的若干意见》（国发〔2010〕13 号）提出，“在毫不动摇地巩固和发展公有制经济的同时，毫不动摇地鼓励、支持和引导非公有制经济发展，进一步鼓励和引导民间投资”，其中就提出了“民间投资”概念。国家政策法规中鼓励和引导社会投资的主要政策措施基本上都是针对固定资产投资的，所以本报告所指的社会资本投资也主要限于固定资产投资领域。

资本的本性是逐利，追求价值增加。从一般意义上讲，投资选择的空间取决于投资主体“想做”、“可做”和“能做”这三者的交集。“想做”是指做的欲望强度，“可做”是指被允许或合法做的空间，“能做”是指做的能力程度。只有同时满足这三方面条件的领域才适合于投资，或者说才能够获得持续盈利与成长。对于社会资本来说，由于其本身的产权属性及所处的

---

① 2014 年 11 月，国务院《关于创新重点领域投融资机制鼓励社会投资的指导意见》（国发〔2014〕60 号），提出“为推进经济结构战略性调整，加强薄弱环节建设，促进经济持续健康发展，迫切需要在公共服务、资源环境、生态建设、基础设施等重点领域进一步创新投融资机制，充分发挥社会资本特别是民间资本的积极作用”。

中国特色的市场环境，其投资选择的空间并不完全自由。

从社会资本的“想做”的意愿来看，它是完全市场化的主体，在法规边界内逐利是其本性。但是，现阶段盈利水平较高的自由竞争领域已经越来越少了，野蛮生长和赚快钱的时代已经一去不复返，世界经济低迷和国内市场需求不足导致传统制造业产能过剩，房地产行业开始下行，股票市场的财富效应不明显且不稳定，战略新兴产业难以形成市场规模和竞争力，新兴互联网经济的竞争也已非常激烈。在经济中高速增长的新常态下，社会资本急需寻找合适的投资机会和新的业务增长点，要求其既能够容纳巨大的资金规模，又能够带来预期的收益。在国家政策强力推动之下，新一轮国企改革是社会资本难得的投资机会或出口。在政策突破之后，国有企业将可能释放其巨大的增长潜能和空间，成为社会投资者的“金矿”。

从社会资本“可做”的范围来看，它的经济权利在越来越多的国家法规和政策中获得更多的保障和支持。自改革开放以来，非公有制经济逐步获得认可和支持，并恢复和发展起来。但是，由于存在“玻璃门”“弹簧门”“旋转门”“天花板”等各种限制，其经济地位和权利并没有得到真正落实，发展空间也受到严重挤压和限制。

作为党的最高文件，十八届三中全会《决定》明确了非公有制经济与公有制经济的同等地位，并鼓励、支持、引导非公有制经济发展；同时，明确了通过混合所有制的改革方式推进社会资本参与公有制经济的改革。2014年11月，《关于创新重点领域投融资机制鼓励社会投资的指导意见》（国发〔2014〕60号）再次强调支持和鼓励社会资本的投资。

从社会资本“能做”的程度来看，改革开放之后，随着经济发展，社会资本快速增长和积聚。民营经济从无到有，从小到大，从弱到强，尤其是在中共十六大以后迅速发展，已经占据中国经济半壁江山，成为经济发展中的重要力量。首先，从资本规模上看，民间固定资产投资的规模逐步扩大，占整个固定资产投资的比重，已从改革开放初期的微乎其微发展到现如今的超过50%。2014年，民间固定资产投资32.2万亿元，同比增长18.1%，超过全国固定资产投资15.7%的增长率，占全国固定资产投资（不含农户）

的比重为64.1%。[①] 其次，从民营经济的经营能力来看，总体上，企业仍然分散、小规模、低层级，但是，已经涌现出数量众多的集团型、创新型和国际化的大型企业，例如，联想集团、苏宁集团、复星集团、吉利集团、华为集团及平安集团等，它们已经拥有强大的经营管理能力和投资能力。从单体来看，民营企业的能力可能还有限，但是它们已经尝试通过合作方式进行投资，例如，由59家大型民营企业联合投资的中国民生投资公司于2014年8月成立，公司注册资本500亿元，参股企业资产总额近1万亿元。

从社会资本"做好"的实践来看，民营经济具有市场竞争的天然属性。它产权清晰，具有最终产权所有人，预算硬约束、投资（或成本）与收益直接对应，主动性和创新性强、机遇意识敏锐。相对于产权不明晰、缺乏真正的产权主体并难以真正市场化运作的国有企业来说，民营经济因其逐利性和商业化原则具有更高的运作效率。[②] 社会资本已经在一些重要领域形成一定的市场地位甚至已经主导市场，甚至一些竞争性行业几乎全部被社会资本所占据，如纺织、房地产、互联网、电子商务、餐饮等行业。以混合所有制改革为手段的国有企业改革，本质是引进真正的产权主体，实现市场化运营，许多国有企业在混合所有制改革后重新焕发了活力，如珠海格力公司。[③]

三　国有企业改革的投资机会

社会投资者面对投资机会需要考虑：投什么、是否具备应有的条件、怎么投、有什么风险、有多少回报。这些问题在不同的投资领域可能会有不同

---

① 国家统计局：《2014年全国固定资产投资（不含农户）增长15.7%》、《2014年民间固定资产投资增长18.1%》，国家统计局网站，2015年1月20日。

② 从总体上看，国有企业经营效率要低于社会资本平均水平。2013年，国有企业（包括中央企业和地方企业）的营业利润率为5.49%，低于6.1%的社会平均水平。

③ 格力公司自2006年以来，通过实施三阶段股权激励、引入战略投资者、增发新股以及大股东减持等政策，实现股权多元化。2006年以来，公司业绩持续提升，营业收入由2005年的182.5亿元增至2013年的1200.3亿元，增长了5.58倍，净利润由2005年的5.1亿元增至2013年的108.1亿元，增长了20.20倍。期初净资产收益率由2005年的20.87%上升至2013年的40.43%（陈绍霞：《国企改革格力样本》，《证券市场周刊》2014年5月5日）。

的答案，但是其基本原则都是一样的，即寻找适合自身条件的对象，采用或创造有效方式，规避相关的各种风险，由此才能获得预期的收益。

在国企改革中，社会投资者的投资机会主要包括两个方面，一是竞争性领域的国有企业，二是基础设施和公用事业投资项目。前者，改变国有企业的产权结构，为市场提供更多的优质产品或服务；后者，与政府合作提供公共产品。

（一）竞争性企业：混合所有制

国有资本应更多地投资于公益性企业和自然垄断行业，以提供公共产品和服务，体现其公益性。对于竞争性领域，产品和服务的供给效率是市场竞争的关键，竞争性领域的国有企业可以通过开放性的市场化重组推动混合化改制，从而建立市场化治理体制和管理机制，并更好地满足国有资本保值和增值要求。当然，国有资本应该逐步退出竞争性领域。从现实的可操作性和效率提升来看，竞争性企业更适于混合所有制改革。

十八届三中全会《决定》要求“积极发展混合所有制经济”“支持非公有制经济健康发展”，这为社会资本参与国有企业的产权制度改革提供了有力政策保障。混合所有制改革的形式就是出售国有股权。其实质要求是建立规范的现代企业治理结构，改变现有国有所有者缺位、虚置及一股独大的局面，实现政企分开、政资分开、党企分开，通过使产权所有者分享产权增值利益和产权经营者之间的竞争，建立市场化决策机制和激励约束机制，[①] 激发企业家精神，提升国有资本的运营效率，减缓国资监管的压力。

混合所有制改革的主要对象是国有产业型企业。参与混合所有制改革的主体是非公有制机构，主要包括集聚社会资本的 PE（联合起来的社会资本）、产业型企业、企业员工。在此主要分析机构投资者，也就是前两者。这两种方式不完全分离，PE 可能会与产业型企业合作，共同改制国有企业

① 史正富、刘永日主编《民营化还是社会化：国有企业产权改革的战略选择》，上海人民出版社，2007。

或新设合资企业。PE 的资金募集主要来自机构投资者和个人投资者。机构投资者主要包括银行、社保基金、企业年金、保险公司、大型企业、信托基金、境外资本等。

1. PE

PE 属于财务投资者，通过发掘被投企业的市场价值获得经济回报。PE 投资是阶段性投资或持有，帮助被投企业获得发展所需资源，并与它共享市场价值增值，待发展到一定阶段后就退出，基本上不参与被投企业的日常经营，主要通过董事会参与企业战略决策与管理。

（1）投资的对象

PE 通常会对投资对象提出以下要求：拥有较长、良好的发展历史（正处于成长期或成熟期），治理结构和运营管理较为规范，拥有成熟、稳定的专业管理团队并具有较强改革意愿，已形成一定规模和产生稳定现金流，在行业内具有一定市场地位，所在产品市场巨大并快速增长，但是在资金，或管理，或技术，或其他关键资源方面还存在明显不足，通过管理提升或资源整合可以在较短时间内增强企业的市场竞争力。PE 倾向于关注在短期内可实现 IPO 或者借壳上市或者被并购退出的项目。其关键条件是具有较大的市场估值增加空间，同时与 PE 本身的专业投资方向相符，并且双方在价值观、战略上能够达成共识。

在投资对象方面，中央企业改革涉及内容较为复杂，直接推行改革的难度较大，而其旗下的三四级企业由于业务明晰，规模相对较小，满足国家树立改革样板的需要，较大可能性进行改制。同时，省市级地方国有企业的历史背景相对简单，政府较为支持，审批流程更加灵活，而且一些企业，尤其是东部地区的企业，具有一定优势，这类企业改制的成功概率更高。对于 PE 来说，它的最终目的是增值后退出，所以通常会选择中等规模的企业，一方面这样的选择比较容易体现出价值的变化，另一方面价值在变化在市场上尤其是资本市场上比较容易表现出来。

从投资地域来看，PE 参与的国有企业改革项目主要集中在上海、浙江、江苏、广东、北京等地，主要看中当地国资监管机构和国有企业管理层的开放合作态度、当地市场化程度、资本市场的活跃程度。PE 在国资改革领域的投资竞争也非常激烈。从行业来看，PE 对互联网、移动医疗、文化传媒、游戏行业等领域的国有企业更加关注。①

（2）投资的条件

在 PE 投资国有企业的过程中，国有企业对 PE 也会提出要求。也就是说，PE 机构需要具备应有的条件才可能被国有企业选中并参与其改制。对于国有企业来说，它们不是为了混合所有制而混合，而是将其作为促进发展的一种方式或手段。PE 的作用或价值主要体现为能够解决国有企业所面临的实际问题，包括资金和管理机制问题。国有企业尤其看重 PE 与企业资源的互补和业务协调，并借此引入市场化运作机制，也就是说，希望 PE 的进入在带来资金的同时也能够有效改善其治理结构并提升其管理效率。

国有企业对于 PE 的基本要求主要包括拥有大规模的资本实力（取决于募资能力，是否有大型机构投资者，如社保基金、保险基金等）；在规模上基本能够与被投企业对等；拥有市场化管理能力、变革国有企业体制的能力与成功案例、资源引荐及整合能力；拥有良好的市场形象；能够与被投企业长期合作、共同成长等。具有国资背景的 PE 涉足国企改革更具优势，因为它们与国资国企之间存在天然的信任优势，可以极大地降低沟通成本。作为公众公司的上市公司对于股权收购方有着更多监管方面的要求。

PE 在国有企业改制方面已有较多成功案例，如弘毅资本投资的江苏玻璃集团、秦皇岛耀华玻璃集团、石家庄鸿锐集团、石药集团、中联重科、中集集团等。当然，也有还处于磨合过程的案例，如 2011 年平安信托旗下上海平浦投资公司全资收购上海家化集团项目。

（3）投资的方式

PE 对国有企业的主要投资方式是股权重组，主要形式包括整体重组、分立重组和梯级重组等。针对非上市公司和上市公司，其投资方式有所区

① 浦发银行、投中集团、上海国有资本运营研究院：《2014 国资国企改革与私募股权基金市场研究报告》，2014 年 12 月。

别。针对非上市公司的主要方式有：准上市投资（Pre－IPO）、通过股权协议转让方式成为企业新股东、收购国有企业控股股东的控股权并控股其下属公司、增资扩股以降低原股东股比（原股东不跟进增资）。而上市公司具有市场化的估值（公开、透明、规范），投资者获得其股权的方式较多，如大宗交易、定向增发、非公开发行、可转换债权、协议转让等。PE 在对企业进行直接投资的过程中通常会伴有管理层持股（管理层个人或持股公司），将高层管理者的利益与投资者的利益捆绑，激发其积极性和创造力，以突破内部人控制。

（4）投资的风险

PE 在收购国有企业股权的过程中，所面临的风险或挑战主要有以下几个方面。①收购价格，股权收购的关键是股权定价。上市公司有市场化估值，对其进行投资可以直接按市场交易规则操作。而非上市公司的价值需要通过资产评估来确定，而评估价格具有较大弹性或主观性。根据现行国有资产管理的相关政策规定，企业国有产权转让需按规定进行资产评估并进场交易，挂牌价格不得低于评估结果的 90%，还需要获得政府相关监管方的批准，如果对方以低价获得或资产以后增值都有可能陷入国有资产贱卖的质疑。②目前大中型国有企业的经营效率普遍较好，大都不愿意出让股权，更多的是在政策要求下进行小股权转让，保留控股权仍是大多数国有企业的底线。这就导致 PE 难以通过有限股权的收购获得有影响力的股权。[①] ③大部分 PE 的募集资金存续期较短，不适于对国有企业进行长线投资。而且目前募集资金也存在一定的困难。④PE 机构（PE 的管理公司）不熟悉具体经营业务，也不可能大规模调整管理层，因此就可能遭遇公司内部人控制而难以实现其管理和投资意图的情况。PE 作为非国有投资者，还需要面对国有企业的历史包袱、僵化的决策机制、过多的社会责任、企业经营者的股权激励机制等问题。⑤项目的不确定性较大，政策变化不可控。国有企业领导人为

① 混合所有制企业中，持股比例对应其权利的范围：拥有 10% 股权意味着在董事会中有一个席位；1/3 的股权意味着对公司重大事务具有否决权；50% 的股权就涉及控股与非控股的区别。

行政任命，一旦发生更换，项目的实施及其相关承诺能否一以贯之，具有较大的不确定性。尽管已转为混合所有制企业，但因为仍为国有控股企业或保留国有股份，企业可能还会沿用原有的管理法规和方式，董事会的决策权无法落实，难以实现真正的市场化运营。⑥PE 作为新股东，肯定会存在与原有股东合作和协调的问题。⑦退出困难，难点包括股权的估价、成交、退出机制、退出通道、退出保护等。[①] ⑧由于传统观念固有、相关的法律体系不完善、政策落实较难、对应于《决定》的明确的法律和制度设计尚未出台，非国有投资主体的投资权益难以获得有效保障。

（5）投资的回报

作为财务投资人的 PE，它投资的目的是获得财务回报而非企业本身的成长。这种财务回报更多地来自于被投企业的增值而非源于资产低估的差价，它主要表现在两个方面：一是 PE 在加入之后进行的资源引荐与整合、内部管理效率提升、业务优化等工作使被投企业业务规模扩大、经济效益提升、营业收入增长，从而盈利增加，最终使自身相应股权的分红增加；二是被投企业估值的增加，通过影响估值关键要素（如企业市盈率、现金流、成长性、行业地位、渠道、品牌形象等）而提升被投企业估值，这可以通过上市（部分资产或全部资产）或重组（被其他企业或 PE 二级市场并购）实现，而收购价与估值的差额就成为投资回报。

2. 产业型企业

从国家政策的意图来看，引导非国有的产业型社会企业参与国有企业改革是其重点，它们由此可以进入原先被各种有形或无形壁垒所隔绝的业务领域或获得政府和政策的更多支持与优惠，从而提升其能级，增强市场竞争能力。国有企业可以与社会企业形成资源和机制的互补，各得其所，提升整体资源配置效率。

产业型企业属于积极投资人。投资的目的主要是延伸产业链、进入新市

---

① 宋文阁、刘福东：《混合所有制的逻辑：新常态下的国企改革和民企机遇》，中华工商联合出版社，2014。

场、扩大市场、获得新技术，甚至是消灭竞争对手等，通过投资实现产业链上的横向和纵向扩张，以及协同效应。战略投资者要求其股权投资符合其整体发展战略，不能仅仅着眼于短期财务回报，而应更多地参与被投企业的日常经营管理，将被投企业纳入其自身整体战略和产业规划。

（1）投资的对象

产业型企业投资对象的选择主要基于其投资目的，即获得业务发展所需且难以通过自身能力在短期内创建的关键资源。相对于国有企业的股权收购，产业型企业的投资选择将更多地关注国有企业所具有的体制优势，这种优势主要体现在某些方面的准入门槛（准入限制或特许经营权）、公平待遇（银行贷款、财政补贴及政府扶持等）、市场渠道、品牌形象等。通过股权收购突破其原有的发展障碍，甚至获得体制红利。这类国有企业大多处于垄断或准垄断领域，如石油、石化、电力、煤炭等能源行业。如果国有企业是上市公司，则产业型企业可以通过借壳上市进入资本市场。

（2）投资的条件

对于国有企业来说，它选择产业型社会企业，更在乎其高效的管理机制和经营管理的能力与经验，并在技术、管理和资源上形成互补、协同和放大效应；对其资本要求并不高，因为国有企业相对于社会企业拥有更为有利的融资条件。国有企业希望通过引入社会企业作为战略投资者从外部突破其运营机制方面的一些障碍或限制，带来包括制衡的治理结构、高效的决策流程、市场化的高管选聘和员工激励约束机制、自觉的技术创新机制在内的一些优势以及其他国有企业所欠缺的一些资源（如理念、文化等）。这就要求社会企业本身是一家经营成功、拥有一定的行业地位或规模的优秀企业。如果产业型企业是民营上市公司，[①] 收购非上市国有企业就更为便利，也更为国资监管者所认同。

引入的投资主体主要有两类：一类是战略投资，即投资能带来技术、管

① 至2014年，国内主板上市公司中民营企业的数量已经占到约1/3；中小企业板上市公司中，民营企业占比为76%左右；创业板上市公司则基本都是民营企业。

理、市场、新业务等，被投企业能因其加入而增值；另一类是财务投资。以中石化销售公司混合所有制改革为例，其将优先引入战略投资者，并提出“三个优先”原则，即产业投资者、国内投资者、惠及广大人民的投资者优先。[①] 对潜在投资者的具体要求主要包括行业优势、行业地位、品牌形象和声誉、财务实力、持有期限等。

（3）投资的方式

产业型社会企业投资国有企业的基本方式就是股权收购，与PE收购国有股权的方式类似。但是，作为产业型企业，股权收购并不限于现金，还可以采用固定资产、无形资产（如品牌、工业产权、专用技术、特许经营权、销售网络等）注入、债务承担等方式；同时，也可以直接完全收购有意退出的国有企业。

国有企业与社会企业的混合不只是单向的，也可以是双向的，即社会企业可以收购国有企业的股权，国有企业也可以收购社会企业的股权，其结果都是一样的，即组建为一个混合所有制企业，并且对于控股权并没有限定。但是，为了更好地实现重组意图，社会企业优先选择控股权或相对控股权。

（4）投资的风险

产业型社会企业收购国有企业股权的风险与PE所面临的风险类似。除此以外，还有其他一些风险，主要包括：①国有企业不愿意完全放开其核心或高附加值领域或业务环节；②国有企业本身的技术或装备已经落伍，难以应对技术革命的挑战；③由于改制企业本身体量巨大，尤其是制造型企业，资产规模大多在数十亿元以上甚至上千亿、上万亿元，即使小额股权也需要较大规模投资，这可能影响社会企业本身的发展；④较小的股权或话语权难以保障其管理权益，也很难实现其管理水平提升和业务整合的意图；⑤由于

① 在中石化销售公司引资的25家投资者中，产业投资者以及与产业投资者组团投资的共9家，投资金额326.9亿元，占比30.5%；国内投资者12家，投资金额590亿元，占比55.1%；惠及百姓民生的投资者4家，投资金额320亿元，占比29.9%；民营资本11家，投资金额382.9亿元，占比35.8%（翟瑞民：《中石化“混改”引资千亿，11家民营资本投382亿》，2014年9月14日）。

双方规模的巨大差异而难以形成业务的协同效应，投资企业可能会因持续亏损而被迫退出；⑥在社会企业控股之后，国有企业脱离原来的国有体制，失去相关政策优惠与保护，其盈利水平可能会下降；⑦进入国有企业后，社会企业委派进入国有企业的管理人员可能会受到一定管理体制的约束；⑧社会企业原来与被重组国有企业之间的正常业务可能会被界定为关联交易，受到更多更严的监管；⑨同业的企业文化和管理理念融合困难，尤其是在社会企业规模较小的条件下。

（5）投资的回报

对于产业型社会企业来说，它对国有企业的投资关注更多的是对其原有业务发展的支持，而不仅仅是其股权的分红。通过股权收购，社会企业可以进入原先难以进入的业务领域；获得原先国有企业品牌的社会认可和溢价以及相关的政策优惠与支持；通过资产和业务的整合，提升业务的协同效应和资源配置效率；通过其自有品牌、技术及管理等无形资产的输出而获得品牌特许、技术转让费及管理服务收益；通过联合采购、物流及技术研发等职能的共享与合作降低整体运营成本；通过产品线组合或联合生产享有生产规模经济和范围经济；通过产业链主要环节（如设计、生产、销售、服务）的联动获得产业链整体价值等。

（二）基础设施项目：PPP 模式

在 1994 年实行分税制之后，地方政府的预算内财政收入难以维持社会经济快速增长所带来的对基础设施与公益服务的巨大需求，同时，《预算法》（1994 年）规定地方政府不得发行地方政府债券，于是地方政府创新设立投融资平台公司（以下简称地方投融资平台），变相举债完成在基础设施建设和公益性服务供给方面的责任，解决投资的缺口，形成真实的地方政府债务。

2014 年以来，对于地方投融资平台来说，最大的政策变化是两项，一是 8 月的《预算法》修订，二是 10 月的《国务院关于加强地方政府性债务管理的意见》（国发〔2014〕43 号）及配套的《地方政府存量债务纳入预算管理清理甄别办法》（财预〔2014〕351 号）出台。在新的政策条件下，地方政府被赋予适度举债的权限，原有的地方投融资平台的政府融资职能被剥离，将地方基础设施建设融资规范为两种模式：没有收益的公益性事业发展可由地方政府发行一般债券融资，主要以一般公共预算收入偿还；有一定收益的公益性事业发展可由地方政府发行专项债券融资，以对应的政府性基金或专项收入偿还，或者应用政府与社会资本合作（Public - Private - Partnership，PPP）模式。

PPP 模式的实质是政府通过给予社会投资者长期的特许经营权和收益权来换取基础设施建设，以解决政府的财政困境。PPP 模式中的“社会资本”泛指政府机构以外的所有主体，主要包括国有企业、民营企业和外商投资。在当前的政策语境中，更多的是指民营企业或私人部门，这也是 PPP 模式的本来之义。PPP 模式的本意是解决政府部门和社会投资者建设与运营基础设施和公用事业的“悖论”，从而发挥各自的优势。①

在 PPP 模式下，原先由政府部门提供的公共产品改为由政府与社会资本合作提供。2014 年下半年以来，国家相关部门已经出台一系列支持和鼓励政策，并推出上百个示范投资项目。国内部分省市相继出台与 PPP 模式有关的政策，并在各自辖区内先后推出大批 PPP 试点项目。2014 年底，财政部政府和社会资本合作（PPP）中心获批，主要承担 PPP 工作的政策研究、咨询培训、信息统计和国际交流等职责。同时，财政部将加强对 PPP 项目的融资支持，并已开展综合管廊项目的专项资金补助试点。

1. 投资的对象

PPP 模式的主要投资对象是基础设施和公用事业，按经营性质可被分为生产性和非生产性。前者主要包括能源（能源的开采和供给等）、运输（公路、铁路、桥梁、河道等）、水（排水、污水处理、水供应等）、环境治理、通信（电话、通信网络等）；后者主要包括医院、学校、体育场馆等。这类

① 宋波、徐飞：《公私合作制（PPP）研究——基于基础设施项目建设运营过程》，上海交通大学出版社，2011。

项目的投资规模较大、建设与运营周期长、投资回收期较长，涉及国计民生、提供普遍服务、具有社会公益性，具有一定垄断性、没有收益或只有较低经济效益，并有可能经营亏损，需要财政补贴才能维持。根据其收益情况，它们又可被分为非经营性、准经营性和经营性项目。只有由政府特许、其需求长期且稳定、长期合同关系清楚、有明确收益来源的项目才适于开展PPP模式。

在国内，基础设施和公用事业原先基本上全都由政府建设和运营，但是从政策导向上看，其已逐步对社会资本放开，以打破垄断、开放管制。[①] PPP模式项目范围已经在国家发改委和财政部的相关规定中明确。[②] PPP模式可以用于已经建成的基础设施、需要改造和扩建的基础设施、新建基础设施。[③] 社会资本更愿意选择投资环境不错、政府信誉良好、项目边界清晰、给定投资条件合理的地方项目合作。

2. 投资的条件

考虑到项目的建设与运营需求，一般要求参与PPP项目的社会投资者

---

① 《关于推进国有资本调整和国有企业重组的指导意见》（国办发〔2006〕97号）提出“推进国有资本向重要行业和关键领域集中，增强国有经济控制力，发挥主导作用。重要行业和关键领域主要包括：涉及国家安全的行业，重大基础设施和重要矿产资源，提供重要公共产品和服务的行业，以及支柱产业和高新技术产业中的重要骨干企业。”国有经济应对关系国家安全和国民经济命脉的重要行业和关键领域保持绝对控制力，包括军工、电网电力、石油石化、电信、煤炭、民航、航运七大行业。

制定非国有资本参与中央企业投资项目的办法，在金融、石油、电力、铁路、电信、资源开发、公用事业等领域，向非国有资本推出一批投资项目。制定非公有制企业进入特许经营领域具体办法。实施铁路投融资体制改革，在更多领域放开竞争性业务，为民间资本提供大显身手的舞台。（李克强：《政府工作报告》，2014年3月5日）

2014年11月，国务院《关于创新重点领域投融资机制鼓励社会投资的指导意见》鼓励社会资本在生态环保、农业和水利工程、市政基础设施、交通、能源设施、信息和民用空间基础设施及社会事业等领域的投资，以增加公共产品有效供给。

② PPP模式主要适用于政府负有责任又适宜市场化运作的公共服务、基础设施类项目。燃气、供电、供水、供热、污水及垃圾处理等市政设施，公路、铁路、机场、城市轨道交通等交通设施，医疗、旅游、教育培训、健康养老等公共服务项目，以及水利、资源环境和生态保护等项目均可推行PPP模式。各地的新建市政工程以及新型城镇化试点项目，应优先考虑采用PPP模式建设。（国家发改委：《关于开展政府和社会资本合作的指导意见》。）

③ 贾康、曾晓安、孙洁：《通过PPP化解地方政府债务压力》，《中国改革》2014年第4期。

要具备相应的资金实力、资质要求、项目建设与运营经验以及对相关资源的整合能力等。同时，要求社会投资者对项目进行长期运营并提供合适的公共产品，具有良好的商业信誉和社会责任感。

在参与各个PPP项目时，社会投资者需要经过政府筛选和必要的市场竞争；同时，因为项目涉及公共利益，还需要接受政府对项目建设工期，投资规模或预算，公共产品提供的安全、质量、价格、服务标准，项目公司的成本控制、收入分配等方面的监管。由于PPP项目的时间长达十几年甚至几十年，其更符合追求长期稳定回报的金融资本的风险偏好和投资需求，例如保险资金。

3. 投资的方式

广义的PPP模式是指政府与社会资本的各种合作投融资模式，可以分为外包、特许经营和私有化三类。[①] 狭义PPP是政府与社会投资者组成特殊目的机构（或项目公司），共同设计开发，共享利益和分担风险，全过程合作，期满后再移交政府的公共产品的开发建设和运营管理方式。它更加强调合作过程中的风险分担机制和项目的衡工量值（Value For Money，也称“物有所值”）原则。根据政府与社会资本合作是否包括投资来分类，PPP模式大体可分为两种：一种以投资为驱动，包括BOT、并购等；另一种是委托经营，以运营技术和管理为驱动。但两种类型项目的最终目的都是政府希望通过与企业合作，提供满足绩效标准的公共服务（或产品）。

狭义PPP模式的基本运作机制：社会投资者与政府签订特许合同，独自或与政府共同成立特别目的公司，由特别目的公司负责项目的融资、建设及经营。社会投资者或项目公司再联合其他社会资本共同提供公共产品。项目公司对项目全过程负责，承担投资风险。政府还可以与PE机构合作发起专项PE，与社会投资者共同设立项目公司。基础设施和公用事业的基础建设内容也可由政府直接建设再租赁给项目公司，并与其建设的其

① 王灏：《PPP的定义和分类研究》，《都市快轨交通》2004年第5期。

他相关设施共同提供公共产品，如北京地铁4号线项目。[①] PPP模式的运作方式见图1。

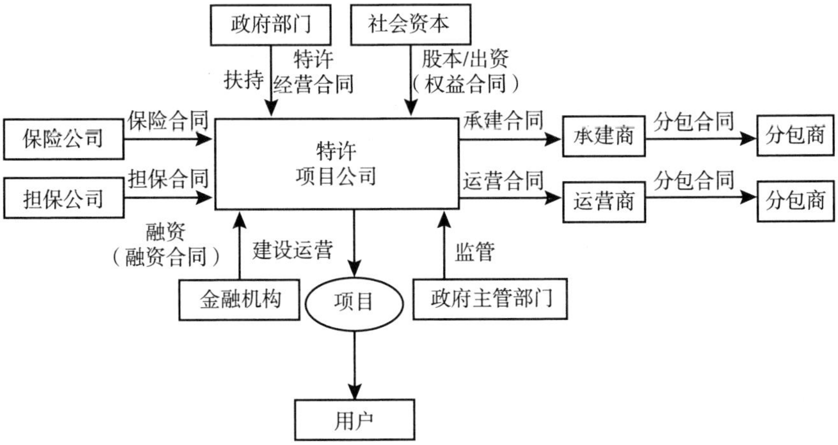

图1　PPP模式的运作方式

资料来源：中国投资咨询。

PPP项目既可以由政府根据当时社会经济发展的需要而发起，也可以由社会投资者发起。前者主要是由行业主管部门从国民经济和社会发展规划及行业专项规划中的新建、改建项目或存量公共资产中遴选潜在项目；后者主要是由社会投资者以项目建议书的方式向政府部门推荐潜在项目，再由政府部门进行评估筛选，并制定项目年度和中期开发计划。

4. 投资的风险

社会投资者在PPP项目投资中面临的主要风险包括不可控风险（政治风险、金融风险、法规风险、市场风险、信用风险等）、可控风险（信用风险、完工风险、建设与运营风险、环境风险等）。[②] 尤其是法规风险和收益的不确定，导致了目前社会资本对PPP模式的观望态度。

① 吴伟、丁承、鲁阳晋：《混合所有制背景下的PPP模式与投行创新思路》，《新金融》2014年第7期。

② 胡丽：《城市基础设施PPP模式融资风险控制研究》，重庆大学出版社，2013。

由于项目具有长期性，其正常运营的关键在于明确的法规和管理体制，但目前还没有国家层面的立法和完善的管理体制，更多的只是一些行政规章，经常有政出多门且在某些方面有冲突的现象。而且，建设规划、土地、环保、水务、发改委等地方部门的项目审批程序复杂、责任划分不清。

在政府信用或承诺方面，由于项目合同的不完善和不完全性、风险因素的变化和增加以及政府领导的更替，地方政府或社会资本存在大量的机会主义行为，使项目的权益难以获得有效保障。在这方面已经有许多案例，社会投资者因为政府守信问题而最终退出。

政府关心公共产品的有效提供，社会投资者需要赚取合理利润。基础设施和公用事业项目涉及公众利益，难以根据市场变化而灵活调整价格，因此只能是“盈利但不暴利”，这不一定能够满足社会资本逐利的要求。

5. 投资的回报

PPP 项目的投资回报机制主要包括使用者付费，可行性缺口补贴和政府付费等支付方式（见图 2）。①使用者付费，PPP 项目提供的公共产品最终由使用者和消费者直接支付，且收费能够基本满足项目的投资部分；②政府付费，政府承诺消费额度和付费机制，通过政府购买服务的形式给予社会投资者收益回报；③政府补贴，对于大型基础设施和公用事业的建设，由于相

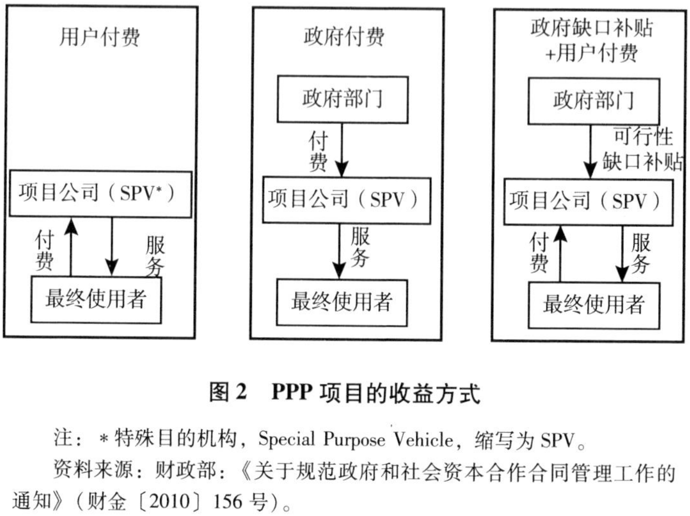

图 2　PPP 项目的收益方式

注：＊特殊目的机构，Special Purpose Vehicle，缩写为 SPV。

资料来源：财政部：《关于规范政府和社会资本合作合同管理工作的通知》（财金〔2010〕156 号）。

关产品或服务的定价或收费水平普遍偏低，为保证项目的合理收益率，政府需要给予项目建设与运营的社会投资者一定额度的补贴。

四 国有企业发展的投资机会

国有企业不仅需要通过混合所有制改革盘活存量资产，而且为了提升其市场竞争力，也需要进行外向的扩展，以扩展现有业务价值链或抓住新业务机会。国有企业的发展更多地表现为它的增量，其基本方式包括内涵式内生成长和外延式外部整合，它们各有其优势和不足。后者可能更为迅速，也更容易见到成效，还可以细分为非资本性合作（技术许可/特许经营、技术开发/供应链/细分市场战略联盟等）和资本性合作。在资本性合作中，国有企业与社会资本的合作方式主要包括收购社会企业、建立合资企业、成立并购基金等。

无论是成立合资企业还是成立并购基金，都将产生一个全新的企业实体，与以混合所有制改革原有企业相比，以这种方式改革，社会资本不需要面对原本的“历史包袱”，在运营中能够更大限度地自由发挥其管理优势，减少由国有体制及相关特定问题引发的运营与沟通成本。这种方式没有改变国有企业本身，对于国有企业的影响较小，但可能也不是当前国资改革政策导向的重点。

在过去二三十年中，经济高速增长，中国企业习惯了内生成长。当增长放缓进入新常态后，再加上产业转型、技术变革等的冲击，行业的内生成长面临挑战，迫切需要通过外延式扩张加长加粗产业链，进行产业转型升级、公司业务调整和产业整合，或者转型进入新行业。

（一）建立合资企业

社会资本与国有企业建立合资企业，能够实现双方的资源整合，实现优势互补，通过资源共享降低研发成本与风险，创造规模经济和范围经济效应及产业链整合效应。对于直接合资来说，它所需投资规模可能较小，可以不受国有企业本身资产规模的限制，可以根据业务的实际发展需要，设立更加适合社会资本的规模。

建立合资公司的主要投资风险主要有以下几点。首先，作为新的业务主体，合资公司的发展因其技术、市场、产品等因素而具有较大的不确定性。其次，合资公司的运作相对独立，所从事的也可能是与国有企业原有业务不相关的业务，不一定能够共享国有企业的体制优势。最后，社会资本直接入股国有企业时，双方是一个利益共同体，彼此依存和捆绑，然而，合资企业运作成功与否并不直接影响双方母公司的运作。因此，当合资企业的发展与国有企业本身的发展战略不一致时，国有企业可能会牺牲合资公司的利益而保护其自身的利益。

（二）并购基金

随着国内经济的转型和制度创新，上市公司已经成为并购主力。① 2014 年以来，资本市场并购案迅速增加。2014 年以来，A 股上市公司并购重组浪潮持续迸发。② 累计发生并购项目 2343 起，同比增长 103%；交易金额累计 1.74 万亿元，同比增长 143%。③ 主要并购方式包括公司间资产置换重组、集团公司整体上市、壳资源重组、融资收购其他资产、实际控制人资产注入、引入战略投资者等。

国有企业由于自身并购人才和经验的缺乏，多与 PE 机构合作进行并

① 2007～2013 年国内发生的并购事件中 71.6% 与上市公司相关。2014 年，上市公司在并购市场的优势得到进一步强化，上市公司参与国内并购的占比上升到 74.8%。（诸海滨、李蕙、赵扬、吴照银：《2015 年中国并购市场投资策略：兼收“并”蓄》，《安信证券研报》2014 年 12 月 21 日。）

② A 股上市公司 2007～2014 年共发生 5987 起并购，2013、2014 年不到两年的时间共发生并购 2544 起，占比高达 42.5%。2013 年三季度以来，并购活动频率显著增加。其中，2013 年上半年平均每季度并购 151 起，2013 年下半年平均每季度并购 253.5 起，2014 年上升至平均每季度并购 578.3 起。（诸海滨、李蕙、赵扬、吴照银：《2015 年中国并购市场投资策略：兼收“并”蓄》，《安信证券研报》2014 年 12 月 21 日。）

③ 孙金钜、温阳：《国企改革大潮来袭，关注三类并购机遇——中小盘增发并购之国企改革专题》，《国泰君安证券研报》2015 年 1 月 11 日。

购。为了投资项目的估值和退出，PE 机构通常会选择与国有上市公司（或其控股子公司）或国有上市公司的控股股东合作设立并购基金，再由并购基金收购其他企业。这一模式对于 PE 机构来说，有现成便利的退出通道，以退定投，解决了 PE 机构过度依赖 Pre－IPO 传统模式的瓶颈问题，降低了退出风险；可以将国有企业作为基金的有限合伙人（Limited Partner，LP），降低募资难度；符合“短、平、快”的投资要求。对于国有企业来说，采用这一模式可利用 PE 机构善于挖掘优质或有潜力项目的经验消除并购的前期风险，有利于收购优质企业或孵化目标业务，抓住新的业务发展机会，有利于挖掘相关产业上下游的资本价值，有利于提高公司竞争实力并提升公司的估值，通过杠杆收购减少资金占用。

现在越来越多的 PE 机构开始热衷于与上市公司合作成立并购基金。[①]硅谷天堂资产管理集团股份有限公司（以下简称硅谷天堂）就是典型案例。[②] 与并购基金合作的上市公司大多是民营中小板和创业板的小市值公司。它们通常提供全过程的资本运作，包括引入资产、制定收购方案、市值管理等。国有上市公司与 PE 建立并购基金的案例还不多，其主要原因是国有上市公司有较强的资金实力，审核与监管要求较严。

1. 基金的运作

具有资深产业投资背景和券商系的 PE 机构可以与上市公司成立并购基金。并购基金专注于企业并购投资，其通常的运作模式是以控股或参股方式

---

① “PE＋上市公司”并购基金与其他并购模式相比的最大优势是即时收购现成项目。上市公司新设项目周期较长、风险较大。而且，上市公司看中收购标的后，如果通过定增募集资金，可能需要一年多时间才能审批下来，很容易错过市场机会。

② 2011 年 9 月，国内首只“PE＋上市公司”型并购基金“天堂大康”成立，由天堂硅谷大康产业发展合伙企业（有限合伙）管理。该基金通过非公开募集资金，收购或参股符合上市公司发展战略的上下游企业。被收购企业经由天堂硅谷运作成熟并培育期满后，由大康牧业（002505. SZ）按约定通过现金收购或增发换股的方式转入上市公司，投资者因此获得超额收益。天堂大康成立仅 1 年，就完成了对和祥畜牧公司、富华公司的并购整合。这些并购项目都集中在生猪养殖领域，有助于主营种猪养殖的大康牧业的下游产业链整合。大康牧业之后，天堂硅谷相继与博盈投资、齐星铁塔、长城集团、京新药业、华数传媒、沃森生物等近 20 家上市公司合作。（王薇薇：《天堂硅谷“PE＋上市公司”香饽饽，天堂大康试金石》，《理财周报》，2014 年 1 月 27 日。）

收购目标企业股权，对其进行业务、管理整合和重组改造，待其盈利提升后再将所持目标企业股权出售，获得增值收益。

并购基金的主要运作模式如下。①PE 机构发起设立基金，上市公司为基金募集的 LP，PE 机构为基金管理人（见图 3）。②PE 机构成立的全资子公司在基金中充当一般合伙人（General Partner，GP），上市公司为 LP，并由 PE 机构负责募集基金剩余所需资金，并充当并购基金管理人（见图 4）。对于 PE 机构来说，设立子公司作为 GP，有利于规避其直接作为 GP 而需承担无限连带责任的风险。③PE 机构子公司和上市公司的控股子公司都成为并购项目的 GP,[①] 形成“双 GP”模式，双方共同管理基金（见图 5）。④PE机构与上市公司共同成立 PE 机构合资公司，由合资公司负责基金的管理（见图6）。

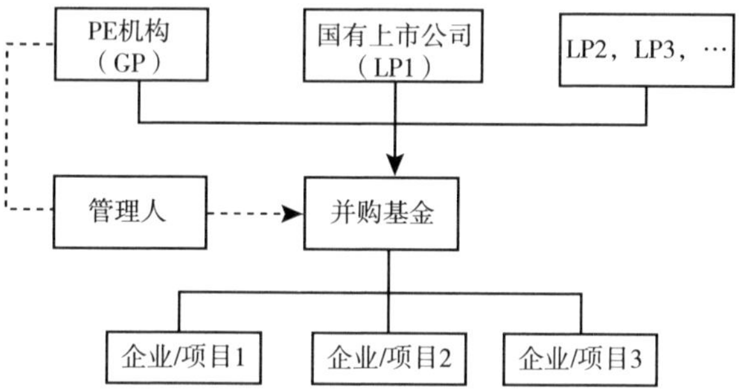

图 3　PE 机构发起上市公司 LP 模式

资料来源：中国投资咨询整理。

① 国有独资公司、国有企业、上市公司以及公益性的事业单位、社会团体不得成为普通合伙人（《中华人民共和国合伙企业法》，2006 年 8 月）。

《中华人民共和国合伙企业法》并未限制上市公司控股子公司以普通合伙人身份参与设立产业并购基金。上市公司通过担任并购基金普通合伙人的控股子公司加强上市公司对并购基金的影响力。上市公司控股子公司作为 GP 需要承担无限连带责任，可能导致上市公司成为并购基金实际控制人或共同实际控制人，这将影响并购业务中对关联交易和同业竞争的判断，需要进行相关项目收购的信息披露。

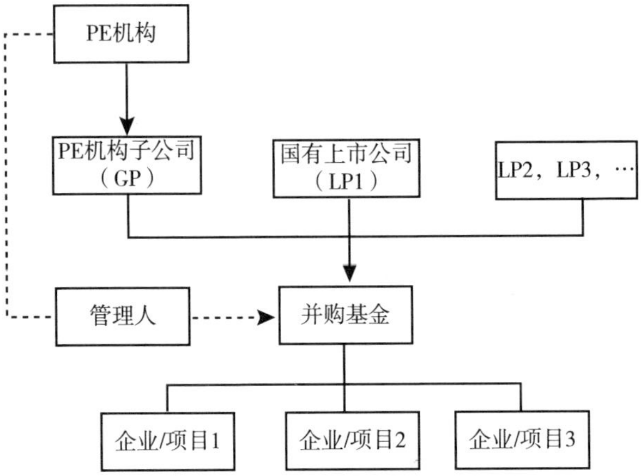

图4　PE机构子公司发起上市公司LP模式

资料来源：中国投资咨询整理。

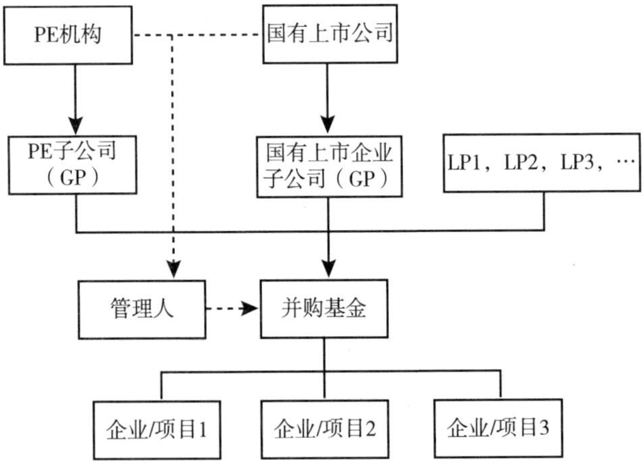

图5　“双GP”模式

资料来源：中国投资咨询整理。

“PE + 上市公司”的运作模式主要分为两个步骤，即PE机构先获得上市公司股份，再与上市公司合作成为利益共同体，并签署市值管理协议或并购顾问服务协议等。并购基金的收购项目通常是与上市公司主业高度相关，或处于产业链上下游，能形成协同效应或规模经济或范围经济的业务，或处

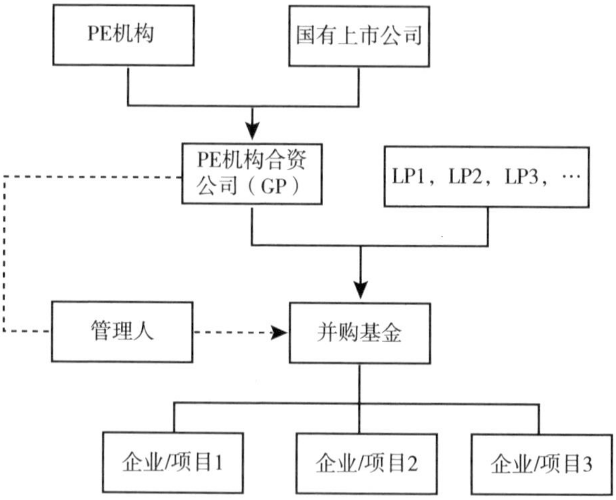

图6　PE机构与上市公司共同成立PE合资公司模式

资料来源：中国投资咨询整理。

于上市公司着力发展的新业务领域（包括新产品、新技术、新渠道、新市场等）。在基金的合伙企业存续期内，双方实缴出资部分通常不得再转让。并购基金设立投资与退出委员会，其成员由上市公司和PE机构共同组成。在项目投资决策机制上，上市公司拥有投资决策一票否决权（目前主流模式）或按照投票票数决定的模式，采取2/3以上多数通过的原则。

在项目并购中，PE机构利用其在并购和资本运作中的经验，负责日常投资管理服务以及项目运营，包括前期的项目筛选、行业研究、尽职调查、谈判、交易结构设计、项目建议书撰写以及后期的财务顾问、法律咨询工作。投资项目的选择标准主要包括符合上市公司的发展战略，即在公司的产业链上下游或者企业期望进入的领域；有发展潜力，能在技术、市场渠道等方面与企业形成优势互补。在投后管理中，PE机构将利用和调整被收购企业原有的管理团队，发挥其项目规划运作的优势，负责被并购企业的战略制定、行业整合、资源优化等工作；上市公司则利用其实体企业的丰富经营经验，派出管理人员协助企业的日常管理。

2. 基金的退出

并购基金投资的关键目的在于提升被收购企业的估值水平，从而实现盈利性退出。并购项目的主导退出渠道是由上市公司进行并购退出。并购基金将并购企业出售给上市公司是双赢之举。一旦项目出现亏损，对于上市公司或其大股东外的其他 LP 而言，上市公司大股东通常将给予一定的兜底，其主要分为两种情况："投资型"基金和"融资型"基金。①

3. 项目的风险

PE 机构与国有上市公司合作成立并购基金也存在许多风险，并且已经出现一些失败案例。② 其风险主要包括以下 4 点。①并购基金的融资风险。商业银行在发放并购贷款时，不能超过并购基金资金规模的 50%，并且期限小于 5 年。这限制了并购基金利用商业银行进行并购融资的规模。②退出的风险。PE 机构与上市公司的目标冲突，前者希望将项目卖给上市公司，实现投资的大幅增值，但上市公司有其自己的收购方向和考虑，双方不一定能契合，结果可能一拍两散。于是 PE 就需要寻求其他渠道退出。③预期判断的风险。如果并购基金对项目未来发展方向的预判出现偏差，包括技术、市场、消费偏好及政策等因素发生变化，导致项目不能实现预期盈利，同时该项目又占用大量资金，则会使 PE 机构面临巨额的持有成本。④受到越来越严格的监管。并购基金模式的实质是市值管理，PE 机构协助上市公司完成并购，并通过减持获利退出。这个过程容易涉及虚假披露、内幕交易、市场操纵等"高压线"，这已经引起监管部门的重视。③

---

① 《"PE + 上市公司"并购基金大揭秘：一票否决，亏损大股东给 LP 兜底》，计兮网站，2014 年 12 月 23 日。

② 根据同花顺统计，2014 年 12 月存在 27 例并购重组终止的情况，其中多数背后不乏 PE 身影，有的是由其主导，有的是其搭"顺风车"。（彭友：《另类 PE 式市值管理陷阱：肥水不流外人田，难抵上市公司自身筹划》，《经济观察报》2015 年 1 月 10 日。）

③ 吴正懿、王雪青、黄世谨：《并购重组百舸争流，上市公司资本大突围》，《中国证券报》2015 年 1 月 9 日。

五　国有企业“国际化”的投资机会

经济全球化是当今世界发展的趋势。其有两种基本方式。一是商品的直接出口；二是海外直接投资。具有重要影响力的国际化应该是直接海外投资，因为只有海外投资才可能深入并影响当地市场，并能够更好地利用“两种资源、两个市场”，也有利于规避各种投资和贸易壁垒。

中国企业海外投资从2000年的9亿美元增长到2013年1078亿美元的历史新高。中国成为世界第三大对外投资国，对外直接投资存量超过6600亿美元，居世界第11位。2014年中国对外投资数量持续上升，超过外商在中国的直接投资额，成为资本净输出国。[①] 但是，从总体上看，中国的对外投资还处于初级国际化阶段，规模还很小，[②] 也遭遇到较多的投资和贸易壁垒。在海外投资过程中，国有企业和社会资本各具优势。国有企业拥有政策支持，资本规模雄厚，一直是海外投资的主要力量。2013年，国有企业在非金融类对外直接投资累计总量（5434亿美元）中占55.2%。民营企业拥有更加灵活的体制和良好的经营能力，对国外环境的适应能力强，走向国际化的速度越来越快，比重越来越高。

我国民营企业的海外并购始于21世纪初，并且“走出去”的数量越来越多、规模越来越大。从我国企业海外并购平均失败率（项目的选择与收购、成本和整合）来看，民营企业的成功率要比国有企业高得多，其主要原因在于民营企业的运营更加市场化，政治风险更小（纯粹的商业行为）大部分为全资收购，收购的标的规模较小。[③]

---

① 2014年，我国共实现全行业对外投资1160亿美元。如果加上第三地融资再投资，对外投资规模应该在1400亿美元左右。这个数据大约比我国利用外资高出200亿美元。（李予阳：《2014年我国实际对外投资已超过利用外资规模》，《经济日报》2015年1月26日。）

② 中国对外投资总量只占全球对外投资总量的0.6%，6600亿美元的投资存量只占世界的2.5%，相当于美国的10%左右。我国海外的净资产相当于日本的一半左右。（李予阳：《2014年我国实际对外投资已超过利用外资规模》，《经济日报》2015年1月26日。）

③ 张景伟、耿建新：《我国海外并购中国企与民企的比较》，《会计之友》2010年第4期。

（一）海外投资的挑战

尽管国有企业在海外投资的规模和项目数量日益增加，但是取得良好经营绩效的项目却并不多，许多对外投资项目甚至存在不同程度的亏损。造成这个现象的原因主要有两个方面。一方面是国外环境的不确定性，尤其是政治风险；另一方面是国有企业自身的能力还存在诸多不足，其管理经营体制对国外市场的适应性差。

国有企业在海外投资过程中，面临的外部政治风险主要源自对方对国有企业特殊体制的疑虑。首先，国有企业带有政治性色彩。其控股股东是中国政府，企业的管理层具有行政级别。这些特征使得国有企业被当作是一个政府部门，而非单纯的营利性企业，其独立性以及投资目的受到质疑，对方特别担心我国国有企业对其大型企业的收购会垄断本国的经济。国有企业在海外并购的行业安全敏感性高。国有企业，特别是中央企业，对外投资时主要集中于能源矿产、基础设施建设等领域。其次，国有企业存在预算软约束，海外收购通常依赖政府的大量财政补贴和政策优惠，经常不按照市场规则办事——高价收购企业，或者低价承包工程。国外合作伙伴担心未来合作中难以保持自己的平等地位。最突出的两个案例就是2005年中海油收购尤尼科石油公司和2009年中国铝业注资全球第三大矿业巨头澳大利亚力拓矿业公司。

在企业内部经营上，国有企业也存在不足之处。国有企业走出国门后，在完全陌生的环境中，需要应对复杂的市场变化和地区需求差异。国有企业的决策过程复杂，而国外的市场瞬息万变，冗长的审批流程往往使国有企业失去良好的发展机会；国有企业具有强大的管理惯性，其经营决策常常照搬国内方式，依赖于国内的经营经验。这些不足一方面使得国有企业相比社会企业适应能力更弱，导致其难以适应当地的文化、习俗、环境保护和员工福利制度等；另一方面“领导政绩”“面子工程”等容易导致决策失误，甚至引发亏损。

（二）海外投资的合作

在海外投资过程中，国有企业体制的特殊性导致了诸多政治风险和内部管理问题。国有企业在对外投资过程中单纯依靠自身力量难以克服这些挑战，需要社会资本的协助。社会资本在海外投资中不仅具有体制优势，不会被国外政府认为是政府部门或者会危害其国家安全而拒绝进入市场和进行收购，而且具有经营决策市场导向性强、管理灵活等特点，能快速适应市场需求。但是，社会资本普遍存在规模小、资金实力不强等弱点，尤其在融资和准入方面面临着较多的障碍或限制。社会资本与国有企业可以合作进行海外投资，以发挥双方各自优势。

1. 合作的方式

中国企业主要的对外投资方式有绿地投资和跨国并购两种，但是前者要求更强的经营能力并面临更大的挑战，对于后起国家的企业来说，较少应用。社会资本可以在跨国并购过程中发挥重要作用。首先，社会资本可以与国有企业共同对国外并购标的进行收购，双方各占一部分股权，有利于缓解双方的资金压力，减少收购主体的国有成分。其次，社会资本可以与国有企业设立并购基金或者合资企业进行海外收购。除了减轻资金压力外，这样的交易结构安排使基金或合资企业成为“防火墙”，改变了收购企业纯粹国有企业的身份，有利于减少国外的政治审查。并且，许多社会资本，尤其是PE（如弘毅投资），都具有丰富的国际并购经验，可以帮助国有企业在法律层面、收购方式、融资等方面给予专业咨询建议，提高收购成功率。最后，在项目收购和公司运营层面，社会企业决策机制灵活，风险评估与控制机制更加完善，能够优化公司股东结构，提升公司治理水平，提供具有国际化视野和经验的人才支持，帮助国有企业更好地适应当地市场规则。此外，社会资本还可以单独对海外企业发起收购以抢夺市场机会，在并购完成后，再将其股权转让给国有企业，以减少国有企业直接收购的风险，社会资本也可以赚取价值差。目前，已经有较多的社会企业，尤其是PE机构，协助国内企业到海外投资。

2. 投资的风险

中国企业在海外投资中面临诸多难题，主要包括协调与所在国家政府间的关系以及中外企业之间的文化差异，适应当地的用工制度以及工会、环境保护和社会福利政策等。就社会资本与国有企业的合作本身看，社会企业和国有企业因为体制方面的因素，合作中往往存在沟通障碍甚至决策分歧。

社会资本即使在海外已经收购了企业，但如果要将股权再转让给国有企业，也可能面临被收购企业所在国政府对实际控制人变更的审查。此外，即使社会资本和国有企业间可以自由转让被收购企业，但是也需要支付额外的交易成本，并可能会遭遇国有企业由于自身战略等因素不再需要被并购企业的情形。

在新一轮的国企改革中，国有企业将会进行更为深刻的改革、更大规模的发展和更深度的国际化。这个过程将会成为社会资本的巨大投资机会。但是，要将这个机会变为现实还很困难，而且这一现状在短期内难有改观。在现有条件下，社会资本应该从非敏感业务领域进行小规模的探索，并且应充分利用市场化机制以获取成效，由此以点带线，由线及面，逐步扩大社会资本与国有资本的融合，并各占其位，从整体上提升社会资源的配置效率。

参考文献

[1] 国务院发展研究中心企业研究所：《中国企业发展报告（2014）》，中国发展出版社，2014。

[2] 蒋泽中：《中国非公有制经济发展与监管研究》，中国人民大学出版社，2010。

[3] 厉以宁、程志强：《中国道路与混合所有制经济》，商务印书馆，2014。

[4] 罗新宇：《国有企业分类与分类监管》，上海交通大学出版社，2014。

[5] 史正富、刘昶：《民营化还是社会化：国有企业产权改革的战略选择》，上海人民出版社，2007。

[6] 宋波、徐飞：《公私合作制（PPP）研究——基于基础设施项目建设运营过程》，上海交通大学出版社，2011。

[7] 宋文阁、刘福东：《混合所有制的逻辑：新常态下的国企改革和民企机遇》，中华工商联合出版社，2014。

[8] 王燕国：《中国民营企业国际合作蓝皮书（2013）》，人民出版社，2014。

B.5

京津冀一体化中的区域发展及投资机会研究

李慧勇　徐有俊*

摘　要：京津冀一体化发展有利于解决区域中心城市出现的大城市病问题，将中心城市的部分非核心功能适当往外围疏解，建立卫星城市，并将影响辐射到山东、山西和内蒙古部分地区，构成大经济圈，打造中国经济增长第三极。铁路轨道交通、生态环境保护、新能源开发利用、地产、社会保障和养老产业、国有企业改革以及社会服务业将面临新的投资机会。

关键词：新型城镇化　首都经济圈　卫星城市　产业投资

在国家新型城镇化规划出台、区域联动协同发展的背景下，京津冀一体化、“一带一路”建设将成为短期稳增长，长期扩内需、调结构的重要抓手，是实现短期不采取强刺激政策，以向改革要动力为目的的长期经济政策，更加注重提升经济发展的质量和效益。京津冀一体化发展有利于解决区域中心城市出现的大城市病问题，将中心城市的部分非核心功能适当往外围疏解，建立卫星城市，并将影响辐射到山东、山西和内蒙古部分地区，构成大经济圈，打造中国经济增长第三极。

---

* 李慧勇，经济学硕士，上海申银万国证券研究所（隶属申万宏源证券有限公司）首席研究员，研究方向为经济周期和经济制度；徐有俊，经济学博士，上海申银万国证券研究所研究员，研究方向为区域经济和货币政策。

一　为何将京津冀一体化提上日程

京津冀一体化发展战略提出已久，但是为何一直进展缓慢？而现在又被重新提上日程，并上升至国家战略高度？其主要原因是国家在新的历史时期，要进行发展战略调整，尤其是在外需放缓的情况下，要打造内生性增长动力，必须寻找新的经济增长极。此外，国家安全、空气污染、交通拥堵等一系列严峻的现实问题倒逼京津冀协同步伐加快，新一届政府的大力推进也促使京津冀一体化加快发展。

（一）京津冀接壤多，区域发展潜力大

从历史发展变迁看，京津冀三大区域不仅仅是毗邻关系，更是一个整体。

（1）清朝：京师（北京）、天津都属于直隶（河北），直隶是省级单位，京师和天津是直隶的一部分。

（2）民国：定都南京时，北平（北京）、天津同属于河北，河北是省级单位，北平和天津是河北的一部分。可见，从地域上看，北京、天津和河北是一个整体。

（3）新中国：新中国成立后出于城市发展的需要，经过多次调整形成了当前的京、津、冀行政区划，并逐步形成了目前的京津冀地域格局状况（见图1），导致北京、天津与河北“两环”（环京津、环渤海）地区出现十分复杂的人缘、业缘、地缘关系。

经过多次调整和变迁，京、津、冀最终分为“三兄弟”，虽源自河北“同门”，但在后来不同的行政区划下，由于国家政策、干部政绩考核、行政管理、经济发展等原因，彼此的差距越来越大。尤其是在十一届三中全会后，北京利用首都优势，远远走在前边，天津和河北渐渐处于相对落后的状态。

包括京津冀在内的环渤海地区是我国北方最活跃的地区，位于中国北方三

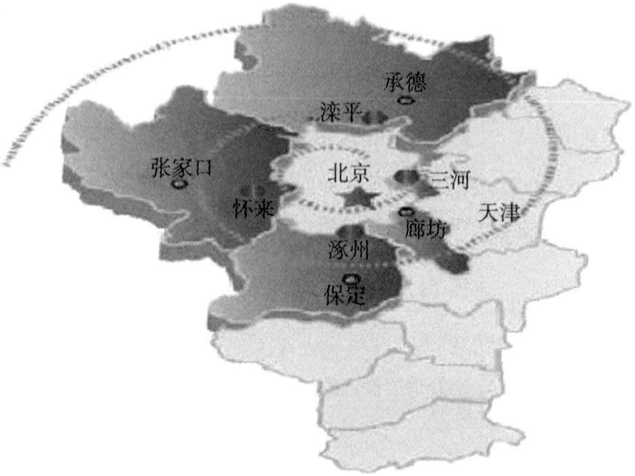

图1　京津冀地理格局状况

资料来源：申万宏源研究。

大区的接合部，连接东北、华北和华东，内含京津，外连日韩，位置非常重要。

由于拥有中国两大直辖市，环渤海区域是国家知识经济发展高度密集的地区，有着特殊的政治地位。因此，环渤海地区的发展有着非常重要的地缘政治意义，不仅直接关系到这个地区人口的相对富足，而且关系到国家的长治久安，同时也会影响到东北亚地区的经济合作。

相对于长三角和珠三角，环渤海经济圈一体化程度较低，已成为影响其发展的重要原因之一。环渤海地区需要以加快发展产业集群来获得优势，提升自身竞争力。京津冀与其内外多边接壤的地区联动发展，打造内生性增长动力，有望成为我国经济增长的第三极。

（二）国家发展新战略层面驱动

在政府各个部门的尝试下，京津冀都市圈区域合作已有较长历史，从2004年的“廊坊共识”开始算起已有十年之久（见表1）。这期间长三角、珠三角区域经济相比京津冀有更快速的增长，且产业布局也渐渐形成，而京津冀的合作还在不断摸索中。

表1　京津冀相关政策驱动

年份	成果/规划	主要内容
2014	通州为北京副中心	4月3日，北京市委书记郭金龙在通州区调研时表示，通州是北京副中心，在推动京津冀协同发展中处于“桥头堡”位置，要积极主动融入京津冀协同发展
2014	《新型城镇化发展规划》	强调优化提升东部地区京津冀、长江三角洲和珠江三角洲城市群，以建设世界级城市群为目标，继续在制度创新、科技进步、产业升级、绿色发展等方面走在全国前列
2014	习近平在北京主持召开座谈会，听取京津冀协同发展工作专题汇报	努力实现京津冀一体化发展，自觉打破“一亩三分地”的思维定式，朝着顶层设计的目标一起努力
2013	北京市与河北省签署《2013至2015年合作框架协议》	在未来3年内开展京九客运专线前期工作
2013	河北省主体功能区规划	推进形成定位合理、优势突出、分工明确、良性互动的主体功能区，使城镇空间利用效率提高、生态空间优化、农业空间有保障
2012	北京市、天津市主体功能区规划	天津：空间开发格局明晰、结构优化、利用效率提高，产业布局更合理，统筹协调增强，生态环境明显改善；北京：实现主体功能区域发展战略，巩固功能区定位，人口、资源、环境协调发展，优化空间结构，区域间融合水平明显提升
2007	《京津冀都市圈区域规划》	国家发改委出台《京津冀都市圈区域规划》，规划将建设高科技产业、现代服务业中心
2005	《北京城市总体规划（2004～2020）》	积极推进环渤海地区的经济合作与协调发展，加强京津冀在产业发展、生态建设等方面的协调发展，形成以北京、天津为中心的两小时交通圈
2004	廊坊共识	2月，国家发改委组织召开京津冀区域合作战略会议，形成“廊坊共识”；6月，以京津冀为核心的环渤海合作机制建立；11月，《京津冀都市圈区域规划》开始调研编制

资料来源：申万宏源研究。

早在1986年国家领导人就提出过环渤海区域合作问题，京津冀区域经济概念也随之被提出，但是“京津冀一体化”始终停滞在“设想”的层面，从2004年开始经过近十年时间的发展，京津冀区域经济合作的发展战略才被提升到一定的高度。

2011年河北省提出打造“环首都绿色经济圈”，重点发展环首都13个县市，做好北京产业转移和经济外溢服务功能。北京提出打造全国的政治和文化中心，并写入国家“十二五”规划里，推进京津冀区域经济一体化发展、打造首都经济圈、推进河北沿海地区发展战略日益成熟。

从经济发展动力看，改革开放以来，长三角、珠三角城市群已经成熟并成为带动经济发展的重要增长极。从长三角、珠三角的经济特征看，其主要还是发展外向型经济，而当前我国出口呈现“下台阶”增长走势，国家正努力地打造内生增长动力，将经济发展模式由外需依赖转向内需驱动。

因此，要实现以内生动力促进经济增长，寻找新的经济增长极尤其重要。在当前我国经济发展由数量向质量转型的过程中，从更大区域上进行协同发展和资源优化配置显得尤为重要。国家发展战略就是要将京津冀打造为中国经济增长第三极，实现内生性经济增长。

发展城市群是未来京津冀一体化的必然选择。城市群的发展路径见图2。虽然京津冀也有城市群，但和长三角、珠三角的城市发达程度比，仍有差距。

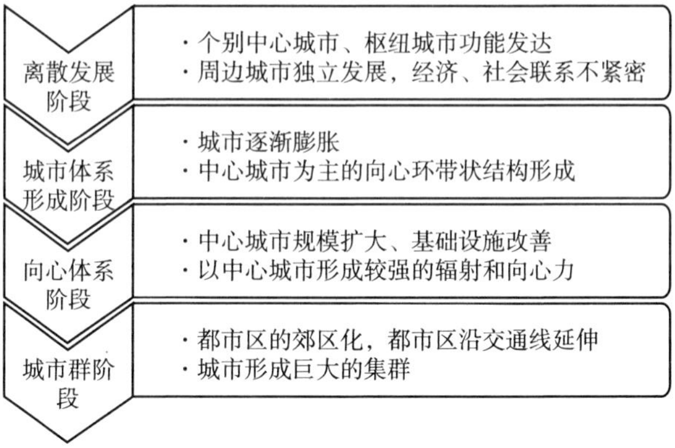

图2 城市群的发展路径

资料来源：申万宏源研究。

从经济总量上来看，2012年，长三角都市圈16个城市的GDP总量为90113亿元，占全国GDP总量的17.35%；珠三角都市圈9个城市的GDP总量为47769亿元，占9.20%；京津冀都市圈13个城市的GDP总量为51722亿元，占9.96%（见图3）。3个区域加起来，GDP总量达到19万亿元，占全国GDP总量的36.51%。与长三角和珠三角相比，京津冀都市圈的经济整体上仍有较大的提升空间。

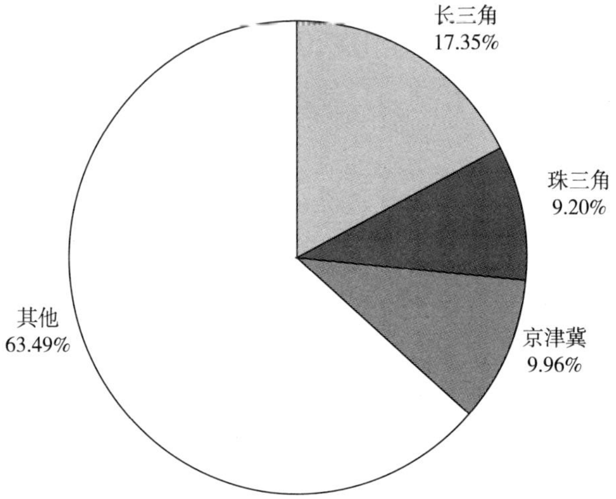

图3　中国三大都市圈GDP占比比较

资料来源：申万宏源研究。

从总量上看，京津冀的经济总量要超过珠三角，这是因为珠三角的城市数量较少。而如果计算城均GDP，则2012年，长三角的城均GDP为5632亿元，珠三角为5308亿元；京津冀为3979亿元，分别是长三角和珠三角城均GDP的71%和75%。此外，从各地人均GDP来看，2013年，河北省的人均GDP为39144元，分别为北京、天津、上海、广东人均GDP的42%、39%、43%、67%，而长三角内部各地区相对均衡，浙江省的人均GDP最低，但也占到上海的76%，为河北的1.7倍（见表2）。

从京津冀发展的现状看，该区域有着充足的后发优势，与长三角和珠三角相比，后续在总量上和分布均衡性上都有较大的提升空间，有能力成为国内经济增长第三极。

表 2　京津冀、长三角、珠三角的人均 GDP 和城均 GDP

经济圈	2012 年城均 GDP（亿元）	省/市	人均 GDP(元)					
			1970 年	1980 年	1990 年	2000 年	2010 年	2013 年
京津冀	3979	北京	810	1544	4635	24122	73856	93213
		天津	781	1357	3487	17353	72994	99695
		河北	232	427	1465	7592	28668	39144
长三角	5632	上海	1446	2737	6107	29671	76074	90100
		江苏	249	541	2109	11765	52840	74607
		浙江	211	471	2138	13416	51711	68462
珠三角	5308	广东	258	481	2484	12736	44736	58540

资料来源：申万宏源研究。

（三）现实问题倒逼一体化发展

京津冀一体化的核心是要解决三地的现实问题。北京、天津作为特大型城市，面临严峻的大城市病、空气污染等问题，解决这些问题是京津冀一体化发展的关键。

京津冀地区煤炭、石油等资源品的消费都处于较高水平，河北地区的钢铁、水泥等重工业行业存在严重的产能过剩，在经济发展过程中，化解这些过剩产能的压力很大。

京津冀地区的能源结构和产业结构不合理与我国过去的发展模式密切相关，同时也与财税体制和行政体制相关。京津冀一体化发展过程中，可以对这些体制和机制改革进行新的探索，缓解发展矛盾。

京津冀地区在发展过程中逐渐暴露出雾霾、交通严重拥堵、房价高涨、基础设施配套不足、抗灾能力低下等突出问题，亟待寻求解决方案。

北京作为首都，各项功能过度集中，区域间市场化程度很低，资源配置几乎都是以权力配置方式进行的。如果能够从空间格局上重新配置资源，发挥天津和河北的空间调节作用，北京的压力可以大大缓解，还能够引发经济联动发展效应。

此外，京津冀一体化协同发展还涉及国家战略安全问题。恐怖袭击、群体性事件以及公共卫生安全等，是北京作为政治中心必须有能力解决的问题。在安全受到威胁时，应能有效疏散风险，以保障社会安全、政治安全和经济安全。

二　京津冀能否协同发展

京津冀三大省市之间既有着共性，也有着各自的特性。共性是一体化发展的重要平台，是协同发展的基础；特性则是互补发展的必要条件，是协同发展的前提。

（一）京津冀三地间的共性和特性

京津冀城市群包括北京、天津、河北两市一省，拥有北京、天津、石家庄、唐山等 13 个城市，总地域面积为 21.64 万平方公里，2012 年总人口为 10770 万人，人口密度为 498 人/平方公里。京津冀本属同源，有着以下几个方面的共性，这是京津冀一体化发展的基础。

（1）自然条件相近。前文提到京津冀原来都属于“大河北”，由于历史原因，被分成了 3 块，京津冀 3 个地区具有相同的自然条件，其承载力也近乎相同。

（2）产业同质性。虽然北京的旅游资源丰富，第三产业发展不错，但是仍有很多工业支持。天津和河北的工业发展规模巨大，尤其在重工业方面，河北和天津的同质化发展特征较为显著。

（3）一体化竞争合作。由于我国行政体制的原因，对于北京、天津以及河北来说，其一体化的竞争发展要大于它们之间的合作。北京在行政体制上有着政策优势；天津有着较好的工业基础，滨海新区有着相应的政策支持；河北在这一方面相对处于劣势。

此外，京津冀各地区也有着自己的特性，为一体化协同发展提供了必要条件。

（1）行政等级和资源优势分化。北京和天津都是直辖市，河北为省，其下属的县市在话语权上处于从属地位。由于行政等级的差别，资源在各地的分配有所不同。作为首都的北京有很强的政治资源和以此进行资源调动的能力；天津滨海新区享有国家的特殊发展政策；河北在京南有着较为丰富的自然资源，同时省内民营企业也相对发展较快。

（2）发展阶段和产业结构不同。从工业化发展阶段看，北京已经进入了后城市化阶段，进入了以服务业发展为主的时期；天津处于工业化的中后期，河北处于工业化的中前期，两者都处在工业化之中，产业上有一定的同质性，但天津的工业化基础较好，层次也较河北高。不同的工业发展阶段为区域内产业转移承接提供了良好的“土壤”，同时也带来了协调困难，需要有强有力的政策推动。

（3）城市带动作用和辐射力不强。北京的服务业具有较强的就地属性，主要带动北京城区的发展，对周边城市的带动作用较小；天津的工业主要辐射带动天津市辖区的发展，同时对河北进行相关产业转移的步伐加快；河北的工业发展质量有待提升，仍有较大的发展空间。

（4）公共服务差别较大。作为首都的北京集中了重要的教育、医疗等资源，吸引了大量的人才；而天津和河北在这些方面相对弱一些。

（二）京津冀城市群存在的问题

由于京津冀三地存在着不同的特性，不同的利益诉求使得京津冀三地有着不同的目标，其相互合作关系并没有建立起来，在发展过程中也没有形成合力，城市群应该有的带动作用不显著。

1. 现有城市圈间的紧密关系尚未建立

当前的京津冀城市群包括了北京城市圈、天津城市圈和唐山城市圈，但三者之间缺乏紧密联系，不能形成互联互动的城市群。

北京的发展主要以自身为中心，津冀两地为其提供了诸多方便和服务，表现在产业转移、水资源利用、环境保护等方面；天津凭借北方经济中心和龙头大港的地位，也热衷于自身发展；处于相对弱势的河北则期望通过与京津合作带动自身发展，对区域一体化最为热衷。但整体来看，城市圈间的紧密关系没有得到很好的体现。

京津冀原本处于一个共同的地理环境中，但河北并不能获得与京津同等的发展机遇，不公平竞争导致区域经济非协调发展，影响区域经济结构的优化和区域经济宏观效益整体水平的提升。

产业结构的趋同使京津冀经济圈内无法形成合理而充分的产业链条。京津作为中心城市，对地域经济的辐射和带动作用不强，京津冀三地产业联系不够紧密，缺乏强大的区域内产业链，没有形成密切分工协作关系。

较强的行政区划意识，使得跨行政区进行产业结构大调整的机制尚没有形成；区域内产业结构雷同，没有形成具有层次结构的产业集聚；国有经济在京津冀城市群中比重较大，私营和民营经济的成长相对于长三角和珠三角地区要弱得多。

2. 龙头带动作用不强，没有形成合力

由于缺乏利用市场机制推进区域合作的意识，京津冀城市群间的竞争大于合作。过多地依赖于政府推动区域经济发展，导致京津冀城市群内生产建设重复布局，产业结构趋同，发展过于同质化。

以钢铁和化工两大产业为例，天津和河北都将这两个产业作为自身的支柱产业来发展，虽然已经明显出现产能过剩现象，但还争着上项目，没有考虑分工协作，以及各自的资源和配套优势所在。

受传统计划体制和行政区划影响，各地长期实行行政垄断、贸易保护、市场分割、自成体系的封闭政策，各省市在发展战略和思路上各自为政，缺少协调和沟通，相互之间存在一定的隔阂。

三方各自为政，资源不能共享，造成京津冀城市群区域内水资源分配及利用、综合交通路网规划建设、电煤等能源布局及分配等方面的各类矛盾比较突出。由于经济同构、互补性差，资源过度集聚，北京的首都优势、天津的港口优势以及河北的资源与区位优势没有得到协同发挥，未能形成区域整体的竞争优势。

以行政区域为界的产业竞争已经不能适应我国当前经济发展的需要，以产业集聚为支撑的区域联动和大城市群才是我国区域协调发展的重心。长三角和珠三角中的各大城市都在努力寻找区域间的合作路径和空间，用合作替代恶性竞争，加速区域经济的优化和提升，以找到适合自身发展的模式。这也是未来京津冀一体化协同发展所要走的道路。

3. 缺乏有效的政府参与和导向，区域发展差距大

由于缺乏政府的有效参与和导向，没有协调统一的区域发展规划，京津冀区际分工体系不合理、运行机制不完善，市场分割、贸易摩擦和恶性竞争时有发生。

目前，各地经济社会发展规划仍然限制在行政区域范围内，政府之间缺乏区域层面的审视，区际协调沟通的组织和机制缺失，使区域经济组织与区际经济活动始终处于无序、混乱和松散的状态。特别是在缺乏中央或区域协调组织宏观规划与统筹布局的条件下，区域内劳动地域分工规律、整体效益规律和协调发展规律很难对区域经济产生有益影响。

强烈的京津集聚效应和较差的京津辐射效应，使得河北的优势资源不断向京津聚集，“空吸现象”使得京津周边地区发展相对缓慢，产生了当前的“环京津贫困带”，造成了极大的区域发展不均衡。

区域发展差距过大可能使京津失去经济腹地，形成“孤岛型”中心城市。若没有经济腹地的物质和资源支持，京津的辐射带动能力就非常有限，无法使河北分享京津的发展成果，河北也就很难承接京津两地的产业转移，不利于区域协同发展。

（三）京津冀一体化能带来什么

京津冀是能够协同发展的，当现有的一些问题妥善解决后，京津冀协同发展将获得推动力。京津冀在经济发展上各有所长，互补性很强。北京拥有知识经济、现代制造业和现代服务业等优势；天津拥有加工制造业和海运等优势；河北则拥有重化工业、钢铁产业和资源等优势。强化京津冀更深层次的合作，将更有利于三方合理分工、优势互补，提升区域的整体竞争力。

1. 增强城市群辐射作用，带动周边城市发展

从产业发展阶段看，北京的经济资源聚集阶段即将结束，已经处于后工

业化时期，正进入向外扩散辐射的阶段；天津还处于经济资源聚集阶段，处于工业化后期；河北省处于工业化中期，传统产业比重大。京津冀不同的产业发展阶段可以促进紧密合作关系的形成。

三个区域可以根据各个省市的资源禀赋打造协同的、可以分梯队的产业层级，在产业空间布局和产业链衔接方面加强协作，逐步形成产业合作紧密、分工明确、跨区域的产业集群。

京津冀一体化发展将使河北受益最大，同时由于京津冀与其内外多边区域接壤，还会辐射带动毗邻的山西、山东、安徽、内蒙古以及东北三省、泛华北地带整体竞争力大幅提升。西北落后地区在经济发展中利用京津两大城市产业转移的外溢效应也会获得相关利益。

此外，"一带一路"和京津冀协同发展有很多共性。首先，两者都是大力推动的国家战略，不同于普遍意义的区域发展；其次，国家安全和社会稳定是其主旨，两者都站在国家安全的高度上统筹规划；第三，协同与优化是主要方式，目的是要通过深化改革打破区域边界，优化社会结构；第四，两者都有一个亟须破题的地区。京津冀看河北，丝绸之路看新疆。因此，京津冀一体化发展有着极高的战略地位，国家欲将其打造成为可复制的"样板模式"。

2. 促进产业转移承接，优化产业结构

在产业转移方面，由于三地发展不均衡，三地间的产业转移调整有足够的空间。北京在增强其政治中心、国际交流中心、文化旅游中心等首都功能的条件下，将非首都功能，如科研中心，以及制造业、工业等产业转移出去，以缓解人口增长过快、交通拥堵、环境恶化三大难题。将天津制造业的产业链条向周边的河北地区延伸，让河北承接天津的重化工业，发挥其产业优势。

北京和天津转变城市功能，向周边地区疏解经济功能，能够帮助河北实现快速发展。河北在承接京津两大城市的产业转移时，可根据自身的产业布局选择优先发展的产业群；将落后的、淘汰的中低端产业逐级安排到三线、四线城市和开发区；加快环首都县市旅游、休闲、养老等产业的发展。

针对围绕京津两大城市的小城市群，完善轨道交通和配套服务功能，构建“两小时经济圈”，打造一城工作、一城生活的同城化时代。

3.实现国家发展战略，打造中国经济增长第三极

京津冀协同发展是国家区域与城市群规划的重要一环，已经上升至国家战略层面，其目的就是打造中国经济增长第三极。

一方面，长三角、珠三角经济区快速发展，外商在这两大区域投资的土地、劳动力、基础设施等的成本在逐步提高，外资北移以及地区间产业转移的步伐正逐渐加快，国家对于京津冀一体化这一区域发展战略的重视与日俱增。京津冀作为北方经济版图的核心区域，在国家区域规划中占据着无可替代的重要地位，完全可以承担经济增长第三极的重任。

另一方面，新型城镇化的快速发展，使得城市对周边区域的拉动作用日益突出，大城市群的格局逐渐形成，并将成为未来带动我国区域经济发展的重要增长极。其中，由于京津冀城市群的特殊区位、经济实力和科研潜力等因素，京津冀城市群作为我国的首都城市群，其内部协同、合理发展至关重要。

从国际经验看，首都城市群可以分为两种。一种是以华盛顿城市群、渥太华城市群为代表的单一功能型首都城市群，它们以政治中心和文化中心城市为目标，重点将首都建设成为功能单一的政治型、文化服务型城市；另一种是以东京城市群、伦敦城市群为代表的多功能首都城市群，它们以政治、经济、文化多功能中心城市为目标，着力将首都建设成为综合型或“全能型”大都市。

我国首都城市群发展模式既不同于单一功能型首都城市群发展模式，也不同于多功能首都城市群发展模式。21 世纪之前，北京的发展轨迹类似于多功能首都城市发展模式；但进入 21 世纪以后，北京开始从多功能首都城市向单一功能首都城市转变。习近平主席对首都发展做了长远的战略性和全局性规划，明确了北京是全国政治中心、文化中心、国际交往中心、科技创新中心的城市战略定位。这就使得我国首都城市群发展模式表现出不同的特征，即由多功能模式向单功能模式过渡。这就必然要求对中心城市尤其是京津间的关系、中等城市间的关系、中心城市与周边中等城市间的关系进行重

点功能定位，对城市间分工协作及其机制构建进行重新规划。

4. 明确京津冀各自的功能定位，促进三足鼎立、均衡发展

京津冀协同发展是三方转型发展的迫切需求，长期以来，京津冀虽然就相互协作发展初步达成了共识，但由于地区间定位不明确，三方利益关系尚未理顺，协作机制尚不完善，协同发展的力度不够。

对于北京来说，其首都城市的特殊地位、城市规模的日益庞大以及交通、环境等沉重压力使其不堪重负，因此，由过去的多功能型首都城市向单一功能型首都城市转变势在必行。这一转变必然使其产业结构发生重大变化，这就对京津冀城市群的产业分工与协作产生影响，要求京津冀区域间进行合理规划、协同发展、密切合作。

对于天津来说，虽然早在2006年国务院就在对天津城市总体规划的批复中明确了其作为北方经济中心的地位，但由于各种因素的影响，京津间的城市功能转换步伐缓慢，两市在金融中心与“总部经济”城市定位、现代制造业乃至科技研发等领域多有重叠，天津作为北方经济中心的作用尚未完全发挥出来。同时，随着两市近年来经济快速发展和城市规模日益扩大，其基础设施、环境等方面的压力逐步增大，城市功能和定位亟须转变，产业结构亟待转型，向周边地区寻求支持和协作的需求也日益迫切。

对于河北来说，由于省内缺乏集聚能力和扩散能力强的大城市，尤其是缺乏跨省、跨地区的经济中心大城市，生产要素聚集程度不高，尚未形成对经济有较大拉动力的城市集群。相对于北京和天津，河北一直处于从属地位，应该积极做好承接京津两地相关产业转移的工作，发挥自身产业优势，打造产业集群，依靠产业链中的合理分工实现与京津的密切协作。

三　京津冀一体化的功能定位和发展路径

中国经济已经经历了高速增长阶段，未来将进入中低速发展阶段。京津冀一体化作为重要的经济增长极被寄予厚望，其发展路径和发展方向对中国未来经济发展有着重要影响。

（一）京津冀城市群一体化定位

合理定位京津冀城市群，可以让三地协同互动发展，形成最大的合力。北京是区域的中枢，给予天津更多的是信息支持；河北则为天津实现自身提升提供了坚实基础，尤其在传统产业的基础制造业方面，河北部分承担了天津的产业职能。

1. 北京和天津的关系

计划经济时期，北京率先走上工业化道路，成为一个重工业主导的城市。随着改革开放的深入、北京工业化的成熟，北京率先转型进入后城市化时期，大力发展服务业。改革开放初期，天津依托天津港，发展港工联动经济，工业发展的比较优势逐渐凸显出来。此时，天津与北京有着较为严重的产业同质化。

1982 年，北京开始向服务业主导的城市迈进，进行产业结构调整，在金融、商务、科技、行政、管理、教育、文化等多个方面都取得了很大成就。北京成为总部经济最为发达的城市，而总部经济集聚又不断强化信息集聚，双向效应不断强化，又确立了北京信息集聚中心的地位。

北京国际化战略下的成功转型，使得天津和北京的关系又恢复到一个理想的格局，由过去的“经济中心 + 政治中心”向未来的“经济中心 + 信息中心”转变。这样的分工使得北京成为天津发展的重要外部依托。当北京的第二产业外移以后，信息和服务业外移将呈现加速趋势，一旦这些外移点找到结合点，就会催生出区域新的增长点。而不断发展的天津恰恰可以为两者的结合提供较好的平台。

2. 天津和河北的关系

河北与天津在产业上有一定的同质性，但相比天津，河北的行业发展相对滞后。整体上看，河北的工业发展质量低于天津，形成了所谓的“环北京贫困带”。河北发展滞后使其缺乏承接北京和天津辐射的能力，京津冀区域的产业分工和联系远远低于长三角和珠三角。这种状况制约着京津冀整体协同效应的发挥，影响了京津冀城市群整体辐射带动能力的提升。

但是，河北提出打造沿海经济强省的战略目标，发展格局由原来的“一线两厢”的平衡发展转向打造沿海经济隆起带的沿海优先发展，力图通过港口的发展带动经济增长。这就为河北承接天津和北京的辐射及产业转移提供了巨大空间。

河北的战略重点选择在曹妃甸，利用这一渤海湾内建港条件最好的位置建设综合性的产业基地。河北加快了港口建设，有利于加强京津冀对更广大中西部地区的服务带动能力，其临港工业的发展将使区域产业规模逐渐增强，产业链条逐渐完善。曹妃甸示范区、南堡化工园区、京唐港开发区、黄骅港临港工业园、沧州化工园区等一系列临港产业基地的建设推动着河北经济的迅速发展。

（二）京津冀一体化未来的功能定位

1. 中国经济增长第三极

在经济全球化和中国经济发展“下台阶”增长的背景下，从我国的宏观经济发展战略角度看，经济发展需要发达地区的示范和带动，需要发挥高梯度地区对低梯度地区，乃至全国经济带的扩散和辐射作用。

在我国经济发展现阶段，国家在进行宏观调控时，更注重发挥发达地区对全国经济增长的积极带动作用。发达地区对全国经济增长的扩散与带动作用，取决于其经济能级和能量。经济能级越高能量越强，发达地区对周边经济乃至全国经济的带动力越强，对全国经济和社会的贡献越大。

因此，必须进一步提高京津冀城市群的经济能级。京津冀城市群在我国区域经济版图的北部，客观上已成为拉动我国经济发展的三大“引擎”之一。国家将京津冀一体化上升至国家战略层面，目标就是将其打造为带动中国经济发展的第三极。

2. 中国知识经济与高新技术创新基地

科技是京津冀城市群拥有的突出功能，即在知识创新上，京津冀城市群具有明显的优势。

京津冀城市群中大学和科研院所聚集，是主要的创新源，未来将成为知识创新、技术创新的核心区域。可以将这些资源整合起来，进一步提升京津冀的综合创新能力，使其成为中国自主创新的“高地”。区域科技创新体系建设，以及以此为契机的传统产业升级和高新产业的迅速发展，推动三次产业结构调整向更高的水平发展。

3. 国际交通枢纽和物流中心

基于国家对北京、天津的城市定位和京津冀城市群建设“世界城市”的功能需要，将京津冀城市群机场体系发展的总体目标确定为，在2020年之前，依托首都机场和天津滨海机场，将京津冀城市群发展成为东北亚地区的航空枢纽；在2030年之前，以首都国际机场、天津滨海国际机场、规划中的北京第二机场为核心，以连接三个机场之间的高速铁路为纽带，在京津冀城市群建成“三点一线”点轴模式的京津冀城市群机场体系，并最终将其发展成为亚太地区的复合型航空枢纽。

京津冀城市群除了有天津港、秦皇岛港两个亿吨大港外，还有京唐港、黄骅港和正准备开发建设的曹妃甸深水码头。未来将依托这些港口，建成世界一流的港口群，依托广大的内陆腹地和京津冀特大城市群，实施多港区布局、海陆双向拓展，建设自由贸易港区，并最终建成国际贸易主枢纽港和国际客运码头。

利用京津冀城市群尤其是北京和天津的海、陆、空综合运输优势，依托首都国际机场、天津港以及发达的高速公路铁路网，构建国际交通枢纽，打造现代国际物流中心。

4. 全球重要的加工制造业基地

在全球化进程中，产业集聚是必然趋势，京津冀城市群已经成为海外资本尤其是日韩资本进入中国大陆的首选目的地，成为世界上重要的加工制造业基地之一，重点突出现代制造和研发转化基地的功能。

制造业在今后的国际经济中特别是在中国现代化进程中，仍将发挥支撑作用，因此，中国需要有制造业的发展，需要有自己的制造业基地。这种基地的规模要大、产值要高，在经济总量中占有较大份额，而且整体水平较高。只有高端制造业才能在中国的经济发展中发挥带动作用，在中国的产业结构优化中发挥促进作用，才有利于我国把握工业和经济发展的主动性，增强民族工业竞争力。

从京津冀城市群的发展看，制造业是能够得以加强聚集的。其一方面得益于传统的工业基础。北京不仅是全国的政治文化和国际交往中心，产业基础也比较雄厚，高新产业和商业服务业比较发达；天津是中国北方重要的港口城市，加工工业历史悠久，门类齐全；河北环京津地区的主要城市经济发展水平也比较高，唐山、秦皇岛、沧州、保定和廊坊有着很好的工业基础和资源优势，是京津工业转移的重点地域，主要以发展重工业、加工工业及部分轻型工业为主。

另一方面得益于优越的地理区位。大规模的海运提供了交通优势，以京津为中心的京津冀城市群有着发展制造业的环境优势、较好的教育科研基础和普遍较高的劳动力素质，城市群自身的市场强大，并拥有广大的市场腹地，等等，这些重要因素，使得京津冀城市群制造业的发展将会有更大的潜力和良好的前景。京津冀地区已经成为中国较大的制造业基地之一，但现代化水平还有待提升。

（三）京津冀空间发展路径

以区域经济一体化为主要特征的新的空间发展格局，正在演变成为中国经济格局的最大特征。京津冀一体化将以获得全球化和区域化进程中更大的国际竞争优势为己任，成为加快中国北方经济发展的重要抓手。

1. 加强区域合作，促进区域经济一体化

一个城市群内各要素间的联系密切，相互作用强烈，因此，京津冀城市群发展战略必须突破传统观念上行政区界限的束缚，制定一体化的发展规划，将不同等级的城市、不同的行政主体以及不同的功能区域组织成为区域经济一体化的复合体，着眼于区域整体利益的维护和实现，促进区域整体协调发展。目前京津冀城市群海域的合作、航空港的合作、轨道交通的合作，

都要通过区域规划来协调解决。

2. 建立职能分工明确、规模合理的城镇体系

作为特大城市的北京、天津应与环京津地区的城镇协调发展，在地域上逐步形成一个功能互补的城镇群体，改变各自为政的分散状态。城镇化建设过程中，应形成以京津为核心，以京津大都市轴为增长极，以四个港口（天津港、秦皇岛港、京唐港、黄骅港）为主要出海口，以两条城市带（京保、京唐秦）为骨架，以一条沿海产业带为增长点，大中小城镇相结合，多层次、开放型的城镇体系。

结合核心城市职能和空间的疏解，积极促进京津周边区位与基础较好、有发展潜力的小城镇向中小城市过渡；选择基础条件好、发展潜力大的中小城市，进一步进行规划建设，力求完善，发展成为综合性城市。

引导城市发展与自身相匹配的规模，建立职能分工明确、规模合理的多中心、多层次城镇体系。将京津冀作为大都市区发展，大都市区的核心城市区包括京津，其人口规模可以发展到3000万人左右；中心城市区包括石家庄、唐山和邯郸，其人口规模可以发展到200万人以上；地区中心城市区包括保定、秦皇岛、廊坊、沧州、张家口等，其人口规模可以发展到100万人左右。

3. 构建交通枢纽和一体化综合交通网络

利用京津冀尤其是北京和天津的海、陆、空综合运输优势，依托首都国际机场、天津滨海国际机场、天津港、京唐港、黄骅港以及发达的高速公路铁路网构建国际交通枢纽，打造现代国际物流中心，加快构建现代化的高速交通网络，包括高速铁路和城际铁路网络、高速公路网络及航空运输网络，逐步提高京津冀城市群在我国乃至世界的中心地位和辐射功能。

京津冀要建设综合交通网络，引导区域开发和改善空间结构，为区域内中心城市空间结构的优化、小城镇在空间上的进一步集中创造条件。交通枢纽和节点地区将成为区域发展的重点地区，京津冀将被打造成为联系南北方、沟通东部和西部的综合交通枢纽。

四　京津冀一体化发展中的投资机会

京津冀一体化协同发展离不开区域间的现代制造业、现代服务业及新兴战略产业的承接转移；在加快落实新型城镇化规划、大力发展中西部和振兴东北老工业基地、发展“一带一路”的背景下，京津冀一体化的推进带来了众多投资机会。

（一）京津冀地区的重点产业及其转移承接

京津冀地区已经形成了梯队产业发展模式，北京着力发展文化、旅游、行政管理、商业服务业等；天津作为港口城市，主要发展对外贸易、物资交流、制造业、工业产品加工产业等；河北则以农业、重工业和制造业为主。

京津冀三地的特性和共性为其相互间的产业转移和承接提供了良好的平台和发展空间。北京作为知识创新区域，可以输出产业、技术、研发成果等；天津作为生产制造区域，可以向北京提供工业产品和高技术产品，向河北提供相应的技术、转移相关产业；河北作为资源加工区域，可以向北京和天津提供资源、劳动力和初级产品、农副产品等（见图4）。

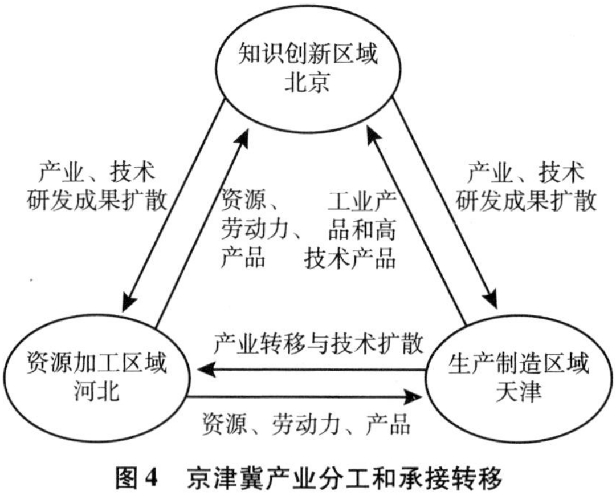

图4　京津冀产业分工和承接转移

资料来源：申万宏源研究。

1. 北京的产业发展和转移承接

北京的第二产业以高新技术产业和现代制造业为主导，第三产业则以金融、保险、商贸、物流和创意文化产业为主体。因此，北京未来将继续发挥自身优势，巩固其全国研发中心、营销管理中心和产业信息中心的地位；同时，保持在高新技术产业和现代制造业领域的引资力度，促进金融、商贸、科技研发等高端服务业的发展（见表3）。

表3 北京重点发展产业

主要产业	产业发展方向
重点产业	微电子、光机电一体化、生物医药、汽车及配件等
产业园区	创业基金、风险投资基金、公共技术服务平台、园区内公共服务等
现代服务业	研发中心、采购中心、会展、旅游、商贸、物流、金融和保险等
基础设施建设	轨道交通、生活服务相关基础设施、产业配套设施等

资料来源：申万宏源研究。

2. 天津的产业发展和转移承接

天津工业基础较好，制造业发达，电子信息、生物技术与现代医药、装备制造、汽车制造、新能源及环保设备等先进制造业为其主要发展方向。此外，天津作为北方的经济中心、商贸中心和航运中心，在第三产业方面要积极发展现代商贸、金融保险、现代物流和中介服务等现代服务业（见表4）。

表4 天津重点发展产业

主要产业	产业发展方向
重点产业	电子信息、医药制造、汽车制造、新能源产业、环保设备、冶金、电子、化工
产业园区	低碳产业、生态产业以及创新科技产业
现代服务业	研发中心、采购中心、商贸、物流、金融和保险
基础设施建设	港口建设、轨道交通和产业配套设施

资料来源：申万宏源研究。

3. 河北的产业发展和转移承接

河北经济发展水平不及京津，现代制造业不发达，服务业的发展也相对滞后，但农业、一般加工制造业具有一定的比较优势。河北应重点发展现代农业基地、原材料重化工基地，以及京津高新技术产业和先进制造业研发转化及加工制造基地。

河北环绕首都圈的地区承担了承接产业转移的角色，近年来陆续建成一系列的产业集群集中地，例如，承德、秦皇岛地区的食品、饮料制造业集群，廊坊地区的家具业集群，保定、石家庄和沧州地区的皮革、纺织、服装业集群，石家庄、邯郸地区的建材业集群等（见表5）。

表5 河北重点发展产业

主要产业	产业发展方向
重点产业	煤炭化工业、石油化工业、专业设备制造、汽车零部件、家具制造、食品饮料制造
产业园区	新能源、医药制造、电子信息
现代服务业	教育和文化产业、旅游业和房地产业
基础设施建设	城际铁路轨道交通建设，污水、垃圾处理及配套设施，能源可再生设备

资料来源：申万宏源研究。

（二）京津冀一体化中的投资机会

我们认为，京津冀一体化国家战略的推出必须结合新型城镇化建设和区域发展的框架来看，这样才能达到短期稳增长和长期促转型、调结构的目的。

新型城镇化和区域协调发展加速推进的背景下，京津冀的产业分工和转移承接中，在铁路轨道交通、生态环境保护、新能源开发利用、地产、社会保障和养老产业、国有企业改革以及社会服务业等方面蕴藏着新的投资机会。

1. 铁路轨道交通建设

铁路轨道交通建设对于区域间的重构起着积极的作用，其在乡村、城乡、城际和区域经济关系中，经历了雏形、强化和调整3个逐步提升的过程（见图5）。当前京津冀的铁路轨道交通建设处在强化和调整阶段，对于城市和区域间的经济结构调整、产业转移和人口流动起到加强作用，并推动区域间分工合作的一体化发展。

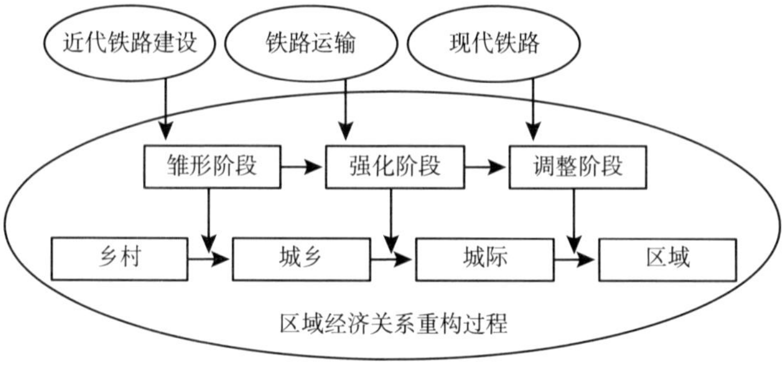

图5　铁路轨交促进区域经济关系重构

资料来源：申万宏源研究。

方便快捷的城乡劳动力流动可以有效降低城镇化成本，增强已有城镇的竞争力。以武广高速铁路为例，高铁开通后沿线各地政府纷纷推出投资优惠政策吸引外来资金，仅2010年前3个月湖南省就承接了402个区域转移项目，为当地带来了5万多个就业机会。铁路不仅缩短了城际空间距离，而且突破了传统地域的限制。

京津冀共建区域交通基础设施步伐加快，三地交通逐步实现全面大对接，区域立体化交通时代已经到来。京津城际铁路、京津高速和京蓟高速，拉近了北京与天津的时空距离。京承高速、京包高速公路，以及国道108、110、111提级改造，河北省境内张石高速建成，构成北京大外环的密涿、张涿、京化、张承等高速公路抓紧推进，京广高铁建成通车，使京津冀一体化的条件逐步成熟。

目前河北境内有京广、京山、津浦、石太、石德、京包、京秦、京原等15条铁路干线。河北省还将着力推进高速铁路、城际铁路、疏港铁路和重要货运专线通道铁路建设，将重点构建环绕省会石家庄、京津和环渤海区域，连通河北主要城市的京津冀城际轨道交通网，以及连通周边省会城市的快速客运铁路网（见表6）。到“十二五”末，预计将实现所有区市通高速铁路，形成以省会石家庄为中心的“两小时交通圈”和环北京的“一小时交通圈”。

表6　河北“十二五”规划铁路建设重点工程

高速铁路	客运专线	城际铁路	轨道交通
京沪高铁	京石客运专线 京沈客运专线 石郑客运专线	石家庄—沧州—黄骅港城际铁路 北京—张家口城际铁路 北京—唐山城际铁路 承德—秦皇岛(锡盟经丰宁到秦皇岛)城际铁路 唐山—曹妃甸工业区城际铁路 沧州—渤海新区城际铁路 秦皇岛—曹妃甸—天津滨海新区—渤海新区城际铁路 北京—首都第二机场—廊坊城际铁路 衡水—沧州—黄骅港城际铁路	衡水—沧州—黄骅港城际铁路 北京—燕郊城市轨道交通 北京—廊坊城市轨道交通 石家庄城市轨道交通 唐山城市轨道交通 邯郸城市轨道交通

资料来源：申万宏源研究。

在京津冀范围内，京津城际铁路开通后，沿线11个城区中有多个城区的政府部门出台和调整了当地的城市发展规划。“十二五”规划中城际快速客运网建设成为重点，在铁路运输引导区域经济一体化深入的阶段，其将助力区域城镇化的发展。

2. 生态环境保护

雾霾、水资源污染等问题一直困扰着我国大部分地区，京津冀地区的污染尤为严重，区域内加快生态文明建设已成为当务之急。

未来随着考核评价机制的改变、市场化交易方式的开展等多项生态文明制度的落实，京津冀区域对生态文明的建设将会进一步加强（见图6）。

从几个重点城市空气质量的对比情况可以发现（见图7），京津冀的空气质量要明显差于珠三角、长三角，甚至西部地区，这在一定程度上反映了京津冀区域内经济依赖重工业发展，天津和河北的重化工业同质发展就很能说明这一问题。此外，京津冀地区对于区域性污染的防控能力也较为薄弱。

天津和河北的高排放加剧了京津冀地区的空气污染，其根源是天津、河北以煤炭消费为主的能源结构和以高耗能工业为主的产业结构。根据国务院颁布的《大气污染防治行动计划》，未来不仅要对大气污染进行治理，同时

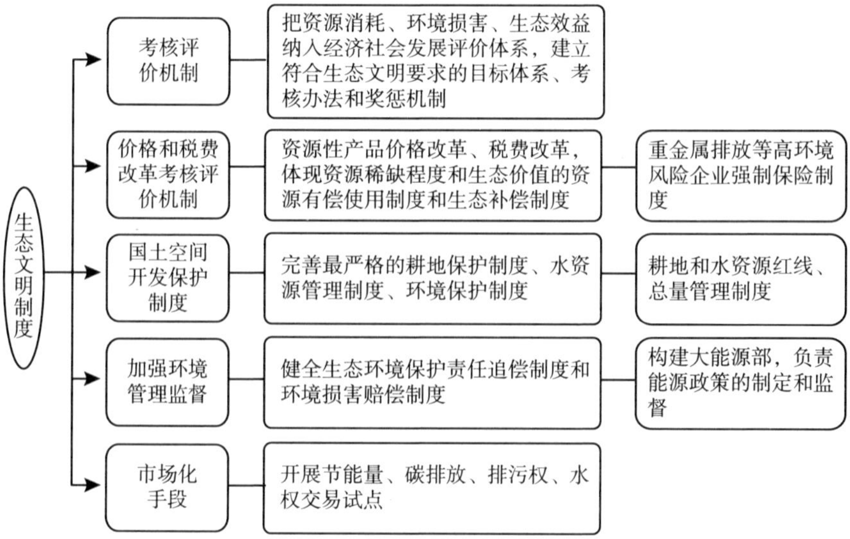

图 6　多个机制促进京津冀生态文明建设

资料来源：申万宏源研究。

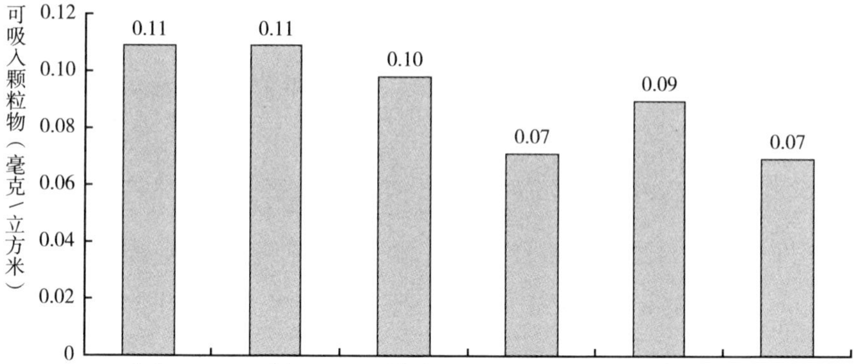

图 7　城市间空气质量对比

资料来源：Wind 资讯，申万宏源研究。

还会加快对水资源污染、土地污染、海洋污染进行治理。京津冀区域间合作治理大气污染的情况见表 7。

表7　京津冀区域间合作治理大气污染

治理措施	具体内容
综合治理，减污减排	强化移动源污染防治；加强工业企业大气污染综合治理；深化面源污染治理
优化产业结构，加快转型升级	优化存量，严控"两高"行业新增产能；加快淘汰落后产能；加快企业兼并重组；减少产能过剩
科技创新，技术改造	强化科技研发和推广；大力发展循环经济；培育节能环保产业；推进清洁生产
调整能源结构，提高使用效率	控制煤炭消费总量；加快清洁能源替代利用；提高能源使用效率
区域协作，统筹治理	建立区域协作机制；制定各区域内约束性指标；加强政府负责人考核；强化企业治污

资料来源：申万宏源研究。

京津冀生态环境保护还必须与优化能源结构相结合，降低化石能源的占比，提高其利用效率，促进新能源的发展和使用。预计在加快推进京津冀一体化协同发展时，新能源产业、节能产业、环保产业、循环产业、生态修复产业、生态农业将获得新的投资机会。

3. 新能源开发利用

随着气候问题和能源危机的加剧，新能源和可再生能源将取代化石燃料成为经济发展的基础。尤其是京津冀以重化工业为主要产业的区域更是面临着产业结构的调整，必须加大新能源的开发和利用力度。

未来包括京津冀在内的我国工业城市将全面面临能源结构、产业结构、生产工艺、国际标准、消费文化、居民意识等方面的社会生产和消费变革。这种变革势必带来新能源的开发和利用，以及绿色、低碳科技产业的发展。

京津冀一体化作为我国重要的经济增长极，其发展模式也必然要从高投入、高能耗、高排放、高污染的粗放型向低投入、低能耗、低碳低排放、低污染的集约型转变。如此一来，京津冀产业低碳化升级就显得尤为重要，三地未来重点发展的产业见表8。

表 8　京津冀三地未来重点发展的产业

北京	天津	河北
都市型现代农业，文化创意产业，旅游产业，电子信息，汽车、装备制造、医药等产业，新一代信息技术，新能源，节能环保，新材料，高端装备制造和航空航天等产业，金融、商务、信息、流通、科技服务等现代服务业	先进装备制造业，新一代信息技术，节能环保，新能源，生物，高端装备制造，新材料，新能源汽车，生产性服务业和生活性服务业，旅游业，海洋油气、运输、渔业等产业，现代能源产业	畜牧、果品等优势产业，钢铁、装备制造、石化等产业，新能源、新材料、生物医药、新一代信息、高端装备制造、节能环保等产业，海洋经济，旅游、文化、商贸物流、金融保险、服务外包、会展等现代服务业

资料来源：《北京市“十二五”规划》《天津市“十二五”规划》《河北省“十二五”规划》，申万宏源研究。

在能源产业方面，京津冀地区应加强和完善区域内部煤炭供应体系，提高区域煤炭安全保障功能；加快电源网络建设和改造，开发区域太阳能、风能等资源，构建以火电为主，以太阳电、风电、核电为补充的区域电力安全保障体系；强化天津、曹妃甸港口石油天然气卸载、储备设施以及跨区域输气输油管道的建设能力，提升区域内石油天然气的供应保障能力。

重点加强京津冀三地在能源保障领域的分工协作，北京市主要负责能源综合利用与高效利用技术、新能源技术与可再生能源利用等领域的研发与示范；天津市重点加强渤海油田和大港油田的勘探开发，加快滨海电源点建设与现有电源点的扩张改造，加快高能耗产业的节能改造；河北省则重点加强区域内部一次能源与二次能源的基地建设，开发太阳能、地热能、风能、核能等新能源，提升区域内天然气输送、煤炭运输、石油进口与区域内均衡输送能力。

4. 地产、保障房和棚户区改造

北京作为首都对全国人口有着巨大的吸引力，2013 年北京人口数量比 2000 年增加了 758 万人，达 2115 万人，年均增加 58. 3 万人。而其常住人口中，外来人口是主要构成部分。

随着京津冀城市群的加快推进，“1 小时经济圈”的打造将大大缩短主要城市间的距离（见图 8）。交通便利、产业转移带来的新的工作机会以及相关基础设施的逐渐完善，将带动中心城市周边地区的人口增多，城镇化建设将带动房地产市场发展，增大居民消费，从而改变过去由投资驱动的经济增长路径。

京津冀一体化将从 3 个方面影响房地产市场的需求。首先，城镇化率的提升带来城镇人口的增加，2013 年，京津冀地区城镇化率水平仅 60.10%，而长三角、珠三角地区均超过了 67%（见表 9）。其次，人口从外部迁入。随着京津冀一体化的发展和推进，非本区域人口的进入将会更加频繁，我们预计该区域整体人口的增长率在 1.5% 左右；最后，居民收入的提升带来购买力的提升和改善性需求的增加。

2014 年房地产政策已经在放松，政策最大的变化在于从"一刀切"转向分类调控和双向调控（见表 10），预计这一政策仍将延续。国家将着重对住房的刚性需求予以支持，而抑制和打击投机性需求。

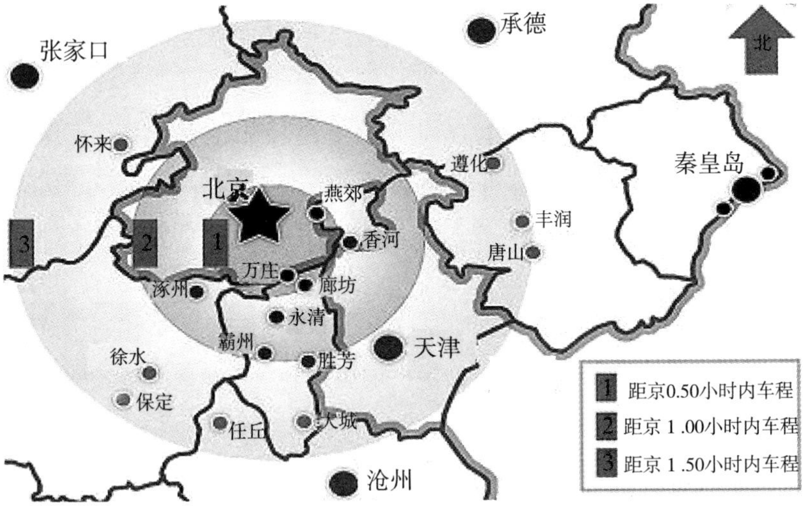

图 8　1 小时都市圈缩短主要城市距离

资料来源：申万宏源研究。

表 9　中国三大都市圈的城镇化率水平

单位：万人，%

年份	京津冀城镇人口	京津冀城镇化率	长三角城镇人口	长三角城镇化率	珠三角城镇人口	珠三角城镇化率
2003	4020	43.50	7458	54.10	5309	59.23
2004	4238	45.40	7673	55.20	5486	60.21
2005	4652	49.30	8103	57.30	5579	60.68
2006	4822	50.50	8342	58.20	5862	63.00
2007	5025	51.90	8599	59.10	5966	63.14
2008	5276	53.50	8791	59.90	6048	63.37
2009	5526	55.20	9355	61.20	6422	63.40
2010	5921	56.60	10180	65.20	6910	66.18
2011	6132	57.80	10389	66.10	6986	66.50
2012	6347	58.90	10577	67.00	7140	67.40
2013	6561	60.10	10773	68.00	7212	67.80

资料来源：Wind 资讯，申万宏源研究。

表 10　房地产向双向调控迈进

年份	房地产调控政策
2014	李克强答记者问时提出根据不同人群的需求、不同城市的情况，分类施策、分城施策。政府工作报告提出："针对不同城市情况分类调控，增加中小套型商品房和共有产权住房供应，抑制投机投资性需求，促进房地产市场持续健康发展。"
2013	完善稳定房价工作责任制；坚决抑制投机投资性购房，严格执行商品住房限购措施，扩大个人住房房产税改革试点范围；增加普通商品住房及用地供应；加快保障性安居工程规划建设；加强市场监管
2012	四大行在内部召开的研究全面落实差别化房贷政策的座谈会上提出，将满足居民家庭首次购买自住普通商品住房的贷款需求，在基准利率的基础上根据风险原则合理定价首套房贷款利率，但首套房首付比例仍然执行 30% 的标准
2011	公布的新"国八条"，把二套房贷首付比例提至 60%，贷款利率提至基准利率的 1.1 倍。加上此前的政策，2011 年，首套房商业贷款的首付为 30%，对于第三套及以上住房不予发放商业贷款
2010	国土资源部会议提出，在今年住房和保障性住房用地供应计划没有编制公布前，各地不得出让住房用地；将在房价上涨过快的城市开展土地出让招拍挂制度完善试点；各地要明确并适当增加土地供应总量；房价上涨过快、过高的城市，要严控向大套型住房建设供地

资料来源：申万宏源研究。

保障房和棚户区改造作为惠及民生的重点工作，一直为政府所重视。2014 年国家增大了对保障房的投入，2014 年保障房计划开工 700 万套，比 2013 年增加 100 万套；保障房计划建成 480 万套，比 2013 年增加 10 万套；棚户区计划改造 370 万套，比 2013 年增加 66 万套。

媒体报道京津冀三地 2014 年新建保障性住房总量将超过 2500 万平方米，基础投入超过 700 亿元人民币。河北全省全年将开工建设保障房和棚户区改造 20 万套，所有项目都将在 10 月底前办齐手续并开工。2014 年，北京市全年将建设保障性住房 7 万套，天津则计划全年开工建设保障性住房 800 万平方米。未来，随着公租房、廉租房的并轨，以及共有产权房的试点推广，保障房和棚户区的改造力度仍有望加大。

5. 社会保障、养老产业

京津冀都市圈的加速推进将推动社会保障事业和养老产业的发展（见图 9）。交通的便利缩短了周边城市与中心城市的距离，随着人口老龄化以及收入的提高，城市内部的人口可以分散至周边小型城市居住，这样既可以带动当地医疗、交通、通信、市政公用等设施建设，解决住房压力，同时也能够提升城市自身的生活质量。

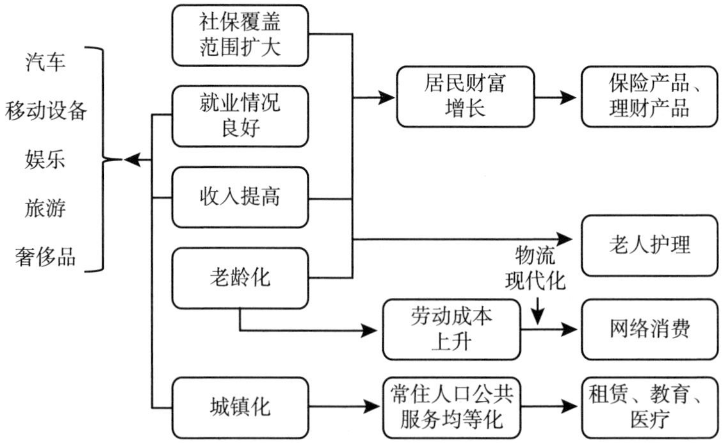

图 9　京津冀一体化带来社会保障、养老等产业的发展

资料来源：申万宏源研究。

以医疗发展为例，未来北京和天津将共同推进建立两地间的医保关系无障碍转移和就诊保险相认制度，加快网络平台建设，推动异地就医直接结算，从根本上解决社会医疗保障的难题。

加快推进养老产业的发展对于培养京津冀新的经济增长点和消费热点，促进就业和拉动内需具有重要意义。养老产业链相关投资机会如图 10 所示。借鉴美国和日本的养老产业发展模式，我国未来会大力鼓励发展民间养老机构，带动国内养老产业的发展；甚至可以发展新的养老模式，让中心城市，如北京、天津的老人将房屋抵押给保险公司，再将所得资金用于在周边小城市的租房、消费。

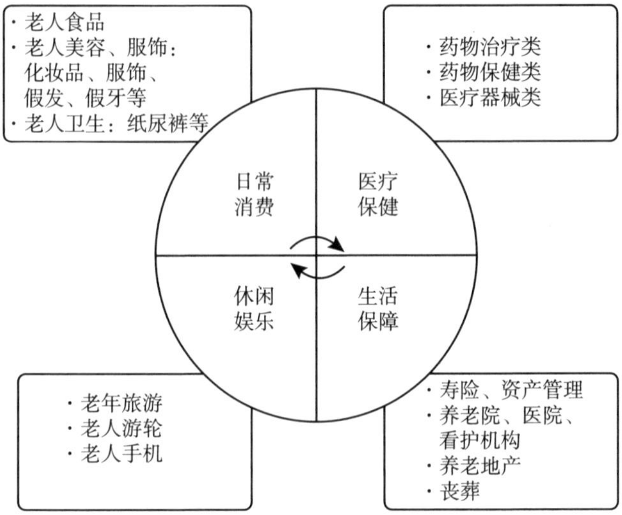

图 10　养老产业链相关投资机会

资料来源：申万宏源研究。

6. 国有企业改革

京津冀区域内国有企业众多，自十八届三中全会明确要求深化国有企业改革后，各地方政府对国有企业改革进行了积极探索。广东、贵州、青海、西藏等地已出台了推进国有企业改革和国有资产监管工作的政策文件，新一轮国有企业改革“箭在弦上”。

对于京津冀和全国来讲，只有深化国资国企改革，破除垄断，才能为民间经济发展腾出空间。同时，各地在土地财政之后急需寻找新的财源，盘活存量国资是一个现实的选择。1993 年以来，我国国资国企改革不断推进，具体见表 11。

表 11　1993 年以来国资国企改革

时间	文件来源	主要内容
2013 年 11 月	《中共中央关于全面深化改革若干重大问题的决定》	推进国有资本管理，深化国有企业改革，实行分类管理，国有资本收益上缴比例到 2020 年提高至 30%
2008 年 10 月	《中华人民共和国企业国有资产法》	为维护国家基本经济制度，促进国有资产保值增值提供法律保障
2007 年 12 月	《中央企业国有资本收益收取管理办法》	对于拥有全资或控股子公司的国有独资企业应缴利润的比例，区别不同行业，分三类执行
2006 年 12 月	《关于推进国有资本调整和国有企业重组的指导意见》	推进国有资本向重要行业和关键领域集中，增强国有经济控制力，发挥主导作用。国有资本在重要行业中保持绝对控股或有条件的相对控股
2006 年 12 月	《国有控股上市公司（境内）实施股权激励试行办法》	以股权激励为杠杆，推进国有企业深化改革，完善公司治理结构，转变经营机制，提高竞争能力
2003 年 5 月	《企业国有资产监督管理暂行条例》	坚持政企分开，实行所有权与经营权分离。国有资产监督管理机构不行使政府的社会公共管理职能，不得直接干预企业的生产经营活动。政府其他机构、部门不履行企业国有资产出资人职责
2003 年 3 月	国资委成立	代表国家依法履行出资人职责，依法对所出资企业的国有资产进行监督管理，指导推进国有企业改革和重组
2002 年 11 月	《关于向外商转让上市公司国有股和法人股有关问题的通知》	开始了资本市场中通过收购、兼并方式吸引外资的尝试，增加了 76 条鼓励类投资项目，减少了 2/3 的限制类项目
1999 年 9 月	《中共中央关于国有企业改革和发展若干重大问题的决定》	着力抓好重点行业、重点企业和老工业基地，把解决当前突出问题与长远发展结合起来，为国有企业跨世纪发展创造有利条件
1994 年 11 月	《关于选择一批国有大中型企业进行现代企业制度试点的方案》	完善企业法人制度，确定企业国有资产投资主体，确立企业改建为公司的组织形式
1993 年 11 月	《中共中央关于建立社会主义市场经济体制若干问题的决定》	明确指出我国国有企业的改革方向是转换国企经营机制，建立现代企业制度，国有企业实行公司制

资料来源：申万宏源研究整理。

京津冀区域内国有企业证券化水平低，企业同质化发展现象严重，导致了资源过于分散，企业竞争力降低。

京津冀地区的主导产业集中在钢铁、化工、采掘、黑色金属、交通运输以及交通运输设备等领域，与地方上市国有企业行业分布类似，主要是一般竞争性行业（见图11）。因此，假如要改革，我们会看到京津冀地方政府的国企改革力度大于中央。

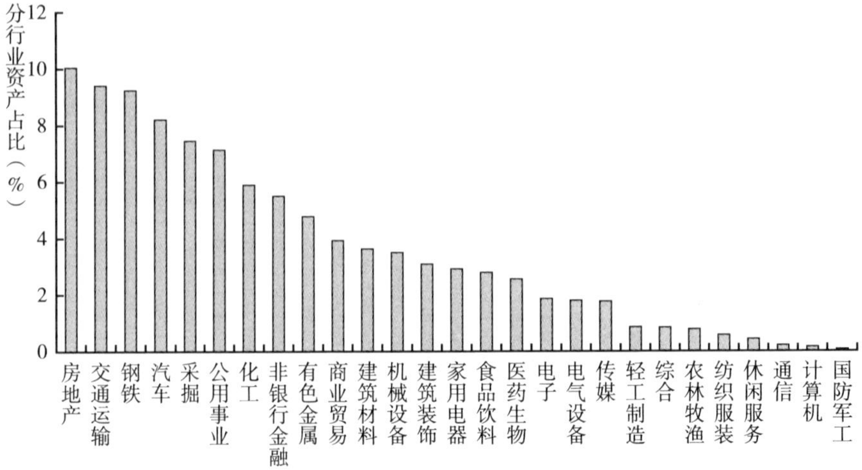

图11　地方上市国有企业行业分布

资料来源：Wind资讯，申万宏源研究。

新一轮京津冀国有企业改革的重心将放在以下几个方面：促进转型升级；加大淘汰高能耗、高污染、低水平落后产能；提升传统产业中的先进产能比重；将战略性产业做大做强；加快竞争性企业的兼并重组；促进传统产业向产业链、价值链的高端延伸。

改革将以完善产业链和优势互补为原则，进行跨区域、跨所有制重组整合，大力推进企业内部资源整合，并发挥证券市场、产权市场的作用，推动上市公司资源整合、改制重组，加快处理低效、无效资产，培育主导业务突出、核心竞争力强的大型企业集团。

7. 社会服务业

国家战略主导下的京津冀合作，对京津冀三地进行了重新定位，北京、天津基于新定位，除了要向外转出实体生产产业，如工业、制造业等，还会将部分批发物流、医疗、行政以及事业单位、科研院所、高校，甚至部分军队机关配套外迁。非首都核心功能疏解将成为产业承接的重点。

河北的城镇化规划也明确提出，河北省保定市将承接首都部分行政事业单位、高等院校、科研院所和医疗养老等功能疏解；河北省廊坊市将建成京津冀协同发展的先行区和示范区；等等。这为河北、北京和天津周边地方以生态、智能、休闲、商务为方向，发展社会服务业和战略新兴产业提供了良好的平台。

以通州为例，通州处于推动京津冀协同发展“桥头堡”的位置，其在调整、疏解非首都核心功能的同时，将吸纳、发展“高、精、尖”产业，包括商务办公、会议展览、文化娱乐、商业餐饮等产业，这将拓宽并补充北京的中心城功能，驱动地区经济发展和产业升级。

产业投资篇

Industrial Investment

BLUE BOOK

B.6
2015年先进制造业发展趋势与投资机会分析

王 申*

摘 要： 从传统制造向先进制造转变，成为当前全球制造业发展的大方向。在全球制造业国际分工体系中，发达国家占据主导地位：①在先进制造领域占据制高点；②对外转移低附加值的加工制造环节。我国虽然已经成为世界制造大国，但还不是制造强国。过去十年，我国的先进制造业获得了长足发展。2014年受经济不景气的影响，我国的制造业虽然增速有所放缓，但未来的发展前景广阔。在政策、行业需求和技术进步等多方面因素的驱动下，我国的先进制造业将紧随世界潮流而快速发展。建议重点投资装备制造、信息技术、节能环

* 王申，管理学博士，现就职于建投研究院，主要研究方向是先进制造业。

保、新能源、生产性服务业等产业，在投资区域上首选先进制造业集中的京津冀、长三角、珠三角等地区。

关键词：先进制造业　发展趋势　投资机会

一　先进制造业概况

（一）内涵与外延

“先进制造业”是近年来伴随世界工业化进程的新趋势而出现的一个比较新的经济概念。先进制造业是相对于传统制造业而言的。结合全球制造业发展趋势和发达国家制造业发展特征，我们可以从超微观、微观和中观的三维视角来把握先进制造业的内涵，其主要包括3个方面。

（1）技术的先进性。从超微观即企业内部的角度看，先进制造业首先表现为技术的先进性，是一个能够不断进行技术创新的先进技术体系。先进制造技术渗透到制造业企业的研发、设计、生产、管理、营销的各个环节，引发了制造业生产方式和管理模式的深刻变革。先进制造技术是推动先进制造业发展的关键，正是依托了先进制造技术，先进制造业才能够实现全球化、网络化、敏捷化、虚拟化、智能化和环保化生产。

（2）生产模式的先进性。从微观即企业整体的角度看，先进制造业表现为生产模式的先进性，是一种能够适应市场变化、不断优化企业内部资源配置，并能兼顾生态环境和社会利益的高效生产体系。先进制造模式决定着企业具体配置各种生产要素的方式和效率，也有效促进了企业与市场、社会、生态环境之间的良性互动。

（3）营销网络组织的先进性。从中观即产业体系的角度看，先进制造业表现为营销网络组织的先进性，是一种以产业链为主干、集群化为依托的网络化市场组织。先进制造业是以现代生产性服务业和发达的市场网络为支撑的。先进制造业内部各产业部门、各企业之间存在着密切的联系，需要对价值链上的活动进行整合与协同，形成供应链联盟和产业集群，从而组成高效率的市场网络系统。

因此，先进制造业就是广泛应用先进的制造技术、采用先进的生产模式、拥有先进的市场网络组织的工业生产系统。从理论上说，在制造业内部，只要在技术、生产模式和市场网络 3 个方面同时具有先进性的产业，都可以被认定为先进制造业。而从实践情况看，先进制造业不仅包括以信息技术、生物技术、材料技术等为代表的高新技术制造业，也包括通过先进技术和管理手段进行改造、技术密集度得以提升的部分传统制造业，如数控机床制造、精品钢材制造等。

（二）先进制造业的发展方向

传统制造业向先进制造业转变，成为当前全球制造业发展的大方向。在全球制造业领域，全球化、智能化、网络化、虚拟化、敏捷化、集成化和绿色化等先进制造模式和制造技术的创新层出不穷。概括起来，目前制造业主要有五大变革方向。

1. 服务化：由单纯制造向服务制造转变

总体来看，制造业服务化趋势日益显现。跨国制造公司出于追逐利润的需要，纷纷调整其战略，将竞争重点从产品制造转向客户服务，以提高制造业的获利能力。今天的制造业所考虑的绝不只是产品设计和制造，而是涵盖了从市场调研开始到售后服务、再到产品报废回收的全过程，产品的内涵也从单一的生产扩展到为客户提供全面解决方案的全方位服务。

2. 高端化：由完全制造向总装制造转变

信息网络提供了制造商和加工厂之间的最短路径连接和最快速度成交的现实可能性。跨国公司利用网络优势，对整个产业（产品）价值链进行拆分，在全球范围内建立零部件的加工基地，自己负责产品链中价值最高的总装与营销部分的经营。这种经营模式近年来获得了飞速发展，例如，美国福特汽车的零部件是在全世界 11 个国家生产的，美国波音飞机的零部件是在全世界 70 多个国家生产的。

3. 智能化：由传统制造向智能制造转变

随着信息技术和仿真技术的飞速发展，智能制造成为可能并开始盛行。云计算、大数据、3D 打印、智能机器人将改变传统生产方式，转向多样化、分散化生产方式，大规模个性化定制将成为可能。此外，还可通过虚拟制造全面优化传统制造系统，即利用制造过程计算机模拟和仿真来实现产品的设计和研制，以达到产品开发和生产周期最短、成本最低、质量最佳的效果。

4. 网络化：由一国制造向全球制造转变

伴随着经济全球化和信息技术的迅猛发展，制造业的全球化趋势不断加强。①国际产业分工和转移推动全球制造。发达国家由于要素成本上升，将通用型、模块化产品的生产及工序转移出去。而发展中国家利用低成本优势，承接发达国家的产业转移，从事劳动密集型的产品加工组装。②全球制造是一种全面的全球化。制造业的资源配置正向生产全球化、营销全球化、融资全球化、服务全球化和研发全球化转变，以缩短从研发到赢利的周期。例如，美国 SUN 公司将全球研发作为重要战略，将 50% 以上的研发放在硅谷之外，在爱尔兰、印度等地建立了研发中心。③制造业的集群化也扩展到了全球。大型跨国制造公司为获得竞争优势，与全球的中小型关联企业合作，形成了全球性的产业集群，也使得国际产业链细分化。

5. 绿色化：由粗放制造向绿色制造转变

传统制造业是一种牺牲环境、高耗低效的粗放型生产。而先进制造业强调清洁生产和资源的循环利用，所提供的产品必须具有全寿命周期无污染、资源低耗及可回收、可重用的特征。向环保化和绿色化方向转变，成为 21 世纪先进制造业发展的必由之路。

（三）先进制造业的全球产业基本格局

1. 全球先进制造业的技术发展路径

全球制造业正持续向技术复杂度较高的产品转移。实际上，中等和高技术产品占全球制造业增加值的比重已从2002年的43.2%上升到了2011年的47.8%，在这方面，工业化国家和工业化进程中的国家都呈现出了同样的发展趋势——中等和高技术产品的比重增加了。而同期低技术制造业占全球制造业增加值的比重保持在25%左右，但其生产出现了从工业化国家到工业化进程中国家（主要是中国）的明显转移。

虽然工业化经济体的制造业出现了向工业化进程中经济体转移的趋势，不过工业化经济体在先进制造业方面仍然占据竞争优势。一方面工业化经济体对外转移的主要是低技术产业，产品附加值低，与2007年相比，2011年工业化经济体制造业增加值的全球占比降低了6.3个百分点，但同期出口额的全球占比仅下降了5.0个百分点；另一方面，工业化经济体的制造业增加值总额和出口额仍远远超过工业化进程中的经济体（见表1）。

表1　2007～2011年按工业化程度分类的经济体的制造业增加值与出口额变化

单位：%，个百分点

经济体	项目	2011年全球占比	2007年全球占比	占比变化
工业化经济体	制造业增加值	66.3	72.6	-6.3
	制造业出口额	70.4	75.4	-5.0
工业化进程中的经济体	制造业增加值	33.7	27.4	6.3
	制造业出口额	29.6	24.6	5.0

资料来源：联合国工业发展组织：《2013年工业发展报告》。

从制造业内部结构来看，随着各国人均GDP的增长，制造业提升技术含量，逐渐从低技术产业向高技术产业[①]转移并最终使得附加值提高。

在农业向工业转移的过程中，低技术产业创造了大部分的制造业增加值——在人均GDP非常低的阶段，这类产业的增加值占制造业增加值总额的2/3左右。随着产业内部结构转型的发生，这一份额开始逐步下降。当人均GDP达到17000美元（以购买力平价计）时，低技术产业增加值不再占

① 低技术产业以劳动密集型生产和低资本密集度为特征；中等技术产业则主要是资本密集型资源加工企业；而高技术产业则主要是资本和技术密集型产业。

据最大份额。

中等技术产业的份额变化则平缓得多。在低收入阶段，中等技术产业增加值占制造业增加值总额的比重为20%左右，在人均GDP达到16000美元（以购买力平价计）时达到顶峰，为28%左右，然后在人均GDP最高阶段又下降到23%左右。

在提高自身占制造业增加值的份额方面，高技术产业表现得最为活跃。其份额从人均GDP为1000美元（以购买力平价计）时的5%持续增加到了人均GDP为40000美元时的54%左右（见图1）。

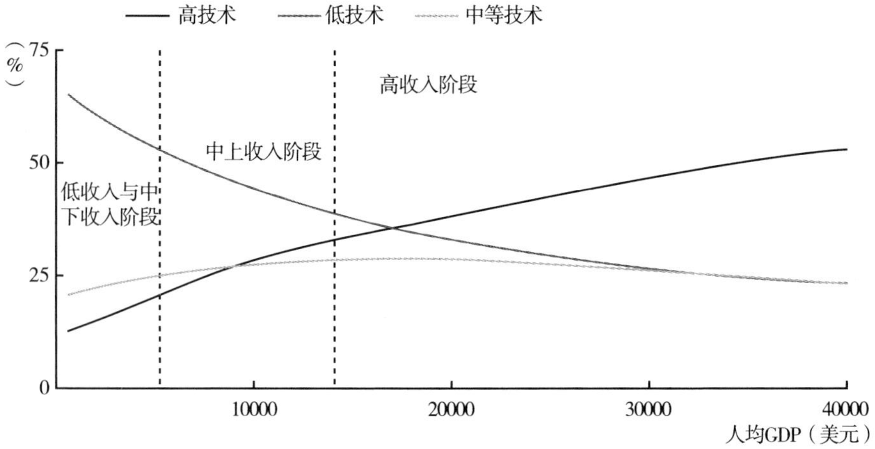

图1　按收入和技术分类的制造业增加值份额变化

资料来源：联合国工业发展组织：《2013年工业发展报告》。

2. 先进制造业的国际分工体系

随着知识经济和新兴技术的发展和应用，高技术产业得以发展，并通过应用高新技术提高了传统制造业的技术含量，使先进制造业在制造业中所占比重显著上升。高技术产业的增长，加上传统制造业中利用先进制造技术和先进制造模式进行改造部分的增长，比如汽车、船舶等产值较大的部门以及劳动密集型产业中经过改造的产业部分，使得先进制造业在世界制造业中已处于重要地位，并且代表了世界制造业的发展方向。

发达国家着眼于全球产业布局，降低生产成本，将制造环节向发展中国家转移，而与之相关的技术创新能力非但没有降低，还呈加速提高态势，拉大了与发展中国家的距离。技术创新能力未与制造加工环节同步转移，出现了技术中心与制造中心相分离的态势。

目前，发达国家主导的全球制造业国际分工体系已经初步形成。一方面，发达国家致力于研发和品牌营销，形成了技术领先、附加值高的知识技术密集型先进制造业，并以此保持其在国际市场上的竞争优势；另一方面，发达国家把不具有竞争优势的附加值低、耗能高、污染严重的加工制造环节安排在世界范围内，形成了以发达国家先进制造业为主导的国际化产业分工体系。

从竞争力驱动因素来看，发展中国家主要在廉价劳动力与能源、市场规模等方面具有吸引力，因此在低技术产业领域占据竞争优势；而发达国家则主要在创新、供应链、软环境等方面具有竞争优势，所以能占据产业链的高端。

在新的国际分工体系下，发达国家的制造业竞争力并没有被削弱。从部分发达国家的高技术产业增加值占制造业增加值的比重来看，除了部分农业和采矿业发达的国家，大部分发达国家的该比例都保持在10%以上的水平，并且相对稳定。

金融危机后，“再工业化”战略在发达国家盛行，导致高技术行业从2010年开始进一步复苏，其增加值占GDP的比重也开始回升。以美国和日本为例，从2010年开始美国的高技术行业增加值占GDP的比重连续三年回升，从2009年最低的5.09%回升到2012年的6.56%，基本回到了2000年的水平；日本的先进制造业也从2010年开始回升，但是这一进程在2011年被大地震所打断，但是依旧比谷底的2009年有所回升（见图2）。

3. 先进制造业的国际竞争格局

先进制造业是一个国家最具战略性的创新，也是科技、工程和数学人才密集的工业，是发达国家经济发展的原动机。这些先进制造业包括制药、工业机械、计算机及辅助设备、通信装备、导航、测量、电子医疗和控制设

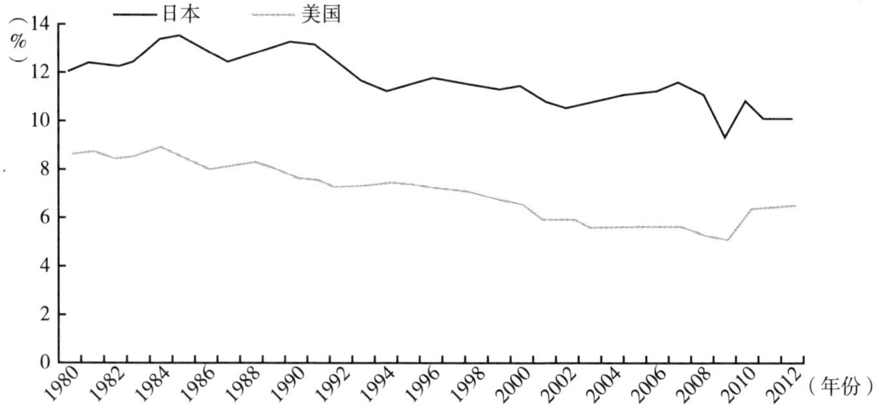

图2　美国和日本的高技术行业增加值占GDP的比重

资料来源：Wind资讯、建投研究院。

备、光电和磁性介质、航空制造业等17个领域。

全球先进制造业的竞争格局中，领头羊是美国。美国虽然在制造业的总量上已经被中国超过，但是其制造业门类齐全，在众多先进制造领域依旧保持世界领先水平，拥有世界最高的劳动生产力水平（2011年美国每名员工人均GDP为68156美元），并且在各个领域都拥有知名的跨国公司。页岩气革命后，美国的人力与能源成本优势进一步增强——比欧洲和日本低得多，到2015年，美国的制造业成本将比中国长三角地区仅高大约5%（见图3）。因此，未来美国的先进制造业在创新技术和制造成本上将继续领先于其他国家。

先进制造业的第二梯队是以法国、德国、英国、日本、意大利、加拿大为代表的发达国家，这些国家大多在制造业方面有积累，在多个先进制造产业上都拥有雄厚的技术实力，综合制造能力强，并且部分产业居于世界领先地位。

先进制造业的第三梯队是韩国、中国台湾、新加坡、巴西、俄罗斯、中国大陆等国家和地区，其分别在两三个先进制造产业方面拥有较强的综合实力。中国制造业的门类齐全，已经是全球最大的制造国，在造船、航天、装

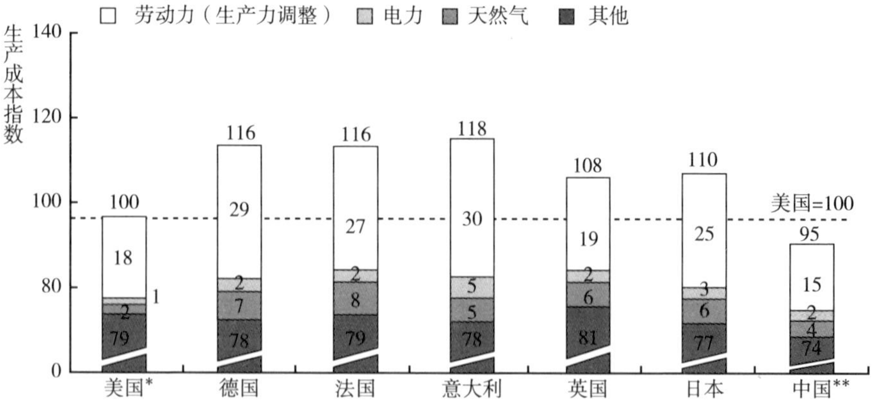

图3　2015 年主要出口国的平均制造成本结构（美国 =100）

注：* 美国一系列低成本州的生产成本，并以此为基数 100。

　　** 中国长三角地区的生产成本。

资料来源：波士顿咨询。

备制造、新能源等领域拥有一定的竞争优势。不过中国主要依靠劳动力和资源优势，很多核心零部件依赖进口，整体技术水平有待提升（见表 2）。

表 2　主要制造业国家和地区的先进制造优势产业

	国家和地区	先进制造优势产业
第一梯队	美　　国	航空航天、汽车、机械设备、核电、电子、电信设备、IT 设备、军工、制药、新材料等
第二梯队	法　　国	汽车、航空航天、核电、高铁、医药、机械设备、电子元器件
	德　　国	汽车、电子电气、机械设备、化学、新材料、可再生能源
	英　　国	汽车、航空航天、化学、制药、电信设备、IT 设备
	日　　本	汽车、造船、机电设备、电子、半导体、新材料
	意 大 利	汽车、航空航天、高铁、城市轨道交通设备、医药
	加 拿 大	汽车、飞机、电信设备、电子
第三梯队	韩　　国	造船、电子、汽车
	中国台湾	电子、化学、金属机械
	新 加 坡	电子、化学、医药
	巴　　西	汽车、支线飞机
	俄 罗 斯	航空航天、军工
	中国大陆	造船、航天、机械、电信设备、电子、可再生能源等

资料来源：建投研究院。

二　先进制造业发展状况

（一）全球先进制造业发展概况

1. 美国先进制造业发展情况

美国是先进制造业大国，拥有全球最领先、最全面的先进制造技术。2014年1～11月，美国制造业累计出货量达5.48万亿美元，同比增长2.57%。在经历了2009年全球经济危机后，美国汲取教训，通过再工业化来吸引制造业回归，连续五年实现增长。

在美国先进制造业的代表产品方面，2014年1～11月，信息技术产品出货量为2396.06亿美元，与2013年1～11月同期相比增长1.7%；汽车及零部件出货量为5160.96亿美元，同比增长3.83%；资本品出货量为9623.95亿美元，同比增长4.78%，其中核心资本品（不含飞机）出货量为7593.92亿美元，同比增长4.98%（见表3、图4）。

表3　美国的先进制造业出货量

单位：亿美元

年份	制造业	信息技术产品	汽车及零部件	资本品	核心资本品
2004	42933.11	2869.17	4897.45	7501.84	6269.83
2005	47419.30	2950.47	5003.89	8202.73	6868.76
2006	50163.65	3201.37	4980.51	8842.56	7447.16
2007	53205.87	3228.89	4997.50	9366.10	7682.07
2008	54467.83	3152.72	4117.27	9529.64	7703.87
2009	44233.72	2647.67	3017.31	8163.73	6372.19
2010	49083.10	2603.96	4010.89	8523.40	6670.76
2011	55043.52	2630.84	4471.90	9186.28	7341.29
2012	57249.56	2630.14	4919.21	9816.81	7766.57
2013	58394.50	2570.31	5418.29	10044.95	7910.99
2014	54840.71	2396.06	5160.96	9623.95	7593.92

注：2014年是1～11月数据累计。

资料来源：Wind资讯、建投研究院。

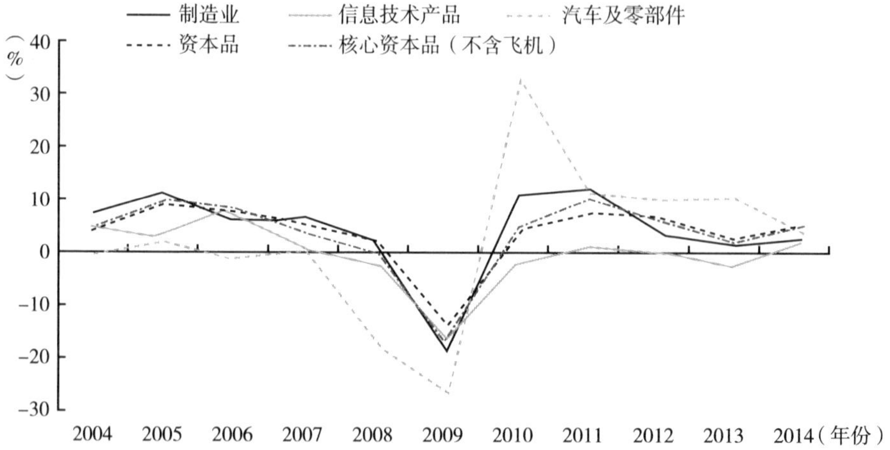

图4　美国的先进制造业出货量同比变化

注：2014 年是 1 ~ 11 月累计数据。
资料来源：Wind 资讯、建投研究院。

2. 德国先进制造业发展情况

以机床为代表的工业机械是德国的主要出口产品，代表了德国先进制造业的水平。德国先进制造业 2009 年、2010 年受经济危机影响出现了负增长，其后逐渐复苏。以机床行业为例，其在 2009 年、2010 年分别出现了 -28.22%、-2.78% 的负增长，于 2012 年恢复到危机前的水平，2013 年继续增长，行业产值达到 145.76 亿欧元，同比增长 2.85%（见表 4）。

表4　德国机床行业产值

单位：亿欧元，%

年份	机床行业产值	产值同比变化	年份	机床行业产值	产值同比变化
2004	95.86	5.6	2009	101.77	-28.22
2005	103.74	8.22	2010	98.94	-2.78
2006	108.06	4.16	2011	129.19	30.57
2007	126.24	16.82	2012	141.72	9.7
2008	141.78	12.31	2013	145.76	2.85

资料来源：Wind 资讯、建投研究院。

在出口方面，先进制造业占了德国出口的大部分，近几年的占比在53%左右。2014年1～9月，以机电产品，运输设备，光学，钟表、医疗设备为代表的先进制造业出口商品总值为6073.27亿美元，占德国主要出口商品总值的52.92%（见表5）。

表5　德国主要出口商品总值

单位：亿美元

年份	出口总值	机电产品	运输设备	光学、钟表、医疗设备
2007	13293.30	3742.56	2563.70	534.15
2008	14505.31	4165.29	2787.45	590.62
2009	11206.39	3230.34	2121.95	505.46
2010	12591.51	3589.73	2538.11	577.85
2011	14744.45	4132.04	3019.29	677.02
2012	14064.91	3863.80	2967.81	656.20
2013	14529.92	3958.06	3066.11	695.11
2014	11475.70	3092.35	2439.93	540.99

注：2014年是1～9月数据累计。

资料来源：Wind资讯、建投研究院。

3. 日本先进制造业发展情况

日本是制造业大国，在全球先进制造业版图中占有重要地位。日本也是出口大国，其先进制造产品在出口中占七成以上。2014年1～11月，日本先进制造产品出口额为4574.42亿美元，占出口总额的71.90%（见表6）。

表6　日本先进制造产品出口情况

单位：亿美元，%

年份	先进制造产品出口额	占出口总额比重	年份	先进制造产品出口额	占出口总额比重
2007	5419.93	76.04	2011	5936.63	72.33
2008	5770.70	74.37	2012	5845.79	72.95
2009	4207.79	72.45	2013	5144.92	71.54
2010	5604.09	73.06	2014	4574.42	71.90

注：2014年是1～11月数据累计。

资料来源：Wind资讯、建投研究院。

（二）我国先进制造业的发展情况

1. 产业政策

中国制造业产出在2012年就已超过世界总量的20%，但制造业大而不强——在基础材料、基础零部件、基础工艺和产业技术基础方面实力不强。为了推动我国先进制造业的发展，工信部正在会同国家发改委、科技部、财政部等部门，制定《中国制造2025规划纲要》（以下简称《中国制造2025》），提出以“1+10”的规划体系发展装备制造业，尤其是要重点发展重大技术装备，使中国到2025年跻身现代工业强国之列。

编制《中国制造2025》这一建议，由中国工程院于2013年底向中共中央、国务院提出。中国工程院建议，《中国制造2025》的核心应是“创新驱动、质量为先、绿色发展、结构优化”，主线应是“信息技术与制造技术深度融合的数字化、网络化、智能化制造”（见图5）。

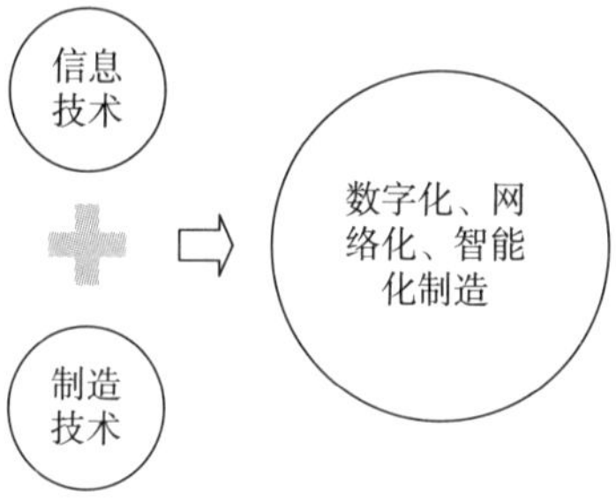

图5 《中国制造2025》的主线

资料来源：中国工程院。

中国工程院同时建议推行8项优先行动计划，具体包括：数字化、网络化、智能化制造，提高产品设计能力，完善制造业技术创新体系，强化制造基础，提升产品质量，推行绿色制造、结构优化，培养具有全球竞争力的企业群体和优势产业，发展现代服务型制造业。

经过对全国各地进行调研比较，中国工程院最后敲定泉州作为“中国制造2025”的地方样板和实践范例，并制定了《泉州制造2025发展纲要及2020行动计划》（以下简称《泉州制造2025》）的初步框架。《泉州制造2025》提出，以推进信息化和工业化深度融合为立足点，加快推动数字化、智能化技术在泉州制造业各领域的融合渗透。在泉州“数控一代”示范工程的基础上，推进科技成果的产业化，逐步将泉州制造业推向“智能一代”。

《泉州制造2025》的3个专项规划如图6所示。

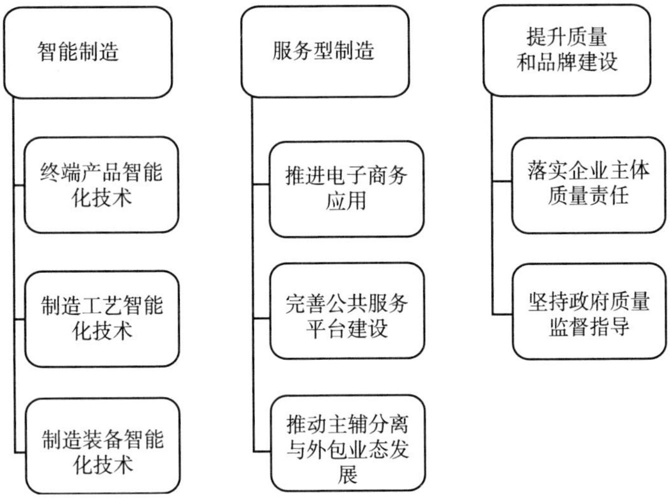

图6 《泉州制造2025》的3个专项规划

资料来源：中国工程院：《泉州制造2025发展纲要及2020行动计划》。

2. 先进制造业

我国以高技术产业①为代表的先进制造业获得了较快发展。2013年，我国高技术产业主营业务收入约为11.60万亿元，出口交货值约为4.93万亿

① 《中国高技术产业统计年鉴（2014）》中的高技术产业包括：医药制造业，航空、航天器及设备制造业，电子及通信设备制造业，计算机及办公设备制造业，医疗仪器设备及仪器仪表制造业。

元，2000～2013年，高技术产业收入年复合增速达20.72%，出口交货值年复合增速达22.85%（见表7）。

表7　我国高技术产业生产经营情况

单位：个，亿元

年份	2000	2005	2009	2010	2011	2012	2013
企业数	9758	17527	27218	28189	21682	24636	26894
主营业务收入	10034	33922	59567	74483	87527	102284	116048
利润总额	673	1423	3279	4880	5245	6186	7234
利税	1033	2090	4660	6753	7814	9494	11117
出口交货值	3396	17636	29500	37002	40600	46701	49285

资料来源：Wind资讯、建投研究院。

从我国先进制造商品的出口情况来看，从2000年开始，我国高新技术产品和机电产品的出口比重逐年上升，一直持续到2010年，其后受发达国家“再工业化”的影响，我国先进制造商品的出口比重有所下降，这说明我国先进制造业的国际竞争力还有待提高。

从主要制造业大国的出口竞争力情况比较来看，我国中高技术商品出口占制造业出口的比重为50%～60%，而进口的中高技术商品的比重则高达80%左右。我国中高技术商品的进口依赖度较高，其原因是国内制造业技术水平不高。

（三）2014年我国先进制造业重点子行业发展情况

2014年是不平静的一年，从全球范围来看，地缘政治危机、大宗商品暴跌、欧日复苏乏力等国际利空因素频发，国内经济也是逐季走低，导致总需求降低，从而影响了先进制造业的发展，大部分子行业2014年收入和利润的增速均有所下滑。

1. 医药制造业

2014年1～11月，我国医药制造业主营业务收入约为2.09万亿元，同比增长11.00%，利润总额为2015.47亿元，同比增长10.46%（见表8）。

表 8　医药制造业的收入与利润情况

单位：亿元

年份	主营业务收入	利润总额	年份	主营业务收入	利润总额
2000	1594.33	135.28	2008	6561.30	645.30
2001	1904.45	162.21	2009	7963.70	808.17
2002	2220.53	201.06	2010	10169.71	1050.42
2003	2750.96	256.16	2011	14522.05	1494.30
2004	3213.00	279.55	2012	17083.26	1731.68
2005	4020.04	336.15	2013	20592.93	2071.67
2006	4737.29	371.30	2014	20865.40	2015.47
2007	5207.23	499.21			

注：2014 年是 1～11 月数据累计。

资料来源：Wind 资讯、建投研究院。

2014 年，我国医药制造业的毛利率相对稳定，维持在 28% 左右的水平。但受经济环境不佳的影响，收入和利润增速下滑较大。以 2014 年 9～11 月为例，医药制造业收入和利润总额同比增速分别下降 7.04 个、9.05 个百分点。

2. 汽车制造业

2014 年 1～11 月，我国汽车制造业主营业务收入约为 5.97 万亿元，同比增长 12.32%，利润总额为 5236.44 亿元，同比增长 16.67%（见表 9）。

表 9　汽车制造业的收入与利润情况

单位：亿元

年份	主营业务收入	利润总额	年份	主营业务收入	利润总额
2000	3351.61	168.43	2008	20832.03	1239.03
2001	4134.02	256.56	2009	26184.56	1891.28
2002	5745.03	446.49	2010	37108.51	3198.49
2003	8213.43	714.71	2011	47419.37	4053.18
2004	9834.08	685.44	2012	50531.55	4065.28
2005	11068.36	513.30	2013	60540.00	5107.74
2006	14651.32	752.17	2014	59685.93	5236.44
2007	17483.73	1102.72			

注：2014 年是 1～11 月数据累计。

资料来源：Wind 资讯、建投研究院。

2014 年，我国汽车制造业的毛利率相对稳定，维持在 17% 左右的水平。但受行业不景气的影响，收入和利润增速下滑较大。2014 年 9 ~ 11 月，汽车制造业收入和利润总额同比增速下降到了 10% 以下，分别只有 7.65%、3.57%。

3. 电子元器件制造业

2014 年 1 ~ 11 月，我国电子元器件制造业主营业务收入约为 2.64 万亿元，同比增长 6.11%，利润总额为 1264.57 亿元，同比增长 14.88%（见表 10）。

2014 年受移动互联网消费热潮驱动，电子元器件制造业的景气度有所上升，收入和利润同比增速都有所加快。这也提高了电子元器件企业的盈利水平。2014 年电子元件制造业的毛利率为 11% ~ 12%，电子器件制造业的毛利率为 9% ~ 10%，都比上年略有上升。

表 10　电子元器件制造业的收入与利润情况

单位：亿元

年份	主营业务收入	利润总额	年份	主营业务收入	利润总额
2000	1853.51	142.47	2008	13092.47	476.09
2001	1978.57	66.13	2009	12148.48	342.68
2002	2584.58	96.10	2010	17027.31	802.98
2003	3574.45	175.29	2011	23020.79	1014.45
2004	5262.37	274.42	2012	25622.81	1080.57
2005	7008.49	282.47	2013	27559.60	1326.75
2006	9367.60	384.08	2014	26422.95	1264.57
2007	10607.21	456.42			

注：2014 年是 1 ~ 11 月数据累计。

资料来源：Wind 资讯、建投研究院。

4. 装备制造业

2014 年 1 ~ 11 月，我国装备制造业①主营业务收入约为 15.35 万亿元，同比增长 12.32%，利润总额为 9253.17 亿元，同比增长 16.67%（见表 11）。

① 这里统计的装备制造业包括机械设备、交通运输设备、电气机械和仪器仪表等子行业。

表 11　装备制造业的收入与利润情况

单位：亿元

年份	主营业务收入	利润总额	年份	主营业务收入	利润总额
2000	15001.28	566.08	2008	89832.28	3904.87
2001	17339.35	767.53	2009	105594.63	4724.72
2002	21287.30	1119.15	2010	142453.45	6794.66
2003	29041.56	971.16	2011	186909.79	9273.07
2004	37376.72	1313.14	2012	140041.84	8732.41
2005	47314.29	1819.88	2013	160091.63	10038.89
2006	61174.03	2518.73	2014	153485.02	9253.17
2007	71913.22	3221.86			

注：2014 年是 1～11 月数据累计。

资料来源：Wind、建投研究院。

装备制造业从 2001 年以来一直维持高速增长态势，年均增速在 20% 左右。受 2011 年温州特大高铁事故影响，2012 年铁路设备生产出现了大幅度下滑，影响了装备制造业整体的增长。2013 年、2014 年装备制造业开始复苏，不过受经济大环境的不利影响，增速放缓。2014 年 1～11 月，装备制造业主营业务收入增速只有 7.93%，利润总额增速只有 10.54%，均比上年有所下滑。

三　先进制造业发展趋势

未来十年，我国的先进制造业将紧随世界潮流而快速发展，其重要驱动力包括政策、市场供需关系和技术进步等，具体影响因素包括国际产业转移、人口红利变迁、产业升级、新材料技术、信息技术、智能技术等（见图 7）。

政策方面，在国家战略性新兴产业规划和《中国制造 2025》等政策的推动下，通过信息化与工业化的融合、改造传统产业、发展新兴制造业，为先进制造业的发展提供政策支持和保障。

市场供需层面，随着未来我国制造业整体向附加值更高的高新技术产业迁移，向服务制造、智能制造、绿色制造转变，对先进制造的设备、技术和人才的要求也逐步提高，这也将带动先进制造业的可持续发展。

技术层面，通过新材料技术的支撑、信息技术的融合、智能技术的推广，先进制造业将在生产组织方面发生深刻变化，将突破资源瓶颈约束，在制造业升级改造、战略性新兴产业发展等方面面临广阔的发展空间。

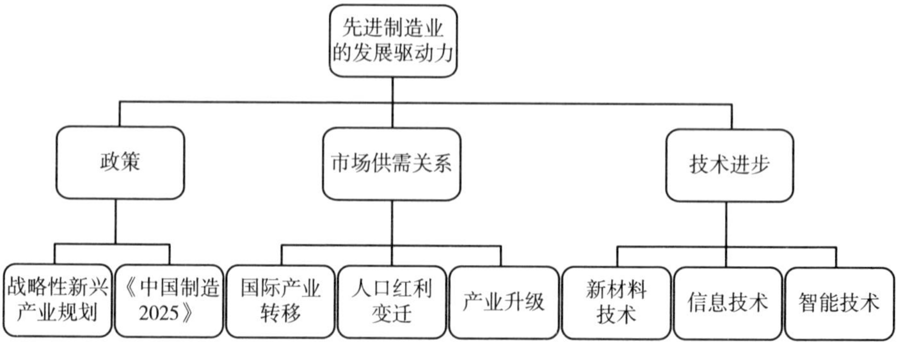

图7　我国先进制造业的发展驱动力分析

资料来源：建投研究院。

（一）市场驱动的影响

1. 国际产业转移

我国的工业化进程深受全球化的影响，承接国际产业转移促进了我国工业的快速发展。

当前国际产业转移日益向产业结构高度化发展，发达国家在继续向发展中国家转移在本国已失去竞争优势的劳动密集型产业的同时，开始向发展中国家转移资本密集型和资本技术双密集型产业。国际产业转移顺序见图8。进入20世纪90年代以后，金融保险业、贸易服务业、电信业、信息业、装备制造业等新技术产业日益成为当前国际产业转移的重点领域。进入21世纪，知识经济进入快速发展阶段，国际产业转移结构高度化、知识化有进一步加强的态势。

图 8　国际产业转移顺序

资料来源：社科院人口所。

基于产业价值链的国际分工，跨国公司实行技术外包。为了实现其全球战略，跨国公司对整个产业价值链进行拆分和对产业空间进行分割，分别将其布局到具有比较优势的国家和地区实行专业化生产，然后在全球范围内实行产业整合。近年来，跨国公司开始将一些战略性的研发项目投资到拥有必要创新环境和创新基础的发展中国家，实行技术外包与合作。

因此，在国际产业转移的背景下，机械制造、集成电路、化学、新能源、飞机等产业将从发达国家向以中国为代表的发展中国家转移。国际产业转移还出现产业链整体转移的趋势：跨国公司主动带动和引导相关投资，鼓励其海外供货商到产业移入国投资，加大零部件供给当地化战略的实施力度，发展配套产业并建立产业群，将整条产业链搬迁、转移到发展中国家。这种新的产业转移趋势是伴随着企业规模的不断扩大以及区位条件的变化而出现的，它有利于提高企业的资源配置效率，提升企业的整体竞争力。

2. 人口红利变迁

我国的人口红利逐渐减少，总抚养比开始逐渐上升，虽然劳动人口总数不变，但劳动新增人口已减少。世界银行预计，2015 年我国劳动年龄人口（15 ~64 岁）达到峰值，为 9. 93 亿人，2020 年为 9. 79 亿人。

人口结构的变化导致劳动力短缺，这带来了用工的紧张，从 2010 年开始，全国岗位需求人数开始超过求职人数，且劳动力供不应求的情况越来越严重（见图 9）。

用工紧张带来了人均工资水平的快速上升，2010 年，我国人均工资增速超过 14%，在 2011 年达到最高的 18. 3%，此后增速虽有所下降但人均

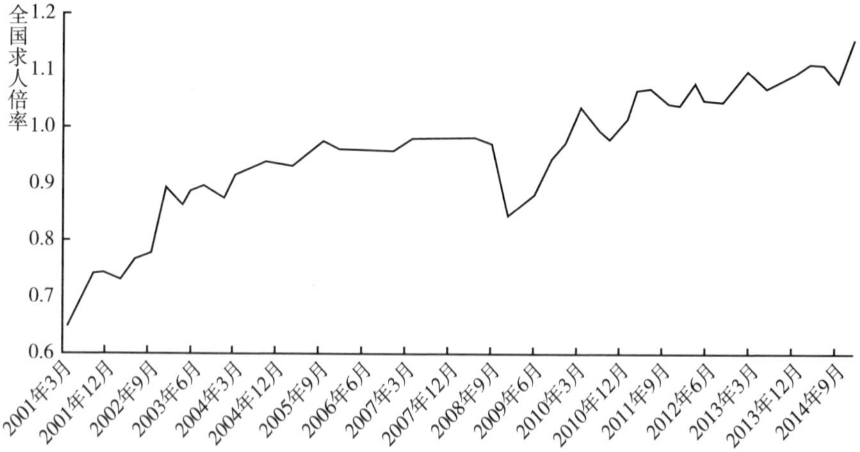

图9　全国劳动力供求情况

资料来源：Wind资讯、建投研究院。

工资一直保持较高水平（见图10）。这降低了我国的劳动力成本优势。嘉信金融研究中心国际研究主管米歇尔·吉卜力（Michelle Gibley）2013年7月的研究结果表明，2005年至今，中国相比美国的人力成本优势在明显减

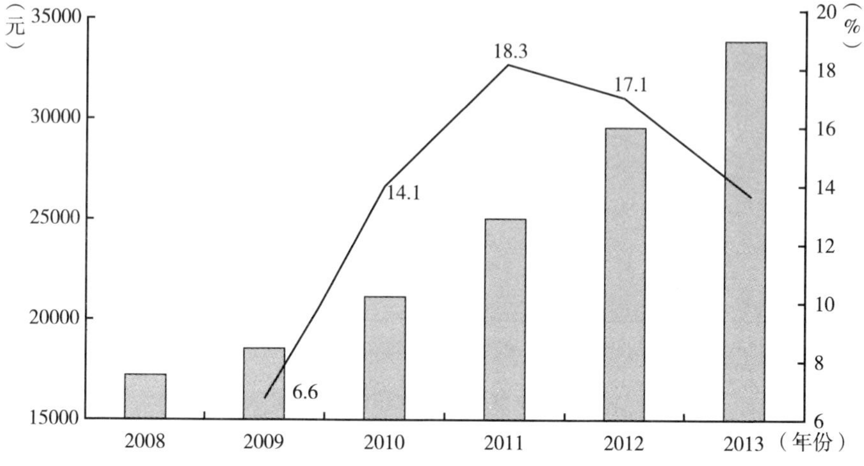

图10　我国城镇私营企业人均工资增长情况

资料来源：Wind资讯、建投研究院。

少，2005 年中国人力成本比美国低51%，2010 年比美国低38%，2013 年比美国低 30%。

未来，随着劳动人口的减少和用工成本的快速上升，企业将通过提高劳动效率、技术更新改造以降低用工量，以及向产业两端升级等手段来保持竞争力，这会增加企业对机械设备、融资租赁服务等方面的需求。此外，由于生产自动化程度的提高，企业对员工文化素质的要求也相应提高，这会带来劳动技能培训服务等方面的更多需求。

此外，中国经济过去长期依赖政府调控，多靠基建投资拉动而缺乏消费的驱动，产能严重过剩。现在，政府逐步意识到这一问题，在“软件”建设方面加大投资力度，尤其需要将投资转向教育、研发、科技创新等未来中国经济增长具有潜力的领域。因此，未来劳动年龄人口的数量虽然减少了，但是文化素质提高了，产业工人中具备科技创新能力的中高端人才迅速增加，将取代过去依赖低成本劳动力的竞争模式（见图 11）。

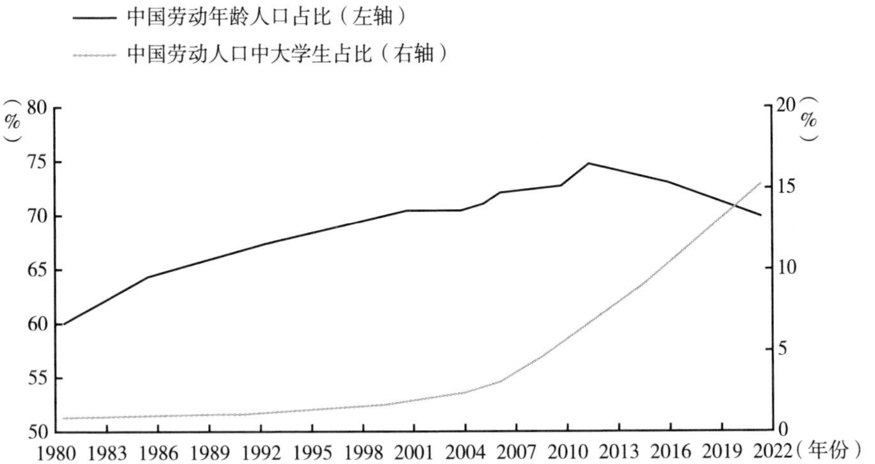

图 11　我国劳动人口情况预测

资料来源：CEIC、Wind 资讯、海通证券研究所。

总体而言，随着人口红利的减少，先进制造业将发生如下变化：①对劳动替代需求的增多将推动工厂自动化、智能制造等先进设备制造产业的发展；②对劳动力素质要求的提高将推动生产性服务业的发展，促进我国先进制造业逐步由生产制造型向生产服务型转变。

3. 产业升级

根据联合国工业发展组织（UNIDO）的统计，当人均GDP接近1万美元（以购买力平价计）时，高技术产业增加值将超过中等技术，并且其发展速度也将持续超过中等技术和低技术产业。高技术产业比其他技术产业需要更多的中间投入、资本设备和服务，因此能促进经济深度和宽度的扩展。

当前我国的人均GDP超过6000美元，若以购买力平价计算则已达1万美元，按照国际规律，我国的工业将持续升级，高技术产业比重将快速上升①，从而促进了我国先进制造业的持续发展。

未来我国将通过传统制造业的改造和新兴产业的发展来带动产业结构升级。经过长期积累，我国先进制造业技术的发展近几年开始进入快速上升通道，北斗卫星、C919大型客机、歼-20重型歼击机、高铁、蛟龙号载人潜水器等项目就能很好地说明这一问题。

在产业转型升级上，我国将抓住国际产业变革的趋势，向服务化、高端化、智能化、网络化和绿色化发展。我国企业要提升产业价值链，从价值链低端转向价值链中高端，从成本竞争转向质量、技术、品牌、服务竞争，从依靠资源要素驱动转向创新驱动。我国未来将逐渐摆脱依赖廉价劳动力、透支资源、破坏环境的粗放式发展模式，重新树立创新、可持续、绿色的经济发展模式，从制造大国向制造强国迈进。产业升级将推动高端装备制造、生产性服务、信息技术、新能源、节能环保等产业的发展。

（二）技术驱动的影响

1. 新材料技术

新材料具有产业间技术关联性大、同一领域的技术种类多、同一产品的

① 每年我国的高技术产业增加值占制造业增加值的比重提高约0.5个百分点。

技术多元并行等特点，龙头技术带动效果明显。因此，新材料的发展可以广泛带动汽车、航空设备、通信设备、家电、IT 行业，以及房地产、交通运输、城市建设等诸多领域的技术进步。材料科学技术的发展水平及规模，已成为衡量一个国家科技进步、综合国力的重要标志。

未来几年，在材料领域有望获重大突破的热点是纳米材料、超导材料、生物医用材料、电子和光电子材料。材料产业在这些领域的突破将带动先进制造业中的 IT 设备、医药、汽车、航空、新能源等产业的发展。

2. 信息技术

信息技术革命被称为第四次工业革命，互联网技术的发展和应用普及带动了信息产业变革，传统产业形态发生改变，新型产业与商业模式不断涌现，信息技术将与各产业紧密结合，为经济社会生活和人们的生活方式带来全面的革命性的改变。

以大数据、云计算、移动互联网、物联网等为代表的新一代信息技术发展突飞猛进，并逐步与制造技术、智能技术实现跨界融合，促进我国的制造业向现代化方向发展。因此，未来先进制造业将出现智能化、集成化趋势，信息技术将渗透进高档数控机床、智能测控装置、关键基础零部件、重大智能集成装备等领域，从而推动我国先进制造业整体技术水平的提高。

3. 智能技术

传统制造正在由原先的能量驱动型转变为信息驱动型，这就要求制造系统不但要具备柔性，而且还要表现出智能，否则是难以处理如此大量而复杂的信息工作量的。智能化是制造自动化的发展方向，在制造过程的各个环节几乎都可应用人工智能技术。

智能装备满足了传统产业改造提升和战略性新兴产业发展的需求，重点包括智能仪器仪表与控制系统、关键零部件及通用部件、智能专用装备等。它能实现各种制造过程的自动化、智能化、精益化、绿色化，带动装备制造业整体技术水平的提升。

四　先进制造业投资机会分析

（一）重点投资领域

当前，投资我国的先进制造业正当其时。信息革命为代表的第四次工业革命不断演进，互联网技术的发展和应用普及带动了信息产业变革，新的商业模式层出不穷，进一步改变了传统制造业的生产方式、组织模式和营销策略，先进制造业以新的产业链出现。

先进制造业的技术发展呈现智能化、高端化的趋势，在产业链组织上呈现服务化、网络化的趋势，在生产上呈现绿色化的趋势。这些发展趋势将带动高端装备制造业、智能设备、生产性服务业、节能环保等产业的发展。

而国际产业转移、产业升级、人口红利变迁、技术进步等因素将指引我国先进制造业的发展方向，从而带动装备制造、信息技术、节能环保、新能源、生产性服务等产业的发展（见图12）。

从我国高技术产业的区域集中度来看，东部地区集中了我国70%以上的高技术产业，且多为出口导向型，将近一半的产品出口至海外（见表12）。

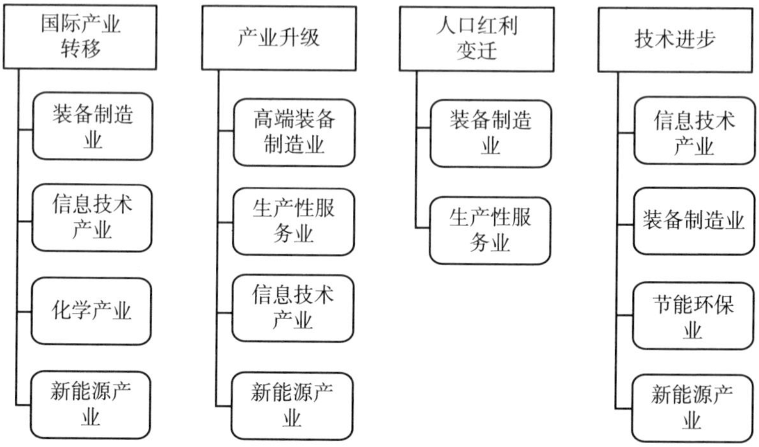

图12　先进制造业的优先发展产业

资料来源：建投研究院。

表 12　我国高技术产业的区域集中度

单位：%

	主营业务收入	利润总额	利税	出口交货值	出口额占收入的比重
东部地区	74.08	71.30	70.25	82.26	47.16
中部地区	12.17	13.13	13.82	7.60	26.52
西部地区	9.95	10.92	11.32	9.23	39.38
东北地区	3.80	4.66	4.61	0.91	10.22

资料来源：国家统计局：《中国高技术产业统计年鉴（2014）》，中国统计出版社，2014。

从各产业的发展情况来看，先进制造业出现了集群化倾向，东部沿海地区是主要的产业集聚区域，因此，以京津冀、长三角和珠三角为首的东部地区是先进制造产业的主要投资区域。

（二）投资风险分析

先进制造业在我国发展前景广阔，近几年也发展很快，但是我国的先进制造业与世界先进水平相比仍存在较大差距。因此，在投资先进制造业时需考虑风险问题。

（1）核心零部件、关键设备受制于人的风险。长期以来，我国产业政策对基础性、配套性产品重视不够，很多关键基础材料、核心基础零部件依赖进口。95%的高档数控系统，80%的芯片，几乎全部的高档液压件、密封件和发动机要依靠进口，使得我国很多的先进制造企业沦为组装加工业，产品附加值较低，市场竞争力弱。

（2）创新能力弱的风险。研发的资金支持是实现技术创新的关键，技术创新是先进制造业发展的基础。但是，从研发经费投入的国际比较来看，我国先进制造业投入比重较小，占工业总产值的比重不到2%，远低于工业化国家5%～20%的水平。从研发经费支出结构来看，我国的投入主要用于技术引入和技术改造，而用于自主研发的较少，这直接阻碍了自主创新、自主研发的开展，影响了市场结构调整和产业结构升级。

（3）先进制造企业竞争力弱的风险。在先进制造领域，我国的先进制造企业与国外同行相比差距明显：不仅盈利能力弱，而且在自主创新、组织管理和资源整合等方面都有待提高。虽然近几年发展很快，我国先进制造内资企业的市场占有率也逐年提高，但是其总体规模较小，市场份额占有率只有40%。

参考文献

[1] 德勤有限公司全球制造业组、美国竞争力委员会：《2013全球制造业竞争力指数》，2013。

[2] 王一鸣：《“前有围堵、后有追兵”产业升级的迫切性》，《中国产经》2013年第5期。

[3] 国家统计局、国家发展和改革委员会、科学技术部编《中国高技术产业统计年鉴2014》，中国统计出版社，2014。

[4] 罗文：《从战略上推动我国先进制造业发展》，《求是》2014年第10期。

[5] 中国工程院：《泉州制造2025发展纲要及2020行动计划》，工作稿。

[6] United Nations Industrial Development Organization, *Industrial Development Report 2013*, 2013年11月。

[7] McKinsey Global Institute, *Disruptive Technologies: Advances That Will Transform Life, Business, and the Global Economy*, 2013年11月。

B.7
2015年信息技术业发展趋势与投资机会分析

谢渝 杨柳*

摘 要： 2014年是我国信息技术产业高速发展的一年，在硬件、软件以及软硬件融合方面取得了可喜的成绩，相关行业也存在大量投资机遇。从大趋势来看，信息技术产业无论是软件还是硬件行业都在向移动端转型，消费互联网的渗透还在加深，产业互联网在未来会有所突破。从投资形势看，2014年延续了2013年百度、阿里、腾讯三巨头主导的互联网投资热潮，投资的规模和数量都比2013年有较大幅度的增长，并已达到一个历史新高点。电子商务、互联网金融、游戏动漫、智能硬件、互联网医疗、远程教育培训等领域受到较多的资本青睐。2015年信息技术产业及相关行业的投资仍将保持一个较高的增长率，投资热点有：互联网医疗健康、互联网教育培训、移动设备、信息安全等。

关键词： 信息技术产业 移动互联网 投资分析

* 谢渝，硕士学历，中建投科技战略发展部副总经理；杨柳，硕士学历，中建投科技战略发展部分析员。

一　近年来世界信息技术发展概况

（一）中国信息技术发展概况

从国家战略层面讲，进入21世纪，包括中国在内的世界上大部分创新型国家都将发展信息技术作为国家战略重点。近年来，在这一方针的指导下，信息技术产业在我国迅速发展，信息产业已成为我国的支柱产业，其规模已居世界第二位，仅次于美国。在信息产业的核心领域，例如，芯片和操作系统方面，我国已经有少数企业能够参与到国际竞争之中。而在下游应用领域甚至有不少企业已经赶超了传统欧美企业。这对于技术力量较为薄弱的中国信息产业来说是不小的进步。但是，从总体上来说，我国的信息技术产业仍然面临着大而不强的问题，在芯片和操作系统的核心技术方面仍需大量依赖进口，甚至很多关系国家安全的关键设备都需要由欧美企业提供。因此，尽快改变我国信息产业核心技术受制于人的局面仍然是当务之急。在这样的国家战略背景下，以关键设备和软件国产化为主题的信息产业投资在现在以及未来较长时间内将会成为国内投资机构的一大热点。

而从老百姓的衣食住行层面出发，信息产业也在更加深刻地影响着每一个人的生活。硬件方面，从早些年PC及互联网技术的普及到现在手机及移动设备的数量全面超过传统PC，互联网的影响范围被大大地延伸了，可以说互联网已经可以全天候地覆盖人们的生活。软件方面，得益于智能手机的出现，传统的PC软件产业也在向移动端或者是云端转型，手机的功能开始从简单的通话、短信工具变成一个功能强大的移动信息平台。在这样的大背景下，信息产业已经成为投资创业最为热门的领域，没有之一。根据清科截至2014年11月的统计数据，互联网、电信以及IT制造业的投资项目数已经超越了所有其他领域投资项目的总和。很明显，信息技术产业已经也将继续成为中国乃至全世界投资的焦点。

（二）硬件技术从 PC 端向移动设备转移

1. 处理芯片

对于信息产业中的硬件设备来说，处理芯片无疑是其中的灵魂。但遗憾的是，长期以来高端芯片的制造技术一直被西方国家垄断，虽然我国一直在努力追赶但与国际先进水平仍有差距。但是目前，我国迎来了前所未有的机遇。一方面西方处理芯片生产商的制造技术也遇到了瓶颈，被他们所津津乐道的“摩尔定律”开始失效，单纯以提高集成度来得到更高芯片性能的传统 PC 处理器模式的增长越来越慢。这一点在图 1 中可以明显地看出来，最近几年，CPU 制造工艺的提升速度已经明显趋于平缓。

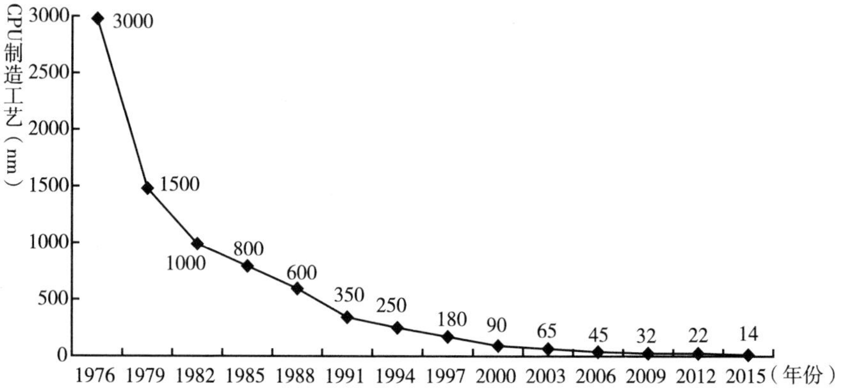

图 1　CPU 制造工艺发展速度变化

资料来源：Intel 公司产品数据，建投科技。

另一方面，随着移动设备特别是手机的蓬勃发展，处理芯片的最大市场已不再是 PC，而是手机和平板电脑。与 PC 处理器不同，移动芯片除了需要提供强大的处理功能以外，还需要集成通信基带芯片。这对于没有通信基带设计制造经验的传统的 IMD 芯片制造商（如 Intel）来说无疑是重大变革。就目前市场而言，占主导地位的商业模式由强调技术壁垒的 IMD 模式向更为开放的设计、制造、分装测试分工模式转变。这对于技术基础薄弱的中国企业来说无疑是一个利好消息。而且，由于电池技术的限制（将在后文详述），性能与节能平衡成为移动芯片的新要求，在这样的背景下追求极限制造工艺的价值大大降低。由于上述的原因，在移动芯片领域中国与国际的差距不再像 PC 处理器时代那样明显，不少中国企业已经开始在国际市场上崭露头角，例如，华为海思生产的“麒麟”8 核芯片已具有国际先进水平，在通信性能方面达到国际领先。

2. 传感器和微机电系统

移动设备的普及还引发了传感器和微机电系统（Micro - Electro - Mechanical System，MEMS）市场的爆发。确切地说，传感器和 MEMS 是有很大的交集的，大部分的传感器都属于 MEMS 元件，而且它们的使用场景也基本一致，所以本报告将两者放在一起讨论。目前的智能手机一般配有重力传感器、加速度传感器、距离传感器、光线传感器、陀螺仪和电子罗盘 6 种传感器。这些传感器的出货量随着智能手机的海量出货而极速增长。但是传感器的增长潜力远远不止这些。

首先，未来每台移动设备所搭载的传感器与 MEMS 数量将持续增加。在 5 年以前，手机上几乎找不到什么传感器，重力感应功能被视为高端手机的特权，但是现在几乎所有智能手机都具有重力感应和定位功能。未来为了使移动设备更加智能化，增加传感器是一个必然趋势。根据东方证券 2014 年 9 月的报告，未来可能增加的手机传感器包括指纹传感器、气压传感器、光学防抖器件、温度传感器、湿度传感器、MEMS 摄像头、MEMS 微投影器等。在移动端的继续渗透将给传感器与 MEMS 市场注入强劲动力。

其次，传感器与 MEMS 还是物联网技术设备的核心部件。“物联网”这个概念在最近非常热门。物联网最基础的一层是感知层，传感器正是构成这一层的核心。以车联网为例，为获取汽车运行的各种数据，我们需要在汽车的各个部位安装各式各样的传感器：发动机处的温度传感器、车厢内的温度传感器、排气管处的气体传感器、监测车体状态的位置和加速度传感器等，不一而足。而且，根据专家预测，未来物联网的规模将超过目前的互联网，而连入物联网的物品数量将数倍于全球人口。物联网市场的发展无疑将使传感器与 MEMS 对移动市场产生更为巨大的影响。

最后，根据法国著名研究机构“YOLE DEVELOPPEMENT”对未来MEMS市场的预测（见图2），2019年也就是5年以后，MEMS市场规模将翻番。

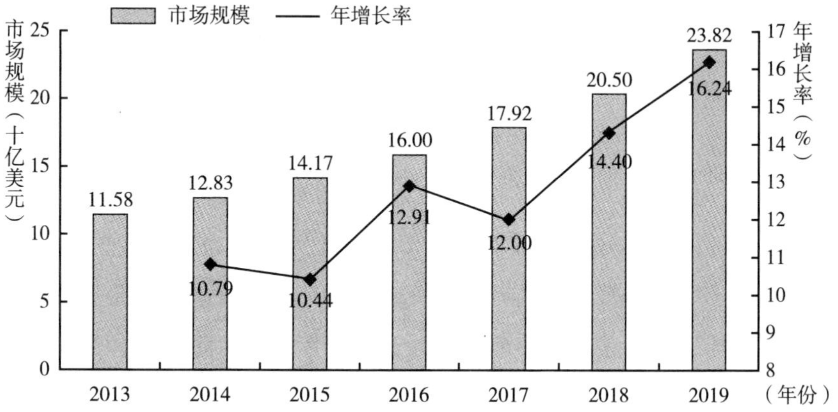

图2　2013～2019年MEMS市场预测

资料来源：Yole，建投科技。

3. 无线通信设备

无论是移动设备的发展和是物联网的崛起，其中最关键的技术都是连接技术。这一点无论是在PC时代，还是在现在所谓的移动互联时代都是一样的。这也就是光纤的发明者会获得诺贝尔奖的原因。但是不同的是，仅有有线连接已经远远满足不了目前移动互联的需求了，而未来随着物联网的发展，这一矛盾将更加凸显。无线通信设备的发展方向主要有以下3个。

首先，是远程无线连接的发展。目前移动数据业务从无到有，从2G到3G再到最近的4G，在传输速度上，远距离无线技术已经与传统有线传输方式非常接近甚至完成了超越。但主要问题是连接的稳定性和信号覆盖的范围。以4G技术为例，其虽然已较为成熟，但覆盖面积仅限于大城市，在偏远地区实现覆盖成本过高。目前，国外有一些互联网公司正在探索不同于传统架设铁塔的方式来实现4G信号的覆盖，例如，Google公司正在试验使用热气球来提供无线网络。在国内，相信不久以后也会有类似的创新性技术出现。

其次，是局域无线通信技术，也就是通常说的 Wifi 技术。相比 4G 来说，这一技术的推广要广泛得多，因为 Wifi 技术实际上是有线网络的延伸。提供 Wifi 的设备——无线路由器的普及度已经非常高。未来局域无线通信技术的发展还是偏向应用端，智能家居将是一个不错的切入点。将家中所有的设备全部通过无线路由器连接起来，通过这一枢纽来与外界连接，实现物联网的功能。Wifi 在技术上要解决的问题和 4G 类似，也是一个稳定性问题。现在常见的家用无线路由器最多可以连接 10 台左右的设备，再多就会出现掉线等问题，这对于未来智能家居的需求来说肯定远远不够。不过鉴于大型企业级路由器已经能提供较大的连接数量，目前的关键在于降低成本与减小体积方面。相信未来在这一领域的竞争会非常激烈。

最后，要提到的是超近程无线通信。这一领域的典型代表就是近距离无线通信（Near Field Communication，NFC）技术和无线射频识别（Radio Frequency Identification，RFID）技术。这两种技术的功能和原理都很相似，但应用的领域不同。NFC 多用于移动设备的身份识别，其工作频率限定在 13.56MHz 频段，这和目前主流的非接触式智能卡（如公交卡）是一致的，其有效工作距离小于 10cm，所以具有较高的安全性。由于具备这些技术特点，NFC 芯片目前多用于手机支付、门禁、公交等应用领域。而 RFID 技术覆盖的频段范围要广得多，低频、中频、高频都可以使用，工作距离从几米到几十米不等。相比 NFC，RFID 的安全性较低，优点是感应距离远，主要用于车辆、船舶等的身份识别，这在未来的物联网，特别是车联网领域的应用前景也将十分广阔。

4. 电池与移动电源

随着移动设备的功能越来越强大，其功耗也在同步增长。在获得更大的屏幕、更高性能的处理器、更多的传感器、更强的无线通信能力的同时，更高的功耗也成为不得不面对的问题。相信很多人都发现现在的智能手机的续航时间已经远不如当年的功能手机了，目前手机每天充电已经成为常态。虽然现在的电池容量相比功能机时代已经有了成倍的增长，但显然还是跟不上移动设备功率的上升。移动设备的能源供应问题已经成为移动设备继续发展的瓶颈。

目前，几乎所有的移动设备使用的都是锂离子电池，而这一电池技术已经有近10年没有太大突破了。虽然通过技术改进和规模化生产，电池的成本降低了不少，但其核心技术与10年前甚至更早之前功能机上使用的锂离子电池并无差别。为了获得高容量，移动设备不得不采用更大、更重的电池，这与移动设备越来越轻、越来越薄的趋势背道而驰。为了解决移动设备续航能力与便携性的矛盾，移动电源产品诞生了，并且其市场规模迅速扩张（见图3）。但是，移动电源虽然可以在不影响移动设备便携性的情况下增加其续航时间，但其本身的便携性也成了问题。目前，移动电源的重量已经普遍超过了手机本身，这也许也是移动电源市场近期增长速度下滑的原因之一。

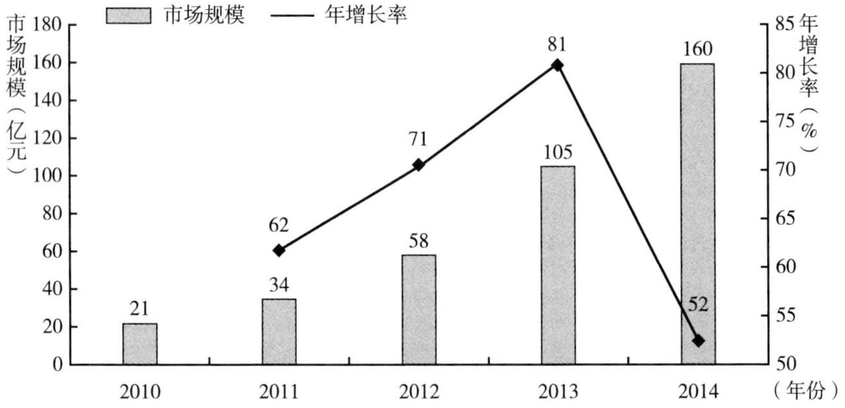

图3 2010～2014年移动电源市场规模变化

资料来源：赛迪顾问、建投科技。

由于移动电源对能源供应的瓶颈问题只能治标而不能治本，新技术的发展迫在眉睫。目前前景较大的技术有无线充电技术和MEMS燃料电池两种。相比之下，无线充电技术发展更快一些，自从诺基亚推出首款支持无线充电的手机以来，不少手机和PC厂商纷纷跟进。但是，目前的无线充电仍是近距离的，需要将设备放在充电底座或者面板上，这与随时随地充电的无线充电概念还相去甚远。MEMS 燃料电池的优势在于能量密度极高，而且通过燃料供电不需要充电。如果真能实现的话，未来手机也可以像汽车一样在特定的“加油站”里加“油”了。但是目前这种技术还停留在试验阶段，离进入市场还很远。

（三）软件领域也受移动设备发展的冲击

1. 操作系统

在 PC 操作系统领域，微软的 Windows 平台仍然遥遥领先。2014 年，各种版本的 Windows 操作系统占到了整个市场份额的 88%，苹果的 Mac OS 紧随其后，占了 9% 的份额（见图 4）。

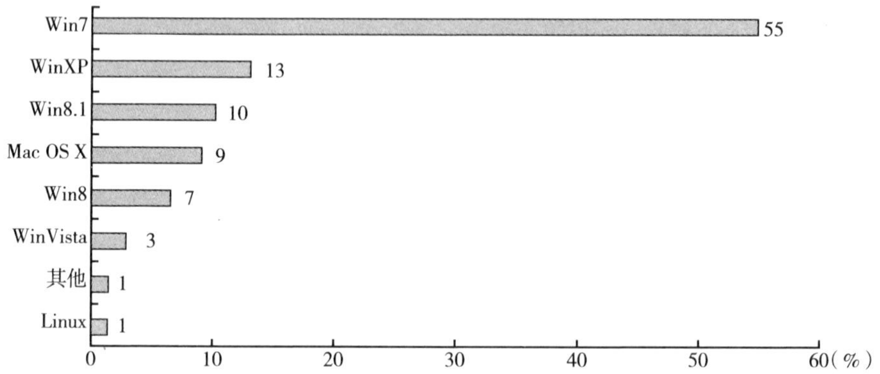

图 4　PC 操作系统市场份额分布

资料来源：StatCounter，建投科技。

目前 PC 操作系统的市场格局已基本稳定，除了国内关键部门推进的操作系统的国产化等细分市场以外，整个市场并没有太多的空间。而就整个 PC 操作系统市场而言，其市场规模的成长也已经非常缓慢。随着移动设备数量的爆发，微软和苹果也都在谋求向移动端转型，但显然，苹果的 iOS 要更成功一些。而微软则希望打通移动设备与 PC 的壁垒，建立一个覆盖几乎所有设备的操作系统平台，也就是研发中的 Windows10。

相比PC操作系统市场，移动操作系统市场起步较晚但发展速度更快。目前移动操作系统的市场规模已经接近PC，而其增长速度更是数倍于PC操作市场。与PC操作市场不同，移动操作市场并没有形成一家独大的局面，而是苹果和谷歌两强相争的局面。根据市场份额分布，我们可以看出Android与iOS瓜分了超过80%的市场份额（见图5）。不过值得注意的是，Android是一个开源平台，Android及基于Android定制的移动操作系统有多家公司在做，所以谷歌公司本身占有的市场份额应该远低于57%。移动操作市场的商业模式也与PC操作市场截然不同，以Windows为代表的PC操作系统的主要收入来源是销售操作系统软件，而移动操作系统本身对于用户来说是免费的，它会与移动设备一起作为一个整体来销售。相比传统的软件一次性收费，移动操作系统模式的收入将更加多元化：首先，移动设备带来的利润就非常可观；其次，移动操作系统公司还可以操作系统为平台发售自己的其他软件甚至是硬件产品；最后，第三方开发者在操作系统公司的平台上开发应用还需要与之分成。

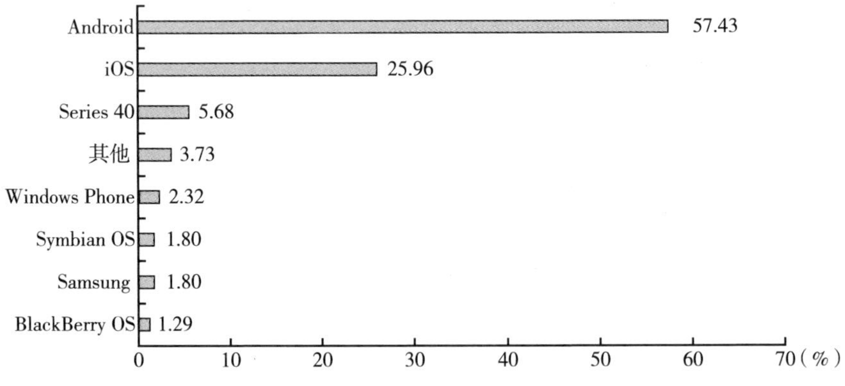

图5　移动操作系统市场份额分布

资料来源：StatCounter，建投科技。

对于国内企业来说，移动操作系统的发展真正带来了巨大的机遇。这首先要归功于Android系统的开放性。目前绝大部分的国产手机使用的操作系统都是基于Android而进行定制的，其中最为著名的是小米手机搭载的MIUI

操作系统。在2014年末，小米成为仅次于苹果和三星的世界第三大手机生产商，而小米基于Android开发的MIUI操作系统也真正在世界范围内有了一定的影响力。除了基于Android平台的操作系统以外，国内也已经开始出现原创度更高的操作系统，如阿里推出的YunOS。可以说，这是我国完全自主研发的第一款移动操作系统。借移动设备发展的东风，我国第一次在移动操作系统市场上和国际巨头们站在了同一起跑线上。

2. 应用软件

显然光有操作系统是远远不够的，对于用户来说，应用软件的丰富程度才是最为重要的。这一点无论是在PC市场还是在移动市场都是一样的。Windows操作系统之所以能够垄断PC市场并不是因为操作系统本身有多么完美，事实上光就操作系统本身而言，有不少用户认为MacOS可能更加优秀，但恰恰是Windows这个平台上提供的应用软件足够丰富，几乎可以满足用户所有的需求，造就了微软今天的霸主地位。这一点在移动领域也是一样，应用软件（APP）的丰富程度至关重要。

显然，市场上的各位玩家也早已看到这一块巨大的“蛋糕”，截至2014年，苹果应用商店和安卓应用商店的应用数量都已经超过100万个。而应用的下载次数也已经突破千亿次大关，根据研究机构Gartner提供的数据，到2016年，苹果应用商店的应用下载次数将达到惊人的3096亿次（见图6）。从应用的数量来看，在这些应用中，游戏应用占比最高，达到了17%，接下来的几个类别依次是教育、娱乐、生活和书籍等。但是参考往年的分类应用数据，我们发现，随着应用市场的规模越来越大，排名靠前的几个分类应用的占比变得越来越接近。应用软件的多元化从一个侧面也反映出移动终端的功能正在日趋多元化。从最初的通信功能，到后来的通信和游戏娱乐功能，再到现在的多元化功能，移动设备正在我们的生活中扮演着越来越重要的角色。

3. 软硬件融合

从计算机诞生的那天起，软硬件就成了不可分割的整体，但随着移动互联网、云计算和物联网等新概念的发展，软硬件的结合正以多种崭新的方式

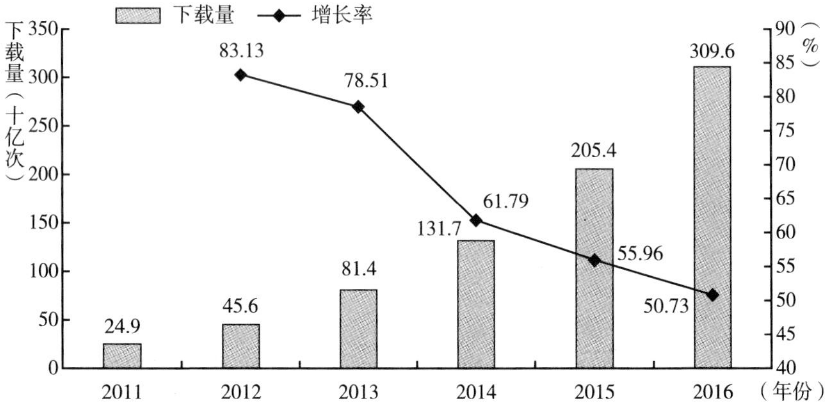

图6　苹果应用商店下载量预测

资料来源：Gartner，建投科技。

进一步深化。

首先，在云计算方面，简单以网络存储资源共享为主的云存储已经发展为集软件、开发平台和基础设施共享为一体的复杂云计算体系。在这一"云+端"的体系里，通过移动端接口，用户可以在世界范围内使用各种软硬件资源，而你需要的只是一个对硬件和软件要求都非常低的移动设备以及网络的连接。而收费的方式和我们所熟知的水电一样，按用户的使用量进行收费。不夸张地说，云计算体系实现了全世界软硬件资源的融合。

其次，在移动设备这个细分领域，软件与各种新型传感器的结合也越来越紧密。目前，GPS位置传感器是与应用软件结合最为紧密的传感器。而基于位置的应用软件（Location Based Service，LBS）已经成为一个非常重要的独立的软件分类。现在，几乎所有的生活类应用软件都会用到定位功能。对于用户来说，根据当前的位置，软件可以提供导航，以及附近的商家、附近的天气、附近的好友、附近的交通等大量的个性化资讯。而对于商家来说，用户的位置信息将成为宝贵的大数据来源，通过分析用户的位置信息，商家可了解特定用户的消费习惯偏好等，以便于广告的精确定位，提供更加个性化的服务。另外，正如前文所提到的移动设备的传感器数量还将持续增加，未来将会出现更多的基于多种传感技术的新应用软件。

最后，软硬件的融合不得不提到物联网和智能硬件。所谓智能硬件就是在一些我们熟悉的或是新开发的硬件设备上集成一些实现特定功能的软件并使之实现联网，而物联网则是一个包括所有智能硬件和连接他们的网络的集合。和移动设备类似，智能硬件也会有自己的操作系统和应用软件，但不同的是智能硬件更强调硬件的功能性。所以每个智能硬件的软件系统可能千差万别，有时候人们甚至感觉不到软件的存在，但这些在后台的软件可以与云端的服务商通信，及时反馈用户的需求与硬件运行的状态，从而为用户提供个性化的服务。

软硬件的进一步融合带来的直接结果就是现在最为流行的“大数据”概念。由于软硬件的大规模结合，传感器的应用以及用户对软件的使用都会产生海量的数据，而通过对海量数据进行分析可以为企业、政府等一切有需要的机构提供全球范围的实时资讯以及趋势预测。随着软硬件结合的深入，大数据变得越来越“大”，当然这对处理大数据能力的要求也越来越高，而这又需要进一步的软硬件投入，从而形成一个良性的循环。

二　2014年我国信息技术产业投融资概况及特点

2014 年是信息技术产业投资的活跃年，各领域、各机构的投资数量与投资金额较 2013 年都有较大幅度的增长，并呈现出以下特点。

（一）产业巨头投资增幅明显

所谓信息技术产业巨头，就是指百度、阿里、腾讯（BAT）这三家在相关细分市场有较大优势的互联网企业以及以小米为代表的近两年崛起的移动硬件厂商。从投资事件数量来看（见表 1），除百度略有下降外，腾讯、阿里和小米的投资数量明显增加。从投资金额上看（见表 2），所有巨头的投资金额都成倍增长，其中腾讯披露的投资金额的增长更是达到了惊人的 74 倍！

表 1　2013 年及 2014 年互联网产业巨头投资数量对比

单位：起

年　份	2013	2014	年　份	2013	2014
百　　度	15	14	阿　　里	16	25
腾　　讯	13	34	小米/顺为	14	33

表 2　2013 年及 2014 年互联网产业巨头投资金额对比

单位：亿美元

年　份	2013	2014	年　份	2013	2014
百　　度	1.6	4.1	阿　　里	7.6	46.7
腾　　讯	0.6	45.2	小米/顺为	1.3	17.6

资料来源：IT 桔子、建投科技。

从投资标的类型看，各巨头大体上是从获得产业链资源角度出发进行投资的。例如，小米于 2014 年 11 月投资了 3 亿美元入股爱奇艺，就是着眼于打造小米电视生态系统。爱奇艺所具有的内容资源和牌照资源都是小米需要获得的产业链关键资源。

（二）传统 VC、PE 机构投资规模大幅回升

2013 年是 VC/PE 投资的低谷年，在信息技术产业领域的情况也不例外。以 VC 为例，根据清科提供的数据（见图 7），2013 年，VC 投资金额创下至 2011 年历史高点以来的最低纪录。这与 2013 年 IPO 通道关闭导致退出渠道不畅有关。

随着 2014 年 IPO 渠道的重新开放，以及新三板场外交易模式的确立，退出通道重新畅通，2014 年整个 VC/PE 行业强劲反弹。不论是从投资案例的数量还是从投资的金额上看，2014 年已经全面超越了 2011 年的历史高点。在整个行业的大势推动下，信息技术产业投资也蓬勃发展，而且其增长势头要领先于整个 VC/PE 行业，或者说，信息技术产业投资是 2014 年 VC/PE 行业反弹的最强劲动力。还是以 VC 为例，从投资案例数量上看，2014 年互联网和 IT 领域 VC 阶段投资案例数为 650 起（半导体等交叉领域未计入），超过总数的 1/3，远远领先于其他投资领域；而从投资金额上看，

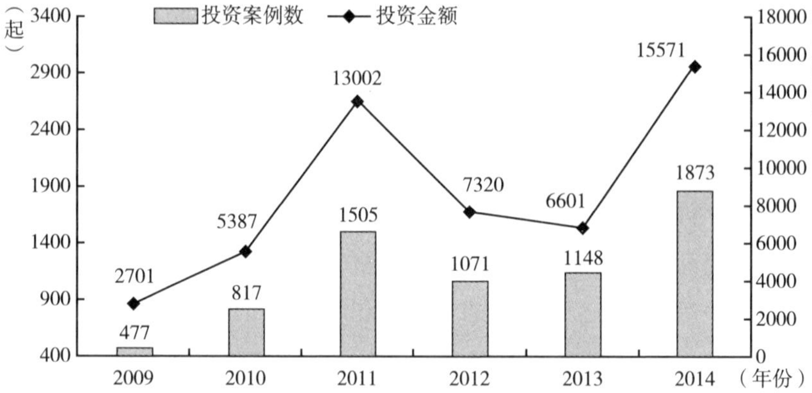

图7　2009～2014 年 VC 投资数据

资料来源：清科，建投科技。

2014 年互联网和 IT 领域的投资总金额达到 4.15 亿美元（半导体等交叉领域未计入），超过了总数的 1/4，也处于领先地位。

而各细分领域的融资规模和数量也都跟随大势有所提升。但值得注意的是，投资的重点领域相对前几年有了一定的变化。目前，投资数量最多的 10 个细分领域是：电子商务、互联网金融、游戏动漫、企业服务、教育培训、消费生活、电子硬件、线上旅游、汽车交通和健康医疗（见图 8）。

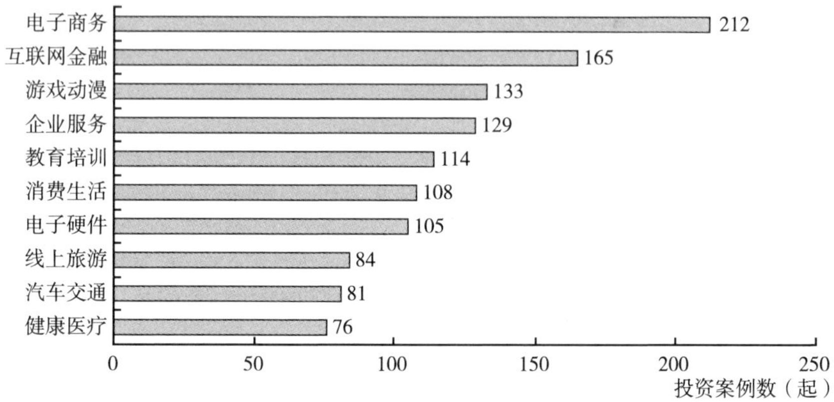

图8　2014 年信息技术产业十大热点领域投资案例数

资料来源：IT 桔子，建投科技。

相比前几年的数据，社交网站（Social Network Site，SNS）、搜索引擎等领域已经不再是投资热点，这与腾讯、百度在相应领域的绝对领先地位不无关系，可以说，这两个细分领域市场已经进入了一个相对稳定的时期。而相反，有阿里、京东等巨头的电商领域的投资热情却仍然高涨，这与电商行业的特点相关。首先，电商行业市场规模过于庞大，不是一两家巨头能够填补的；其次，电商下的再细分领域还十分丰富，单一一家很难做到全覆盖，而某些专注于一两个细分领域的垂直电商在相应细分市场中会比巨头更具竞争力；最后，“O2O”等新的电商模式出现为这一市场带来新的机会，电商开始与线下资源结合，巨头的线上流量优势一定程度上被削弱。

（三）新商业模式的出现与移植带来新的投资机会

在智能手机领域，2013 年，小米在国内首创的低价高配、爆款模式以及“饥饿”营销手段取得巨大成功。通过终端加后向服务以及快速迭代（MIUI 每周都会更新）的新商业模式，2014 年小米跃居全球第三大手机供应商。也是在 2014 年，华为和魅族相继移植小米的商业模式，推出了一两款旗舰级的产品，并使用“饥饿”营销手段。这两位模仿者都因为模仿了新的商业模式而实现了销量的增长。相比之下，锤子手机则没有那么幸运，模仿苹果模式的锤子因为供应链的问题迟迟无法上市，而上市之后锤子无论是配置还是设计都已经没有优势可言，只能降价出售。所以，新的商业模式在带来机遇的同时也伴随着巨大的风险。

另一个带来创新投资领域的是电商，也就是上文提到的“O2O”模式。“O2O”中的两个“O”分别代表“Online”和“Offline”，但它们的位置并不固定，也就是说这是一个双向的过程。O2O 扩大了电子商务的范围，电商不再局限于产品的买卖，线下服务也成为电商经营的范围。另外，O2O 还有望将一些原本只有产品才能提供的功能转化为服务来提供。线上租车就是这一业务模式的典型，在这种模式下，用户不必买车来满足出行的需要而是通过租车服务的形式实现相同的功能。当然，租车模式已经比较成熟，如果将类似模式带到新的领域，新的投资机会也将应运而生。

三　2015年中国信息技术行业投资机会分析

（一）投融资机遇展望

1. 智能移动设备继续普及

据工信部数据，目前我国的手机用户已达到13亿人，但其中智能手机用户不到5亿人，占所有手机用户的38%左右。虽然目前智能手机的市场已经很大，但增长的空间依然巨大。根据相关机构预测，到2015年底，智能手机用户的占比将达到50%左右。另外，智能手机的更新换代很快，每台设备的使用寿命一般不超过两年，所以存量用户的设备更新也是智能手机市场发展的巨大推动力。

除智能手机外，其他移动智能设备的市场也在蓬勃发展，各种可穿戴设备正在涌入市场，平板电脑的出货量也在稳步提升。但是智能移动设备领域的竞争也非常激烈，特别是在某些功能与智能手机有重合的领域。根据Gartner数据，2014年平板电脑市场的增长率仅为11%，相比2013年的55%，回调十分明显，这主要是因为受到大屏智能手机产品的冲击。而智能手环产品的同质化竞争也非常严重，在功能没有什么创新的情况下，智能手环成了单纯的装饰品，价格也一跌再跌。

2. 移动无线技术进一步发展

2014年，4G、NFC以及RFID这些新无线通信技术已经有了小规模的应用。2015年，这些新通信技术还将继续发展。

从运营商角度讲，4G技术在国内主要有两种技术路线，主要是移动的TDD LTE技术和联通电信的FDD LTE技术，哪种将最终胜出目前还很难说。但是，这并不是竞争的重点，由于三大运营商在4G基础设施方面的起点几乎一致，都处于刚刚起步阶段，技术路线转换的成本并不太高，未来的竞争将主要集中在业务模式上。随着铁塔公司的成立，以及虚拟运营商的发展，移动运营商在通信产业链上的优势地位将会大大降低。未来运营商的新增长点在与内容提供方的合作，以及大数据的挖掘方面。

从通信设备提供商角度讲，未来由于4G网络的搭建，以及NFC和RFID技术的普及，相关的硬件需求会非常大。所以，这一传统制造业在2015年将保持强劲的增长势头。但一些互联网公司的跨界也可能会带来一些挑战。例如，在南非和拉美，谷歌已经开始使用热气球提供无线网络，这对于传统的以通信铁塔为基础的设备供应商而言无疑是巨大的挑战。虽然这种挑战目前在中国还没有出现，但在未来一定会出现，而这些创新也将为传统通信制造业带来新的投资机会。

从应用角度来说，NFC和RFID技术将会和现有的应用与技术产生协同效应。例如，NFC技术与指纹识别技术的结合将大大改善移动支付应用的用户体验，目前iPhone6、华为mate7和魅族MX4 Pro都已经实现了NFC与指纹识别支付功能。这样一来，手机支付将在便捷程度和安全性上超越传统的磁条信用卡。

除了无线通信以外，无线充电也是2015年的一个潜在投资热点。正如前文讨论的，目前电源问题已经成为移动设备发展的最大阻碍。而无线充电技术正好可以解决这一难题，但目前的无线充电技术仍然需要将手机放在充电面板上，并未真正实现“无线”。2015年，远距离无线充电技术无疑也将成为投资的热点。

3. 传统行业与移动互联网的深度融合

2014年，有许多行业都已经插上了互联网的翅膀，O2O、互联网金融等的大热就是这一趋势的最好写照。在2015年，这一趋势将进一步加深，并不断向新的行业蔓延。

首先，制造业将面临重大变革，投资潜力巨大。最近，美国与德国都提出了制造业拥抱互联网的构想，美国提出了工业物联网的概念，而德国则提出了工业4.0。通过制造设备的智能化（安装更多传感器与嵌入式系统），工人的操作将大大简化，甚至可通过语音来进行操作。通过互联网，每一件产品的生产和监测参数都会被上传至云端，通过分析这些数据，并在全世界范围内共享这些数据，企业的制造工艺将会自动优化，并在全球范围实现更新。而随着物联网技术的发展，每一件产品都将被接入互联网，这样可以为生产制造环节直接提供市场数据，让生产线智能化成为可能。另外，以 3D 打印为代表的一系列新的制造技术，将可以真正实现设计与制造的无缝衔接，使制造业与互联网的结合更为紧密。

医疗健康领域也将与互联网结合。2014 年，互联网健康医疗已经出现一股投资热潮，并已经进入了 2014 年十大投资热点领域。在 2015 年以及未来很长一段时间内，这股热潮还将持续。目前，我国人口结构已经迎来转折期，长期的计划生育政策在控制人口过快增长的同时，也带来了人口老龄化的问题。随着老年人口的增多，现有的医疗保障体系已经远远无法满足老年人就医与保健的需求。而互联网医疗的出现正迎合了我国社会的这一发展趋势。在移动医疗下的细分领域里，高端传感器及配套云端服务，还有医生医院等关键线下资源将成为投资追捧的热点。

2015 年，互联网与教育培训产业的结合也将更加深入。虽然远程教育的概念很早就已经提出，也有不少高校开设远程网络课程，但互联网教育产业方兴未艾。2014 年，互联网教育的投资热度排在第五位，2015 年这一排名可能还会上升。在内容上，互联网教育将不再局限于高校课程，从幼教到义务教育再到高中阶段的课程也将被涵盖在互联网教育中，并与现有的教育体系形成协同作用；而职业培训及各种专业培训项目也将作为重要的补充进入互联网教育。从形式上看，互联网教育也将采用线上、线下结合的方式，为广大师生提供课程材料等必要内容同时也提供各种与学习和课余活动相关的服务。

传统行业与互联网的融合远不止于此，目前几乎所有的行业都在寻找与互联网的结合点，而在这个过程中，投资的机会将不断产生。

4. 大数据将更“大”

2014 年，云计算和大数据市场的竞争呈现白热化，国内外群雄并起，纷纷布局云平台，2015 年这一趋势还将延续。随着移动智能设备的普及，传感器技术的发展以及物联网时代的来临，大数据将变得越来越“大”。这种“大”不仅体现在绝对数量上，更体现在数据的广度上。随着大数据的来源更加丰富，它能为人们提供的信息也将变得更有价值。以医疗健康领域为例，目前可穿戴设备上的传感器能提供的人体信息还很少，只有简单的心率、计步等。但未来随着传感技术的发展，比如无创血液分析传感器，与健康相关的各种数据都会被实时上传到云端。通过将这些参数与已有的病例和医疗数据库进行对比，再配合适当的算法，可穿戴设备就可以在人们身体出现不适之前提醒人们该做哪些保健活动，而医疗厂商也可以据此推广自己的增值服务。

数据的膨胀还会给服务器的硬件产业带来巨大的发展。为了存储和处理海量的数据，未来对数据信息中心及相关设备的需求还将持续攀升。而信息数据中心作为一个能源密集型产业，其发展也将带动能源环保产业的发展。

5. 信息安全需求提升

关于信息安全，2014 年发生了几件大事。一个是美国的“棱镜门”事件，美国利用自身在技术上的优势损害别国甚至是个人的信息安全震惊了整个世界。另一个是苹果公司用户数据泄露事件，许多演艺明星存放在 iCloud 上的私密照片被黑客窃取，并在网上传播。这两个事件正反映了当前国家和个人层面对信息安全的迫切需求。

从国家层面出发，由于技术落后等历史原因，我国许多关键部门和领域的核心软硬件长期依赖外国企业，这就使我国失去了保护信息安全的主动权。“棱镜门”事件以后，大家显然也都认识到了问题的严重性，关键节点的软硬件国产化也已被提上议程。以导航技术为例，目前国内处于垄断地位的还是美国的 GPS 系统，现在几乎每一部手机都会有 GPS 芯片，这就使得我国在地理信息的保护上十分被动。为改变这一现状，目前我国在政府的引导下正大力推广“北斗”导航系统，以期在关键领域替代 GPS 产品。这对于国内企业和投资者来说无疑是一个重大的利好消息。相似的领域还有通信设备和操作系统的国产化等。

从个人角度出发，随着大数据时代的到来，越来越多的个人信息被上传到了云端，存储在我们根本不知道在何处的服务器里。如何保证这些脱离用户控制的数据的安全成为每一个人关心的问题。个人信息安全大体可分为两类，一类是关键个人信息的泄露，比如银行账户信息、个人隐私信息等。这些信息的泄露将给用户造成经济和名誉上的损失，有的损失甚至无法弥补。而另一类是个人信息的丢失，这类信息主要涉及一些虚拟的财产。这些信息的丢失同样会给用户造成重大损失。为了防止用户数据的泄露与丢失，信息加密和信息备份行业将会迎来重大机遇。而相关的软硬件产品也会随之被带动发展起来。指纹识别以及其他生物特征识别设备的生产行业、信息加密软件的提供商以及第三方信息保管业务都有可能成为新的投资热点。

（二）投资风险分析

2015 年信息技术产业在充满投资机遇的同时也会面临一些风险与挑战。

1. 政策性风险

新生事物的发展往往会与现有的体制产生冲突，而现有体制对新生事物的态度将在很大程度上影响新生事物的发展轨迹。这一现象在新兴的互联网行业更为普遍。以互联网金融为例，目前“P2P”网贷行业发展就非常火爆，从前几年的不到 100 家平台发展到 2014 年的超过 1300 家，市场规模更是呈现数十倍的增长。目前，国家对该行业采取观望态度，从现有的法规来看，很多平台的做法已经涉嫌非法集资。未来国家势必会对该行业加强管理，新的政策法规也会陆续出台，新法规的走向将在很大程度上影响部分企业的经营，甚至影响整个“P2P”网贷行业的走向。

2. 技术路线竞争风险

信息技术产业的发展离不开新技术的推动，但是实现同一功能的新技术往往不是唯一的。技术路线竞争的结果可能会影响到一个跨国企业甚至是一个国家的兴衰。而在信息技术投资领域，投资一个失败的技术路线的结果可能是血本无归。目前，在信息技术产业中，技术路线的竞争广泛存在。在移动通信领域，4G 技术就存在 TDD 和 FDD 两种技术路线，其中 TDD 标准由我国主导，在政策倾斜方面会有一定优势。但是，相比 FDD 标准，TDD 在技术上存在一些缺点，例如，TDD 无法实现同时上网与打电话的功能。这一技术路线竞争的结果将广泛影响运营商、芯片制造商、手机生产商以及通信设备供应商等。在导航技术领域，这样的技术路线竞争也同样存在：技术更先进的 GPS 处于统治地位，而我国的“北斗”导航系统正在艰难地拓展市场。对于一些投资者来说，其技术背景的不足很可能还会放大在技术路线选择上的风险。

3. 过度竞争风险

在 2014 年的信息技术产业中，创新企业雨后春笋般涌现出来。特别是在互联网相关领域，创业企业的数量超过了其他所有领域的总和。这一方面带来了大量的投资机遇，但同时也使一些行业的同质化竞争非常激烈。在排名前十的投资热点领域，几乎每天都会有相关的创业公司建立，在这样的局面下，未来究竟有几家能够存活下来，这对于投资者来说的确是个难题。但是有一点可以肯定，大部分的创业公司都将被市场淘汰。

4. 估值虚高的风险

创业企业估值过高是目前互联网行业投资的普遍现象，这与 2014 年的投资热潮有很大关系。在互联网行业，一个还在持续亏损、盈利模式尚不清晰的公司的估值就会高达数千万甚至上亿元。这一点在很大程度上受到了美国同行们的影响。美国的叫车应用 Uber 在成立不到 5 年的时间内其估值已经飙升到了 410 亿美元，而在 2014 年一年内，其估值就上升了 10 倍。在这样的形势下，有许多投资者都认为，目前的互联网投资行业泡沫已经较为严重。

对于那些投资高估值公司的投资者来说，泡沫是否会在 2015 年破裂也是一个巨大的风险。

参考文献

[1] 东方证券：《MEMS：硬件复兴的基础元器件》，2014 年 9 月。

[2] 国泰君安：《汽车智能化发展分析报告》，2014 年 10 月。

[3] 申银万国：《创新驱动为本，商业模式为王——美国八大互联网龙头调研和投资研讨会报告》，2014 年 10 月。

［4］国金证券：《“无线充电”近在眼前》，《新兴产业技术前瞻》2014 年第 47 期。
［5］中信建投：《计算机行业：国产手机操作系统首次亮相，成功实现自主可控》，2014 年 12 月。
［6］倪正东：《第十四届中国股权投资年度论坛报告》，2014 年 12 月，http：//pe. pedaily. cn/top/handler. ashx？ action = downfiles&id = 1246&type = 0&t = 1417655692768。
［7］中国互联网络信息中心：《2013 ~ 2014 年中国移动互联网调查研究报告》，2014 年 8 月，http：//www. cnnic. net. cn/hlwfzyj/hlwxzbg/ydhlwbg/201408/t20140826_ 47880. htm。
［8］福布斯中文网：《工业柔实力》，2014 年 10 月，http：//www. forbeschina. com/review/201410/0038042. shtml。
［9］国务院：《国家集成电路产业发展推进纲要》，http：//www. miit. gov. cn/n11293472/n11293832/n11293907/n11368223/16044261. html。
［10］艾瑞咨询：《2014 年中国移动支付用户报告》，2014 年 10 月，http：//www. iresearch. com. cn/report/2271. html。

B.8 2015年文化传媒业发展趋势与投资机会分析

余江灏　张 权*

摘　要：2014年，我国文化传媒产业在稳步发展的过程中继续呈现分化走势。其中，以报纸、期刊为代表的传统出版业经营状况持续下滑，而数字出版、网络文学、互联网广告、搜索引擎、影视等行业却保持快速增长态势。在此背景下，国家大力推动传统媒体和新兴媒体融合发展，一批率先转型的传媒企业已有所收获。未来，围绕着文化企业改制与转型、内容生产模式革新、互联网与传媒融合发展等主题，在数字出版、影视制作、新兴泛媒体等领域都将出现投资机会。

关键词：产业机遇　融合发展　资本助推

一　2014年文化传媒业的现状及特点

（一）新闻出版业①

2013年，全国出版、印刷和发行服务实现营业收入18246.4亿元，同

* 余江灏，英国莱斯特大学大众传播学硕士，美国伊利诺伊大学工商管理硕士，任职于建投传媒投资管理部；张权，厦门大学经济学硕士，任职于建投传媒投资团队四。

① 因2014年新闻出版业数据尚未发布，数据来源主要是国家新闻出版广电总局发布的《2013年全国新闻出版产业分析报告》，http://www.gapp.gov.cn/upload/files/2014/7/9173244898.pdf。

比增长9.7%；实现利润总额1440.2亿元，同比增长9.3%；资产总额（不含数字出版）达17207.7亿元，同比增长9.4%；净资产为9023.2亿元，同比增长10.5%。各项数据虽然继续保持增长，但增速较上年均出现不同程度的下滑，反映出整个行业在平稳发展的同时也面临结构调整的压力。

1. 新版图书品种增速大幅回落，图书精品战略初见成效

2013年，我国新增一家中央级出版社和一家地方出版社，出版社总数达到582家。全年共出版图书44.4万种，较2012年增长7.4%，其中新版图书25.6万种，重版、重印图书18.8万种，同比分别增长5.8%和9.6%。全年总印数83.1亿册（张），总印张712.6亿印张，定价总金额1289.3亿元。全年图书出版实现营业收入770.8亿元，利润总额118.6亿元，同比分别增长6.5%和2.9%。

2013年，我国新版图书品种增速较2012年的16.6%回落至5.8%。随着精品出版战略的逐步深入，全国图书出版机构不再一味追求新版图书的数量，转而向打造精品力作、提高出版质量、提升精品图书再版率转变。

分类别来看，整体图书种类中占比达4成的文化、教育、科学、体育类图书品种增速回落最为明显，从34.6%大幅降至6.5%，回落了28.1个百分点（见图1）。近年来，我国出台多项政策措施大力整治教材教辅市场，规范教育图书市场秩序，已初见成效。

2. 报纸、期刊的出版继续下滑，不同类型报刊分化加剧

2013年，全国共出版报纸1915种，同比减少0.2%；平均期印数23695.8万份，同比增长4.1%；总印数482.4亿份，同比持平；总印张2097.8亿印张，同比减少5.1%；定价总金额440.4亿元，同比增长1.4%。全年报纸出版实现营业收入776.7亿元，利润总额87.7亿元，分别同比减少8.9%和11.6%（见图2）。

期刊方面，全国共出版各类期刊9877种，同比增长0.1%；平均期印数16453万册，同比减少1.9%；总印数32.7亿册，同比减少2.3%；总印张194.7亿印张，同比减少0.7%；定价总金额253.4亿元，同比增长0.3%。全年期刊出版实现营业收入222.0亿元，利润总额28.6亿元，同比

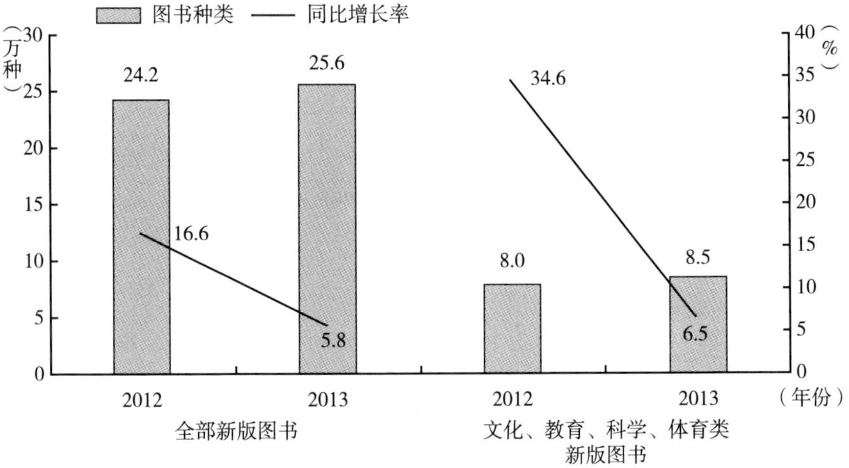

图1　2012 年、2013 年全国新版图书品种变动比较

资料来源：国家新闻出版广电总局。

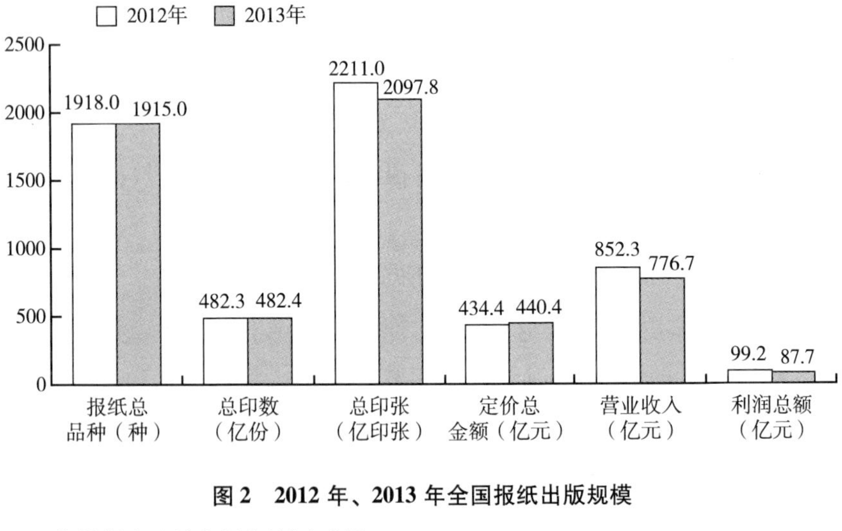

图2　2012 年、2013 年全国报纸出版规模

资料来源：国家新闻出版广电总局。

分别增长 0.5% 和 13.1%（见图 3）。

随着数字报刊和新媒体产品的快速发展以及用户数字化阅读习惯的逐渐形成，传统媒体的发展面临着巨大冲击和挑战。近年来，纸质报刊虽然在出

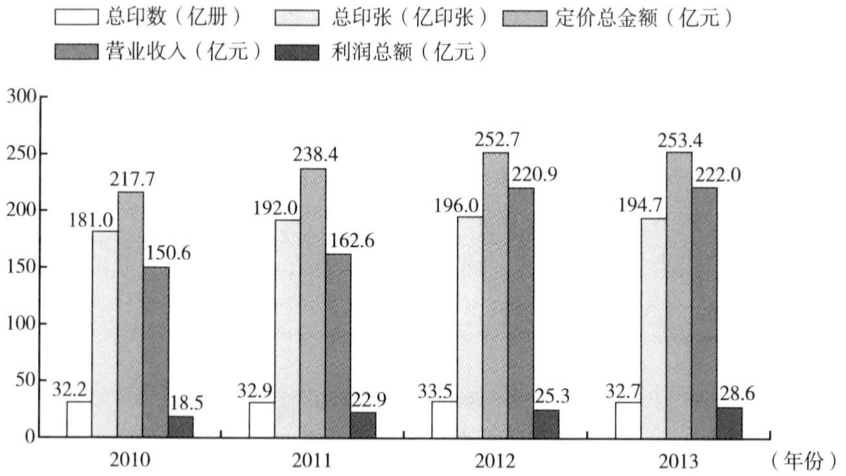

图 3　2010～2013 年全国期刊出版规模

资料来源：国家新闻出版广电总局。

版种类上变化不大，但无论是从出版规模还是从经营指标上看均出现一定程度的下滑。尤其是报纸，由于目标受众不够集中、信息传播速度较慢等，其所受到的冲击更大，营业收入和利润出现大幅下降。

值得注意的是，这种下滑现象在不同类型的报刊中有所分化。在报纸领域，中央级报纸的各项指标明显好于省级和地市级报纸，专业性报纸也强于综合性报纸。在期刊领域，少年儿童类期刊和动漫类期刊因为内容针对性强、读者群较为稳定，仍旧保持较高速度的增长，相比之下，综合类期刊和文学艺术类期刊因为更容易被数字化产品所替代，出版规模大幅缩减。

3. 数字出版收入持续快速增长，传统出版物数字化转型尚需加强

随着数字出版技术和互联网应用水平的持续提高，我国的数字出版行业已进入快速发展期。根据国家新闻出版广电总局的数据，2013 年，我国数字出版实现营业收入 2540.4 亿元，利润总额 199.4 亿元，同比分别增长 31.3% 和 31.2%。

从收入构成来看，互联网广告营业收入达 1100 亿元，占比为 43.3%，网络游戏和手机出版（含手机彩铃、铃音、手机游戏等）紧随其后，收入分别为 718.4 亿元和 579.6 亿元，以上三者合计占数字出版总收入的

94.4%。相比之下，电子书（含网络原创出版物）、数字报纸（不含手机报）与互联网期刊的总收入为61.8亿元，占比仅为2.5%（见图4）。从同比增速来看，在线音乐和网络动漫的营业收入同比增速均超过100%，达到139.6%和112.4%，而电子书、数字报纸与互联网期刊的营业收入与上年同期相比仅增长7.1%。上述数据表明，在数字出版发展的过程中，娱乐化产品已经占据相当高的比重且持续保持高速增长，而传统出版业的数字化转型仍然需要继续深化，寻找突破口。

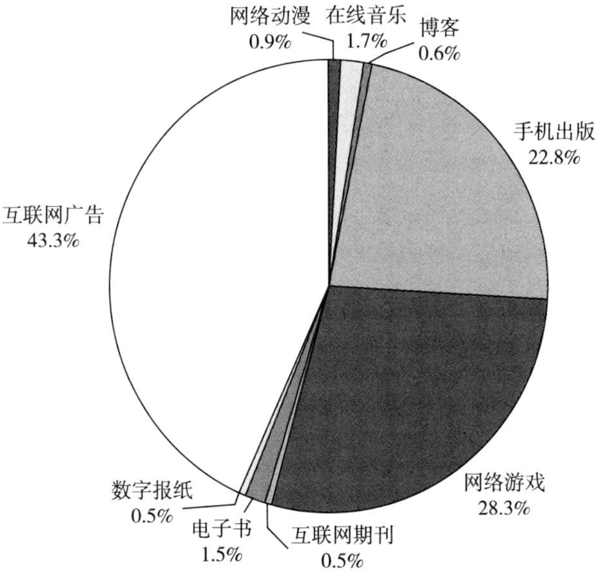

图4　2013年全国数字出版营业收入构成

资料来源：国家新闻出版广电总局。

4. 出版物发行稳步发展，农村购买力持续提升，出版物库存大幅增加

2013年，我国共有出版物发行网点172447处，发行业从业人员72.5万人，与上年同期基本持平，全年出版物发行实现营业收入2710.7亿元，利润总额221.1亿元，同比分别增长12.1%和12.8%。

2013年，全国新华书店系统和出版社自办发行单位实现出版物销售总额2346.2亿元，同比增长8.6%。其中，出版物批发销售总额1655.3亿元、居民和社会团体零售总额687.9亿元、出口总额2.9亿元，与上年同期相比分别增长9.6%、6.2%和36.1%。同时，农村市场零售总额持续攀升，城乡零售差距继续收窄，显示出随着农村居民收入的持续快速增长，农村地区对出版物的购买力不断提升。

在出版物发行市场稳步发展的同时，出版物库存却再度出现较大幅度的增长。截至2013年末，全国新华书店系统和出版社自办发行单位库存达65.2亿册（张、份、盒），库存金额达964.4亿元，同比分别增长16.4%和14.6%，远高于2012年底0.3%和4.7%的增速，无效库存的再度抬头显示出传统出版业去库存之路依旧漫长。

5. 新闻出版“走出去”发展势头良好，出版物出口与版权输出持续攀升

2013年，我国累计出口各类出版物（含图书、报纸、期刊、音像制品、电子出版物和数字出版物）2387.4万册（份、盒、张），与上年同期相比增长14.3%；出口金额首次突破1亿美元，达1.046亿美元，同比增长10.4%。相比之下，各类出版物进口数量同比大幅下降24.3%，至2390.0万册（份、盒、张）；进口金额为4.807亿美元，同比微涨2.7%（见图5）。

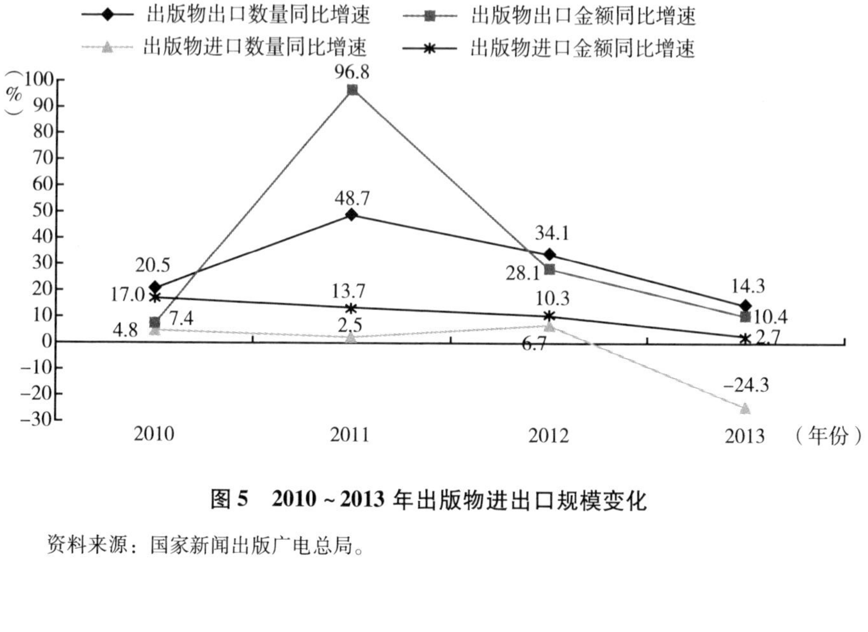

图5　2010～2013年出版物进出口规模变化

资料来源：国家新闻出版广电总局。

在版权贸易领域，2013 年我国共输出版权 10401 种，同比增长 11.1%。其中，出版物版权（含图书、音像制品和电子出版物）输出 8444 种，同比增长7.8%，主要输出国家为美国、韩国和英国。全年共引进版权 18167 种，同比增长3.3%。其中，出版物版权（含图书、音像制品和电子出版物）引进 17613 种，同比增长2.4%。版权引进和输出的比例进一步缩小至1.7∶1（见图6）。

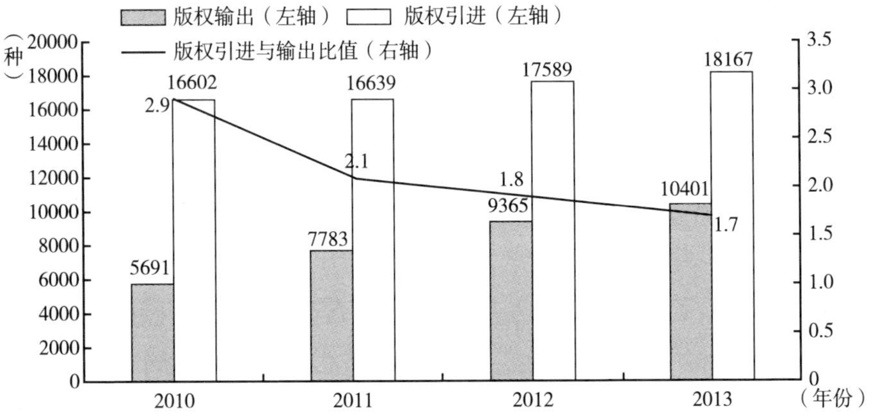

图 6　2010～2013 年中国版权贸易总量规模

资料来源：国家新闻出版广电总局。

上述两项数据表明，随着我国新闻出版业的国际传播力、竞争力和影响力不断提升，新闻出版“走出去”成效显著，出版物出口和版权输出无论是数量还是金额的增速均大幅超越出版物进口和版权引进。

6. 上市公司业绩进一步提升，新型业务开拓成果显著

2014 年以来，国家出台多项鼓励国有传媒企业改革和推动传统媒体转型的政策。2014 年 4 月，国务院发布《文化体制改革中经营性文化事业单位转制为企业的规定》，着力推动建立党委和政府监督国有文化资产的管理机制，实行管人、管事、管资产、管导向的统一，该项规定明确了国有文化资产的出资主体，对国有文化资产的管理迈出了非常重要的一步。2014 年 8 月，中央全面深化改革领导小组审议通过《关于推动传统媒体和新兴媒体融合发展的指导意见》，更是从顶层设计上提出大力推动传统媒体和新兴媒

体融合发展，着力打造一批形态多样、手段先进、具有竞争力的新型主流媒体，建成几家拥有强大传播力、公信力和影响力的新型媒体集团。2014年10月，国家新闻出版广电总局出台《深化新闻出版体制改革实施方案》，明确提出要引导图书、报刊、电子音像等传统出版形态向数字出版转型升级，支持传统新闻出版单位与新媒体企业、渠道运营企业和适用技术企业开展合作。同时，鼓励和支持国有骨干出版企业以资本为纽带，实施跨地区、跨行业、跨所有制兼并重组，支持国有出版企业兼并重组非公有制文化企业。

据统计，目前在A股市场上交易的14家新闻出版类企业，2014年前三季度营业收入同比增长的有13家，有9家净利润同比出现增长。其中，率先开始拓新型业务的上市公司不论是经营业绩还是股票价格，涨幅均居前列。其中，天舟文化通过收购北京神奇时代网络有限公司100%的股权，进军移动网游领域，2014年前三季度营业收入和净利润同比分别大增58.5%和668.4%，股价上涨28%；皖新传媒通过与腾讯共同搭建以微信为载体、以新华书店及其他实体业态为基础的O2O体系，积极尝试将传统书店转型为线上线下相结合的体验式的场所，2014年前三季度营业收入增长30.8%，股价也大涨32.6%。

（二）互联网和移动互联网行业

1. 互联网普及率稳步提升，农村市场仍有拓展空间

根据中国互联网络信息中心（CNNIC）的数据，截至2014年12月，我国网民规模约为6.49亿人，互联网普及率继续攀升至47.9%，但增速明显放缓（见图7）。人均周上网时长达26.1小时。从网民的性别结构来看，男性网民比例小幅高于女性网民，且该比例在过去五年基本保持稳定；从年龄结构来看，随着人口老龄化趋势的延续，我国网民中20岁以下青少年的比例有所降低，40岁以上高龄人群触网比例持续上涨；从职业结构来看，学生依然是网民中最大的群体，占比为23.8%，个体户/自由职业者及企业和公司职员紧随其后，上述3类人群已占到我国网民整体的60.3%；从学历和收入结构来看，随着网络使用更加便捷和整体资费不断走低，低学历和低收入网民比例持续提升。

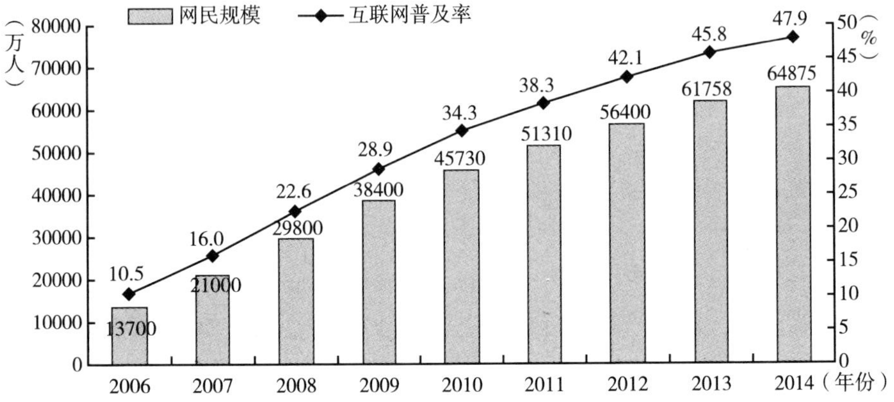

图7　2006～2014 年中国网民规模及互联网普及率

资料来源：CNNIC。

值得注意的是，截至2014 年12 月，我国网民中农村网民的规模为1.78 亿人，与2013 年底相比增加188 万人，但占比从28.6%小幅降至27.5%。同时，在农村新增学生网民中，10 岁以下人群占比仅为16.1%，大幅低于城市新增同年龄段学生网民54.2%的比例。由此可见，未来积极拓展农村市场，尤其是加强农村初级学校的信息化基础设施建设、在农村低龄学生中开设互联网教育相关课程，将是进一步提升互联网普及率的有效方法之一。[①]

2. 手机上网比例首超传统 PC，但增长势头开始放缓

来自 eMarketer 的数据显示，2014 年，全球手机互联网用户规模预计达到22.3 亿人，较2013 年同比增长16.8%，手机互联网用户占整体互联网用户的比例预计为73.4%。未来几年，上述两项数据仍将保持增长趋势，但受全球移动智能设备市场渐趋饱和、手机网民整体占比已经较高的影响，增速将逐渐放缓。预计到2017 年底，全球手机互联网用户规模将达到29.7 亿人，占整体互联网用户的比例为87.3%（见图8）。

从我国的情况来看，根据 CNNIC 的统计，截至2014 年12 月，我国手

① CNNIC：《第35 次中国互联网络发展状况统计报告》，2015 年2 月3 日，http://www.cnnic.net.cn/gywm/xwzx/rdxw/2015/201502/W020150203456823090968.pdf。

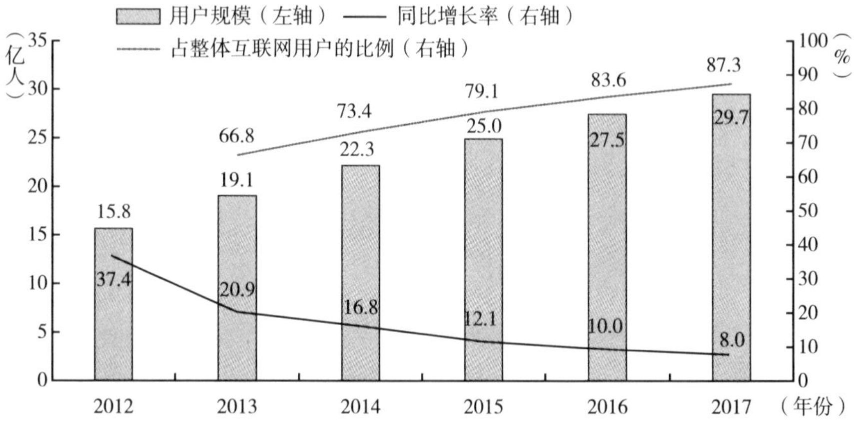

图 8　2012～2017 年全球手机互联网用户规模及占整体互联网用户规模比例

注：2014、2015、2016、2017 年数据均为预测数据。

资料来源：eMarketer。

机网民规模约为 5.57 亿人，占整体网民的比例为 85.8%，手机已成为我国网民使用量第一的上网终端设备（见图 9）。同时，随着智能手机逐步完成对功能手机的替代，智能手机用户市场占有率已处于高位，手机网民的增长速度同样开始放缓。

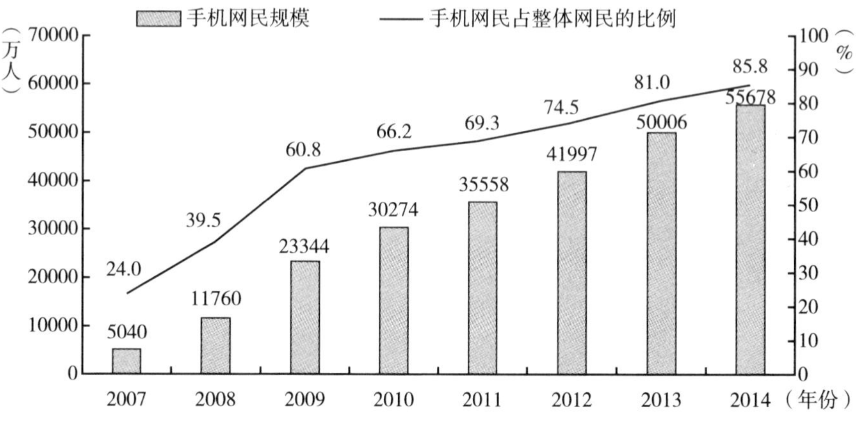

图 9　2007～2014 年中国手机网民规模及其占整体网民的比例

资料来源：CNNIC。

在稳定的基础用户的支持下，我国移动互联网市场规模持续快速增长。艾瑞咨询的统计数据显示，2014 年我国移动互联网市场规模达到 2134.8 亿元，较上年同期增长 115.5%（见图 10）。未来，随着 4G 网络的逐渐普及和 WiFi 热点的日益完善，移动互联网用户将获得更快的网络速度、更良好的上网体验和更低的流量资费，加上商业模式的进一步成熟和用户付费习惯的逐渐改变，移动互联网市场规模的整体增长还将持续。

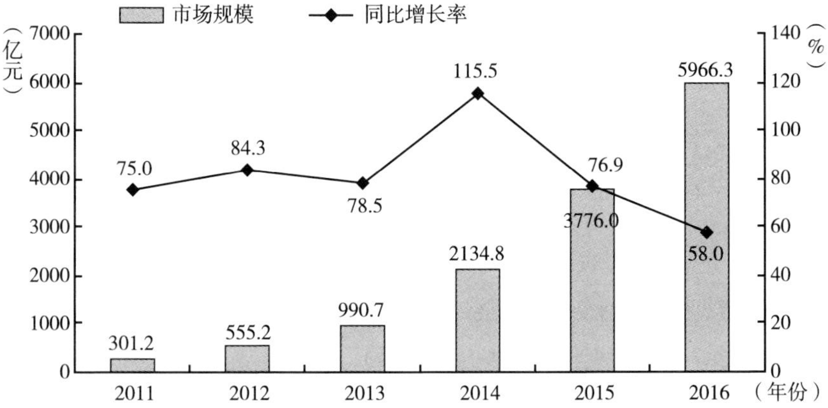

图 10　2011～2016 年中国移动互联网市场规模

注：2015、2016 年为预测数据。

资料来源：艾瑞咨询。

3. 网络应用进一步深入网民生活，即时通信和信息获取类位居前列

随着互联网和移动互联网技术的快速发展，网民对网络的使用需求已经从单一的浏览信息、收发邮件、娱乐游戏转向生活的方方面面，与之相关的各类网络应用发展势头强劲。

根据 CNNIC 的统计数据，在所有的网络应用中，即时通信的使用不论是在 PC 端还是在移动端均稳居第一位，使用率持续攀升，截至 2014 年 12 月，已达到 90.6%。庞大的用户数量使得即时通信产品的入口价值愈加明显，游戏、音乐、电商、广告等服务均可以通过这一入口直接到达用户。因此，各大互联网巨头纷纷通过自主研发、投资并购等方式在该领域展开布局。目前，我国的即时通信市场已经被微信、QQ、陌陌、易信、米聊等主流应用牢牢占据。

截至2014年12月，搜索引擎和网络新闻两大信息获取类应用分别以80.5%和80.0%的使用率位列所有网络应用的第二、第三位。其中，搜索引擎企业通过丰富搜索内容与形式、提高搜索精准度、大力拓展移动市场等方式有效提升用户体验和使用黏性，市场规模快速增长。来自易观智库的数据显示，2014年，我国搜索引擎市场规模已达571.4亿元，同比增长45.2%（见图11），来自移动端的增长贡献率已经超过PC端。从涵盖海外收入和渠道收入的全口径市场营收份额来看，百度一家独大，占比高达77.3%，“直达号”的推出使百度完成从搜索到服务，再到交易的闭环构建，开启从广告营销向服务营销的转变；谷歌中国持续萎缩，占比为10.3%；搜狗借助腾讯与搜狐强大的移动资源，以输入法、浏览器、微信公众平台搜索等差异化的产品立体化布局，目前占据8.3%的市场份额，并保持稳定增长。①

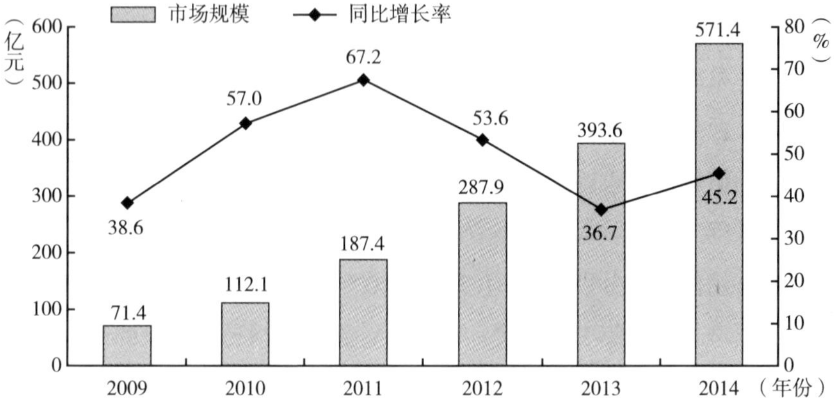

图11　2009～2014年中国搜索引擎市场规模

资料来源：艾瑞咨询。

4. 互联网广告市场持续增长，百度、阿里占据半壁江山

来自易观智库的数据显示，2014年中国互联网广告运营商市场规模达到1565.3亿元，与上年同期相比增长56.4%，增速创三年来新高（见图12）。

---

① 艾瑞咨询：《Q3中国搜索引擎市场规模164.5亿，移动搜索增长迅速》，2014年11月6日，http：//report.iresearch.cn/html/20141106/241146.shtml。

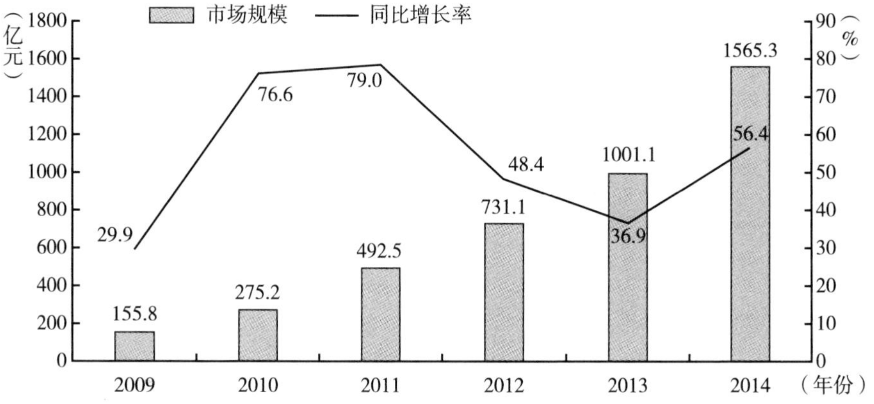

图 12　2009～2014 年中国互联网广告运营商市场规模

资料来源：易观智库。

从互联网广告的投放形式来看，关键字广告凭借形式直观、随时投放、易于统计、费用透明等特点继续成为广告主们的首选，占比接近 4 成且长期保持稳定。此外，随着网络视频和广告程序化购买的不断发展，视频广告和品牌广告的市场份额也逐步提升。

从互联网广告的收入份额来看，百度和阿里巴巴遥遥领先，合计拥有一半以上的市场份额，分别达到 31.2% 和 20.8%；腾讯借助入股京东后电商广告的大幅增长稳居第三的位置；以搜狐、新浪、网易为代表的门户网站凭借各自的传统优势业务继续保持较为稳定的市场份额；优酷土豆、搜房、汽车之家等垂直类媒体也通过以内容带流量、深化 O2O 服务等方式提升用户黏性，进而吸引所服务行业的广告主投放广告。

5. 网络文学市场竞争激烈，用户付费意愿逐渐提高

目前，我国网络文学用户规模已突破 3 亿人，市场规模超过 50 亿元。整个市场已经从单纯的出售文字版权，演化为具有影视剧、游戏、音乐、动漫以及实体书等衍生产品，覆盖 PC、手机、电子阅读器、平板电脑、智能电视等多屏终端的全产业链条。

从截至 2014 年三季度的市场格局来看，盛大文学凭借作者和作品资源

上的绝对优势，积累了大量的忠实用户，旗下起点中文网、小说阅读网、晋江文学城、言情小说吧、起点女生网、潇湘书院6家网站的活跃用户数均排名前十，合计占据整个市场的半壁江山。腾讯文学旗下的创世中文网依托前起点中文网核心团队的加盟以及QQ和微信的强大入口优势迅速崛起，拥有12.8%的市场份额；中文在线旗下的17K小说网凭借自身培养的大量优秀作者和众多同名影视热播作品，成功覆盖9.3%的活跃用户；以1.9亿元被百度收购的纵横中文网借助百度强大的渠道优势和全平台资源，也拿下了8.4%的市场份额（见图13）。

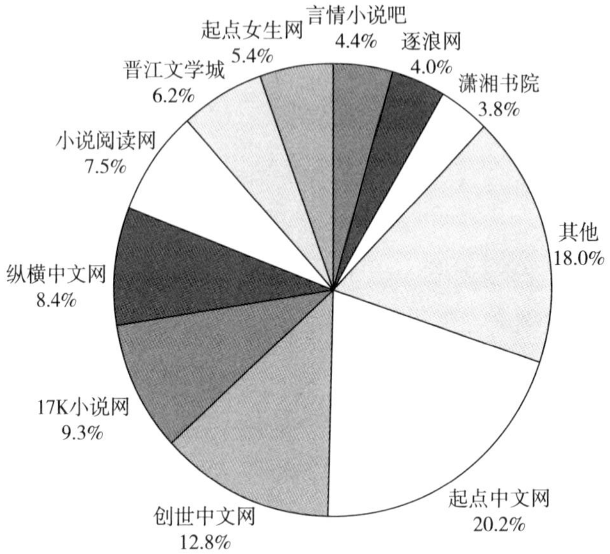

图13　2014年三季度中国网络文学活跃用户规模格局

资料来源：易观智库。

移动阅读市场2014年收入规模达88.4亿元，活跃用户数量为5.9亿人。[①] 从市场格局来看，掌阅iReader以超30万册的图书保有量、简洁实

① 易观分析：《2014年第4季度中国搜索引擎运营商市场规模达到162.6亿元，全年实现571.4亿元》，2015年1月29日，http：//www.enfodesk.com/SMinisite/newinfo/articledetail-id-418726.html。

用的阅读界面和特色的语音阅读赢得客户好评，在 iOS 和 Android 平台的用户数均排名第一。根据易观智库的最新统计数据，掌阅的市场占比已超过 25%；QQ 阅读、塔读文学和熊猫看书也凭借各自的内容和渠道优势分别拥有 18.1%、10.0% 和 9.4% 的市场占比；移动、联通和电信三大运营商在 2014 年着力提升各自阅读基地的作品质量，大量下架格调不高的网络作品，使得短期市场份额有所下降，但和阅读、沃阅读和天翼阅读仍合计拥有 17.7% 的市场用户，且作品质量的整体提升有利于其长期的发展（见图 14）。

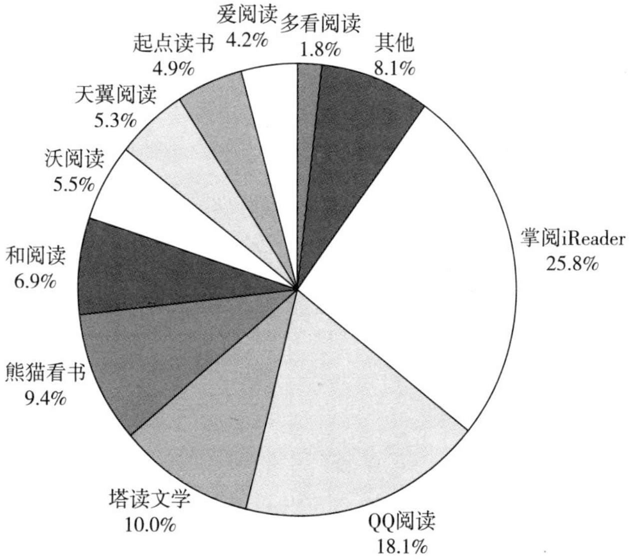

图 14　2014 年第三季度中国移动阅读用户规模格局

资料来源：易观智库。

随着国家大力加强网络环境版权保护力度，网络文学用户的付费意愿逐步提高。易观智库的数据显示，目前，我国愿意在网络环境中付费阅读的用户已接近 3 成，月付费额度在 3 ~ 10 元的用户占比最高，接近 50%；在付费方式选择上，网络原创文学主流的按章节、字数收费和运营商主推的综合包月收费最受用户青睐。

（三）影视行业

1. 电影产业持续向好，各类资本纷纷涌入

目前，我国的电影产业已进入黄金发展期，电影票房、观影人数、影院数量、银幕数量等均保持稳健增长。根据艺恩咨询的统计，2014 年我国电影票房总收入为 296.4 亿元，同比增长 36.2%。其中，国产片票房收入为 161.6 亿元，占比 54.5%，进口片票房收入为 134.8 亿元，占比 45.5%；城市影院观众达到 8.3 亿人次，同比增长 34.5%；全国新增影院 1015 家，新增银幕 5397 块，银幕总数已达 2.36 万块。

电影产业的繁荣发展促使各路资本不断涌入，投融资和行业并购活动愈演愈烈。其中不乏阿里巴巴 62.4 亿港币控股文化中国、小米 18 亿元战略入股爱奇艺、华策影视 16.5 亿元收购克顿传媒、百视通吸收合并东方明珠且募集百亿元购买 4 家影业公司股权这样的大手笔。上市企业通过资本并购实现资源整合，逐渐成为影视资本市场的趋势。数据统计显示，截至 2014 年 10 月，我国共发生 63 起影视公司并购事件，涉及金额近 550 亿元①。

2. 电视剧迎来“一剧两星”时代，行业集中度进一步增强

2014 年 4 月，国家新闻出版广电总局召开的全国电视剧播出工作会议宣布，自 2015 年 1 月 1 日起，同一部电视剧每晚黄金时段联播的卫视综合频道不得超过两家，同一部电视剧在卫视综合频道每晚黄金时段播出不得超过两集。这项被业内称为“一剧两星”的新政使得一线强势卫视和大型制作发行公司的优势更加明显。

艺恩咨询的数据显示，2014 年 1～6 月，全国各卫视频道共播出电视剧 11665 集，同比下降 16%；电视剧前 10 名平均收视率为 1.16%，同比下降 16%。从电视剧制发机构和播放平台的发展动态来看，整个行业的资源集中度进一步增强。2014 年上半年，排名前 10 的民营电视剧制作公司共播出

① 《影视并购兴奋剂：63 案例涉 550 亿，对赌激进藏风险》，《中国证券报》2014 年 11 月 3 日，http：//www.ce.cn/culture/gd/201411/03/t20141103_3833992.shtml。

4487 集，占播出总集数的 38.5%，收视率排名前 20 的电视剧基本被中央 1 套、中央 8 套和湖南卫视垄断。[①]

在“一剧双星”的新政策下，卫视频道将承受较之前“四星拼播、多台一剧”模式更大的风险，因此在选择剧目时必然要提高对内容质量的要求，过去依靠薄利多销实现盈利的中小制片公司将面临严峻挑战。随着优秀的剧本和制作团队向资金实力雄厚的大型制作公司流动，整个行业的两极分化将更加严重。

3. 在线视频市场快速增长，广告运营愈加精准化

随着智能手机的快速普及和流量资费的持续降低，加之互联网电视一体机和互联网盒子等终端的迅速崛起，用户多终端、多场景、多时段观看在线视频的行为愈加普遍，带动在线视频市场快速增长。根据艾瑞咨询的统计，2014 年，我国在线视频市场规模达 239.7 亿元，较 2013 年大幅增长 76.4%（见图 15）。从收入构成来看，广告仍然是在线视频行业的主要盈利模式，占比超过 6 成。其中，电视剧、综艺节目和体育赛事由于拥有稳定的用户数和较高的关注度，成为广告收入的主要来源。

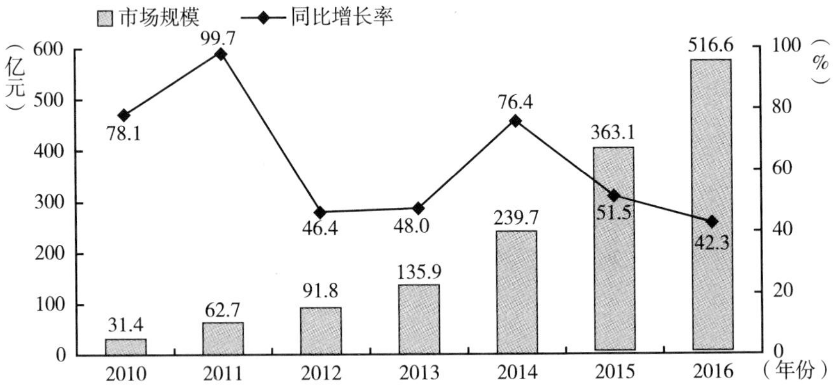

图 15　2010～2016 年中国在线视频行业的市场规模

注：2015、2016 年为预测数据。

资料来源：艾瑞咨询。

① 艺恩咨询：《电视剧上半年播出量下滑，新政或掀公司上市潮》，2014 年 8 月 25 日，http：//www.entgroup.cn/news/Markets/2521616.shtml。

在线视频的点播系统能够有效记录用户的使用数据，通过对这些数据进行分析，在线视频企业一方面可以根据用户的喜好为其推荐相应的视频内容，另一方面可以根据不同类别视频的受众特点，为广告主提供更加精准的投放策略。例如，韩剧的受众以年轻女性为主，适合投放化妆品、服装、首饰等广告；“美剧迷”大多是拥有国际化视野的高学历群体，且以男性居多，因此，奢侈品、汽车和电子产品更适合在此类视频投放广告；以足球、篮球等各类竞技赛事为主的体育视频节目，则是各类体育用品商重点关注的投放渠道。

（四）投融资情况

1. VC/PE 市场投融资数量和规模双双下滑，影视音乐领域备受青睐

根据投中集团 CVSource 统计数据，2014 年，我国文化传媒领域的 VC/PE投融资案例共有 42 起，投融资总规模为 17.15 亿美元，同比均出现较大回落，降幅分别为 28.81% 和 54.05%（见图 16）。年度规模最大的交易为中国复星集团斥资 2 亿美元入股由美国华纳前总裁创立的 Studio 8 公司，该项目也被认为是迄今为止中国向美国电影制作公司注入的最大一笔投资。从投资领域来看，影视和音乐行业最受 VC/PE 机构的青睐，全年共完成 18 起投融资，总金额达 14.35 亿美元，占比分别高达 42.86% 和 83.67%，其中，乐视影业、摩登天空、博纳影业、欢瑞世纪等企业更是连续第二年获得机构注资。

2. 并购市场交易活跃，各项数据创近年新高

受产业政策利好频出和资本市场大幅反弹等因素的影响，文化传媒领域的并购交易重现辉煌。根据投中研究院的统计，2014 年宣布交易案例共有 208 起，较 2013 年增长 36.84%，其中 176 起披露交易金额，总规模达到 110.09 亿美元，同比猛增 144.86%。从交易完成的情况来看，82 起披露交易金额的案例共完成 53.82 亿美元的交易规模，数量和金额同比分别增长 34.43% 和 7.3%。上述几项数据均创下近 6 年的新高（见图 17）。

2014 年规模较大的并购交易同样发生在影视领域。2014 年 4 月，以生

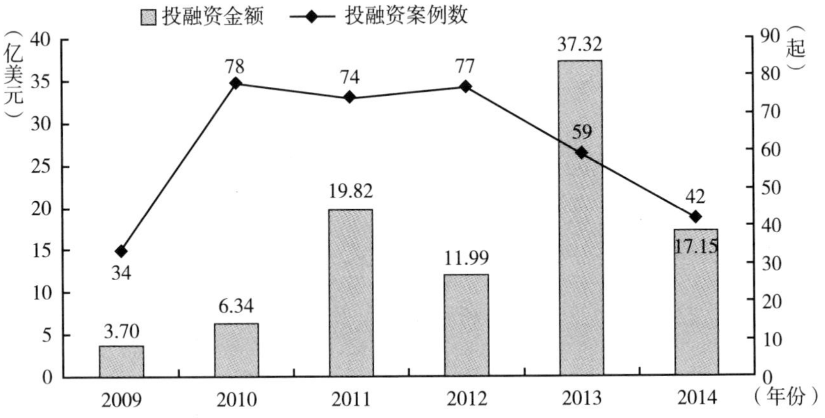

图 16　2009～2014 年中国文化传媒行业 VC/PE 投融资情况

资料来源：投中集团 CVSource。

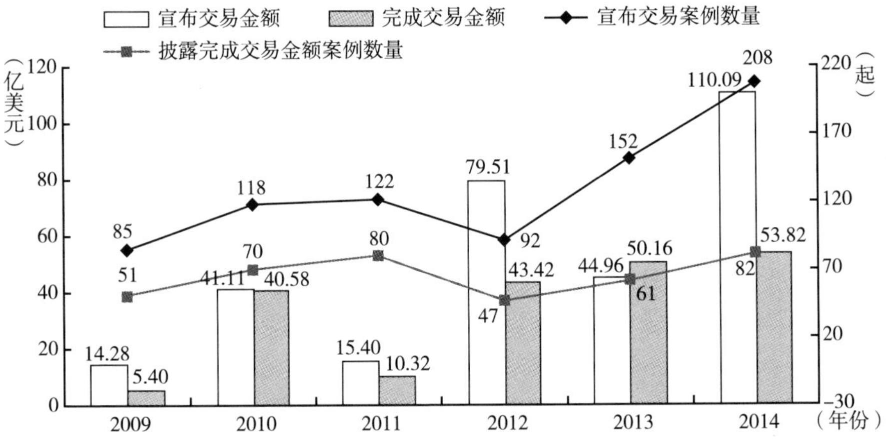

图 17　2009～2014 年国内文化传媒行业并购情况

资料来源：投中集团 CVSource。

猪养殖及屠宰加工为主业的高全食品通过重大资产置换、发行股份购买资产、股份转让“三步走”的方式注入广告影视公司印纪传媒 100% 股权，价格高达 60.12 亿元。此外，阿里巴巴斥资 62.44 亿港元收购文化中国传播集团有限公司 60% 股权，北京完美影视传媒股份有限公司作价 27.26 亿元借壳金磊股份，华录百纳以“定增+现金”的形式出资25亿元收购广东蓝色火焰文化传媒有限公司等事件也在市场中引起诸多关注。

二 文化传媒业的发展趋势

（一）文化传媒产业新政频出，产业支柱性地位增强

自文化传媒产业被定性为推动国民经济发展的支柱性产业以来，国家政策对文化传媒产业的支持力度不断加强。2014年，中央级指导文件陆续出台，对文化传媒产业的监管范围进行明晰，对其发展方向予以指导，并通过出台一系列文化金融政策，为文化传媒产业的发展提供资本保障。

1. 监管政策范围明晰，鼓励文化企业经营及文化创新，强化互联网文化内容监管

2014年4月16日，国务院出台《进一步支持文化企业发展的规定》，要求相关主管行政部门提高对开办文化企业的行政审批效率，简化文化传媒企业相关行政手续以鼓励开办、经营文化企业。为贯彻落实《国务院关于推进文化创意和设计服务与相关产业融合发展的若干意见》，文化部文化产业司颁布相关实施意见，结合财政部重新修订的《文化产业发展专项资金管理暂行办法》，明确了将推进文化创意和设计服务与相关产业融合发展作为以文化产业带动其他支柱产业切入点的要求，鼓励以政府采买、以奖代补的方式使保持传承与创新发展相结合，保持文化创新活力，以推动经济活跃发展。

在数字内容发展方面，新闻出版广电总局出台的《深化新闻出版体制改革实施方案》要求推进维护数字内容版权相应法律法规的完善，加快文化传播的数字化发展。同时，互联网文化传播渠道的监管力度明显加强。广电总局发布的《关于加强互联网视听内容管理》及其补充规定对互联网传播的文化内容予以要求，明确规定要对宣扬不健康恋情、暴力、赌博、吸毒等的内容进行删剪，在互联网文化内容的制播方面要求各新闻出版广电行政部门严格把关，对网络播出内容进行信息备案。

2. 产业政策倾斜力度加大，重点强化对创意设计、新闻出版及实体书店等重点子行业的支持

2014 年发布的各项政策规定对文化传媒产业细分行业的指向性明显，鼓励文化创意设计行业发展，推动新闻出版行业数字化转型。

文化部于 4 月 16 日出台的《国家文化产业示范基地管理办法（修订）》对文化创意设计行业从示范基地建设和动态常态管理机制方面提出了建议，要求通过提供示范基地建设优惠，从基础建设上为创意设计行业发展提供保障，并鼓励其与相关产业融合发展，尤其是与制造业融合。

随着新技术的发展，新闻出版业面临转型难题。在此基础上，国家新闻出版广电总局发布《关于推动新闻出版业数字化转型升级的指导意见》，大力推动新闻出版业的数字化升级，构建数字出版产业链，为新闻出版业的传播渠道转型指明方向，并奠定了良好基础。中央全面深化改革领导小组第四次会议提出《关于推动传统媒体和新兴媒体融合发展的指导意见》，从行业融合角度为文化传媒业发展提供助推力，尤其指明要强化互联网思维，推进传统媒体与新兴媒体融合，着力打造一批新型媒体集团，该意见将为传统媒体，尤其是国有大型传统媒体的转型带来新的机遇。

此外，文化部、财政部发布的《关于支持小微文化企业发展的意见》及《文化产业发展专项资金管理暂行办法（重新修订）》等相关文件，对小微文化企业的行政及金融扶持加以肯定，并明确提出扩大对优秀书店的支持力度，为其租金及经营现金流提供保障。相关政策表明，国家在鼓励以新技术、新媒体发展文化传媒产业的同时，仍将传统出版及图书零售行业视为文化传媒行业的重要布局点，将有效推进各类资本进入实体书店行业，为实体书店行业发展带来新的活力和机遇。

3. 支持资本进入文化传媒领域，鼓励发展文化金融及文化产业专项基金

国务院发布的《进一步支持文化企业发展的规定》鼓励投资者以无形资产估值作价进行投资。财政部、文化部、中国人民银行联合发布的《关于深入推进文化金融合作的意见》明确提出对民间资本成立的以服务文化类机构为主要内容的小额信贷公司、中小型银行给予支持。此外，国家新闻

出版广电总局发布《出版单位变更资本结构审批办法（试行）》，对国有资本投资出版等重点文化传媒业予以行政程序简化支持，并鼓励金融机构建立专门机构服务于文化传媒产业，设计打造针对文化传媒业特点的金融产品。财政部、文化部在《关于推动2014年度文化金融合作有关事项的通知》中明确提出成立各类文化传媒板块专项基金，用于出版、影视、创意设计各细分行业的发展。上述政策通过鼓励资本以专项基金形式或投资文化金融产品等方式进入文化传媒行业进行投融资、并购，为文化传媒产业发展注入了新鲜血液，这将在很大程度上刺激文化传媒产业的发展。

（二）技术进步为文化传媒行业带来新机遇

1. 通信技术进步使时效性新闻传播向实时视频形式转变

随着通信技术的不断发展，信息传播的内容已从原有的文字及图片向影音图文结合转变。视频新闻结合文字、图片、声音、影像等多种元素，能够最大限度地展现新闻发生当时情况，在传递新闻真实性方面具有天然优势。在原有技术条件下，新闻以视频形式呈现具有制作成本高、采集困难、传播设备特殊等阻碍，但随着技术进步，智能手机、平板电脑的普及，视频新闻在制作设备、采集条件及成本基础方面的要求大为降低。在新闻传播的渠道方面，移动互联网技术的完善及其传输速率的提高，将为视频的实时上传及下载提供条件。根据工信部的最新数据，目前3G数据网的速度为220～230KB/s，上传及下载文字、图片无障碍，比3G网速度更快的4G网传输速率一般可达到20MB/s，在此速率下，用户即使处于移动状态，也可随时上传或观看直播视频。未来几年，随着4G网络的发展与普及、5G网络的研发与市场投放，实时动态信息传播将更加通畅。因此，在用户需求存在的基础上，移动终端及移动互联网络技术的进步将会最大限度地推动新闻内容以实时视频形式呈现及传播。

2. 互联网及物联网融合使得文化传播与实体产业联系更加紧密，助推文化衍生品的生产及销售

近年来，电子商务获得极大发展，相关B2C、B2B网站的运作，物流体

系的完善正在促进我国互联网与物联网的融合发展，网络购物且物流运送上门已成为现阶段被普遍接受的生活模式。据淘宝网历史数据，纪录片《舌尖上的中国》开播后，淘宝零食特产的搜索量超过 400 万次，共成交 5823954 件，一边观看电视节目，一边通过网络搜索相关产品并购买，成为《舌尖上的中国》一片衍生品销售的最主要渠道。因此，基于互联网普及对生活方式的改变、物联网完善对生活便利性的提高，充分利用互联网及物联网的特点将有效助推文化衍生品的生产和销售。

3. 大数据技术发展致使文化传媒内容的生产方式发生变化

信息内容生产商通过对搜索、定位、消费等个人在互联网生态圈内留存记录的数据进行挖掘，可以了解到用户的各类偏好，进而根据不同的偏好为用户定制不同的内容，内容生产方式也从“生产商到用户的单线程模式”变为“生产商与用户的镜像互动反馈模式”。例如，移动应用 ZAKER 可通过提取用户的阅读偏好设置，为每个用户推送符合其偏好的资讯及内容；微信用户可在公众微信号前台留言，提出各类想法及意见，公众微信号运营者可在后台根据留言及统计分析结果，做出公示、发文、通知等有效反馈。

（三）市场需求带动精、深文化内容生产

1. 市场对优良影视作品的需求日益提高，将推动影视作品向精品转型

近年来，我国国民收入不断增加，国民在物质需求已获较大满足的基础上对精神需求越来越高。在广电总局强化互联网内容监管前，较多的国外影视剧通过互联网方式被我国观众熟知，其中不乏情节精彩、内容积极、制作精细的作品。随着广电总局对引进国外影视剧监管力度的加强，国外影视剧准入受限，优质国外影视剧供给量下降，而目前国产影视剧题材较为单一，剧作内容略显粗糙，细节融合度欠佳，且受限于制作水平、拍摄场景及拍摄画面等技术因素，难以有效满足市场对于高质量影视剧的要求。未来，我国影视剧作品的制作将遵循市场规律向优质题材、优秀内容、精致拍摄的方向发展。

2. 市场对平面媒体的需求改变，从新闻时效性转变为现象分析，更加注重内容的纵深

互联网信息发布的即时性使得平面媒体所擅长的新闻报道的时效性大为减弱，用户对于通过平面媒体了解动态新闻的需求也随之减弱。但由于平面媒体内容呈现时间较长、信息整合较好的特性，更加适合用户进行深度阅读。因此，未来平面媒体的报道方向将从时效性转为现象分析，对报道内容的思想性、深入性将有更好呈现。

3. 市场对实体书店的需求已经改变，对特色型精品性书店需求不断加大

受数字出版低成本的影响，传统实体书店单纯依靠销售纸制图书的单一业态模式和经营方式在现阶段已举步维艰，但市场对纸质图书需求仍然存在，实体书店的存在性得以保证。近年来，以方所、诚品等为代表的新型实体书店将图书零售与创意设计、影视传播、文化餐饮等业态模式相结合，形成书店特色创意品牌，发展势头良好。

（四）金融资本活跃，为文化传媒产业发展带来强力助推

随着我国金融体系的完善、投融资的活跃以及文化产业相关政策的不断开放，各类资本加速进入影视、出版、新媒体、动漫等行业，为文化传媒产业的整体发展提供了极大的支持。

1. 传统文化传媒集团转体改制，上市及并购不断深入发展，投融资方式市场化程度加深

随着文化传媒业市场化程度加深，大型国有传统传媒集团进行转体改制，通过收购、整合建立新型传媒集团。例如，凤凰传媒通过并购及间接投资等方式，整合软件、广告、影视、数字出版等不同类别的公司，并通过跨国并购将业务向境外延伸，已取得较好的效果。据投中集团研究院统计，截至2014年10月，文化传媒产业内已完成并购数量达到651起，涉及电影、电视剧、出版、广告、游戏等不同细分子行业。未来，结合中央全面深化改革领导小组第四次会议精神，传统文化传媒集团通过并购、重组等市场化手段进行产业整合，进军新媒体领域已是大势所趋。

2. 资本进入方式多样化，文化产业基金、信托、直接投资等途径丰富，文化金融概念形成并持续发展

现阶段，各类资本进入文化传媒产业的方式更加多样化。根据中商情报网的统计数据，截至2014年二季度，我国披露已成立的文化产业基金已有72只，例如，由浙江日报报业集团出资44%，联合中国烟草总公司及浙江省财务开发公司成立的东方星空文化产业基金；由建银国际出资60%，联合中影集团、中国出版集团两大传媒巨擘成立的中国影视出版产业基金；2011年，由中国建设银行联合国家广播电影电视总局、国家新闻出版总署以及江苏雨润集团等机构或企业成立的建银国际文化产业基金等。

不少综合性企业集团也加大在文化传媒领域的布局力度，例如，万达设立万达文化产业集团，投资于电影院线、电影制作、电影相关出版物等文化产业项目；联想旗下的君联资本领衔成立文化产业基金，以3～5年为基金期限，每期投资5亿～8亿元，持续布局于影视制作、互联网游戏及出版发行等行业；阿里巴巴通过设立众筹互联网金融产品投资“快男”电影等。

此外，北京银行等在内的多家银行也开始设立专门服务于文化传媒业的公司或部门，为轻资产特性的文化传媒公司融资提供便利，并通过设立信托、基金等符合文化传媒业特性的金融产品满足文化传媒企业的融资需要。

三　2015年文化传媒业的投资机会

在一系列产业政策不断推出、互联网及移动互联网快速发展、受众需求及消费能力不断提升等背景下，传媒产业在变革、转型和融合中快速发展，这为投资人带来了很多投资机会。

（一）围绕文化企业改制与转型分享政策红利

近年来，传媒企业的改制与转型，在政策推动及产业变革过程中加快推进，这一方面为传媒企业带来了政策红利，另一方面也要求传媒企业思进求变，在内外部环境压力下实现尽快转型发展。在此过程中，也蕴含着相应的

投资机会。

1. 出版企业改制带来的投资机会

2000年以前，中国拥有人民出版社、高等教育出版社、科学出版社等9家A级权威出版社，以及包括部分中央级出版社和优秀地方出版社在内的169家B级出版社。从2000年开始，国家在这些出版社的基础上进行重组整合，形成了中国科学出版集团、中国出版集团和中国教育出版传媒集团三大中央出版集团和各家省级地方出版集团并存的行业格局。近年来，地方出版社的市场份额表现出逐年增长的态势，尤其是地方集团下属社的市场份额大幅提升，这是因为大多数地方出版社都属于各大出版集团，这些出版集团的大规模投入使品种和市场争夺开始发生格局上的改变。

从目前中央和地方出版集团的发展现状来看，仅有凤凰传媒（江苏）、中南传媒（湖南）、新华文轩（四川）、时代出版（安徽）等地方出版集团实现了上市，整体证券化比率仍然较低。未来伴随出版产业的发展和政策层面的持续推动，一些优秀的中央和地方出版集团将面临转企改制、行业整合以及整体上市等发展诉求，这将为投资人特别是产业投资人带来一系列投资机会，分享出版业整合发展过程的机遇。

2. 广电企业改制进程中的投资机会

中国电视市场已经从过去的央视一家独大逐步发展到央视与各省级卫视相互竞争的格局。各地省级卫视纷纷明确了自身定位，结合自身优势实现快速发展。作为各地省级卫视的母公司，各地的广电集团也将分享文化传媒行业的快速增长，不断发展壮大。但从目前各地广电集团的发展现状来看，除了部分地区广电集团的有线电视服务等子公司实现上市外（如湖南广电旗下的电广传媒、深圳广电旗下的天威视讯、陕西广电旗下的广电网络等），各地广电集团的优质资产尚未完成所有制改制和实现资产证券化，伴随着改制、整合及上市进程的推进，相应的投资机会将陆续出现。

3. 打造新型媒体集团带来的投资机会

未来一段时间，现有的媒体集团特别是传统媒体集团将在变革中实现转型，打造新型媒体集团将带来相应的投资机会。2014年，中央出台指导意见，强调推动传统媒体和新兴媒体融合发展。政策层面的推动，将加速传统媒体通过并购重组和资源整合，向新媒体领域拓展，这将对有较强发展潜力的媒体企业特别是国有媒体集团构成持续利好。在此背景下，传统媒体也将顺应行业发展趋势，积极向数字媒体、教育培训、电商、O2O 等领域转型，谋求新的发展，行业内的整合进程将持续推进，由此带来一系列投资机会。

（二）围绕内容行业发展，分享产业成长红利

伴随着我国经济结构的调整以及用户消费需求的升级，文化传媒产业将进入持续景气阶段，这将带动整个内容制作产业的蓬勃发展，内容产业及相关领域将不断释放强大的商业价值。

1. 影视企业成长带来的投资机会

近年来，我国影视产业保持着稳步快速发展的态势。自 2010 年以来，电视剧市场整体呈现较快增长。2013 年，电视剧市场规模达 108 亿元，同比增长 20%。虽然受到“一剧两星”等政策的影响，但未来电视剧市场仍将有望保持稳定增长。近年来，电影市场容量快速扩张，票房收入不断攀高，2014 年前三季度票房规模已经超过 2013 年全年水平，行业处在高度景气阶段。拥有内容宽度和深度的影视企业将更具发展潜力，这些企业可以更好地控制成本，打通产业链，同时行业整合趋势将继续，市场格局将呈现“强者恒强”的发展趋势。2014 年，一些互联网企业进入影视行业，百度、小米、阿里、腾讯等纷纷与影视龙头企业展开合作，未来一段时间，行业内的整合及跨界布局将带来较多的投资机遇。

与此同时，电影市场的繁荣也促进了影院的快速发展，伴随着万达影院的上市，行业的关注度将进一步提高。由于行业集中度高，两极分化明显，未来一段时期，行业内的兼并重组将成为院线的发展趋势，一二线城市市场趋于饱和，三四线城市的未来增长空间更大。

2. 视频节目制作企业的投资机会

近年来，综艺节目呈现爆发式增长，随着制播分离运作模式的不断成熟，一批精品类综艺节目不断涌现，现象级节目收入迅速提升，衍生领域的

回报也十分可观，社会化制作公司快速成长。截至 2014 年 7 月，当年冠名费超过 1 亿元的综艺节目有 8 个，超过 5000 万的节目已经超过 30 个，广告收入超过 130 亿元。在此背景下，具备优势的电视台、方兴未艾的民营制作公司以及资源丰富的视频类网站等都将迎来难得机遇。

3. 图书策划及数字出版的投资机会

近年来，图书出版领域依然保持增长趋势，但生存压力不断加大。未来一段时期，行业内的整合机会依然存在，优质的图书策划公司仍有成长空间。与此同时，位于图书产业链下游的实体书店行业近两年呈现回暖态势，一些新型品牌书店陆续出现，未来具备较强品牌影响力、运营能力和创新特色的实体书店依然会吸引一些产业资本的关注。

随着互联网产业的快速发展，数字出版企业也快速成长，特别是具有互联网基因的数字出版企业更具发展潜力。虽然数字出版业依然处在发展初期，商业模式尚未成熟，但其发展前景良好，也蕴含着不少投资机会。

（三）围绕互联网与传媒融合发展，分享产业升级红利

近年来，互联网行业的快速发展已经开始对文化传媒行业的长期发展带来改变，特别是对现有商业模式和企业战略等方面产生变革式影响。未来，投资人可在主流媒体的新媒体业务延伸、互联网领军企业参与传统行业改造和泛媒体领域快速成长等行业发展趋势中获得投资机会，分享产业升级红利。

现有主流文化传媒企业，包括国有控股下的出版集团、报业集团、广电集团等，正在逐步顺应互联网行业对文化传媒产业逐步改造的大趋势，充分利用在传统文化传媒领域的积累和优势，主动向新媒体领域进行业务延伸。主流媒体企业通过内生式发展或外延式并购等方式积极拓展新媒体业务的过程中，蕴含着大量的投资机会。

现有互联网领军企业，例如腾讯、百度和阿里巴巴等，正在逐渐利用其平台流量优势，加大其战略布局，推动互联网对传统行业的改造和影响，特别是在文化传媒行业。在此过程中，投资人可以与互联网企业共同参与对传

统企业的改变过程，推动传统传媒积极转型。

互联网行业衍生出来的新兴泛媒体领域，例如在线教育、网络游戏、品牌经纪、新型智库等，也将迎来布局的机会，投资人可在此过程中分享互联网行业助推产业升级带来的价值提升。

展望2015年，文化传媒产业将在出版广电改制，以影视、综艺、出版策划等为代表的内容行业，互联网快速发展带来的新兴泛媒体等领域迎来新的投资机遇。与此同时，传媒产业在发展过程中也面临不少问题，进而带来一些潜在的投资风险。出版、广电行业在政策监管严格的背景下，其不同企业的改制进程存在一定的不确定性，传统媒体在转型和融合发展过程中也会遇到诸多挑战，能否顺利实现新的发展有待市场检验；影视、综艺等内容市场整体保持快速发展态势，但行业局部仍存在一定的投资风险，行业估值水平存在偏高现象；互联网相关的新兴媒体领域存在大量的投资机会，但也面临着商业模式尚未成熟、市场环境变化更新较快、市场参与者众多导致竞争日趋激烈等问题。未来的文化传媒投资市场上，机遇多于挑战，投资者在面对大量的投资机会时应理性应对。

参考文献

[1] 崔保国：《中国传媒产业发展报告2014》，社会科学文献出版社，2014。

[2] 国家新闻出版广电总局：《2013年全国新闻出版产业分析报告》，2014年7月，http：//www. gapp. gov. cn/upload/files/2014/7/9173244898. pdf。

[3] CNNIC：《第35次中国互联网络发展状况统计报告》，2015年2月3日，http：//www. cnnic. net. cn/gywm/xwzx/rdxw/2015/201502/W020150203456823090968. pdf。

B.9

2015年养老产业发展趋势与投资机会分析

易善策　杨明辉*

摘　要：随着2013年相关养老政策的陆续落地，2014年也成为养老政策的落地年和实践年。宽松的政策环境促进养老方式向社会化加速转变，社会力量的参与有效补充了养老产品和服务的供应，促使其发展模式由原来的百花齐放逐渐向服务为本过渡。而对照美国、日本等发达国家，我国的养老产业仍然存在制度政策不完善、保障体系不健全、产业模式不清晰等问题，仍处于摸索期。2015年，我国养老产业仍将延续快速发展势头，但养老需求将更加个性化和多样化，发展模式将进入创新活跃期，养老市场会进一步细分，专注于细分市场的供应商将逐渐增加。投资者需要有大局观和大思维，通过整合外部优质资源为客户提供更加全面、有效的服务，进而使投资利润最大化。

关键词：养老产业　发展趋势　投资机会

人口老龄化是一个世界性的趋势。根据国际通用标准，中国在2000年

---

* 易善策，博士，建投控股有限责任公司战略规划部养老业务团队成员；杨明辉，硕士，建投控股有限责任公司战略规划部研究员，主要研究方向为健康养老产业的发展环境、发展状况及投资布局策略等。

已进入老龄化社会。而根据国际货币基金组织（IMF）的预测，到2020年我国老年人口占比将超过15%，2050年这个比例将达到1/3，进入重度老龄化阶段。可见我国老龄化速度较快。

我国老年人口的快速增长、老年人比例的不断增大，将带来更多的对社会照料的需求，这也将催生出一些新的养老方式和投资领域。

一　养老产业简介

（一）老龄事业与养老产业

老龄事业是指为保障老年人的基本生活，由政府主办的非营利性公共服务事业，并以法律的形式保证其公平性和公正性。

养老产业则是指服务于老年人高层次生活和文化需求的、主要由社会资本兴办并提供相应商品和服务的营利性事业活动的总称。

在西方，老龄事业和养老产业有明显的区别，前者主要由政府提供，保障老年人的基本需求；后者由社会提供相应的产品和服务，满足老年人多样化、高层次的生活需求等。

（二）养老产业的界定

目前，对养老产业的界定尚未统一，各专家学者对养老产业的界定主要有3种基本观点：一是属于第三产业，仅包括老年服务业；二是涵盖第二、第三产业，包括专门生产老年用品或提供老年服务的行业；三是涵盖第一、第二、第三产业，包括所有与老年人物质和精神需求有关的产品或服务，是一个综合产业体系。

我们认为，养老产业是由老年消费需求带动而产生的一个行业，而不仅是一个产业部门所能涵盖的。养老产业的范围跨越了第一、第二、第三产业，涉及衣食住行游购娱等老年生活的方方面面，是一个综合性的产业。可以说，养老产业是服务于老年人群的所有产业部门的集合。

（三）养老产业的分类

由于老年人群需求的广泛性，养老产业具有产业链长、涉及领域广、关联度高等特征。

60岁以上老年人的需求结构与其他年龄段人群具有显著差异，物质需求以基本消费为主，精神需求更倾向于传统的文化娱乐项目，且对医疗服务的需求增加。

按照老年需求种类的不同，养老产业可分为养老地产、医疗护理、老年用品、生活照料、老年金融、娱乐文化、咨询服务等多个细分产业。

按照老年需求层次的不同，养老产业可分为本位产业、相关产业和衍生产业。本位产业包括地产开发、医护服务、老年食品及服饰等与老年生活密切相关的产业；相关产业包括人员培训、学习娱乐服务、专业设施设备及器械制造等，可以支撑本位产业的发展；衍生产业主要包括老年金融产品与服务、定制化产品与服务等满足老年更高层次需求的产业。

（四）我国养老产业的总体特征

1. 长期政府主导

长期以来，在我国城乡二元经济结构下，城镇养老主要依靠政府，农村养老主要依靠家庭。而随着新中国成立后第一、第二波婴儿潮人群逐渐步入老龄期，养老问题将快速凸显，家庭小型化使居家养老面临挑战，单凭政府力量已远不能满足社会养老需求。同时，对比发达国家养老产业发展路径，单纯依靠政府的养老体系难以满足社会需求，需要形成居家养老、社区养老和机构养老协调发展的局面。

同时，我国养老产业尚处于发展初期，虽然近年来陆续出台了一些扶持政策，但具体的实施政策和落地措施有待完善，整体扶持力度也不够，整个养老产业的体系和发展模式还不明确，这也导致了我国养老产业向社会化转型步伐缓慢。

2. 供需严重失衡

相比我国老龄化的快速发展，政府主导下的养老产业发展速度较慢，机构养老严重供不应求，养老护理、老年产品与服务、养老服务与康复服务等发展明显滞后。根据全国老龄办的统计数据，截至2013年底，我国养老机构床位数达到493.7万张，平均每千名老人拥有床位24.4张，远低于发达国家50～70张的水平。老年痴呆护理院、临终关怀医院等专业化机构数量较少，老年商品生产厂家比较缺乏，而且普遍规模小、品种单一、缺乏知名度。

同时，对于老年健康、社区服务、网络购物等逐渐兴起的老年消费热点，市场供给相对缺乏，仍有许多空白市场需要填补。

3. 养老意识处于转型期

在中国传统文化和孝道理念等的影响下，我国的养老模式长期以来一直以家庭养老为绝对核心，但随着家庭人口数量减少，子女与父母分处两地、“4－2－1”家庭结构的普遍化等，子女越来越无暇照顾父母，家庭养老的压力越来越大。同时，我国社会保障机制尚未完善，仍只局限于医疗等方面，许多养老问题亟待研究解决。人口老龄化、高龄化和空巢化几乎同时出现，而家庭养老和社会养老发展不同步，使得养老问题更加严峻。

因此，随着社会环境的转变，传统的家庭养老模式将面临巨大的冲击，老年人对于养老模式的认知和选择也将逐渐发生变化，将会有更多的老年人选择社会化养老的方式。

二　2014年养老产业发展状况[①]

截至2013年底，我国60岁以上老人数量超过2亿人，老龄化水平接近15%，65岁以上老人占比为9.7%。老年人口数量的快速增长，将带来巨大的市场需求，而越发突出的养老问题，也给国家和社会带来了空前的压力。

① 本节所涉及数据如无特别说明，均来源于国家统计局。

老年人口抚养比为13.1%，并呈逐年上升趋势。2014年，从国家到地方，从企业到个人，无不关注养老产业。

（一）相关产业政策逐步落实

随着国家对养老产业的持续关注，相关产业政策也相继发布和落实。

2013年9月国务院印发了《关于加快发展养老服务业的若干意见》，对加快我国养老服务业的发展提出了一系列指导意见。

2014年，各部门又陆续出台了相关配套意见。国土部出台的《养老服务设施用地指导意见》对养老服务设施用地范围进行了明确界定；国家发改委、民政部和卫生计生委联合发布了《关于组织开展面向养老机构的远程医疗政策试点工作的通知》，决定在北京、湖北、云南三地启动养老机构远程医疗试点；保监会发布的《关于开展老年人住房反向抵押养老保险试点的指导意见》则要求北京、上海、广州、武汉四地启动“以房养老”试点。

同时，各地也根据《关于加快发展养老服务业的若干意见》，积极推出了多项配套政策，尤其是人口老龄化相对较为严重的省份，在政策上做出了诸多突破（见表1）。

表1　2014年主要养老政策概览

出台单位	政策名称	政策要点
国土部	《养老服务设施用地指导意见》	对养老服务设施用地范围进行了明确界定
国家发改委、民政部和卫生计生委	《关于组织开展面向养老机构的远程医疗政策试点工作的通知》	决定在北京、湖北、云南三地启动养老机构远程医疗试点
保监会	《关于开展老年人住房反向抵押养老保险试点的指导意见》	要求北京、上海、广州、武汉四地启动“以房养老”试点
国务院办公厅	《国务院关于建立统一的城乡居民基本养老保险制度的意见》	全面建成公平、统一、规范的城乡居民养老保险制度，与社会救助、社会福利等其他社会保障政策相配套，充分发挥家庭养老等传统保障方式的积极作用，更好地保障参保城乡居民的老年基本生活

续表

出台单位	政策名称	政策要点
福建省	《关于加快发展养老服务业的实施意见》	养老服务设施覆盖所有城市社区、90%以上乡镇和60%以上村；每个市、县有1所以上护理型养老服务机构
新疆维吾尔自治区	《关于加快发展养老服务业的实施意见》	实现养老服务与医疗康复、文化教育、家庭服务、旅游休闲、金融保险等相关领域互动发展
江苏省	《加快养老服务业发展实施意见》	对省级示范养老服务业企业给予100万元一次性奖励
山东省	《关于加快发展养老服务业的意见》	建立养老服务储蓄制度
湖南省	《关于加快推进养老服务业发展的实施意见》	大力推进城市居家养老服务业
上海市	《上海市人民政府关于加快发展养老服务业推进社会养老服务体系建设的实施意见》	建成涵盖养老服务供给体系、保障体系、政策支撑体系、需求评估体系、行业监管体系"五位一体"的社会养老服务体系
重庆市	《加快推进养老服务业发展的意见》	增添"刚性"政策措施
合肥市	《现代服务业发展规划》	构建15分钟社区居家养老服务圈

资料来源：建投信托整理。

（二）养老方式向社会化加速转变

面对不断加强的社会养老压力，政府已经意识到社会力量参与的重要性。2014年以来，从国家层面到地方层面，多项政策的颁布和落实使行业准入不断放宽，优惠补贴措施相继推出，并从质量、价格等方面加强了行业监管，引导社会力量进入养老产业。

同时，针对低收入的老年人群，国家也从保障体系完善、养老机构建设、医疗护理配置等方面，大力推进社区化居家养老和机构养老，不断提升对低收入人群的保障力度；而针对收入相对较高的老年人，社会力量大规模进入，并为老年人提供了多样化的养老选择。

（三）养老产品与服务日渐丰富

随着国家相关鼓励政策的出台和社会力量的广泛参与，我国养老市场供给不足的局面正在改善。

老年地产方面，除了公立养老机构，民营的各类养老机构和养老社区纷纷推向市场，为老年人带来了更多的选择。而国外专业养老机构运营商，为老年人带来了更加全面和专业的养老服务。

医疗护理方面，医养结合方式的不断探索和落地，以及医生多点执业的逐渐放开，为老年人提供了更为便捷的医疗服务。国外专业护理培训机构则为我国带来了先进的培训体系和经验，可以有效提升我国护理人员的总体水平。

老年金融方面，国家开始大力推进老年金融的探索和尝试，并正式开展以房养老试点，为老年人提供更加全面的保障。

老年用品方面，老年交通工具、通信设备、健康穿戴设备等市场快速发展，移动医疗软件、老年电子购物网站等开始崭露头角，各种专门针对老年人的产品逐渐增多，一些知名品牌开始形成。

（四）产业介入主体更加多元化

面对养老产业巨大的发展空间，各路资本纷纷布局。当下最为火热的养老地产，就吸引了地产商、保险商、专业养老机构、央企等多方进入。泰康之家、乌镇雅园等纷纷进入市场，养老地产逐渐从开发走向运营。

除地产以外，养老产业的其他细分市场也吸引了众多投资者的目光，以老年在线购物为核心的“幸福九号”吸引到千万级别的投资，而泰福健康、蓝卡集团，以及一些互联网公司，不断加码移动医疗、可穿戴健康设备等领域（见表2）。

与此同时，受中国老年消费市场巨大潜力的吸引，大量国际知名养老服务机构也开始进入中国，涉及地产开发、人员培训、机构运营、康复健身、医院运作等多个方面，进一步加剧了未来养老市场的竞争格局。

医院在国外是推动养老产业发展的主角，目前在我国也开始逐渐向养老领域拓展。随着国家大力推进社区化养老，围绕社区医院、卫生服务中心等建立的日间托老所、康复中心、小型养老机构等开始大量出现，为医养结合做出了有益的探索。

表2　当前养老产业主要介入主体

企业类别	介入领域	代表企业	代表产品
养老住所提供商	养老社区与养老公寓的开发与运营	万科、保利地产、绿城、远洋地产、泰康人寿	万科幸福汇、乌镇雅园、远洋椿萱茂
养老金融提供商	老年金融产品研发与销售	建投控股、泰康人寿	老年保险产品、老年理财平台
养老服务提供商	移动医疗设备研发；医疗服务提供；家政照料服务提供；休闲娱乐服务提供	建投控股、泰福健康、仁爱华、蓝卡健康、唯创国际	移动医疗设备、家庭医疗与护理、定制化医疗保健服务方案；老年电商平台、老年旅游产品
养老用品提供商	符合老年使用习惯的产品的研发与销售	21克、普拉德	老年手机、老年代步工具

资料来源：建投信托整理。

（五）发展模式逐渐回归养老本质

养老的核心是服务。经过几年的快速成长，目前我国养老产业仍处于发展初期，发展模式百花齐放，但仍未出现一种能够持续成长的成熟发展模式。在此情况下，出于资本回报的要求，市场上出现了许多违背养老本质的做法，例如，借养老名义销售房产和保险产品等。这些模式虽然能在短期内产生一定收益，但长期来看，由于没有充分考虑老年人的需求，且相关配套也不完善，并不利于养老产业的发展。

随着各方对养老产业认识的加深、我国养老意识的逐步清晰，以及国外先进经验的引入，养老产业开始向以服务为核心的模式进行转变，关注重点开始向配套设施的完善、机构运营和服务质量、护理人员的专业培训等转变，更加注重老年人的需求，以及如何提升老年人的生活质量。

三　国外养老产业的发展历程与经验

我国的养老产业刚刚起步，而国外发达国家步入老龄化社会较早，养老制度相对较为完善，产业发展时间较长，运行机制相对成熟。因此，本报告以日本和美国为例，通过对其老龄化进程中养老产业的变迁和发展进行剖析，以期寻找可借鉴的经验。

（一）国外养老产业发展历程

国外养老产业的发展可分为以下 3 个阶段。

第一阶段是 18 世纪后期至第二次世界大战前。欧洲工业革命的兴起和发展，改善了人们的生活条件，推动了世界人口的快速增长。在这个阶段，三代同堂的传统养老方式较为普遍，老人主要由家庭成员照料，养老产业在这个阶段并未兴起。

第二阶段是第二次世界大战后至 20 世纪 60 年代。第二次世界大战后，新生儿数量明显减少，人均寿命延长，各国普遍趋于老龄化，共有 27 个国家在这一时期进入老年型国家。在这一阶段，专业化社会福利性养老机构开始兴起，满足了老年人的住房需求和社会需求。

第三阶段是 20 世纪 70 年代至今。从 20 世纪 70 年代开始，人口老龄化对发达国家的影响逐渐增大，财政支出愈发沉重，各国在制定政策时，开始将开发养老市场作为解决老龄化问题的重要途径。在此背景下，养老产业开始快速发展，社区养老服务业逐渐成形，并形成了包括老年用品、老年医疗、老年文化、老年休闲、老年公寓等多种业态的服务业和配套产业。

（二）美国养老产业的发展情况

1. 老龄化进程

美国于 1944 年正式成为老年型国家，老龄化发展速度在西方工业国家中处于中等水平。由于经济发展和医疗技术提高，美国人的寿命不断延长，

1900 年美国 65 岁及以上的老年人口数量仅为 310 万人，但这一数据到 1950 年便增加到 1229 万人，1999 年更是达到 3450 万人。根据美国人口普查办公室的预计，到 2050 年，美国 65 岁及以上老年人口的比例将达到 20.7%。其中，85 岁及以上人口的数量将超过 1800 万人（见图 1）。

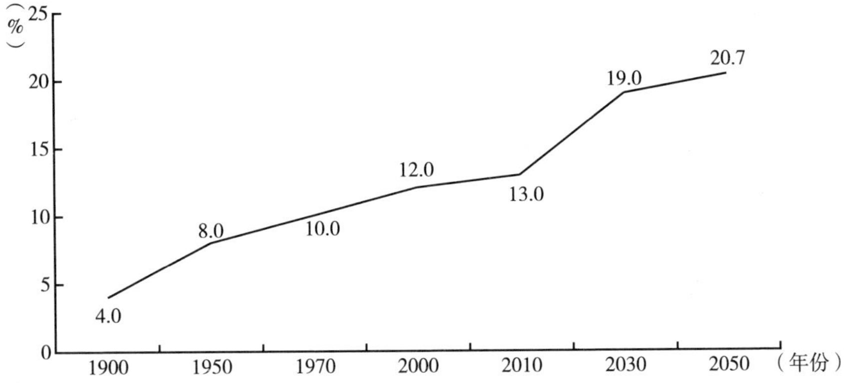

图 1　美国 65 岁及以上老年人口比例

资料来源：美国人口普查办公室。

2. 养老模式演变

美国的家庭属于核心型，老人一般都有自己的住宅，通常不与子女一起生活，对子女的依赖性较低，独立性较强。因此，美国在养老方式上以居家养老为主，并依靠众多服务机构提供各种服务。这些服务机构主要可分为 3 类：一是技术护理照顾型，提供 24 小时的医疗照顾；二是中级护理型，主要针对没有严重疾病、需要 24 小时护理的老年人；三是一般的养老机构，主要提供饮食和个人帮忙，提供基本医疗服务和 24 小时护理。

美国的养老机构多为非政府性质，但美国政府也为需要特殊服务的老人建立了专门的养老机构，如老年人公寓、老人院、老人护理院和老年痴呆病院等集中护理的养老机构（见图 2）。

除了居家养老和机构养老之外，随着房车的普及，以房车为载体的“候鸟型”旅游养老开始逐渐兴起。

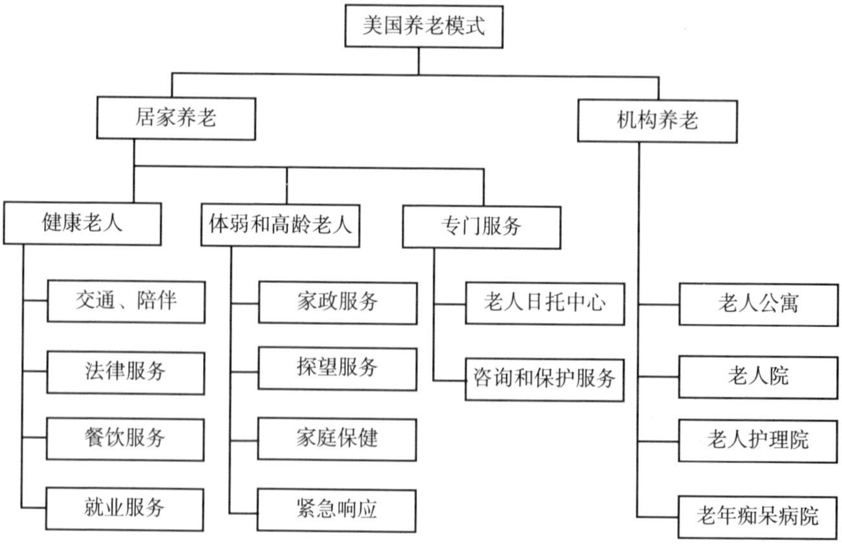

图 2　美国养老模式

资料来源：长江证券研究部：《中国养老现状》。

在养老保障方面，“以房养老”成为越来越多美国人接受并认为有效的方式，通过提前购置房产并进行出租或倒按揭，获取相应收益，为老年生活提供了良好的保障。

3. 养老产业发展

从 20 世纪 70 年代开始，美国政府加快社会服务的私有化步伐，养老产业也随之快速发展，养老机构快速增加，服务内容不断丰富。目前，美国养老产业已非常成熟，形成了较为完善的养老体系，全面覆盖各种类型和各年龄段的老年人。

在美国的养老产业中，养老社区占有重要地位。自 1772 年第一家由基督教堂医院演变而来的混合型慈善社区开始，养老社区在美国逐渐发展起来。1959 年美国《住房法》的颁布，有力地推动了养老社区建设走向规模化、专业化、标准化，养老社区开始繁荣兴盛起来。

20 世纪 80 年代，随着人口老龄化程度加深和政府压力增大，美国养老服务开始向社会化转型，市场和民间力量在养老事业中逐渐开始发挥主导性作用，这也奠定了美国“社团主义市场经济型”福利国家的地位。

目前，美国的养老社区已经非常成熟和完善，主要类型包括活跃老人社区、独立生活社区、协助生活机构/社区、专业理疗养老院和持续护理退休社区等。

（三）日本养老产业的发展情况

近年来，由于日本出生率明显下降和老年人数量明显增多，对其养老问题的研究引发了各国的关注。同时，由于日本与中国在地理位置和传统文化等方面都较为接近，因此其养老产业的发展对于我国来说可能更具借鉴意义。

1. 老龄化进程

日本自 1970 年开始进入老年型社会，是最晚进入老年型社会的工业发达国家。但在成为老年型国家以后，日本的人口老龄化发展速度在发达国家中位居首位，1994 年达到 14%，2012 年更是超过 24%，成为全球老龄化程度最高的国家（见图 3）。

根据日本人口问题研究所的预测，随着“团块世代”（专指日本在 1947 ~ 1949 年出生的一代人，是日本在第二次世界大战后出现的第一次婴儿潮）的人口相继步入退休年龄，日本 65 岁及以上的人口数量将在 2015 年达到 3395 万人，2042 年更是达到 3878 万人，此后才逐步减少。

同时，作为世界上人口寿命较长的国家之一，日本的医疗条件不断改善，显著延长了人口寿命，而生育率也在持续下降，这些都使得日本老龄化程度不断加剧。高比例的老年人口为日本社会的发展带来了很大困扰。

2. 养老模式演变

日本由于东方传统文化和长子继承父业的习俗，父母与子女共同生活的较多。随着工业发展，家庭逐渐小型化，逐渐出现了父母与子女分而不离的养老方式，并逐渐向家庭、社会并重的养老方向转变，养老的形式开始多元化。

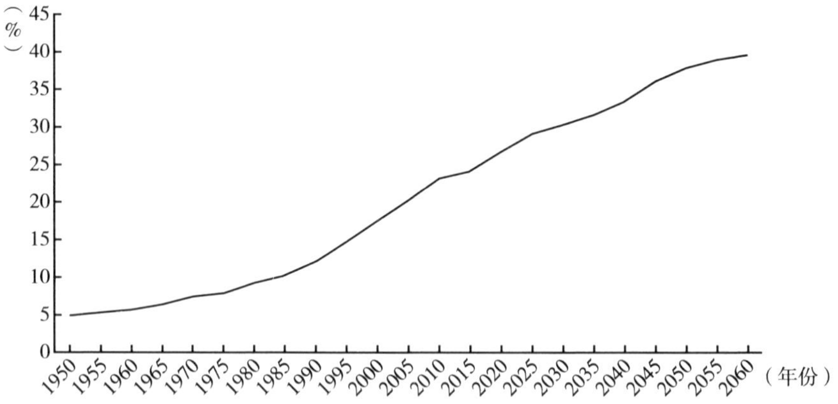

图3　日本65岁及以上老年人口比例

第二次世界大战前，以家庭为经济单位的传统家庭经济制度，造就了日本三世同堂、四世同堂的大家庭，同时也培育出传统的居家养老方式。

第二次世界大战后，日本产业结构发生了深刻变化，第二、第三产业快速发展，家庭外雇劳动者增多，传统的家庭经济制度开始受到冲击。年轻劳动力的迁移，使得子女与老人开始分离，家庭开始向小型化发展。同时，第二次世界大战后日本老年人的平均年龄呈增大趋势，进一步加重了家庭养老的负担，使家庭养老功能弱化，养老方式也逐渐由家庭转向社会。

随后日本开始大量建造养老设施，但从20世纪80年代末90年代初开始，日本发现由国家投资兴建福利设施，不仅耗资巨大，而且仅能解决日常生活照料的问题，老人与亲朋好友之间的感情与联系以及参与社会的期望都无法较好地得以实现。因此，日本修正了偏重老人福利设施的倾向，将老人福利的重心转移到居家福利模式上。

目前，日本人的养老方式属于家庭-社会型。老人养老不需要离开家的环境，养老资源主要来自家庭收入和子女照顾，生活经济支出和日常照料主要依靠养老保险制度和社会化服务。

同时，针对情况不同的老年人，日本也建立了老年人日托服务中心、老年人短期入住设施、养护老人之家、特别养护老人之家等形式多样的老年人福利设施，以及专门为老年人提供疗养、康复、咨询等服务的福利设施。

日本现代养老方式，在筹划安排好老年人养老生活的同时，把养老保险与产业开发和扩大就业等有机结合起来，并大力开发老年人需求市场，使老年人的生活质量在市场开发中得到提高。这种养老方式，有效地解决了现代家庭的养老问题，缓解了老龄社会的矛盾，取得了良好的社会经济效果。

3. 养老产业的发展

日本自20世纪50年代就开始为养老做准备，而其养老产业的发展是在20世纪七八十年代才开始的，当时日本传统的家庭养老、政府主导的机构养老等已经无法满足社会需求，促使民间养老机构兴起。日本养老产业的发展大致可分为4个阶段。

第一阶段是20世纪70~80年代，属于养老产业萌芽期。在此阶段，政府主导产业发展，主要针对低收入人群提供基础养老服务，并建立市场规范和行业标准。

第二阶段是20世纪80~90年代，属于养老产业成长期。在此阶段，政府针对养老产业设立专门的研究和管理部门，开始重点关注老龄市场和养老产业，并制定了“老龄商务伦理纲领”，养老产业迅速成长。

第三阶段是20世纪90年代至21世纪初，属于养老产业发展期。在此阶段，政府逐渐制定和完善了针对老龄市场和养老产业的政策措施，有效推动了养老产业的快速发展。

第四阶段是21世纪初至今，属于养老产业扩张期。在此阶段，日本建立了世界上第一个护理社会保险制度，这是继“医疗保险”和“国民皆年金”制度之后日本最重要的社会保障制度，进一步完善了日本的养老体系。

围绕庞大的老年人口，日本逐渐形成了涵盖养老住宅、养老金融、养老家务服务、养老医疗服务、养老文化生活服务、养老生活用品等领域的完整的产业链，并且已将其中部分产业确定为日本经济未来的增长点，通过将相关产业建设为优势项目，参与未来国际竞争。

四　养老产业的发展趋势

（一）养老产业的发展环境分析

1. 老龄化加速奠定了养老产业发展的坚实基础

我国步入老龄化社会已有十余年的时间。按照联合国的传统标准，60岁以上老年人口占比达到10%，或是65岁以上人口占总人口比重达到7%，就意味着这个国家进入老龄化社会。据2000年第五次人口普查数据，我国60岁以上人口达1.3亿人，占总人口的10.3%，65岁以上老年人口已达8811万人，占总人口的6.96%。依照以上标准，我国在当时已经进入老龄化社会。但由于2000年我国城镇化水平仅达到36.22%，正处于城镇化发展的加速阶段，老龄化率的提升整体也相对平缓，尚未有突出的老龄化压力，社会对老龄化问题的认识和关注度并不高。

进入2010年以后，我国老龄化速度显著加快。从2000年到2010年我国老龄化率提高不到3个百分点，但2010～2020年我国老龄化率将提高超过4个百分点。从图4中也可以看出，近年老龄化率发展的速度有了明显的提升，在图中呈现出两个完全不同的增长斜率。预计在2025年之前，我国就将进入深度老龄化阶段，即65岁以上人口占比超过14%；而在2035年之前，我国将进入超级老龄化阶段，即65岁以上人口占比超过20%。因此，我国已经进入快速老龄化阶段。随着人口红利的消失、老龄化的加速，我国将面临越来越严峻的养老问题。

我国老龄化率的进一步加速提高意味着老龄人口的迅速增加。目前，我国老龄人口已经超过2亿人，到2020年将接近2.5亿人，到2030年将接近3.5亿人，到2040年将超过4亿人。从增长速度来看，2000～2030年，老龄人口的年化增长速度从每年3.2个百分点，上升到4.3个百分点，之后保持高位运行，大大高于世界平均增速。快速增加的老年人口规模以及由此带来的稳定需求为养老产业的发展奠定了坚实的基础。

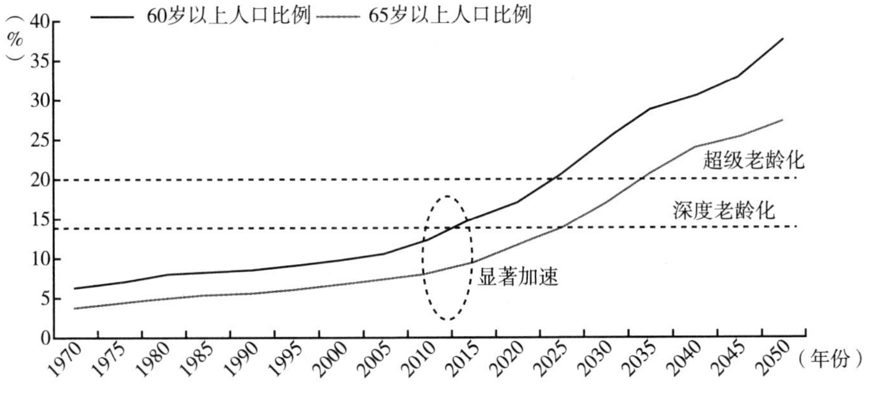

图4　我国老龄化发展速度

资料来源：联合国人口预测模型。

2. 养老的社会化为养老的产业化发展带来契机

伴随着我国城镇化进程的加快与社会经济的发展，传统的养老模式受到前所未有的挑战，家庭养老的功能逐步弱化已经是一个不争的事实。计划生育政策的实施、城镇化带来的人口大迁移都对当下中国的家庭结构产生了较大的冲击和影响，空巢家庭的数量日益增多。我国家庭户均人数下降趋势十分显著，1990 年户均人数为 3.96 人，2010 年降低至 3.10 人，2012 年进一步降低至 3.02 人。并且，1 人户、2 人户的数量已占全部家庭数量的近 40%。① 人口迁移和流动导致家庭规模小型化。尤其是子女向城市的迁移以及出国，使得近年来由夫妇二人组成的核心家庭比重大幅提高。因此，“养儿防老”已经难以为继，对养老的保障也逐步由家庭内部的伦理关系外化为市场的契约关系。

家庭观念的转变、生活方式的现代化以及生活水平的提高，也推动了养老方式的多元化。除了居于主流的居家养老之外，社区养老、机构养老等模式也正大行其道，诸如候鸟式养老、异地养老等一些新兴的养老模式也跃跃欲试。尤其是伴随着经济条件提升，相当一批老人的养老观念在发生改变，他们已经

① 国家计划生育委员会编《中国家庭发展报告 2014》，中国人口出版社，2014。

不再受传统养老模式的束缚，可以更加独立、灵活地选择退休之后的自主生活，通过购买社会服务来满足更加多样的养老需求。因此，人口老龄化的压力以及家庭养老功能的弱化使得家庭和政府都无法单独负担养老重担。此外，社会经济的发展也使得养老观念在发生转变，满足更加多元的养老需求也需要社会、市场更多地参与其中。社会化养老势必成为未来的重要趋势，未来将有更多的人接受社会化养老服务，这就为养老的产业化发展带来了重要契机。

3. 政策陆续出台大力支持养老产业发展

鉴于中国老龄化程度的急迫性，国家也加快了相关政策的制定。近年来，养老服务体系建设、公办养老机构改革不断推进，加强养老服务标准化、统一养老保险制度等政策密集发布。早在2011年，政府制定了《中国老龄事业发展“十二五”规划》《社会养老服务体系建设规划（2011～2015年）》，明确了养老的总体规划。2012年，民政部发布了《关于鼓励和引导民间资本进入养老服务领域的实施意见》，吸引社会资本参与养老产业发展。2013年，养老的相关政策意见密集发布，例如，国务院《关于加快发展养老服务业的若干意见》、民政部《开展公办养老机构改革试点工作的通知》、住房和城乡建设部等部门《关于加强养老服务设施规划建设工作的通知》、民政部办公厅等《关于开展养老服务业综合改革试点工作的通知》。2014年以来，养老相关政策进一步完善，一批政策文件已经开始落地实施，例如，民政部、全国老龄办等《关于加强养老服务标准化工作的指导意见》、民政部等《关于做好养老服务业综合改革试点工作的通知》、财政部等《关于做好政府购买养老服务工作的通知》、发改委等10部门《关于加快推进健康与养老服务工程建设的通知》等。

梳理这些政策可以发现，政府对养老的规划主要是：中国养老以居家为基础、社区为依托、机构为支撑；推行公办养老机构公建民营试点，采用运营补贴、购买服务等方式；落实养老机构人均用地不低于0.1平方米的标准，建造日间照料中心、老年人活动中心等服务机构；加强养老服务标准化。并且，养老服务体系建设的具体目标得以明确，即到2015年，基本形成规模适度、运营良好、可持续发展的养老服务体系，每千名老年人拥有养老床位数达到30张，社区服务网络基本健全；到2020年，全面建成以居家为基础、社区为依托、机构为支撑的，功能完善、规模适度、覆盖城乡的养老服务体系，每千名老年人拥有养老床位数达到35～40张。

同时，2014年以来，相关政策正在逐步落地实施。配合《关于做好养老服务业综合改革试点工作的通知》，目前已经确定北京市西城区等42个地区为全国养老服务业综合改革试点地区。在资金方面，中央财政下拨服务业发展专项资金24亿元，支持在吉林、山东等8个省份开展以市场化方式发展养老服务产业试点。在鼓励社会资本投资领域方面，也明确了当前重点鼓励的3个领域15类项目（见表3）。这些政策的出台，都将规范养老市场的发展，对养老产业形成正面支持。

表3　健康与养老服务工程鼓励社会投资项目表

领域	序号	项目名称
健康服务体系建设	1	综合医院
	2	主要依靠中医药、民族医药开展诊疗的中医医院、中西医结合医院、民族医院和门诊部、诊所
	3	从事肿瘤、心血管、儿童病患、眼科、妇产科、口腔、整形外科等专门病种诊疗的专科医院
	4	提供综合性康复医疗、长期医疗护理以及针对老年病患开展诊疗等服务的康复医院、护理院、老年病医院
	5	健康体检、中医养生保健、健康评估、医学检验中心和影像中心等健康服务新兴业态
	6	为社区、乡镇、农村提供基本诊疗服务的门诊部(所)等基层医疗卫生服务设施
养老服务体系建设	7	为老年人提供膳食供应、个人照顾、保健康复、娱乐和交通接送等日间服务的社区老年人日间照料中心
	8	以失能、半失能老人为主,提供生活照料、健康护理、康复娱乐等服务的老年养护院等专业养老服务设施
	9	具备餐饮、清洁卫生、文化娱乐等服务的养老院和医养结合服务设施
	10	为农村老年人提供养老服务的农村养老服务设施
体育健身设施建设	11	能够开展田径、游泳、滑冰、球类等体育运动和培训服务的体育场地和设施
	12	向公众提供健身服务、能够开展多项体育运动的公众健身活动中心
	13	健身步道、登山步道、健身器械场地、球类场地及社区小型体育设施等户外健身场地
	14	向社会开放的学校体育设施
	15	提供健身设施及培训服务的健身房(馆)

资料来源：发改委等：《关于加快推进健康与养老服务工程建设的通知》，发改投资〔2014〕2091号。

同时，地方政府也积极出台养老政策，多省份鼓励养老机构发展。各地政府报告显示，正在做新建社区养老中心、新建街道乡镇养老照料中心、新建城乡社区居家养老服务照料中心等规划。地方政府推动养老产业发展的积极性大幅提升。

4. 虽然面临未富先老的问题，但是高净值人群的养老需求依然可观

我国老龄化问题不仅突出表现为老年人口规模巨大，而且总体上还呈现出“未富先老”的特点。这也就意味着老年人群的总体支付能力受到一定制约。虽然整体上存在未富先老问题，但中国的问题往往都存在多样性和结构性。伴随着我国经济的快速发展，高净值人群的规模也在迅速增长，有支付能力的高端养老需求正在崛起。多数调查均显示，目前我国高净值人群中，40~60岁的人群超过70%，50岁以上的人群占30%左右。这意味着，高净值人群的主体经过财富积累正在进入老龄阶段，并且存在一批有支付能力的高净值老人。这些人群渴望体面、尊严、有品质的养老服务，高端养老需求存在市场规模。

（二）对产业发展趋势的基本判断

养老产业在我国发展多年，但之前一直处于蛰伏状态，直到最近两年才成为炙手可热的门类。客观来说，养老产业经过之前的孕育和蓄势，目前已经“破土”，将进入快速发展的轨道。养老产业将是中国未来中长期极具发展潜力和发展前景的产业。

第一，从发展潜力来看，养老产业属于朝阳产业，未来20~30年都将有广阔的发展空间。目前，我国60岁以上老年人口超过2亿人，2040年以后将会出现每3个人之中就有1个老人的人口格局。巨大的老年人口规模本身就意味着养老及相关服务的潜在巨大市场。因此可以预见，养老产业未来将是一个十分巨大的产业。

第二，从行业阶段来看，养老产业是一个蓝海领域，产业发展刚刚起步，市场处于早期开发阶段。从产业生命周期来说，养老产业正处于行业早期阶段。一方面，面对巨大的养老需求，市场供给方面存在相当多的缺失；

另一方面，从产业组织结构来看，目前养老产业并未出现龙头规模企业和知名品牌，现有的一些机构只是市场的拓荒者，自身也远未成熟。因此，按照行业发展的一般规律，养老产业是一个典型的蓝海领域。

第三，从产业属性来看，养老产业兼具长远的经济价值和社会效益。养老不仅是一个经济问题，更是一个政府高度关注的重大社会问题。因此，养老产业的未来发展势必会迎来更加宽松的政策环境。

基于以上分析，我们认为，养老产业的未来发展前景不容置疑，不论是行业本身还是外部环境总体上都能够对其形成有利的支撑。同时，由于行业刚刚起步，养老产业近期仍需要经历一个探索创新的阶段。

（三）对养老产业未来发展的展望

1. 养老需求个性化、多样化特点显著

我国老年人口呈快速增长趋势，提供了庞大的潜在老年消费市场。但中国之大决定了养老市场并非是同质化的，养老需求将存在个性化、多样化的特点。一方面，中高端的养老消费需求开始显著释放，围绕高品质的养老生活形成层次化的养老需求；另一方面，部分老年人的养老理念也正在由被动转向主动，他们退休之后的消费更加积极主动，成为养老产业发展的重要推动力量。

2. 以市场为导向，参与主体多元化

发展成熟的养老产业是解决社会老龄化问题的基本思路。为满足老龄人口的需求，各级政府和社会正在积极探索和创新多元化的养老模式。目前，不少地区已经探索“公办民营”模式吸纳社会资金参与养老设施的运营，并由政府给予补贴。同时，2014 年 8 月，中央财政下拨的 24 亿元养老专项资金也由市场化的方式进行运作，通过中央财政资金引导，地方政府、银行、企业共同出资设立基金平台，以发挥政府财政资金的杠杆与撬动作用，吸引社会资本参与养老服务体系建设。因此，未来养老的参与主体将越来越多元化，并且坚持市场化、产业化的导向。

3. 出现创新的活跃期，发展模式多样化

新的服务模式和理念不断涌现，创新层出不穷，未来将出现更加多元化的产品和服务。目前养老产业还处在行业发展起步阶段，养老产品和服务都不成熟。针对老年人群多样化、个性化的养老需求，市场参与企业将会不断推出新的服务模式和养老理念，进行尝试和探索，进而提供更加多元化的产品和服务。例如，绿城就提出了“学院式养老”的理念，并在浙江乌镇投资项目将这一养老理念落地推行。因此，未来这种创新的产品和服务将会踊跃出现。

4. 养老市场将趋于细分，不同领域发展侧重点不同

养老产业是一个综合产业，产业链长、涵盖领域多，既涉及吃穿住用等日常生活起居，也包括健康护理、文化娱乐、金融服务等。因此，围绕老年人群生活的方方面面，养老产业将形成老年用品、老年公寓、老年护理、老年医疗、老年旅游、老年文化、老年娱乐、养老金融等多种养老服务及配套服务业。伴随着行业的整体发展，这些细分领域将形成专业性的市场供应者。

（1）养老地产领域。目前养老地产是养老产业中投资最为活跃的领域，尤其是民间资本进入踊跃，并且在北京、上海等一线城市以及东部沿海经济发达地区已经开始形成一些有规模的社会资本投资的项目。这一领域的投资尽管热度很高，但基本都处在探索阶段。尤其是从目前运营的状况来看，突出问题在于项目的入住率普遍不高，项目运营压力很大。并且，养老地产市场目前鱼龙混杂，相当一部分项目噱头大于实质。伴随着政策的调整和行业的发展，未来养老地产有望逐步规范，并逐步回归养老本质，淡化地产概念。

（2）养老服务领域。就目前的养老市场而言，专业养老服务的缺失无疑是整个产业的重要短板。换句话说，对于养老产业，服务是缺陷，人才是短板。基于这种客观现实，养老服务领域是整个产业的重点优先发展板块，否则养老地产仍然会陷入尴尬的境地。从市场状况来看，适应当前养老服务需求的专业化养老运营服务公司正在从传统行业中裂变形成，未来即将成为一支重要力量。

（3）养老用品领域。养老用品领域是一个发展相对较早的领域。但目前老年商品生产企业数量少、规模小，养老用品领域缺乏知名品牌，商品品种比较单一。未来在养老服务、养老地产等领域的带动下，养老用品市场的发展也将进入一个新的阶段。

（4）养老金融领域。我国的养老金融发展总体相对滞后，投资产品种类少、选择单一，以养老储蓄为代表的传统老龄金融服务处于主流。即使有一些公司推出了养老性质的金融产品，但本质上与普通的金融产品没有太大差异。因此，养老金融未来发展的关键在于创新。考虑到商业保险、信托等金融产品的属性与老年人需求的关联度较高，未来保险类、信托类和养老地产金融有可能率先实现突破。

5. 产品服务将逐步丰富和完善，市场结构短期内变化不大

目前养老市场发展规模还很小，专业化养老服务机构数量偏少，服务内容单一，服务水平不高，并且老年人专用产品尚没有形成规模效应，也缺乏龙头企业和知名品牌。受制于当前的起步发展阶段，这种分散的市场格局短期内不会发生重大变化，起步较早的企业目前领先一步，受人瞩目。但在探索创新阶段，暂时的领先并不意味着在未来的市场格局中依然领先。毋庸置疑的是，在中长期阶段，经过探索发展，养老产业将逐步迈向成熟。一个显著标志就是，经过探索阶段的市场检验和优胜劣汰，养老产业将诞生出航母级的大型企业，同时市场上也势必会形成一批知名的养老服务品牌。

五　2015年养老产业投资机会分析

（一）对投资养老产业的理性审视

1. 在大数据面前保持一丝冷静

养老产业有着美丽的大数据，不论从未来的市场广度还是市场深度来看，养老产业的发展前景都不容置疑。但是从养老宏观的美妙数据转化为企业微观的现实盈利，事实上并没有那么轻松。因此，理想的热度与市场的温

度之间还存在一些差异。毕竟，养老产业当前只是处于起步发展阶段，相当多的产品与服务并不成熟，企业也尚未形成明确的盈利模式，需要经过一段时间的摸索和试错。对于一个新兴产业而言，这是其发展必经的阶段。同时，养老市场总体上也还需要一定时间的培育。例如，让老年人认识到入住养老公寓、养老社区是一种全新的生活方式并非朝夕之事，这背后不仅仅是老人理念的问题，更涉及一个家庭两代人的决策。另外，政策环境虽然在逐步改善，但是对于眼下的养老产业来说，落地实施的政策仍不解渴，或者说对于具体的产业运营者而言只是杯水车薪。因此，当前的养老产业还存在一些客观的现实因素需要一定时间来克服，未来可以很美好，但眼下却要做好经历“九九八十一难”的充分准备。

2. 对养老产业市场热度的认识

当下养老产业投资的热度非凡。其中，既有真正的战略投资者，真心做养老，即使亏钱也要杀出一条血路；也有盲从跟风者，尚未认清养老，只是探探路、试试水；更有浑水摸鱼者，以养老为噱头，准备快进快出一把。从好的一面来看，这表明养老是市场中一个很好的概念，能够切中消费者的需求，同时市场对养老产业投资价值也形成了一致的认同。但从不好的一面来看，养老产业投资有些“虚火”过旺。例如，当下相当多的产品服务大都借养老之名，但缺乏养老的实质。即使是做养老，对养老的理解也不够深刻。尤其是在养老地产领域，“一窝蜂”地去盖适老化的房子，却忽视了养老的本质是服务这一客观现实。尤其是对于养老地产领域而言，不能再简单地借用地产粗暴地理解养老了，真正的养老地产要敢于直面养老的慢回报，勇于挑战“短期暴利”的地产思维，积极正视养老服务的专注与极致。

3. 关于投资时点的问题

对于真正的产业投资运营者而言，虽然目前会经历痛苦，但瑕不掩瑜，养老产业的投资时点已经到来。形成这一判断的逻辑主要有两点。第一，市场的爆发点与投资时点之间势必存在一定的时滞，投资需要适当提前布局，以时间换取空间。第二，当下存在一些结构化的机会可以先行把握。例如，将北京市、上海市与全国的人口出生率进行比较，可以发现，北京和上海

20 世纪 50 年代的婴儿潮十分显著，并且随后其生育率水平下降得比全国水平更快（见图 5）。这也就意味着 20 世纪 50 年代婴儿潮出生的人口已经步入老年，北京、上海等城市的老龄化问题将更加突出。

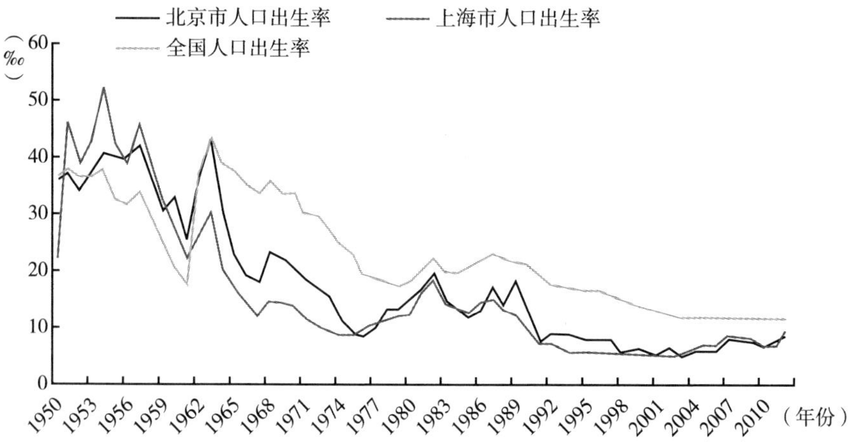

图 5　人口出生率情况

资料来源：历年《中国统计年鉴》。

（二）投资主题与主线

1. 关于投资思路

企业考虑投资一个新兴产业，不外乎通过布局希望达到以下目的进而塑造行业优势：一是构建技术优势，形成进入壁垒；二是形成规模，抢占资源；三是占领品牌高地。对于养老产业而言，这种思维虽然可行，但略显不足。这主要是因为养老产业涉及的领域多种多样，而且相当多的领域之间联系异常紧密，甚至互补配套。最典型的就是养老公寓与养老护理、医疗健康等资源的对接。因此，对于养老产业，投资者需要有大局观和大思维，进行资源整合型投资是上策，在投资养老的过程中，应沿着产业链中的核心资源和关键资源进行布局，并围绕核心资源、关键资源构造资源整合平台，通过整合外部优质资源为客户提供更加全面、有效的服务，进而使投资利润最大化。

2. 关于投资机会与投资主题

长远来看，伴随着老龄化的发展以及市场的培育成熟，养老产业的诸多细分领域都将从中受益，获得发展机会，存在差异的只是先后快慢的问题。然而立足于当下，养老产业处于起步阶段。这一阶段产业的显著特点是，顺应老龄化的态势，一些细分产业将率先爆发，但商业环境远不成熟，许多配套领域并未整体跟上，产业自身也没有达到系统化的水平。在这一阶段投资布局养老产业，需要从养老的核心环节入手，紧抓养老的本质，否则有可能被其他产业异化。具体投资机会如下。

（1）养老地产是最先受益的前端领域，存在先发性的投资机会。养老地产解决养老的基础设施问题。不论是老年住宅、养老公寓，还是养老社区，都是实现集中养老模式的基础。同时，过往的养老福利院并不能满足全面升级的养老需求，养老公寓和养老社区存在较大的市场缺口。并且，从国外情况来看，养老地产也是养老产业链中最为成熟的产业，国内养老地产的发展空间很大。

（2）优质的养老服务是整个产业的基石，是目前市场上最稀缺、养老需求最紧迫的领域。如果将住宅房子看作养老的硬件，那么毫无疑问，养老服务则是与之相配套的软件。结合目前的养老模式，不论是居家、机构还是社区养老的老年人群，最迫切需要的恰恰是专业的护理照料服务。尤其是选择机构养老的老年人群，其总体上属于刚需人群，即身体机能下降后居家或在社区无法满足其日常生活需要而被迫入住养老机构以获得专业护理和生活服务的人群。对于这部分刚需人群而言，养老服务才是其真正的诉求点。而目前市场上优质、专业的养老服务并不多见，存在供给盲点。

（3）养老金融是一个巨大的“蓝海”，投资者可以关注并着手布局。养老离不开金融，养老产业也离不开金融。尤其是伴随着高净值老龄人口的增加，适老化金融产品的需求将日益增加，其发展前景十分被看好。

3. 关于投资策略

结合当前市场状况来看，我们认为，养老地产、养老服务和养老金融的投资策略有所不同。

投资养老地产，需要注意节奏，量力而行。从大的趋势来看，投资时点没有问题，但要获得盈利需要一定的忍耐周期，因此需要量力而行。从投资火热的养老地产领域情况看，目前优质服务比较稀缺，新建的养老项目面临比较大的运营压力，未来几年可能会形成一批不良资产或烂尾项目。因此，当前的市场热度未来将会接受市场的检验和洗礼。

投资养老服务，可以按照生命周期区分不同的老年人群。刚需型老人的养老服务偏重于护理看护服务，而活跃老年人群的养老服务相对多元，尤其是在健康管理、教育文化娱乐等方面，投资者需要深入思考退休老年人的需求，在其中可以挖掘出大市场。

养老金融领域的重点在于创新。例如，当下在投资养老的各路大军中，险资颇被看好。这主要是因为在我国现行的资本市场和融资体制下，险资做养老具有长线资金的优势。更重要的是保险机构通过“保单 + 实物对接”的创新巧妙地绕开了养老的支付困境。因此，在银行、保险、信托等领域，需要创新养老金融产品，尤其在设计产品的门槛、风险、期限、收益等方面时，应更多地考虑养老的特点，使老年人群真正能够实现金融养老。

B.10

2015年医疗健康业发展趋势与投资机会分析

邹继征*

摘　要：健康与医疗产业是国家的核心竞争力之一，致力于在生命科学领域提供领先的创新解决方案，为用户提供更好、更优质的医疗服务。狭义的医疗健康业分为医药工业（制造业相关）和医药服务（服务业相关）。发达国家长期以来重视医疗健康产业的发展，医疗健康产业支出占GDP的比重在10%左右，美国的这一比例更是在15%以上。对比我国在医疗健康产业上的支出可以看出，我国的医疗健康产业仍有很大的发展空间。2014年下半年以来，国内的宏观经济环境以及医药行业均发生了较大的变化，"改革时代"的序幕已经拉开。在这种新形势下，医疗行业的政策、规划、布局都将释放出新的医疗需求。

关键词：医疗健康　发展趋势　投资机会

* 邹继征，经济学学士，高级经济师，中国建投研究院高级研究员，主要研究方向是大健康产业。

一　医疗健康产业概述

（一）医疗健康产业界定

1. 定义和分类

在我国，并没有医疗健康产业明确的定义。现实中，狭义的医疗健康产业是指与医药产销及医疗服务直接相关的产业活动，总体上分为医药工业（制造业相关）和医药服务（服务业相关），其中医药工业包含五大子行业，医药服务包含医药商业、研发外包、医疗服务（见图 1）。广义的医疗健康产业即大健康产业，不仅包括与医药、医疗直接相关的产业活动，还包括围绕医药、医疗活动的边缘性产业，如制药设备、包装资料、人才服务等产业活动，它综合性极强，囊括了制造、IT、流通、服务、教育等诸多领域。

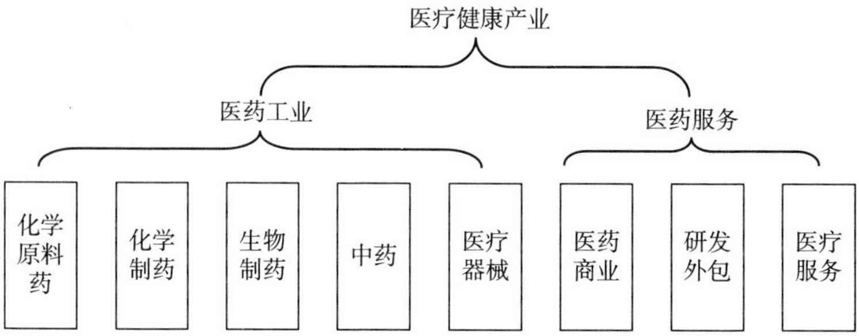

图 1　狭义医疗健康产业分类

资料来源：建投研究院。

2. 产业链分析

医疗健康产业的核心是以医院为代表的医疗机构，其他业务围绕医院的上游和下游展开（见图 2）。药品必须通过医药批发公司才能销售，医院是非常强势的终端。产业利润集中在医疗服务（医院端）和医药工业或者制造业。我国的医疗行业经过多年发展，医药工业已经进入下行区，未来医疗服务行业具有无限的发展潜力。

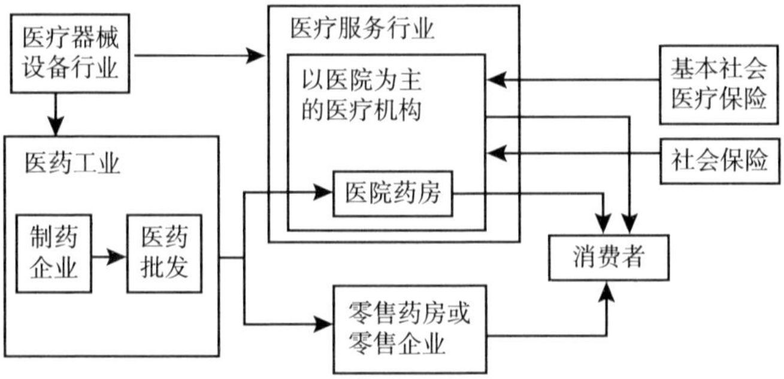

图2 医疗健康产业链

资料来源：建投研究院。

（二）我国医疗健康产业的总体特征

我国的医疗健康产业总体来看有以下6个特征。

（1）关系国计民生，企业承担风险大。

（2）企业众多，但行业集中度低，整个A股医药上市公司总市值低于美国辉瑞一家公司的市值。

（3）行业成长性好，易受风险投资的青睐。

（4）政府、医院对产业的下游行业拥有相当强的话语权。

（5）行业受国家政策影响巨大，如药品降价、新医改等政策。

（6）产品为刚性需求产品，行业为弱周期行业。

（三）国外医疗健康产业的发展

1. 医疗支出占GDP的比重较高

发达国家长期以来重视医疗健康产业的发展，美国更是医疗健康产业发展最好的国家，其医疗支出占GDP的比重一直在15%以上。对比我国在医疗健康产业上的支出可以看出，我国的医疗健康产业仍有很大的发展空间（见表1）。

表 1　2011～2013 年发达国家与我国医疗支出 GDP 占比比较

单位：%

地　区	2011 年	2012 年	2013 年
英　国	9.2	9.3	—
奥地利	10.9	11.1	—
法　国	11.5	11.6	—
意大利	9.2	9.2	9.1
德　国	11.2	11.3	11.3
美　国	17.9	17.9	—
荷　兰	11.2	11.8	12.0
中　国	5.15	5.36	—

资料来源：OECD Health，Wind 资讯。

2. 私立医院占据重要位置

医疗体系更为完善、医疗水平更为先进的发达国家，在医疗需求迅速增长、医保改革、财政控费多重因素的影响下，大都经历了医院产业私有化或集团化的发展过程，培育出了大型医疗集团公司。其医疗健康产业模式的变革以及私立医院的生存和发展历程，对于我国医疗服务产业改革特别是探索民营医院出路具有一定的指导意义。

（1）美国：医疗机构是医疗集团的天下

美国是世界上私立医院发展较好的国家之一。由于医疗控费，美国不断涌现出大型医疗集团，例如，拥有 164 家医院、106 个独立的手术中心、收入超过 320 亿美元的全球最大的医院集团——HCA。数据显示，公立医院占全美医院总量的 27%，私立医院占 73%，其中社会非营利性医院占 52%，私立营利性医院占 21%（见表 2）。从服务人数来看，美国公立医院提供的医疗保障服务覆盖人群占到全美人口的 27%，而私立医院提供的医疗服务覆盖人群则占到全美人口的 58%。从管理上看，美国公立、私立医院都是院长负责制，人、财、物运行高度自治，医院管理机构精简、高效，管理人员身兼数职。其中，美国私立医院员工除医师之外都是聘用制，按合同管理。医师是自由职业人，不属于任何医院，但可从不同医院获取“入院特权”，多点执业。

（2）德国：经历过两次大规模私有化

2013年，私立医院在德国占到所有医院的74%。与公立医院相比，德国的私立医院每年获政府资金支持很少，但不需要缴税，而公立医院必须依法纳税。另外，私立医院盈利的用途不受限制，而公立医院盈利的用途被严格限制。1993年德国的医保付费方式从后付费制转向预付费制，私立医院由于效率更高而具有极大的竞争优势。2000年，德国政府宣布参考澳大利亚探索DRGs（按疾病诊断相关分组）系统，这推动了德国医院的第二次大规模私有化。经过两次私有化，德国的公立医院比例降到了如今的26%（见表2）。

（3）英国：私立医院定位高端

英国采取的是典型的全民福利医疗体制模式，公立医院占医院总数的90%，公立医疗系统覆盖了99%的人群。尽管英国的公立医院十分普及，但其私立医院定位于高端人群，就医条件往往更好，技术水平也更高，因此私立医院的医疗消费占英国医疗消费总量的约15%。

表2　2013年发达国家和我国医院所有制结构的比较

单位：%

地　　区	公立医院比例	社会非营利性医院比例	私立营利性医院比例
英　　国	90	0	10
澳大利亚	56	9	35
法　　国	35	27	38
加 拿 大	61	38	1
德　　国	26	33	41
美　　国	27	52	21
中　　国	66	10	24

资料来源：OECD Health。

3. 移动医疗商业模式逐渐成熟

一些发达国家的医疗健康产业在移动医疗领域已经有了较为成熟的盈利

模式，下面以美国为例进行介绍（见表3）。这些商业模式也被我国所借鉴，但是目前我国的探索仅停留在一些单一的模式上。

表3　美国移动医疗商业模式

模式	举例
为医院（或医生）提供信息化服务	为医生提供手机上的临床信息参考，利用健康数据将效果最大化、成本最低化，帮助医生以最合理的价钱提供最好的治疗效果；为药企提供精准的广告和问卷调查服务；为医院提供移动通信解决方案并向医院收费，其核心产品是一个让医生和护士戴在脖子上或别在胸前的移动设备
为客户提供远程医疗服务	提供短信服务的信息咨询公司；患者的掌上自诊工具；为个人提供个性化的、平价的健身指导服务；提供移动睡眠监测和个性化睡眠指导的公司
客户关系服务	根据地理位置、保险状态及医生的专长为患者推荐医生，患者可在平台上直接完成预约；提供个性化的医疗保健交易平台，以帮助相关人员更好地了解医疗服务的价格和某些供应商的质量
信息化诊所运营商	运营多家诊所，病人可以从网上预约并索取处方药，甚至获得检查结果的电子版，并通过网络查看个人健康结论。医生则可以通过网络访问电子病历
慢性病管理	专注于慢性病管理的移动技术；创造、开发、生产和销售一系列血糖仪、生物传感器（测试条）和糖尿病控制软件
可穿戴设备生产商	直接穿在身上，或是整合到用户的衣服或配件上的一种便携式设备。可穿戴设备不仅仅是一种硬件设备，更能通过软件支持以及数据交互、云端交互来实现强大的功能
大数据服务	提供基于云服务的电子病历、业务管理、病患沟通以及协调护理4项服务，并提供移动医疗应用软件

资料来源：根据“生物谷”网站资料整理。

4. 分级诊疗运行框架各有千秋

分级诊疗是指按照病情的轻、重、缓、急及治疗的难易程度对疾病进行分级，由不同级别的医疗机构承担不同疾病的治疗，以发挥其各自优势，实现从全科到专业化的医疗过程。从全球范围来看，英国、日本、印度等，不论是发达国家还是发展中国家都在推进分级诊疗，以全球经验来看这是医疗体制改革的一个必然方向，在三医联动的背景下，分级诊疗更是串联医疗、医保、医药改革的有力主线。

（1）英国：完全政府主导下的分级保健制

英国的国家卫生服务体系称为NHS（National Health Service），现已明确了分级保健制，体系分为两大层次（见图3）。通过全科医生模式，每个居民都有对应的免费的家庭医生进行分级诊疗，但这种模式令政府开支增长过快。在此背景下，基础医疗设施建设，包括社区医院、耗材、器械以及全科医生建设快速增长。信息化建设同步跟上，包括个人健康档案、医院间互联等，以为转诊提供便利，此外，英国在药品流通领域也进行了配套改革。

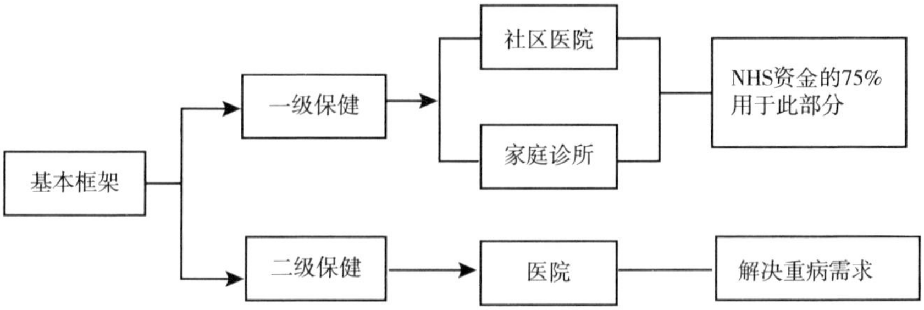

图3　英国的NHS分级保健制体系

资料来源：申万证券，建投研究院。

（2）日本：区域医疗层级式分级诊疗

日本分级诊疗制度的运行与英国完全相反，几乎走的是另外一条道路，其具有两大特点：①没有建立家庭医生（或全科医生）制度和法律强制的转诊制度，主要依靠完善的区域卫生规划；②医疗费用不再免费，而是由国民和政府共同承担，加入医疗保险的日本国民看病时只需自付30%的医药费（之前是20%），这样日本国民并不需要缴纳过高的保险费或消费税，日本政府也没有因为医疗支出过多而背上过于沉重的财政负担。

（3）印度：公立医院免费，分级诊疗逐步推开

印度的医疗体系的重点在于“免费”。由于免费的公立医院资源有限，

早在20世纪80年代，印度政府就在全印度建立起覆盖印度农村的三级医疗保健网络，虽然投入的资金不足，但基本做到了每3000~5000人就拥有一个最初级的保健站，这在很大程度上缓解了看病难的问题，但强制性较弱。目前印度医疗体系的重点在于免费拿药。

5. 医疗服务业高度集聚

以美国波士顿的医疗服务业为例，波士顿是世界著名的健康、医学教育和医疗研究中心，医疗服务业是其主导产业之一。波士顿以大型医疗机构和医学院校为中心，形成了医疗服务业的高度集聚。政府、企业、学校、科研4个因素的良性互动为波士顿地区健康医疗产业的顺利发展提供了重要保障。一流的科研机构孕育出先进的科研成果，同时培养出一大批一流人才；政府将推动健康医疗产业的发展提高到战略地位，为该产业的发展提供金融、政策和中介服务等帮助；企业将科研机构的研究成果产业化，推动了科研技术的推广。官产学研的相互支撑，使得该区域的医疗服务产业形成一个良性循环。

我国的部分医药或健康产业集群（如深圳、浙江等地）也可以借鉴波士顿的发展模式，形成医疗服务业的高度集聚，带动产业链的发展。

二　2014年我国医疗健康产业发展回顾

（一）产业整体概况

1. 医疗器械业和医疗服务业表现突出

医疗器械业和医疗服务业表现较为突出，其营收增速明显高于整个医疗行业增速。医疗服务行业的增长得益于改革政策的推行，特别医院的建设和并购；医疗器械行业的增长得益于科技创新的进步、产品创新、高端医疗器械逐步国产化等。

2. 生物医药公司前三季度净利润有涨有跌

Wind资讯统计数据显示，2014年前三季度，185家生物医药上市公司实现归属于母公司股东的净利润总和为376.4亿元，与上年同期相比增长50.66亿元。

131家上市公司业绩比2013年同期有所增长，其中19家上市公司的业绩增幅超过100%。其中，中源协和涨幅最高，对于业绩增长的原因，中源协和在2014年前三季度业绩预告中表示，公司对细胞检测制备存储业务进行了调价，推出了以存储生命资源为主题的“生命银行卡”，该卡在推广免疫细胞储存和治疗、基因检测等成人业务方面对公司四季度业绩形成了有力的支持。

同时，54家生物医药上市公司出现了业绩下滑。其中，包括广济药业、青海明胶、国农科技、九安医疗、沃森生物、紫鑫药业、莱美药业、桐君阁在内的医药类上市公司业绩下滑幅度均超过100%。

3. 医疗健康产业仍然是国内重点投资领域

从全球范围来看，医疗健康产业之所以成为朝阳产业，原因在于生物科技的不断发展为其提供了技术可能性、老龄化社会为其提供了庞大的消费者群体、政府福利支出加大为其提供了大量买单，这些均构成了医疗健康产业长期稳定发展的有利因素。

目前中国医疗健康产业发展进入了新的拐点期，原因之一是国家决定对医疗行业进行体制改革。医疗体制改革鼓励和支持社会资本进入的政策利好以及医疗健康消费市场巨大的增长潜力，促使医疗健康产业成为投资机构竞逐的重点投资领域。这主要体现在以下两个方面。

（1）2014年三季度海外并购环比增10倍

跨境投资并购互联网平台晨哨集团发布的《2014年三季度中资海外并购报告》数据显示，2014年三季度，生物制药、医疗器械和医疗服务业领域的并购活跃。中国医疗健康行业共发生了海外并购6宗，其中5宗披露了交易金额，披露总金额为6.22亿美元，比二季度两宗海外并购的5200万美元披露总金额增长了约10倍。

（2）医疗健康行业私募股权融资活跃

2014年医疗健康行业私募股权融资活跃，具体见表4。

表 4　2014 年医疗健康行业私募股权融资汇总

最新披露日期	被投资企业	投资机构	投资金额
2014/11/20	德易东方	磐霖资本	—
2014/11/18	抗癌卫士	软银中国	200 万美元
2014/11/14	百济神州	中信产业资本、高瓴资本、美国某基金等	4.5 亿元
2014/11/12	橙意家人科技	弘晖资本	500 万美元
2014/10/22	紫色医疗	金沙江创投、九合创投	—
2014/10/20	邦尔医疗	富达亚洲	9000 万元
2014/10/13	挂号网	腾讯基金	1 亿美元
2014/10/08	康复圈	—	数百万美元
2014/10/08	杨思医院	弘毅投资	—
2014/09/29	悦美网	联创测源	数百万美元
2014/09/23	欣荣博尔特	黑石集团	1 亿美元
2014/09/23	动动	联创策源	1000 万元
2014/09/20	永和阳光	清石投资	6046.5 万元
2014/09/18	爱瘦	泽厚资本	数百万元
2014/09/15	博医帮	北极光投资、阿米巴资本、汉能资本	500 万美元
2014/09/12	丁香园	腾讯基金	7000 万美元
2014/09/01	看处方	红杉中国	250 万美元
2014/08/25	慢友帮	清控科创	—
2014/08/19	春雨掌上医生	蓝驰创投、如山创投、中金公司、淡马锡	5000 万美元
2014/08/15	5U 家庭医生	挚信资本、赛富基金	—
2014/08/13	安华亿能	秉原秉鸿资本	—
2014/08/05	心医国际	中钰资本	5000 万元
2014/07/31	马泷诊所	弘晖资本	千万美元级
2014/07/28	大清生物	天津海达创业投资	—
2014/07/23	华康全景	云峰基金	100 万元
2014/07/22	迈迪加	戈壁基金	2000 万元
2014/07/17	友康科技	上海联创永沂基金	—
2014/07/16	康盛生物	温氏投资	—
2014/07/11	光辉天成	厚持资本	1000 万元
2014/07/09	绿叶制药	麦格理资本	2500 万元
		奥博资本	5000 万元
2014/06/16	盛诺一家	红杉中国	—

续表

最新披露日期	被投资企业	投资机构	投资金额
2014/06/12	新眼光	创业接力基金、鼎晖	2800万元
2014/06/03	健一网	上海国际创投	3亿元
2014/05/20	康泰生物	磐霖丹阳基金	—
2014/05/14	瑞一医药	宸乾投资	738万元
2014/05/12	三友医疗	新疆泰宝基金	666万元
		启明创投	333万元
2014/05/10	澳华光电	君联资本	1亿元
2014/04/26	海尔特种电器	北金凯雷基金	1.08亿元
		海尔创投	5.4亿元
		维梧创投	4.05亿元
2014/04/18	瑞尔齿科	新疆天域资本、凯门资本、凯鹏华盈、普思资本、德福资本、启明创投	7000万美元
2014/03/21	康康血压	—	3000万元
2014/02/15	发烧总监	北软天使基金	—
		戈壁基金	—
2014/01/22	泛亚医药	源恺资本	—
2014/01/21	众安康	道基金滨基金	3075.66万元
		道基晨富基金	1086.34万元
2014/01/20	国方医药	粤科集团	1000万元
2014/01/08	瑞博夸克	百奥财富	4500万元
2014/01/10	卓正医疗	经纬创投	—

资料来源：Wind资讯。

（二）医药工业

1. 产业整体保持高速增长

中国医药工业2003～2013年的总产值年均增长率为22.3%，总体高于GDP的增速（见图4）。

2. 医药工业总产值和利润增速仍在放缓

2014年前三季度医药工业总产值增速延续2013年下滑的趋势，其中前三季度医药工业总产值为16541亿元，同比增长13.15%，增速比2013年同期下滑5.2个百分点（见图5）。2014年前三季度利润同比增长

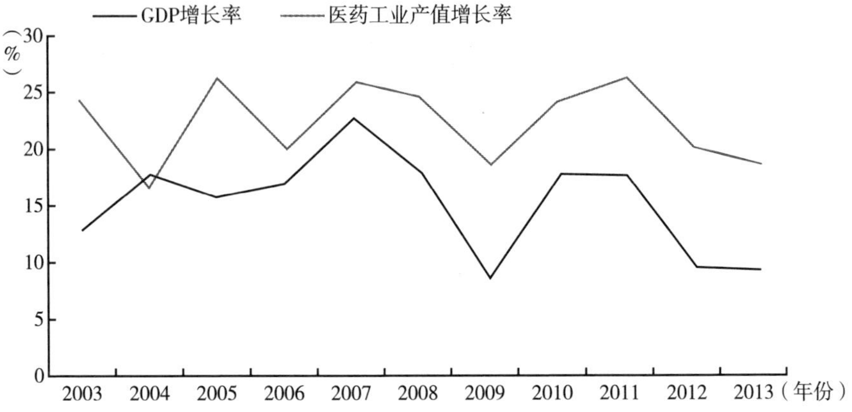

图 4　2003～2013 年医药工业产值增长率

资料来源：Wind 资讯。

12.5%，增速与 2013 年相比下滑 5 个百分点。从 2013 年下半年开始，医药行业数据表现不佳，其主要原因可能是宏观经济不佳、医药商业反贿赂和医保控费等。

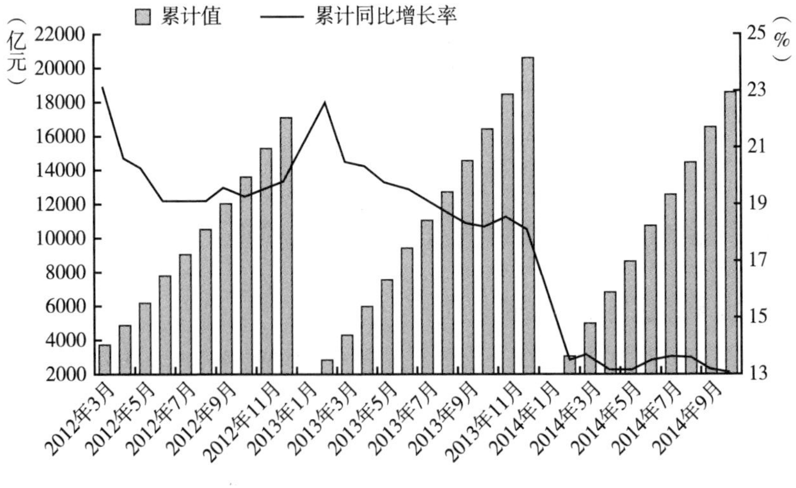

图 5　2012 年 3 月～2014 年 10 月医药工业总产值及增幅

资料来源：Wind 资讯。

3. 逐步探索药品招标采购制度

我国政府对医疗机构的投入严重不足，医疗服务价格也被限制在较低水平，医疗机构主要依靠药品销售维持收入。由于行业监管尚不完善，药品在购销环节往往被虚增价格，药品流通秩序混乱，行业不正之风盛行。为杜绝药品价格虚高，纠正混乱的药品流通秩序，我国开始逐步探索药品招标采购制度。经过试点探索和推广，目前进入了新一轮药品招标（2010 年至今）阶段。

药品招标制度的大规模推广确实从一定程度上降低了药品的招标采购价格，增加了药品采购的透明度，但是对价格的严苛要求使得招标的思路从“质量优先、价格合理”变为“唯低价是取”，进而产生了一系列问题，例如，药品质量下降、配送不达标，甚至某些低价药停产等。药品招标制度还有待完善。

（三）医疗服务

1. 医疗服务业发展空间巨大

2013 年10 月国家提出2020 年前要把医疗服务市场规模从2 万多亿元提升到8 万亿元。实际上，2013 年国内医疗服务板块与制药板块市场规模比约为2∶1，远远低于发达国家水平，因此我国的医疗服务业还有很大的发展空间，尤其是民营医疗服务业。

2. 民营医疗服务业增速持续领先

目前国内医疗服务体系中，公立医院依然占据主要份额，民营医院比例较小，与其他实行社会保障模式的国家相比，我国民营医院的比例偏低。在不均衡的竞争格局中，公立医院利用其资源优势，不断加强其优势，导致市场定价机制的扭曲，以及医疗资源的浪费。根据国家卫生和计划生育委员会统计数据，民营医院的门诊和住院人次大幅领先于公立医院，市场份额逐步扩大。

截至2014 年9 月底，全国医疗卫生机构达98. 2 万个，其中，医院2. 5 万个，基层医疗卫生机构92. 2 万个，专业公共卫生机构3. 2 万个，其他机构0.3万个。与2013年9月底相比，全国医疗卫生机构增加了21021个，其中，医院增加1082个，基层医疗卫生机构减少165，专业公共卫生机构增加19595个。

医院中，公立医院13341个，民营医院11963个。与2013年9月底比，公立医院减少86个，民营医院增加1168个。

基层医疗卫生机构中，社区卫生服务中心（站）3.4万个，乡镇卫生院3.7万个，村卫生室65.0万个，诊所（医务室）18.9万个。与2013年9月底比，社区卫生服务中心（站）和诊所（医务室）均有所增加，乡镇卫生院、村卫生室均有所减少。

专业公共卫生机构中，疾病预防控制中心3497个，卫生监督所（中心）3090个。与2013年9月底比，疾病预防控制中心减少25个，卫生监督所（中心）减少141个（见表5）。

诊疗人次方面，2014年1～9月，全国医疗卫生机构总诊疗人次达55.3亿人次，同比提高5.8%。其中，医院诊疗21.4亿人次，同比提高9.1%；基层医疗卫生机构诊疗32.0亿人次，同比提高3.6%；其他机构诊疗1.9亿人次，同比提高9.4%。

医院方面，公立医院诊疗19.2亿人次，同比提高8.6%；民营医院诊疗2.2亿人次，同比提高13.4%。基层医疗卫生机构方面，社区卫生服务中心（站）诊疗4.8亿人次，同比提高3.8%；乡镇卫生院诊疗7.3亿人次，同比提高2.9%；村卫生室诊疗15.0亿人次，同比提高3.7%（见表6）。

表5　全国医疗服务机构（截止到2014年9月底）

单位：个

项目	2013年9月底	2014年9月底	增减数
医疗卫生机构合计	960786	981807	21021
一、医院	24222	25304	1082
按经济类型分			
公立医院	13427	13341	-86
民营医院	10795	11963	1168

续表

项目	2013 年 9 月底	2014 年 9 月底	增减数
按医院等级分			
三级医院	1721	1875	154
二级医院	6676	6764	88
一级医院	6272	6774	502
未定级医院	9553	9891	338
二、基层医疗卫生机构	921712	921547	-165
社区卫生服务中心(站)	33872	34285	413
政府办	19636	18583	-1053
乡镇卫生院	37039	36933	-106
政府办	36629	36482	-147
诊所(医务室)	184292	188708	4416
村卫生室	654902	649637	-5265
三、专业公共卫生机构	12182	31777	19595
疾病预防控制中心	3522	3497	-25
妇幼保健机构	3061	3127	66
专科疾病防治院(所、站)	1278	1261	-17
卫生监督所(中心)	3231	3090	-141
四、其他机构	2670	3179	509

资料来源：国家卫计委网站。

表 6　全国医疗卫生服务机构服务量

项目	诊疗人次数(万人次)		诊疗人次增长(%)	出院人数(万人)		出院人数增长(%)
	2013 年 1~9 月	2014 年 1~9 月		2013 年 1~9 月	2014 年 1~9 月	
医疗卫生机构合计	522222.9	552673.2	5.8	13655.8	14634.0	7.2
一、医院	196350.6	214183.6	9.1	9957.5	11023.2	10.7
按经济类型分						
公立医院	176671.4	191869.7	8.6	8846.1	9703.1	9.7
民营医院	19679.2	22313.8	13.4	1111.3	1320.1	18.8
按医院等级分						
三级医院	86171.4	98602.5	14.4	3379.3	4407.6	16.6
二级医院	80942.9	85267.6	5.3	4836.5	5163.7	6.8
一级医院	12247.0	12787.3	4.4	486.8	548.9	12.8

续表

项目	诊疗人次数(万人次)		诊疗人次增长(%)	出院人数(万人)		出院人数增长(%)
	2013年1~9月	2014年1~9月		2013年1~9月	2014年1~9月	
未定级医院	16989.3	17526.2	3.2	854.9	903.0	5.6
二、基层医疗卫生机构	308663.2	319660.1	3.6	3055.3	2913.9	-4.6
社区卫生服务中心(站)	45823.7	47547.8	3.8	203.7	215.0	5.5
政府办	41322.0	40531.8	-1.9	165.3	172.1	4.1
乡镇卫生院	70716.9	72743.8	2.9	2817.9	2668.9	-5.3
政府办	70246.0	72249.9	2.9	2801.3	2653.0	-5.3
诊所(医务室)	40640.0	42200.0	3.8	—	—	—
村卫生室	145080.0	150450.0	3.7	—	—	—
三、其他机构	17209.1	18829.5	9.4	643.0	696.9	8.4

资料来源：国家卫计委网站。

3. 移动医疗面临机遇和挑战

医疗卫生信息和管理系统协会（Healthcare Information and Management Systems Society，HIMSS）将移动医疗定义为通过使用移动通信技术（例如PDA、移动电话和卫星通信）来提供医疗服务和信息。在目前应用最为广泛的移动互联网领域，移动医疗以基于移动终端系统的医疗健康类APP的应用为主要形式。

易观数据显示，2012年中国移动医疗市场规模达到18.6亿元，2013年达到22.1亿元，环比增长率达到20.8%。易观数据预测，2014年移动医疗市场规模将达到26.7亿元，2018年市场规模将突破百亿元。2014年以来，移动医疗领域的融资金额纪录不停被刷新。据不完全统计，当下移动医疗APP已经超过2000款，治病流程中的挂号、问诊、买药、支付等各环节都有企业在布局。10月13日，挂号网宣布获得超过1亿美元的融资；丁香园于9月融资7000万美元，春雨医生于8月宣布获得C轮融资5000万美元。我国互联网医疗进入成长阶段，行业发展正在获得越来越多的支持。国内主要移动医疗公司2014年融资情况见表7。

表7　国内主要移动医疗公司2014年融资情况

企业	投资机构	投资金额	投资时间	主要服务内容
挂号网	腾讯产业共赢基金	1亿美元C轮	2014.10	网上挂号预约服务、在线医疗健康咨询
丁香园	腾讯产业共赢基金	7000万美元C轮	2014.9	医务工作者交流平台，用药助手（医生/患者）
春雨医生	中金、淡马锡	5000万美元C轮	2014.8	自查+轻问诊的健康诊疗服务
华康全景网	云峰基金	数千万元人民币B轮	2014.7	网上挂号预约服务、在线医疗健康咨询
大姨吗	策源创投	3000万美元C轮	2014.6	女性经期记录、月经病自测与建议
5U家庭医生	赛富基金	数千万元人民币A轮	2014.8	私人家庭医生咨询和预约
九安医疗	小米科技	2500万美元A轮	2014.9	旗下iHealth生产监测血糖、血压、运动等的可穿戴医疗设备
咕咚网	深创投	6000万元人民币B轮	2014.3	生产监测运动、睡眠等的可穿戴医疗设备

目前，全国首家获得卫生计生部门许可的网络医院——广东省网络医院正式上线。采用“视频问诊+就地购药”的模式，在社区医疗中心、农村卫生室、大型连锁药店等地建立网络就诊点，通过视频问诊开具医院处方，病患再根据处方就近买药。

对比美国较为成熟的商业模式，目前国内大多数的移动医疗企业仍然处于用户积累的初级阶段，例如现在市场上比较热的消费型医疗概念设备，其大多集中于某些简单数据的监测与记录上，如血压与血糖监测、女性生理周期监测以及育龄妇女与儿童的体温检测等，缺乏对数据的深度挖掘，客户之间的互动性相对较差，很多移动医疗企业至今尚未形成较为成熟的盈利模式。更为重要的是，目前市面上的多数移动医疗企业均未解决一个最为核心的问题：不论是对慢性病的管理还是为客户提供远程医疗服务，所有数据的最终接收端都应为医生，但目前由于我国公立医院管理机制的问题，医生

（特别是三甲医院的医生）很难通过这些移动医疗设备及 APP 为客户提供详细充足的专业建议。

（四）医疗器械

1. 收入与利润的增速持续放缓

对比 2013 年，2014 年 1～9 月医疗器械行业的收入增速持续放缓（见图 6）。海外经济形势不明朗、出口增速放缓是行业收入增速下滑的主要原因。同时，出口需求不振，加之生产企业增加，导致竞争加剧，2014 年 1～9 月子行业毛利率和净利率同比略有下滑。

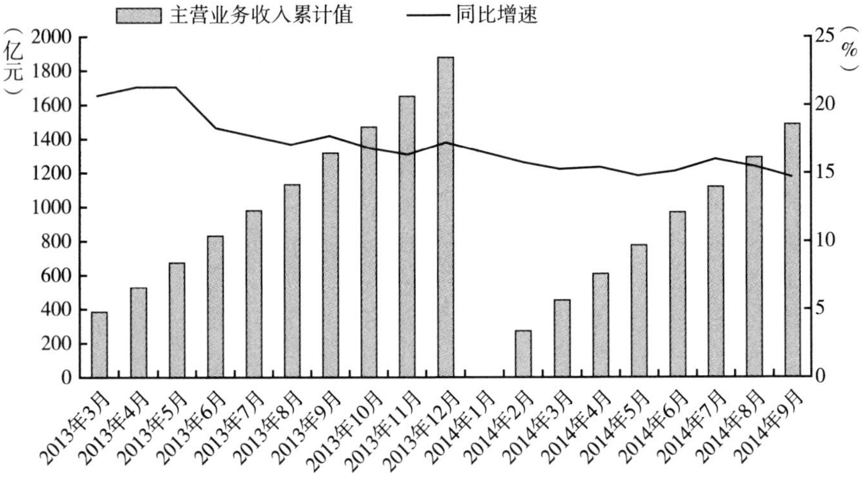

图 6　医疗器械行业主营业务收入及其同比增速

注：2014 年 1 月无对应数据。
资料来源：Wind 资讯。

2. 资本市场表现：高估值、高溢价

截至 2014 年 10 月 27 日，医疗器械行业指数为 5295.99 点，较上年同期上涨 0.76%；大盘指数为 2140.87 点，较上年同期上涨 2.83%（见图 7）。医疗器械子行业平均涨幅水平继续超过传统中成药、化学药及生物制药子板块。

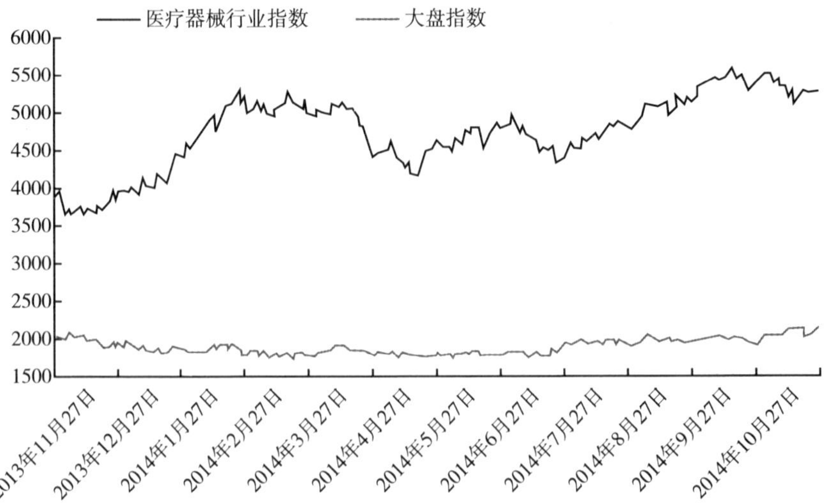

图7　医疗器械行业指数

资料来源：Wind资讯。

目前A股上市公司中医药生物类企业共计186家，其中医疗器械类共计20家。截至2014年11月24日，医疗器械行业指数市盈率为70.53倍（见图8）。这个估值水平对比A股行业整体估值水平和医药生物细分行业估值水平来看，都是相当高的。高估值的原因主要在于：①目前国内医疗器械与制药产值比例为1∶9，而美国等发达国家为4∶6，医疗器械有较大提升空间；②医疗器械子行业更容易通过并购取得成功，行业内并购活跃度也高于传统制药行业；③高端医疗设备还有较大的国产化空间。

高估值意味着二级市场对行业看好，而这种高估值又进一步激发了产业资本的运作动力，有利于上市公司的发展。

3. 行业情况和市场环境复杂

医疗改革的不断推进、居民消费能力的不断提高，以及家用医疗器械的普及等，带来近几年我国医疗器械行业的快速发展。

我国医疗器械行业的基本情况如下：①医疗器械行业有40多个细分领域，而细分领域的专业性强，技术壁垒高。经过多年发展，每个细分领域基本上都有自己的领军企业，但是数量很少。2014年，整个医疗器械

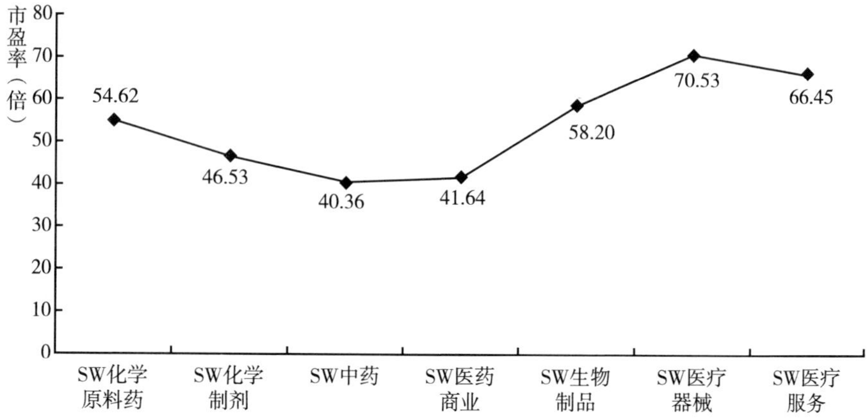

图8　医药生物细分行业估值水平

注：SW 代表申万。

资料来源：Wind 资讯。

行业规模以上企业仅千余家（见图9）。②中小型企业数量多，创业型公司多，能顺利发展壮大的公司数量少。③从收入总规模的对比情况来看，医疗器械行业的年收入远远低于医药制造业总体收入规模，发展相对较为滞后。

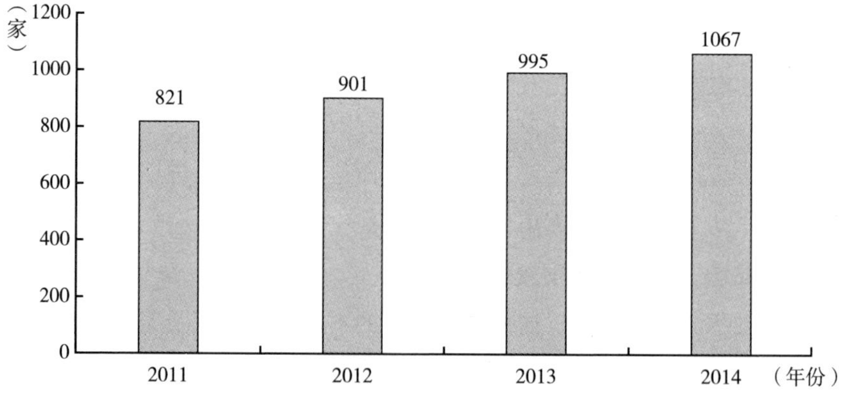

图9　医疗器械行业规模以上企业数量

资料来源：Wind 资讯。

我国医疗器械行业的市场环境情况如下：①资本聚焦一二级市场估值溢价；②大量中小型公司成为并购标的，大量风险投资催生企业成长并促进并购发生。

4. 医疗器械主要依靠进口，国产化任重道远

国内医疗器械市场上，外资企业占据了较大的市场份额。尤其在高端、大型医疗器械领域，以通用电气、飞利浦、西门子为代表的外资企业占据了绝对的优势地位。根据中国医学装备协会统计，目前三甲医院市场上，90%的磁共振设备均为外国品牌，彩超、监护仪和 CT 等其他高端设备同样被外资品牌所占据。除了技术水平差距外，目前三甲医院缺少对使用国产设备的激励机制是医疗器械国产化率低的重要原因。例如，在招标过程中，有些医院设置障碍只允许进口品牌进入，或者在规则上对进口和国产品牌区别对待。昂贵的进口医疗设备，不仅增加了国家财政的负担，也增加了患者的医疗费用。

截至 2014 年 10 月的数据显示，我国医疗器械进口累计金额为 67.1 亿美元，同比增长 5.5%；医疗器械出口累计金额为 71.4 亿美元，同比增长 7.5%。数据表明，2014 年我国医疗器械进出口均有所下降，但是贸易结构有所改善，国内开始注重医疗器械的国产化（见图 10、图 11）。

5. 发展前景比医药工业更加广阔

过去的十几年中，依托于旺盛的市场需求、良好的行业政策和监管环境，以及大量的同行业兼并收购，国内的药品市场迅速发展壮大。目前国内 6000 余家药品公司中上市公司已达 200 余家。国内的医疗器械公司大多以小公司为主，医疗器械行业约 15000 家公司中仅有 20 家上市公司。

长期以来，国内“重药品、轻器械”的发展模式导致了这种现象。发达国家则更加重视医疗器械行业的发展，医疗器械产业已成为发达国家提升生物医药产业和高端装备制造业的重要抓手。从国内外医疗产业的市场格局来看，2013 年全球医疗器械市场规模大致为全球药品市场规模的 47%（见图 12），而我国这一比例仅为 14%，未来国内的医疗器械市场仍有巨大的发

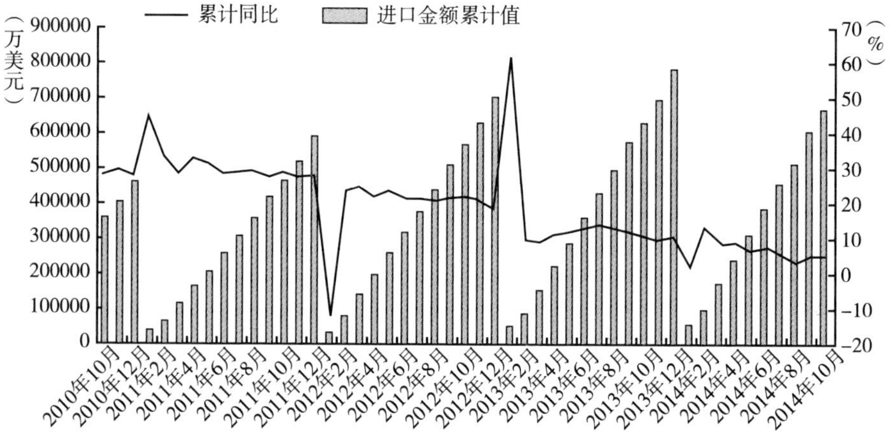

图 10　2010 年 10 月～2014 年 10 月医疗器械进口情况

资料来源：Wind 资讯。

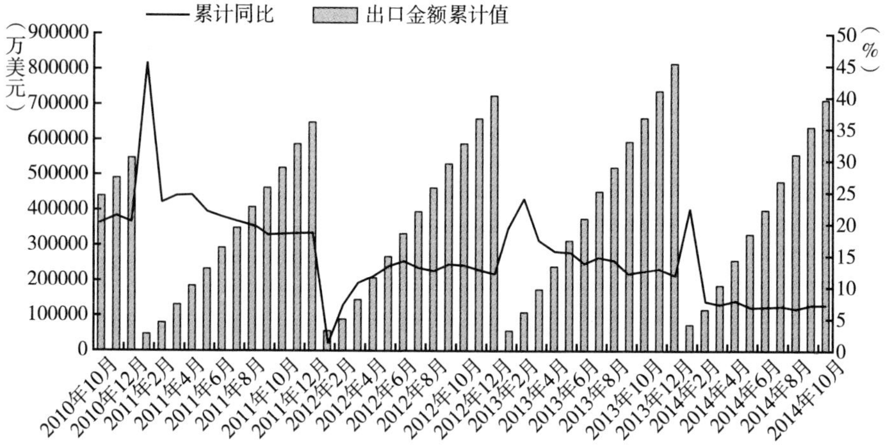

图 11　2010 年 10 月～2014 年 10 月医疗器械出口情况

资料来源：Wind 资讯。

展空间。

此外，从人均医疗器械费用上看，我国与发达国家相比还有很大差距，我国的医疗器械行业整体还有较大发展空间（见图 13）。

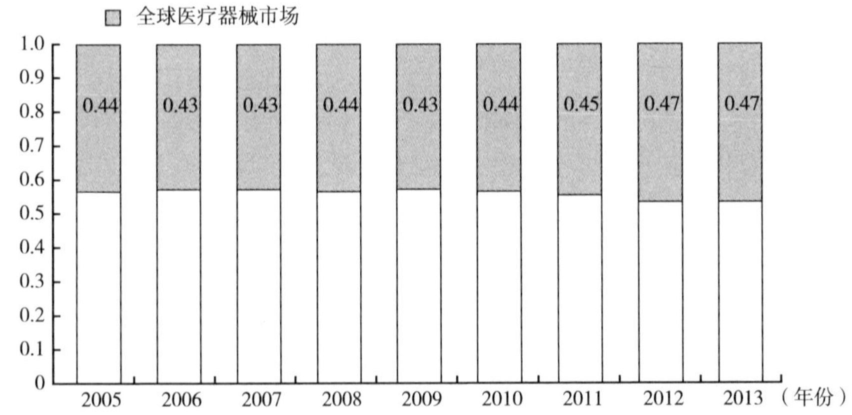

图12　全球医疗器械在药品市场上的占比

资料来源：Evaluate Medtech。

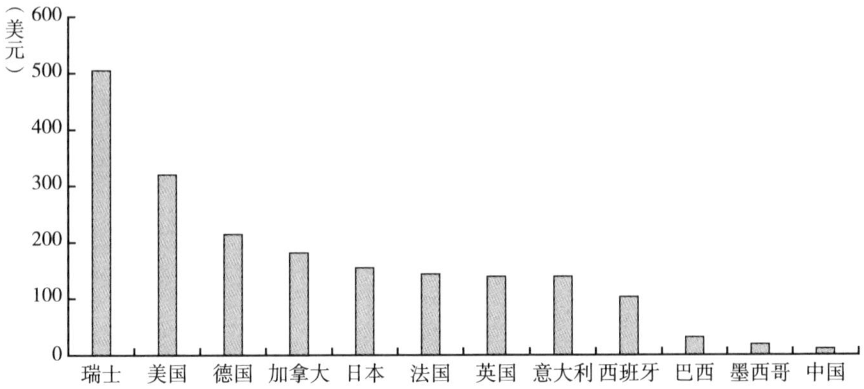

图13　各国人均医疗器械费用比较

6. 行业并购轰轰烈烈

医疗器械行业的并购动因主要有以下几点。①医疗器械行业细分领域的市场空间较低，培育出巨头的可能性有限，平台型多产品线的公司更可能长大。②医疗器械板块的大多数公司是2009年之后在创业板上市的，2012～2014年是创业板解禁高峰期，公司在上市后需要一定的时间对自身存在的问题进行消化梳理，公司管理层需要时间对并购逻辑和策略进行研究。2014

年，并购高峰开始出现。

企业如果要持续发展，一般来说有3种方式可以选择：一是持续提升市场集中度；二是不断向领域上游拓展；三是向新兴领域延伸。而医疗器械产品研发周期长，若想通过内生式发展做大做强，难度大、机会成本高。而并购整合可以快速实现在新进入领域的占位、卡位和抢位，已成为医疗器械企业突破发展瓶颈的必由之路。

三 医疗健康产业的发展趋势

（一）外部环境分析

1. 政策持续利好促产业发展

自2014年以来，整个医药行业也从“医药、医保、医疗”3个方面发生着较大的变革。中央出台或即将出台的医药行业的政策，多数都透露着市场开放的信号。开放非公立医院医疗服务价格、处方药的网上销售资格、取消低价药最高零售价，以及省管OTC价格即将开放等，都是第三轮医改进入第6个年头来的“破冰”之举。国家政策的大力支持和财政支出的增加，将有力推动医疗健康产业产生巨大的经济发展力。2014年国家有关医疗健康产业的重要政策陆续出台，具体见表8。

表8　2014年重要政策梳理

(1)药品方面 **时间**:11月25日 **事件**:关于征求对《推进药品价格改革方案(征求意见稿)》意见的函 **内容**:2015年1月1日起,取消原政府制定的最高零售限价或出厂价格,并对不同类型药品的价格形成机制进行了规定。通过医保控费和招标采购,药品实际交易价格将通过市场竞争形成。 **解读**:在现行招标采购机制下,发改委最高零售价对药品终端价格形成无太大实际意义,最高零售价不能反映药品真实成本和市场供求情况,易导致低价药短缺和劣药驱逐良药现象,取消药品最高零售限价已成定局;以医保支付基准价为核心的药价形成体系或将确立;在招标限价和各省份的价格联动政策下,药价将很难上涨。

续表

时间:6 月 24 日
事件:《互联网食品药品经营监督管理办法(征求意见稿)》
内容:放开处方药网上销售;放低准入门槛,允许医药电商选择第三方物流配送,单体药店可开展电商业务。
解读:药品准入的新途径,药品在网络上销售这个新途径有所放宽,是处方药的新契机,同时也是医药电商的"春天"。这或许是对现行互联网售药制度最大程度的改革,医药电商市场容量有望扩大 4 倍。但是同时社会各方也对这一政策充满争议,需要等待后续新政策出台。
时间:2 月 19 日
事件:《药品注册管理办法(修改草案)》
内容:取消仿制药在专利期届满前 2 年申报的时间限制,但"批件在专利期满后生效",加速抢仿,防止专利纠纷;鼓励创新:对新药、治疗疑难危重疾病的新药实行特殊审批,新药在临床试验期间变更可以补充申请的形式申报。
解读:药品注册管理办法的征求意见稿无疑是对新药研发具有重要影响的政策,鼓励创新、缩短了仿制药申报的时间限制,是国内仿制药生产企业的福音。

(2)医疗服务方面
时间:11 月 17 日
事件:《关于加快发展商业健康保险的若干意见》
解读:到 2020 年,基本建立市场体系完备、产品形态丰富、经营诚信规范的现代商业健康保险服务业。明确提出完善发展商业健康保险的支持政策,完善财政税收等支持政策。商业健康险的发展在于控费方案的解决,未来医保控费方案提供商将大有可为。
时间:11 月 15 日
事件:智慧医疗发展研讨会:国家卫计委正在研究移动医疗立法
解读:随着信息技术的发展,O2O(线上到线下)已经形成一种趋势,出现了一些在线门诊等移动医疗新现象,为了适应新形势,国家卫计委信息中心、政策法规司等多个部门正在联合研究移动医疗立法,并将适时推出相关法规。
时间:11 月初
事件:卫计委宣布启动一项针对基层医生的培训项目
内容:培训项目共投入 1000 万元,计划历时 5 年。培训的对象为全国 22 个省区市 832 个县的县级卫生行政管理部门负责人、乡镇卫生院院长等。
解读:新医改以来,基层医疗市场的扩容并不如预期,但 2014 年以来卫计委频频出"硬招",基层市场扩容正在加速到来。
事件:国务院、卫计委、财政部等深化医改、公立医院改革等文件通知
解读:公立医院改革被定性为首要任务。严格控制公立医院的规模扩张,鼓励社会资本办医,许多上市公司已经盯紧这个"香饽饽",加大在医院的布局。
时间:3 月 25 日
事件:《关于非公立医疗机构医疗服务实行市场调节价有关问题的通知》
解读:2013 年以来卫计委陆续出台激励社会办医的相关激励性政策,从准入、医保定点、等级评审等多方面给予政策落实,社会办医的"玻璃门"有望被逐步破除。社会办医的环境渐趋阳光化,为民营医疗服务的快速发展提供支持。

续表

(3)医疗器械与设备方面 **时间:**10 月 30 日 **事件:**第一批优秀国产设备遴选工作 **解读:**国家卫计委主办的第一批优秀国产设备遴选工作已经结束,范围主要是 DR、彩超、全自动生化分析仪等。新一批设备遴选又于 11 月启动,包括监护仪、呼吸机、麻醉机、CT 等。 **时间:**9 月 28 日 **事件:**国家卫计委副主任、党组副书记孙志刚调研上海联影医疗科技有限公司 **解读:**国家卫计委将一如既往地大力支持国产医疗设备的发展应用,采取激励措施,引导医疗卫生机构尤其是三甲医院使用国产设备,提高国产设备的应用水平。 **时间:**3 月 31 日 **事件:**新版《医疗器械监督管理条例》出台 **内容:**程序简化,减少行政许可,由 16 项行政许可减少至 9 项,同时取消 3 项行政许可;鼓励创新:"先办理生产许可后注册产品"转为"可先注册再办理生产许可",缓解了国内中小企业的融资压力。 **解读:**启动国产医疗设备遴选,有利于国产医疗器械的发展。 **时间:**3 月 7 日 **事件:**国务院推进国产医疗设备的发展应用 **解读:**完善器械分类,精简部分审批步骤。放开了第一类医疗器械的经营,既不许可,也不实施备案。对第二类医疗器械的经营实行备案管理,对第三类医疗器械的经营实行许可管理。

资料来源:建投研究院整理。

2. 经济对医疗健康产业影响较小

2014 年宏观经济下行,但是医疗健康产业受经济周期波动的影响较小。

3. 人口老龄化和消费观念升级促进医疗健康产业的发展

(1)人口老龄化。最近十年来,我国人口结构发生了巨大的变化,老龄化进程加速。根据《2013 年国民经济和社会发展统计公报》的数据,2010 年底,全国 60 岁及以上人口为 2.02 亿人,占 14.9%,比最近一次的人口普查增加 1.64 个百分点,其中 65 岁及以上人口为 1.3 亿人,占 9.7%,比最近一次的人口普查增加 0.83 个百分点。我国 2014 年 65 岁及以上的人口将超过 1.3 亿人,之后老龄人口增速不断加快(见图 14)。50 岁以上的人口一直是医疗资源消费的主力军。因此,老龄化进程的加剧将在未来产生巨大的医疗需求。

(2)消费观念升级。医疗健康产业增长的自然驱动力(非政策因素)

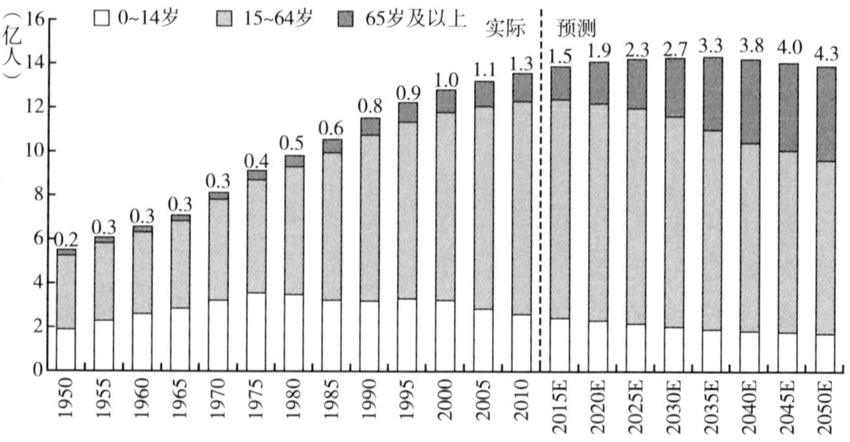

图 14　中国人口老龄化趋势

注：E 代表当年数据为预测数据。

资料来源：根据《2013 年国民经济和社会发展统计公报》数据整理。

除了人口因素，还有城镇化和消费观念升级、健康意识加强。我国城镇化趋势逐渐加速，城镇人口不断增加。人们的生活水平提升，对生活质量的要求也有一个比较大的提升，对自身生活质量、健康质量提出了更高要求。消费观念的转变使得病患者，以及更多的亚健康人群乃至健康人群都对医疗保健提出更多新的需求。

（二）未来发展趋势

1. 总体：新形势释放新医疗需求

2014 年下半年以来，国内的宏观经济环境以及医药行业均发生了较大的变化，“改革时代”的序幕已经拉开。在这种新形势下，医疗行业的政策、规划、布局都将释放出新的医疗需求。

（1）人口结构趋向老龄化带来了巨大的医疗需求。我国人口老龄化加剧了医疗保健需求。据老龄委预测，到 2020 年，全国 60 岁以上老年人口将增加到 2.48 亿人，平均每年增加 596 万人，到 2050 年全国老年人口规模将超过 4 亿人，占总人口的 30% 以上。科学研究发现，人有近 3/4 的医疗费支出发生在老年阶段，一个老年人平均每年有12~17次处方，平均每次处方要使用4.5种处方药和2.1种非处方药，老年人消耗的卫生资源是全部人口平均消耗资源的1.9倍。老龄化进程加剧，将产生巨大的医疗健康服务需求。

（2）深化医疗改革带来的医疗需求。近年来，医药行业特别是医药工业取得很大进步。但是终端的医疗机构体制改革停滞不前，自党的十八大以来，领导层开始逐步在体制上破冰，未来的医疗改革也终将有大胆创新。未来终端医疗机构将引入高效的民营资本，公立医院的比例将会大幅降低，逐渐向发达国家靠拢。同时，医疗服务的价格和质量都将会有较大幅度的提升。因此，深化医疗改革将释放出大量的医疗需求，也会快速拉动相关产业的增长。

（3）医疗科技创新带来的新需求。互联网时代下，科技创新对医疗行业的冲击巨大，相关的基因技术、移动医疗的可穿戴设备、医药电商等，均将为人们提供更多和更便捷的医疗产品服务。

2. 医改：分级诊疗势在必行

（1）从医疗角度看，总结国外经验，虽然由于国情不同、医疗体制不同，分级诊疗实现的路径有所不同，但其对基础医疗建设及配套都有极大的需求，包括耗材、器械、医院建设，甚至全科医生培养。

（2）从医保角度看，医保既是参与到分级诊疗过程中的主体部分，同时也是分级诊疗制度保障机制建设的重要部分，同时医保在分级诊疗制度的框架内将会实现对医疗资源的梳理、医生服务的考核，甚至参与到处方药的管理等业务中，是分级诊疗制度重要的组成部分。在分级诊疗制度下，我们将会更加关注政府保险与商业保险的关系、公私合营模式（Public-Private-Partnership，PPP），以及通过互联网提高医保的可及性等课题。

（3）从医药角度看药品流通环节通常是与医疗制度保持一致的，在目前高等级医院作为主要医疗服务承接单位的情况下，药品销售几乎都是围绕医药销售的场景进行设计的。在分级诊疗制度下，更多的药品使用场景将会建立，药品流通和销售如何与分级诊疗进行对接是一个重要的研究课题。

3. 药品：定价机制进一步完善

从2015年1月1日起，取消原政府制定的最高零售限价或出厂价格，通过医保控费和招标采购，让药品实际价格通过市场竞争形成。政府将从多个方面加强监管，由于有医保支付标准的引导、招标采购机制和医保控费机制的综合制约，以及对市场交易价格的监测和监管，绝大部分药品的市场交易价格不会上涨。

4. 药品：招标将会快速展开

自2013年3月出台新版基本药物目录后，医药行业人士对药品招标均有着相当高的预期。但是在2013年下半年的医药商业反贿赂和2014年政府相关部门反腐之后，药品招标一直停滞不前。目前仍有20多个省份未开启新一轮的药品招标。药品招标进度大大低于预期。因此在未来的两年内，各省份的药品招标均将会加速进行。

5. 医疗器械：市场并购进程加速

纵观2014年第三季度医疗健康行业整体的并购趋势，由于全球人口老龄化加速和人们对健康的关注度逐渐提高，中国医疗健康产业并购势必加速。以医疗器械行业为例，其细分领域的龙头公司较少，中小型和创新型企业多，在风险投资的作用下，大量中小型公司可以成为并购标的。当产业集中度提高后，企业可外延式拓展市场，丰富产品线，不断增强竞争力。

6. 医疗器械：国产化进程有望加快

近年来，国家政策为本土产业和民族品牌营造了良好的竞争环境，政府对国内部分重点产业的“国产化”提供了重要的政策支持。市场预计医疗器械去“GPS”将成为国产化浪潮的下一个“风口”。

从内在动因来看，①进口器械产品购置成本和服务价格虚高；②高端医疗器械采购价格过高、采购体系不完善，医院在采购进口产品的过程中容易滋生腐败；③高端医用设备的核心技术掌握在外国企业内部，医疗诊断、治疗数据和患者医疗档案等信息安全面临巨大风险；④从国内产业自身的发展阶段来看，除少数领域由于缺乏核心技术难以进入外，大部分领域具备了国产化的基础。

从外在因素来看，政策是促进医疗器械行业国产化进程加速的最直接推动力。2014 年以来，国家对国产医疗器械的重视程度显著提升，政策层面对于国产医疗设备的扶持力度远超以往。

7. 医疗服务：科技创新推动医疗健康产业革命

（1）移动医疗。目前在美国，一些移动医疗产品已经有盈利模式，而国内也会借鉴发展。移动医疗是 TMT 与医疗健康结合的产物，也是目前最火热的行业之一。这两年，移动医疗产业链上的医疗器械企业、软件企业、系统方案企业均闻风而动加入了这一场移动医疗的“盛宴”。

（2）医药电商。医药电商的发展一方面降低了医疗成本，另一方面提高了医疗效率。据测算，2012～2022 年，以医药电商为主的邮寄方式共计可为美国社会节省 466 亿美元的医疗支出。随着医疗改革的不断深入，医保异地结算不断完善，网上药店也有望纳入医保。根据麦肯锡的研究，互联网每年可以节约 1100 亿～6100 亿元的医疗卫生费用支出，将占 2013～2025 年医疗卫生成本增长的 2%～13%。目前支付宝已相继和多家医院合作推出预约挂号、支付宝缴费（已和医保对接）等服务，海王星辰、九州通等医药零售企业相继与淘宝、腾讯等合作推出移动支付、O2O 买药等业务。互联网逐步从患者、医疗终端、医保等多方面对现有医疗体系进行优化。未来将会形成以医药消费者为中心，以医药电商为纽带，连接医药、医疗、医保的新型医疗体系。

（3）个体化医疗（基因测序）。个体化用药是指在充分考虑每个患者的遗传因素（即药物代谢基因类型）、性别、年龄、体重、生理病理特征以及正在服用的其他药物等综合情况的基础上制定安全、合理、有效、经济的药物治疗方案。可提高药物的疗效，降低药物的毒、副作用，减少医疗费用，让患者花最短的时间、最少的费用，获得最好的治疗效果。基因导向个体化医学可以应用于对人体血液中的药物代谢基因型进行检测，对药物进行个性化评估，从而个性化选择药物种类和用药剂量，进行个性化指导和治疗。2014 年 7 月，国家食品药品监督管理总局（China Food and Drug Administration，CFDA）首次批准了第二代基因测序诊断产品：华大基因两款基因测序仪及检测试剂盒。这是自 2014 年 2 月，CFDA 和卫计委联合叫停基因测序项目后，第一次批准相关产品上市，为基因测序市场的发展提供了有力的政策保障。

四　2015年医疗健康产业投资机会分析

经过对 2014 年我国医疗健康产业的现状和趋势的分析，本报告认为 2015 年会延续 2014 年的产业发展情况，在医疗需求增加、科技进步与创新以及国家政策的影响下，医疗健康产业将保持强劲发展势头，并且各子产业的结构也会继续调整。除了创新药和一些中药股以外，投资方向将从医药工业或医药制造业转到医疗服务业特别是民营医疗服务，并且与互联网、创新科技等结合。

（一）医疗器械

1. 投资机会

当前全国医疗器械制造商有一万多家，大多数企业只有千万元级别的销售额，行业分散。低端医疗器械领域基本都由国产占领，在中端医疗器械领域，国产和进口的比例是1∶1，在高端医疗器械领域，国内市场70%以上的市场份额被跨国企业所垄断。所以，在中高端领域有着很大的创业投资空间，而在低端领域则潜藏着大量的并购机会。

目前对移动医疗的投资是器械公司走在前端，中国的器械公司进入移动医疗领域比较早的原因是：第一，中国的器械公司总体发展比较低端，需要发展高端产品来提高生存空间；第二，器械类上市公司需要借助移动医疗概念在二级市场上融资；第三，移动医疗在中国的发展是从硬件开始的，在这方面，器械公司有着自身的优势。预计 2015 年的并购高潮仍将持续。

2. 风险提示

（1）海外经济不确定，医疗器械出口恢复可能低于预期，行业竞争加剧导致盈利下降。

（2）国内地方财政恶化，影响国内医院建设回款，导致医疗设备账期的延长。

（3）行业预期和估值较高。

（二）民营医疗服务

1. 投资机会

在价格放开的背景下，民营医疗机构可以和公立医院公平竞争。预计未来政策导向将有益于行业的发展，在医生等核心生产要素瓶颈解除后，医疗服务业将继续保持高增长，享受估值溢价的优势。

2. 风险提示

（1）政策对民营医疗服务放开低于预期，虽然医生自由执业改革已经从浙江等省份推开，但目前制约医生流动的因素依然较多，影响了民营医疗服务业的持续发展。

（2）行业预期和估值较高。

（三）移动医疗与穿戴医疗设备等的结合

1. 投资机会

移动医疗是未来相关行业发展的大趋势，目前国内还处于起步阶段，随着移动医疗理念的不断普及，该领域将面临更为广阔的市场空间。与可穿戴设备相结合、涉足医药电商平台、为移动医疗行业提供信息化技术服务，都是可能的投资方向。

2. 风险提示

移动医疗虽然发展火爆，受投资者热捧，但其中能真正解决国内医疗供需矛盾的屈指可数，更何况医疗行业与其他行业相比，政策敏感度较高，创业者很难通过市场化的方式获取竞争优势。因此，在投资移动医疗与健康产业的过程中需警惕泡沫化风险。

（四）医药电商

1. 投资机会

预计2014年底到2015年初会有密集的医药电商的扶持政策，受政策、技术、消费者需求的推动，医药电商将迎来爆发式发展。

2. 风险提示

有关该行业的国家政策开放力度低于预期。

金融投资篇

Financial Investment

B.11

2014年信托行业发展回顾及2015年展望

陈 梓*

摘 要： 2014年，信托行业再次经历了较为稳定、持续的增长，截至2014年三季度末，行业受托资产规模达13.95万亿元，在金融行业以及国民经济中的重要性进一步显现。与此同时，行业规模、营收增速的放缓，以及风险事件的不断爆发，也使得信托行业未来发展方向成为业内外关注的焦点。纵观2014年，信托行业出现众多变化，监管层面介入趋严、趋深，公司纷纷寻觅转型出路，昭示着信托业转型时代的到来。展望2015年，传统投资领域的挑战与机遇并存，并购重组及财富管理领域机会涌现，或将成为信托行业新一轮增长的动力来源。

关键词： 信托业 转型 市场展望

* 陈梓，复旦大学金融学、英国杜伦大学金融投资学双硕士，先后就读于复旦大学、英国杜伦大学，曾前往美国耶鲁大学交换学习，研修宏观经济和行为金融学。现任中建投信托研究员，参编《中国投资蓝皮书（2014）》、《中国信托蓝皮书（2013）》及《中国信托蓝皮书（2014）》等专著多部。

一 2014年信托行业宏观发展环境

2014 年，随着基金子公司、券商资管等泛资管金融机构的资产规模飞速扩张，一些机构内部治理出现问题，发行的资管产品的风险相继爆发。监管层十分重视对资管业务的规范与管控，陆续出台了相关政策文件以确保行业的健康稳定。

2014 年 4 月，证监会印发了《关于进一步加强基金管理公司及其子公司从事特定客户资产管理业务风险管理的通知》（以下简称 26 号文），要求基金子公司对专户产品加大管理力度，并禁止开展资金池业务，停止一对多通道业务；为了规避通道业务的风险，要求在合同上明确风险承担主体和通道功能主体；对于专户产品投资领域，26 号文并未禁止地方平台和房地产这两大主要投向，但对高污染、高能耗等行业提出了投资禁令；在公司治理方面，26 号文指出要完善激励约束机制、建立项目终身负责制，同时要防范内幕交易和利益输送。受 26 号文的影响，基金子公司的制度红利逐渐消失，监管标准也与信托公司逐步趋同。

针对证券期货经营机构的非标业务，2014 年 8 月证监会下发了《证券期货经营机构私募资产管理业务管理办法（征求意见稿)》，该管理办法从本质上对同属于资管业务私募范畴的证券公司、期货公司、基金管理公司及其子公司的资管业务进行统一管理，有助于在推动资管业务创新发展的同时提升监管效率，营造公平有序的竞争环境。

2013 年末，在信托业年会上，银监会主席助理杨家才提出了完善信托业治理体系的“八项机制”，2014 年监管政策主要围绕这一主题展开。首先，在 2014 年 4 月，银监会先后出台了《关于信托公司风险监管的指导意见》（以下简称 99 号文）以及《关于 99 号文的执行细则》。上述两个文件是对公司治理机制、资本约束机制、社会责任机制、恢复与处置机制和行业稳定机制的贯彻落实，旨在加强对信托公司的风险监管，引导信托行业从高速增长时期转向更为稳健的发展阶段。99 号文内容主要包括明确股东责任及对信托公司的流动性支持、强化资本约束机制、加强非现场监管、禁止第三方销售等。在具体业务监管方面，要求所有集合信托在发行前 10 天向所在地监管机构报备。该监管举措延长了集合资金信托的推进周期，增加了监管机构对信托公司具体业务的介入深度。

同月，银监会向各地方银监局与信托公司下发《关于调整信托公司净资本计算标准有关事项的通知（征求意见稿）》，以期进一步加强信托公司的资本约束。与现行的《信托公司净资本管理办法》比较，拟发布的新办法重新划分了业务种类，将信托业务按照事务管理类、投资类和融资类进行划分；重新设定了不同业务种类的风险系数，引导信托公司业务发展方向，鼓励开展投资类业务，预期融资类集合资金信托业务的风险系数将大幅上升，从而在较大程度上影响集合资金信托业务的发展空间。

随后在 2014 年 8 月和 9 月，《信托公司监管评级与分类监管指引》和《信托登记试行办法》陆续出台，这两个文件是对分类经营机制、监管评级机制和产品登记机制的具体实施。这两项指引办法的下发，为信托公司实行差异化管理、提高监管效率提供了便利，同时也为将来信托产品二级市场定价、产品收益权流转的实现奠定了重要基础。

针对行业稳定机制的建立，2014 年末银监会和财政部联合发布了《信托业保障基金管理办法》，通过设立中国信托业保障基金有限责任公司，为出现经营周转困难的信托公司提供流动性支持乃至综合风险处置服务；通过行业救助的方式，避免个体风险的扩散，维护全行业的整体稳定。

二 2014年信托行业整体发展态势

（一）行业整体持续增长，业绩规模增速放缓

根据信托业协会的统计，2014 年信托行业受托资产持续增长，再创历史新高，但其规模增速不断放缓，且回落速度明显加快。截至 2014 年三季度末，全行业受托资产总规模为 12.95 万亿元，环比增长 3.77%，同比增

长27.80%，且较2013年末10.91万亿元的水平增长了18.70%。季度环比增速延续前3个季度的回落态势，继续出现明显放缓。2012年四季度，全行业受托资产环比增速达到18.20%的峰值，在进入2013年二季度之后出现显著下滑，连续6个季度环比增速在10%以内，且连续4个季度环比增速不断下降。2014年前3个季度环比增速分别为7.52%、6.40%和3.77%，较大幅度低于2013年同期的16.86%、8.30%和7.16%。规模同比增速下降更为明显，自2013年二季度同比增速达到70.72%的峰值以来，已连续5个季度出现回落。2014年前3个季度，行业受托资产总规模同比增速分别为34.33%、31.98%和27.80%，平均每个季度以2~4个百分点的速度持续下降，而2013年同期季度同比增速分别为64.67%、70.72%和60.30%（见图1）。

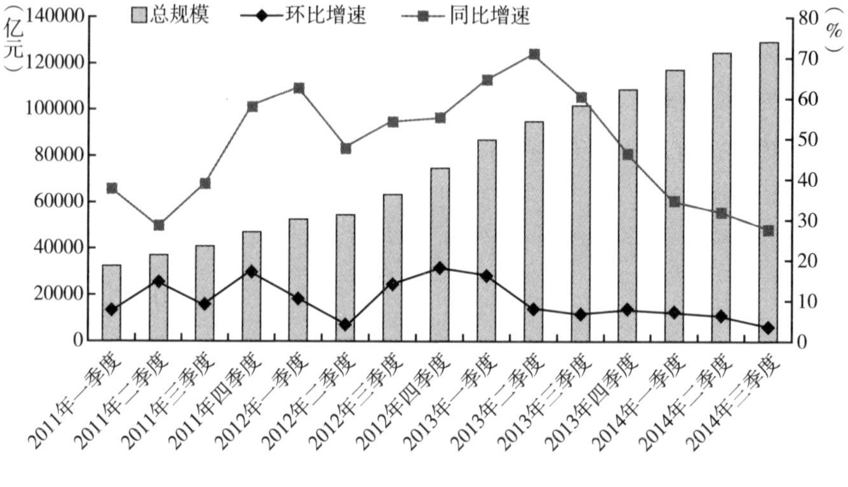

图1　2011年~2014年三季度信托行业受托资产总规模及环比增速、同比增速

资料来源：中国信托业协会。

经营效益方面，截至2014年三季度末，全行业累计实现经营收入共计608.60亿元，同比增长12.83%。从季度新增收入来看，2014年全行业信托公司经营业绩持续保持同比上涨，前3个季度新增经营收入分别为178.65亿元、220.14亿元和209.81亿元，分别同比增长17.2%、11.0%和11.2%，延续了自2012年初开始的波动下跌趋势（见图2）。

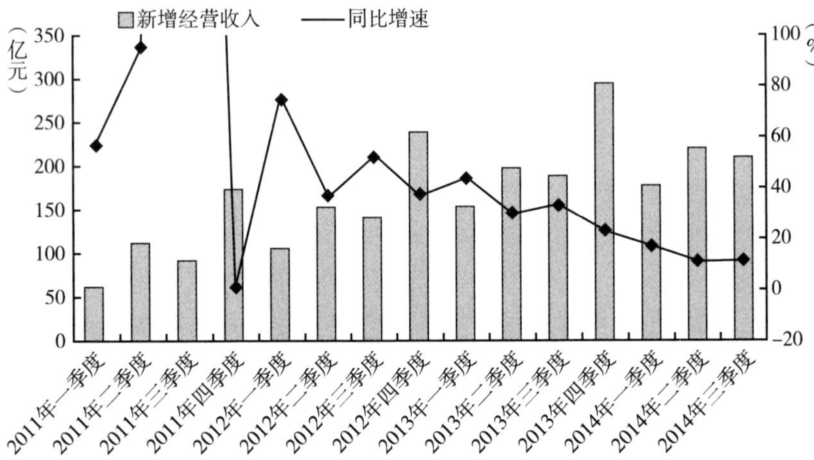

图2　2011 年～2014 年三季度信托公司新增经营收入及同比增速

资料来源：中国信托业协会。

从收入结构来看，进入 2014 年以来，信托业务收入占比已连续两个季度低于 70%，前 3 个季度分别为 76.53%、66.47% 和 66.69%，而同期固有资产投资收益占比则有所上升，分别为 13.29%、22.08% 和 20.78%（见图 3）。固有资产投资收益占比上升主要与其对信托市场外部环境敏感度较低有关：在信托公司固有资产规模不断上升的背景下，尽管 2014 年信托行业展业难度加大，但因为固有资产投资主要以股权形式投资于银行、基金、券商等金融机构，以获得稳定的投资分红，所以在信托业务收入增速放缓的情况下，固有资产投资依旧保持较快增长，在总收入中的占比有所上升。

造成近两年来信托受托资产规模及经营业绩增速放缓的原因主要有以下几点。从项目方来看，由于外部环境不确定性增加，信托行业展业难度进一步加大。一方面产品端的优质投融资项目不断减少，特别是随着全国二三线城市的房价下跌、房地产限购令的解除，以及《关于加强地方政府性债务管理的意见》（即“43 号文”）对地方政府债务的严格监管，传统领域优质可投资项目的缺乏引起了信托行业新增规模及收益的下滑。另一方面，近两年是信托行业转型发展的关键时期，大多数信托公司已在某些创新领域实现项目的落地。但由于新业务类型缺乏成熟的经验与运营模式，该领域的大规模增长受到阻碍。虽然新

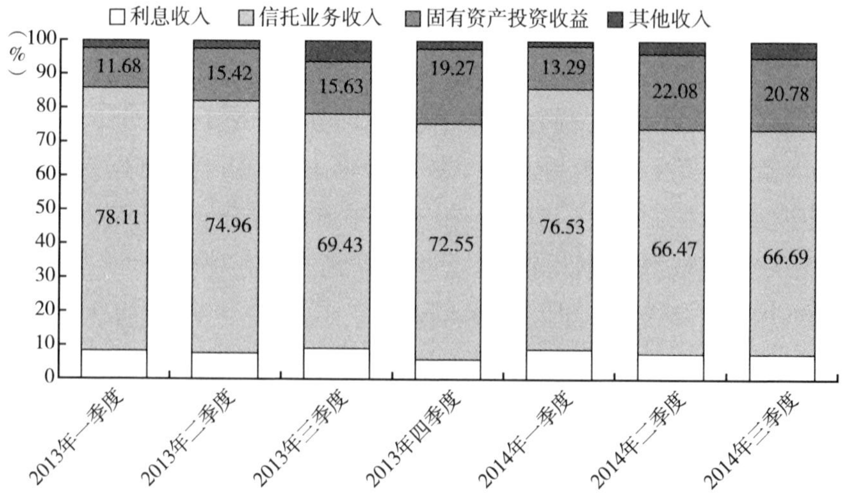

图3　2013年~2014年三季度信托公司经营收入来源占比

资料来源：中国信托业协会。

的业务领域较难重现房地产市场和基础设施建设领域的高投融资收益，但却更能体现信托公司的主动管理职责及合格受托人角色。另外从资金端角度看，一方面，受银监会多次发文的影响，商业银行理财资金投向单一信托严重受限，降低了单一资金信托规模；另一方面，央行通过稳健的货币政策一定程度上缓解了企业的资金压力，市场融资成本不断下降，也带动了集合信托融资成本的降低。与此同时，为了维护投资者的利益，集合信托产品预期收益率依旧居高不下，为投资者带来了可观的收益。2014年前11个月信托业共计为投资者创造了近4000亿元的收入，相比2013年水平提高了32.24%。除以上原因外，受托资产规模和经营业绩的增速放缓也与前几年行业整体扩张过快、基数过大有关。自2013年以来，行业扩张趋于理性，业绩增长趋于稳定，标志着信托业正逐渐发展成熟。

（二）集合信托占比上升，单一同比出现下降

截至2014年三季度，全行业共成立集合信托产品5752款，募集资金总规模约1.07万亿元，占同期发行产品总规模的27%。相比上年末水平，成

立数量、募集规模和规模占比均出现显著上升，分别增长 24.61%、17.75%和6.6个百分点。

2014年前3个季度，全行业集合信托发行规模逐渐上升。一季度共计新增1523款集合资金信托计划，新增规模约3046亿元，占全行业新增受托资产总规模的22.41%，低于上年平均水平。随后二季度集合信托产品发行规模稳步上升，2086款信托计划共募集资金3756亿元，占比为25.32%。2014年三季度集合产品开始发力，共新增2143款产品，募集资金规模超过3915亿元，仅次于2013年四季度水平，其占比超过34%，为三年来最高（见图4）。

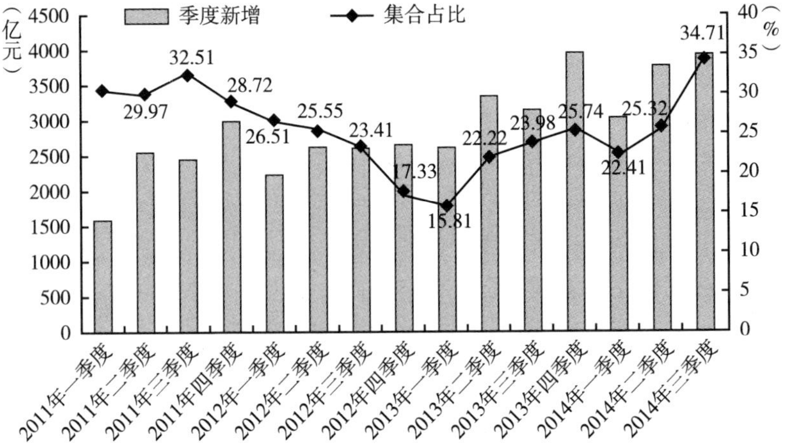

图4　2011年～2014年三季度新增信托规模及集合信托规模占比

资料来源：中国信托业协会。

自2013年3月银监会发布《关于规范商业银行理财业务投资运作有关问题的通知》（即“8号文”）以来，全行业单一信托发行规模出现大幅下降，2013年二季度新增单一资金信托规模由1.31万亿元降至1.12万亿元，同比增速由122.96%回落至52.18%。此后新增单一信托规模同比持续下降，并在2014年一季度出现新增规模的负增长。2014年二季度，由于上年同期规模较低等原因，新增单一规模同比降幅有所放缓（见图5）。

而在2014年5月，受《关于规范金融机构同业业务的通知》（即“127

号文"），及其配套政策文件《关于规范商业银行同业业务治理的通知》（即"140 号文"）的影响，三季度新增单一规模再次下降，同比降幅达25.95%，为三年内最低水平（见图5）。上述两个文件再次规范了商业银行同业业务的操作，在很大程度上降低了商业银行开展单一资金信托业务的动力，从而再次抑制了单一资金信托资产规模的增长。

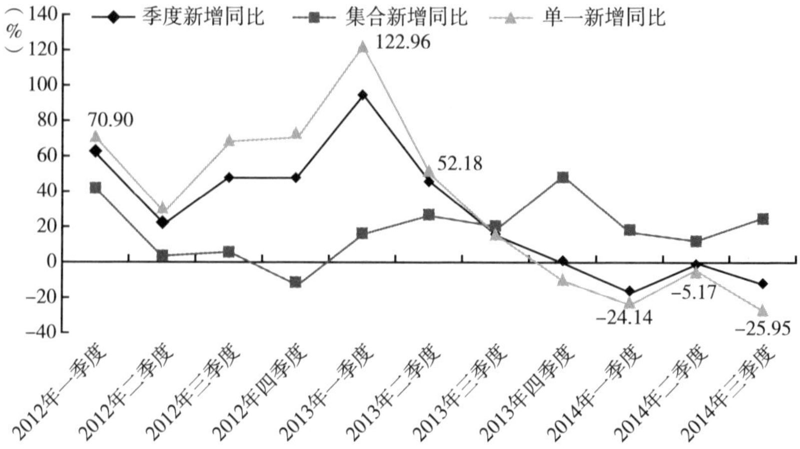

图5　2012 年 ~2014 年三季度信托行业新增信托规模同比增速

资料来源：中国信托业协会。

从近几年业务发展情况来看，2010 年新增集合资金信托计划 0. 43 万亿元，2011 年与 2012 年分别新增 0. 96 万亿元和 1. 02 万亿元，2013 年增长至1. 3 万亿元，可见，2013 年信托计划增速虽有所下降，但集合资金信托计划有较为明显的增长。2014 年上半年新发生信托规模为 2. 84 万亿元，同比下降 10%，但新发生集合规模为 6802 亿元，同比增长 14%，可见，2014 年上半年信托规模下降主要是受单一信托同比出现下降的影响。预期未来集合资金信托规模将继续保持平稳增长，单一资金信托规模将持续下降并维持在稳定水平。

在集合产品新增规模持续增长的同时，其平均规模却出现明显下降趋势。前 3 个季度新增集合资金信托计划平均规模分别为 2 亿元、1. 8 亿元和

1.83 亿元，均低于2013 年全年平均水平（见图6）。平均规模处于低位且不断下降，主要是因为信托公司出于对项目发行难度的考虑而采取了较大规模产品分批募集、分期成立的策略，从而降低了单次募集产品的平均规模。根据用益信托工作室的数据，截至2014 年11 月底，全行业已发行成立的8555 款集合产品中，共有4720 款产品为多期募集系列中的分批成立产品，数量占比超过55%，融资规模占比接近40%；而这一比例在2013 年分别仅为43.6%和29.5%，可见，随着2014 年发行条件的恶化，为确保资金及时到位，信托公司普遍有将大规模集合产品分批募集发行并分期成立的意愿及趋势。

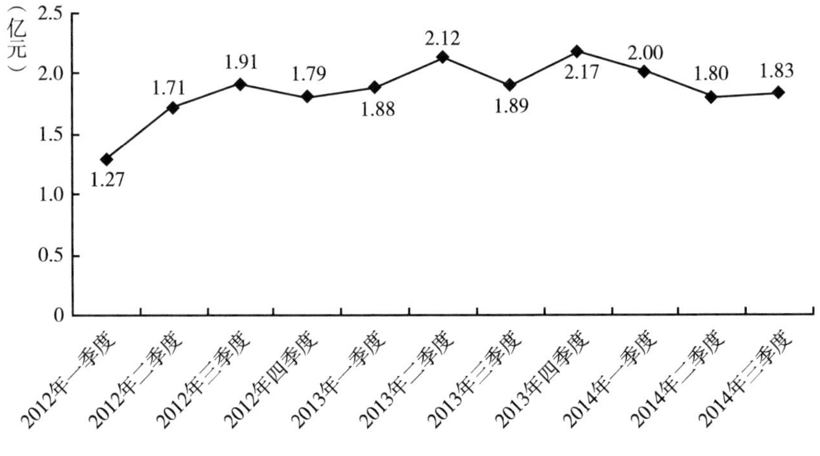

图6　2012 年～2014 年三季度新增集合信托平均规模

资料来源：中国信托业协会。

（三）投资领域发生转变，创新领域迎来新机遇

集合产品平均规模出现下降的另一原因与近两年来投向金融领域的产品成立数量、规模占比不断上升有关。根据信托业协会的统计，自2013 年四季度开始，金融类集合信托产品的季度新增规模出现快速飞跃，当季环比增幅接近184%，规模占比也由上季度的7.82%攀升至17.62%。2014 年前3

个季度，新增金融类集合产品规模分别为613亿元、701.61亿元及747.19亿元，规模占比均维持在18%以上，分别为20.12%、18.68%和19.08%（见图7）。

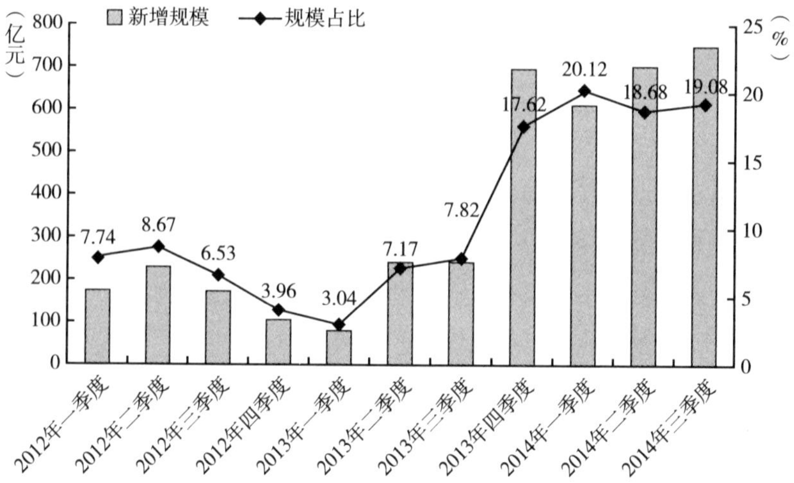

图7 2012年~2014年三季度金融类集合信托产品的季度新增规模及占比

资料来源：中国信托业协会。

金融市场成为2014年最受信托公司青睐的投资领域，原因主要有以下三个方面。

其一，传统投向风险逐渐积聚。近两年，房地产类信托产品虽未爆发系统性风险，但部分产品的流动性风险已逐渐积聚。媒体对此类产品风险事件的大范围曝光也严重影响了投资者行为，尤其是2014年来房价持续下跌以及自三季度开始的全国范围的限购令的松绑或取消，使得原本预期收益率最高的房地产类产品吸引力迅速消退，投资者转而倾向于收益率较稳健、有地方政府信用担保的基础设施建设类信托产品。然而，随着“43号文”对地方融资平台融资职能的剥离，融资平台公司的新增信托贷款将不再享有地方政府的隐性担保，其安全性也受到巨大的冲击。由于传统投向优质项目的大量减少，长期以来作为稳健投资代表的金融类集合信托开始发力，成为2014年最受欢迎的投资产品之一。

其二，定向增发市场持续升温。定向增发作为直接融资方式的一种，在资本市场上的重要性不言而喻。自2006年以来，定向增发的数量及规模快速上升，尤其进入2014年之后，上市公司定向增发（以下简称定增）需求井喷式爆发，截至2014年8月底已有300多家上市公司发布定增预案，近200家最终实施，募集资金超过3100亿元，接近2013年全年规模。定增市场的火热带动了二级市场股票价值的上升，2007～2014年二级市场平均绝对定增收益率为31.85%，平均相对定增收益率为30.1%，超额收益十分显著。以前由于定增市场对参与者资质要求较高，因此个人投资者或一般机构投资者较难参与。2014年，借助基金、资管、信托的金融创新，通过购买投资于定增市场的理财产品，投资者将获得十分可观的收益，从而也带动了投资于定增市场的信托产品的发行。

其三，证券二级市场后期发力。2014年11月21日周五收市后央行宣布降息，11月24日股市高开高走，并一直持续到年底。受年末二级市场好转的影响，较为保守的投资者虽然对2007年股市的剧烈波动心有余悸，但不愿错过这一波上涨行情，由此引起了对以伞形信托为代表的证券投资类信托产品的追捧。

受传统投资领域外部环境不确定性增加的影响，除金融市场投资领域外，不少信托公司对创新领域的研究力度持续加强，在互联网消费、土地流转、海外投资等领域的实践案例层出不穷。不过，项目落地的信托公司较为有限，创新业务模式尚未在全行业得以推广。

在互联网消费信托方面，2014年9月中信信托联合百度金融、中影股份及德恒律所，推出“百发有戏”电影大众消费互联网服务平台，探索“消费众筹＋电影＋信托”的全新互联网金融商业模式。这款“百发有戏”一期产品结合电影《黄金时代》，最低起购门槛仅为10元。在交易结构上，该产品采取了事务管理类信托与资金信托相嵌套的结构，是国内互联网第一款双重信托设计模式。此次中信信托在电影产业领域直接对接互联网产品，是信托行业与互联网金融合作的有效尝试。

在土地信托方面，继2013年下半年中信信托、北京信托先后尝试土地流转信托之后，2014 年落地的土地信托产品再现结构更新。2014 年 10 月，中建投信托第二单土地流转信托项目在四川省成都市龙泉驿区正式落地。该笔信托计划期限共 10 年，中建投信托受成都市龙泉现代农业投资有限公司的委托，对当地近 5000 亩土地的承包经营权进行集中运营管理，并根据项目的运营情况向委托人进行收益分配。在结构上，此信托产品相比中信信托和北京信托增加了信托公司对土地前期整理的介入，增强了信托公司资源整合能力的提升和土地使用效率的提高。

在海外投资信托方面，2014 年 2 月平安信托推出第一款海外基金投资产品“海盛新博”，通过有限合伙产品募资后，再以内保外贷形式投资于路博迈公司基金；8 月，平安信托再借道其孙公司平安德成投资有限公司，成立有限合伙产品“海汇元声”，募集 3 亿元直接投资 Sound Point 信贷机遇离岸基金。海外投资基金信托产品年化收益率约为 7% ~10%，不及投资于传统领域的信托产品，但投资者的核心需求在于将国内外资金分隔开，开展海外资产配置，确保资金安全。随着欧美等发达经济体复苏步伐加快，海外市场对投资者的吸引力或将越来越大，目前多家信托公司正在积极研究和部署，欲利用其 QDII 牌照开展海外投资业务，2015 年相关项目有望落地。

（四）固有资产稳步增长，资金实力不断提升

截至 2014 年三季度末，全行业 68 家信托公司固有资产总规模为 3198.91 亿元，所有者权益为 2882.43 亿元，较上年末的规模分别增长 11.41% 和 12.81%。2009 年以来，信托行业固有资产保持了较为强劲的增长势头。2009 ~2013 年连续 5 年中仅 2011 年信托行业固有资产增长率在 20% 以下，其余年份均超过 25%，其复合年增长率达到 25.52%（见图 8）。

全行业固有资产的稳步增长与多家信托公司增资扩股步伐加快紧密相关。截至 2014 年三季度末，68 家信托公司实收资本总额为 1293.25 亿元，占固有资产的比重为 44.87%，较 2013 年末的 1116.55 亿元增长 176.7 亿元，增幅为 15.83%，较 2013 年同期提高近两个百分点。平均注册资本约为 19.02 亿元，较 2013 年末的 16.88 亿元增加了 2.14 亿元，增长率约为 12.68%（见图 9）。

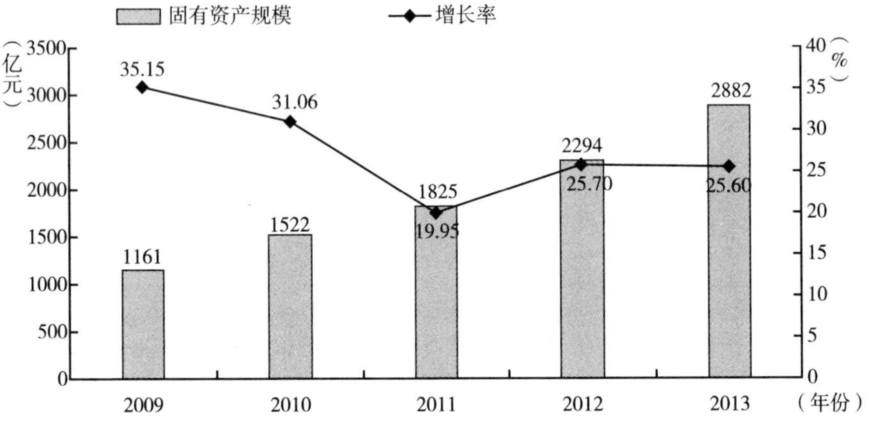

图8　2009～2013年信托公司固有资产规模及增长率

资料来源：中国信托业协会。

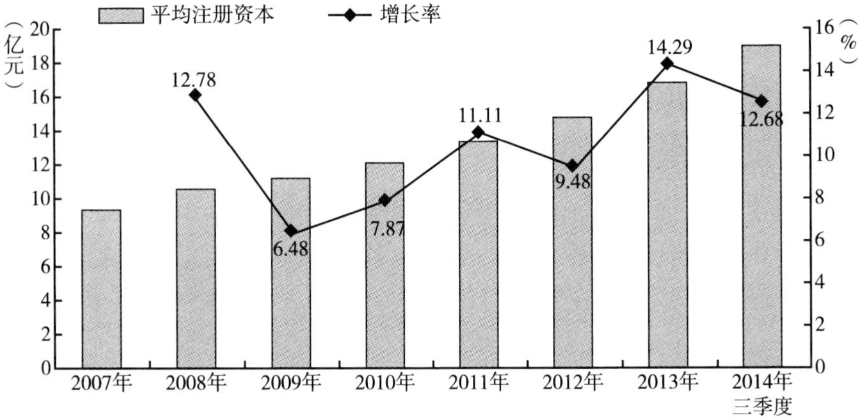

图9　2007年～2014年三季度信托公司平均注册资本及增长率

资料来源：中国信托业协会。

2013年全行业增资规模共计136.55亿元，2014年信托公司累计增资规模已超过200亿元。截至2014年10月末，经不完全统计，全行业已有11家信托公司完成增资，总规模为205.08亿元，远超上年全年水平。2014年以来信托公司频繁增资扩股，资金实力持续提升，其主要是由以下3个方面的原因引起的。

首先，谋求更大发展空间。根据2010年出台的《信托公司净资本管理办法》，信托公司净资本不得低于各项风险资本之和。随着以融资类为主的信托业务的不断发展，需要更多的净资本来覆盖信托业务计提的风险资本。因此，为了谋求更大的发展空间，避免业务规模受到约束，一些早前的业务发展较慢，后期开始发力，或者近两年新成立的信托公司选择增加注册资本以缓解净资本压力。例如，安信信托、杭州工商信托和西藏信托等，它们在2013年末的注册资本均不及7亿元，由于资本金压力随着业务扩张逐渐增加，它们纷纷通过老股东增资或新股东注资来应对监管层面的资本金要求。

其次，增强抗风险能力。截至2014年三季度末，全行业受托资产规模已达12.95万亿元，较2013年末的10.91万亿元增长了18.70%。规模的扩张伴随着大大小小风险事件的爆发，给全行业带来了一定的冲击，也使得信托产品的安全问题日益受到广泛关注。2014年9月，银监会颁布的《关于信托公司风险监管的指导意见（征求意见稿）》要求信托公司建立流动性支持和资本补充机制，并对信托公司股东的责任进一步突出强调，要求股东在出现流动性风险、资本不足以及经营管理重大问题时，采取相应的支持政策，包括提供流动性支持、压缩业务或补充资本等。受此影响，一些受托资产规模较大、风险资产占比过高的信托公司的股东未雨绸缪，纷纷注资，提前做好风险防范和化解工作。

最后，持续看好行业前景。尽管投资领域环境不确定性依旧，政策监管持续收紧，信托公司及其股东依旧对该行业具有较强的预期。尤其是一些自身注册资本实力较为雄厚，且经营风险可控的信托公司，它们将未分配利润转增注册资本，不仅反映了公司当前较强的盈利能力，也体现了股东对信托行业及公司未来前景的持续看好。例如，中信信托和中融信托作为全行业的第一梯队龙头企业，在2014年通过利润转增的形式分别增资88亿元和44亿元，目前为全行业资金实力最为雄厚的两家信托公司。此类公司的大幅度增资不仅体现了其卓越的盈利能力，也反映了公司股东对行业及信托公司未来经营与发展的巨大信心（见表1）。

表 1　2014 年部分已披露的信托公司增资情况

单位：亿元

序号	信托公司	2013 年末注册资本	最新注册资本	增资金额	增资方式
1	安信信托	4.5411	7.0411	2.5	非公开发行
2	渤海信托	20	27.75	7.75	股东出资
3	杭工商信托	5	7.5	2.5	利润转增
4	山东信托	14.67	20	5.33	新股东注资
5	天津信托	15	17	2	股东出资
6	西藏信托	4	5	1	新股东注资
7	兴业信托	25.76	50	24.24	新股东注资
8	长安信托	12.59	13.46	0.87	新股东注资
9	中融信托	16	60	44	利润转增
10	中信信托	12	100	88	利润转增
11	民生信托	10	30	20	股东出资
12	万向信托	6.5	13.39	6.89	股东出资

资料来源：根据各信托公司网站资料整理。

（五）部分领域流动性风险增加，行业实质性风险依旧可控

当前信托行业的产品一般都有土地、房产等资产抵押作为增信措施，实质信用风险可控，流动性风险依然是信托业面临的最关键的风险。在 2013 年末的信托业年会上，银监会主席助理杨家才提出了完善信托业治理体系的“八项机制”，奠定了 2014 年信托行业整体发展的主基调：防范和控制项目风险，加快搭建配套机制。在此影响下，2014 年爆发风险的产品基本都通过司法诉讼、资产拍卖等方式得到妥善解决，对于投资者而言，其仅需承担一定的流动性风险，面对全行业大规模系统性风险的概率较低。

在 2014 年已披露的风险事件中，引发广泛关注的是中诚信托“诚至金开 2 号”产品的延期支付。与“诚至金开 1 号”的权责划分不清、增信措施不足不同，“诚至金开 2 号”融资规模达 13 亿元，其抵押物评估价值为 24 亿元，对覆盖当前剩余债权本息均具有较高的安全边际。在资金投向——山西新北方集团的经营陷入困境而出现违约风险后，中诚信托并未直接使用

自有资金先行垫付或者寻找第三方资金接盘，而是联合工商银行等相关金融机构按照市场化原则进行处理。随后，在9月底的三方会面中，中诚信托表示将已收取的信托报酬用于垫付融资方煤矿的环评等后续工作的相关费用，以推动手续的完善，并加快风险处置工作的开展。

2014年，信托行业风险事件主要集中在房地产及矿产能源领域，信托行业整体风险可控。根据信托业协会的最新统计，截至2014年三季度末，信托公司在监管机构报备的风险项目共397个，规模合计824亿元，同比下降10.14%。风险项目总规模占全部信托资产的比重仅为0.68%，均低于同期五大国有商业银行的不良贷款率（见表2）。从项目处置情况来看，未来通过延期进行信托计划资产处置以实现信托计划兑付的方式能否成为市场常态仍有待进一步观察。在此背景下，未来信托公司在强化项目审查过程中的前端风险控制的同时，加强项目处置过程中的风险化解能力将成为信托公司经营能力关注点之一。

表2　2014年五大国有银行不良贷款率与信托行业整体风险资产占比情况

单位：%

	信托业	工商银行	农业银行	中国银行	建设银行	交通银行
2014年二季度	0.73	0.99	1.24	1.02	1.04	1.13
2014年三季度	0.68	1.06	1.29	1.07	1.13	1.17

资料来源：根据中国信托业协会、各银行网站资料整理。

（六）风险管控升级趋严，监管介入程度加深

针对部分领域不断积聚的流动性风险及信托公司自身存在的操作运营风险，2014年监管部门多次发文，相继出台了《关于信托公司风险监管的指导意见》和《关于99号文的执行细则》，对信托行业的资金来源、款项用途、展业限制、风险防范、项目报备、风险处置等内容均加以较为严苛的约束，监管介入程度不断加深。同时，《信托登记试行办法》、《信托公司监管评级与分类监管指引》以及《信托业保障基金管理办法》也先后发布，另

外，《信托公司净资本管理办法》也在修订过程中，监管机构防风险、促转型的监管思路得到进一步明确。总体来看，监管对信托公司日常经营的介入程度正不断加深。以 99 号文及其执行细则为例，其对信托公司的监管主要在以下 3 个方面介入更广且更深。

首先，99 号文第一次明确了信托公司分类监管机制。针对 2013 年信托业峰会上提出的目标，该文件首次在监管机构正式发文中提出了要建立信托公司的分类监管机制。该项机制的推出是对信托公司牌照管理的细化，将引导监管机构更加充分地利用牌照管理，将评级结果与信托公司的业务范围挂钩，逐步推进实施“有限牌照”管理，同时明确若信托公司多次在同一业务领域发生风险、严重危及稳健运行，监管机构应暂停该类业务。上述举措的推出，在一定程度上可以避免信托公司因个别领域项目出现风险而丧失整体的经营资格，同时也扩大了牌照管理的适用范围，强化了信托公司业务开展的谨慎性。

其次，指导意见和执行细则进一步明确和强化了部分业务的监管要求。在具体业务监管方面，其主要强化了同业合作通道业务中各相关方的权责划分，并针对理财资金池业务提出了整改要求和报送期限。除此之外，对部分业务种类和环节的监管得到进一步强化。例如，在信托产品销售领域，除了既有的《信托公司集合资金信托计划管理办法》的要求外，进一步提出了逐步实现以录音或者录像方式保存营销记录的要求；在信贷类资金信托计划业务监管方面，要求进一步提高相应的风险资本计提比例。

最后，监管介入程度再次加深。在具体的监管措施方面，最为核心的一点是要求信托公司在信托产品入市前 10 天逐步向监管机构报告。从行文措施上看，其由原先的房地产信托项目的事前报备，转向了所有产品的事前报告，监管的触及深度明显加强。同时，99 号文第四部分“完善监管机制”章节中对现场与非现场监管、监管问责等均做出了明确规定。其中，明确要求监管机构要列席信托公司董事会和重大事项决策的经营班子会议，监管机构对信托公司经营决策的制定及内部机制建设的监管将进一步加强。

三 2015年信托行业发展展望

（一）传统领域中挑战与机遇并存

在房地产领域，2014 年房地产各项指标持续走低，房地产市场已逐步进入滞涨和调整期。未来房地产领域虽然存在一定的调整压力，但房地产在整个国民经济中的比重较大，对国民经济系统较为重要。房地产行业对资金的需求量较大，一般拥有土地等保值功能较好的资产抵押，能承受的资金成本较高，比较适合信托资金介入。在经历一段时间的调整后，房地产行业在未来仍然存在发展机遇。在 2014 年的总体宏观政策制定中，中央并未明确涉及房地产调控，但对与房地产行业长效机制相关的土地、金融和财税等方面的改革都进行了较为详细的部署。预计未来房地产市场长效机制的建设步伐将进一步加快，并逐步替代短期调控政策，有利于促进房地产市场的长期稳定发展。

在市政基础设施建设领域，以 10 个省市的市政债试点为代表，国家拓宽了市政基础设施建设的融资渠道，融资主体的融资行为进一步规范，特别是在 43 号文发布以后，未来对信托融资的依赖程度将进一步降低。但随着国家城镇化战略的推进，信托行业存在一定发展机遇。2014 年 3 月 16 日由中共中央、国务院印发的《国家新型城镇化规划（2014 ~ 2020 年）》报告显示，虽然目前我国按常住人口统计的城镇化率已连续三年超过 50%，但按户籍人口统计的城镇化率仅为 36%，远低于发达国家 80% 的平均水平，尚有较大的发展空间。虽然 43 号文等政策使得在新型城镇化建设中传统融资渠道被封堵，但是城镇化带来的政府大量的融资需求并未改变，未来 PPP 模式存在较大的市场空间，信托公司利用之前积累的经验与资源，有望在新城镇化建设中再次崭露头角。

（二）并购重组或将成为重要方向

信托行业的发展必须紧密跟随国民经济发展节奏，服务实体经济发展。

以房地产和市政基础设施建设为代表的投资驱动型信托业务或将不可维系，而在国民经济结构调整和转型升级的背景下，信托行业的转型发展必须服从国家经济发展战略和趋势。在此背景下，信托公司应充分发挥信托制度优势，积极参与并购重组，这是行业转型的一个重要方向。

信托公司素有“实业投行”之称，可以横跨货币市场、资本市场和实业市场三大领域，信托公司参与并购重组业务有多重优势，具体表现在如下几个方面。

首先，信托公司在产品设计和风险控制方面拥有独特优势。在参与形式上，信托公司可以通过成立并购重组基金、发行信托计划等多种方式参与企业并购重组；在具体的交易模式上，信托计划可以采用债权方式、股权方式、股权 + 债权的模式，或者以信托计划直接持有拟并购项目项下资产的权益投资方式。这也是其他金融机构所不具备的竞争优势。

其次，信托公司参与并购重组业务具有高度灵活性。在业务审批上，信托公司作为独立的法人机构，具有独立审批权，且信托公司组织机构高度扁平化，决策效率较高，能有效地适应并购重组业务的节奏。信托公司具有高效的资源整合能力。从内部资源整合来看，信托公司可以整合自有资金与信托资金两方面的资源参与并购重组业务；从外部资源整合来看，信托公司可依托信托产品这一媒介，有效整合银行、证券以及社会投资者资金参与并购重组业务。

最后，信托公司具有资金募集优势。从资金的募集方面看，信托公司具备较强的大额资金募集能力，中国信托业协会披露的数据显示，截至 2014 年 6 月末，信托行业存量集合资金信托规模近 3 万亿元，信托公司在过去几年的发展中积累了大量高净值客户，可在较短的时间内募集并购业务所需的资金，信托公司募集资金的灵活性和高效性优势更为明显。

（三）回归财富管理本源业务的趋势

2007 年颁布实施的新“一法两规”确立了信托公司“受人之托，代人理财”的基本职能。而信托行业在过去几年的发展中，财富管理职能长期被严重忽视，转而成为实现融资性私募投行业务的辅助功能，缺乏相对独立和综合的财富管理功能。

根据麦肯锡的预测，个人可投资资产超过600万元人民币的高净值人士，到2015年末将达到约200万人，可投资产约60万亿元，而在2010年这两个数据仅为87万人和21万亿元。财富管理需求的快速增长，为信托公司回归本源业务、突破发展瓶颈提供了绝佳的机会。相对于其他金融机构，信托可以依据其独特的制度优势，满足客户多元化需求，因而信托公司向财富管理方向转型有着天然的优势。同时，这一转型方向也与99号文提出的“探索家族财富管理，为客户量身定制资产管理方案”的要求不谋而合，或将成为行业首推的转型方向。

随着金融行业内部各子行业之间合作程度的加深，信托资产配置选择将进一步扩大。通过与期货公司、证券公司、基金公司等交易对手的合作，信托产品的投资范围将更为广泛，对金融工具的运用也将更为灵活，同时也满足了投资者分散投资、多类型金融资产配置的财富管理诉求。目前行业内已有平安信托、外贸信托等公司开展了家族信托业务，但仍面临相关制度障碍、管理能力不足等困难。一旦制度层面障碍扫清，信托公司工作重心回归财富管理本源业务可能只是一个时间问题。

（四）“八大责任”奠定全年政策主基调

在2014年12月召开的信托业年会上，银监会主席助理杨家才指出，在现阶段13万亿元的信托资产中，超过9万亿元投向实体经济，对国民经济的发展和GDP的增长都做出了巨大的贡献。同时，杨家才助理还就信托公司需要承担的八大责任进行总结，在2013年“八项机制”的基础上再次对信托公司提出管理要求，预期2015年调控政策将围绕这8个方面展开。

在提高信托公司内部管理自律性的同时，也不能放松外部监管的有效性和及时性。延续2014年监管介入加深的趋势，2015年的监管重心依旧为对风险的防范、发现、评估与处置。借助于2014年落地或试行的各项顶层设计和配套机制，行业已初步搭建起全方位、立体式的监管架构，预期2015年监管的针对性和效率将大大提高，行业监管环境也将出现显著的改善。

B.12

2014年资产管理行业发展回顾与2015年展望

徐建华　孟 瑶*

摘　要：在中国经济体系走向新常态的大背景下，在中国金融市场的双向开放趋势下，在“放松管制、加强监管”的政策导向下，2014年资产管理行业继续保持快速发展，以证券投资基金业为例，公募业务规模已达4.54万亿元。然而，新常态下的资管行业呈现出新的态势：市场化监管与市场化竞争并行推进、电子化交易日趋显著、产品体系日益完整、养老金制度日趋完善。2015年，伴随着改革红利的进一步释放及顶层设计的进一步完善，行业竞争将更为激烈，资产管理机构将在专业化抑或多元化的路径选择上做出取舍。

关键词：资产管理　理财产品　证券投资基金　券商集合理财　私募

一　2014年证券投资基金业发展回顾与2015年展望

（一）2014年证券投资基金业发展回顾

从基金行业看，截至2014年11月底，我国证券投资基金业资产管理规

---

* 徐建华，硕士，8年证券从业经历，2013年加入国泰基金管理有限公司，目前任国泰基金战略发展与业务支持部总监助理；孟瑶，博士，2014年9月加入国泰基金管理有限公司，目前任国泰基金战略发展与业务支持部战略助理。

模为6.09万亿元，其中，公募业务约为4.24万亿元，占70%；非公募业务约为1.85万亿元，占30%，非公募业务的规模及市场占有率呈现逐年递增的趋势（见图1）。

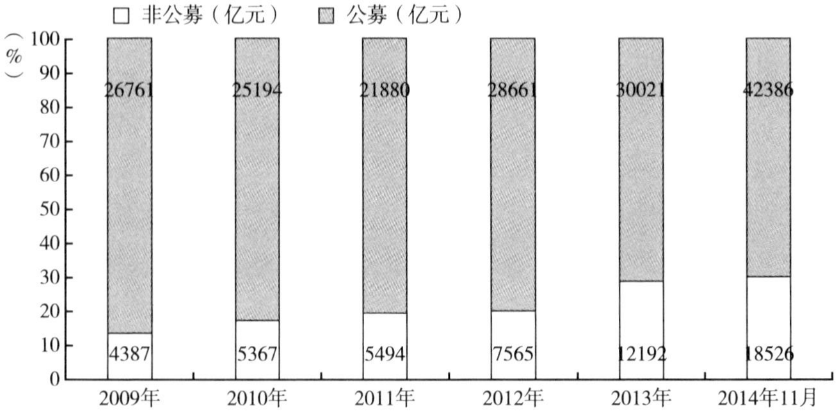

图1　2009年~2014年11月行业资产管理结构

资料来源：证券投资基金业协会。

1. 2014年公募业务发展概况

自2008年起到2014年的7年中，基金行业进入较为成熟的发展阶段。在此期间，监管环境日益宽松，基金产品不断丰富，投资者快速成熟，垄断壁垒逐渐消失，销售渠道以及各类理财产品的充分竞争成为常态。据证券投资基金业协会统计，截至2014年11月底，我国境内共有基金管理公司95家，较2013年初增加6家，其中，合资公司46家，内资公司49家，取得公募基金管理资格的证券公司6家。

（1）数量与规模

截至2014年11月底，行业公开募集证券投资基金产品数量达到1855只，其中封闭式基金133只，较2013年减少4只；开放式基金数量1415只，较2013年增加1722只。公开募集证券投资基金规模为42386.35亿元（见图2），其中封闭式基金规模为1434.57亿元，较2013年减少716.27亿元；开放式基金规模为40951.78亿元，较2013年增加13081.91亿元。

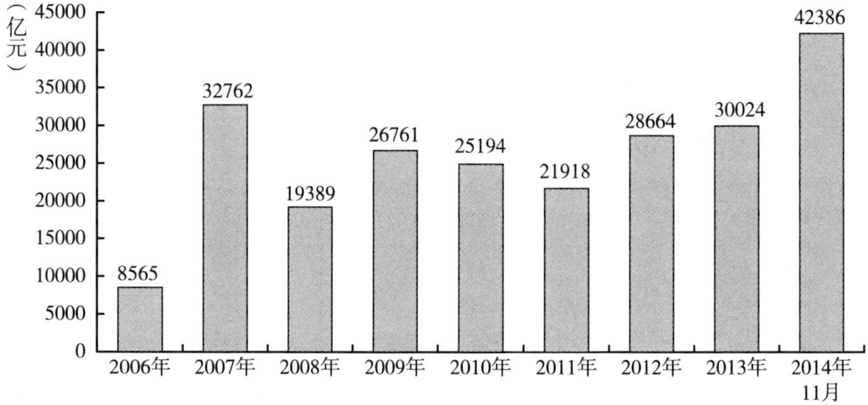

图2　2007年~2014年11月行业公募基金资产净值

资料来源：证券投资基金业协会。

（2）数量与规模：按产品类型

按产品类型分，截至2014年9月，包括股票型基金和混合型基金在内的偏股型基金在规模上占到了全部基金的42.53%（见图3）。与2013年相

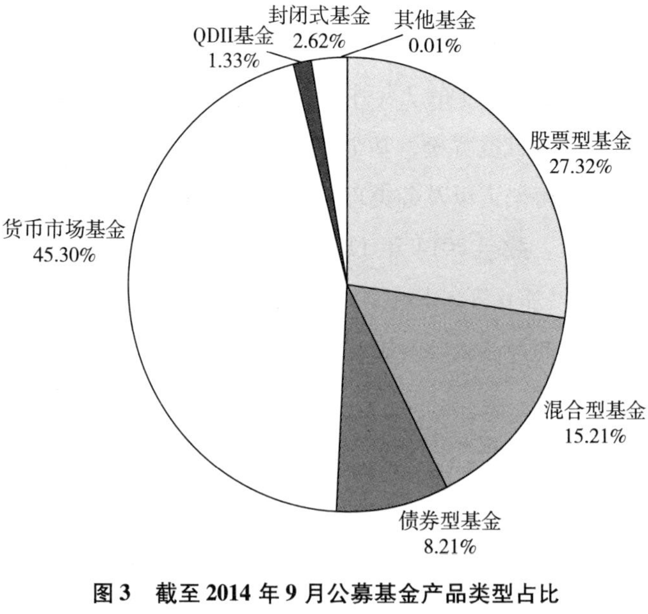

图3　截至2014年9月公募基金产品类型占比

资料来源：银河证券。

比，股票型基金、混合型基金、债券型基金占比有所下降，分别从36.44%、19.00%、13.40%下降至27.32%、15.21%、8.21%；货币市场基金占比有所上升，从24.90%上升至45.30%（见图4）。

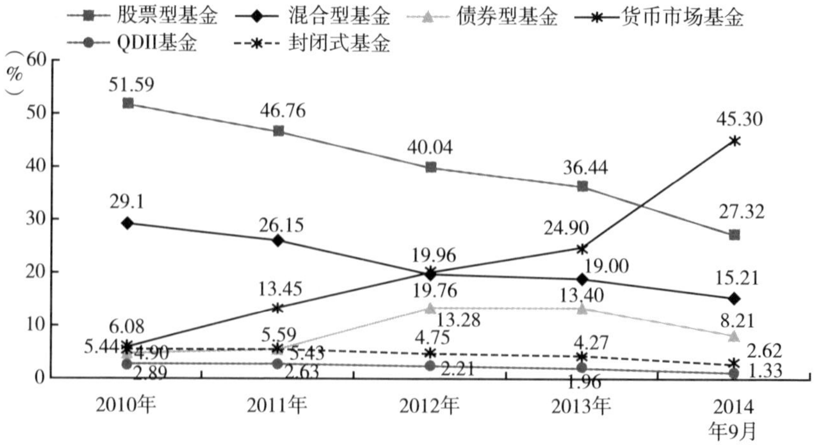

图4　2010年~2014年9月公募基金产品类型占比变化

资料来源：银河证券。

（3）新发基金数量与规模

截至2014年9月底，行业新发基金共253只，其中，一季度70只，募集规模为875.5亿元；二季度92只，募集规模为617.1亿元；三季度91只，募集规模为915.6亿元。前3个季度新基金的基均规模为9.52亿元（见表1）。其中，货币市场基金方面，一季度成立16只，总募集388亿元，基均规模为24.25亿元；二季度成立19只，总募集149亿元，基均规模为7.84亿元；三季度成立21只，总募集212亿元，基均规模为10.10亿元，仅为一季度的41.6%（见图5）。

2014年，主题型分级基金产品数量快速增长。据统计，2013年行业共发行股票型分级基金11只，募集规模为54.41亿元，其中，主题型分级基金5只，募集规模为17.23亿元，基均规模为3.45亿元；非主题型指数分级基金6只，募集规模为37.17亿元，基均规模为6.19亿元。2014年，主

表 1 2014 年前三季度行业新基金募集情况

基金类别	数量(只)	募集规模(亿元)	占比(%)	基均规模(亿元)
股票型基金	58	461.9	19.18	7.96
混合型基金	75	783.3	32.53	10.44
债券型基金	59	381.05	15.82	6.46
货币市场基金	56	748.94	31.10	13.37
QDII 基金	4	30.11	1.25	7.53
其他基金	1	2.92	0.12	2.92
总计	253	2408.22	100.00	9.52

资料来源：银河证券。

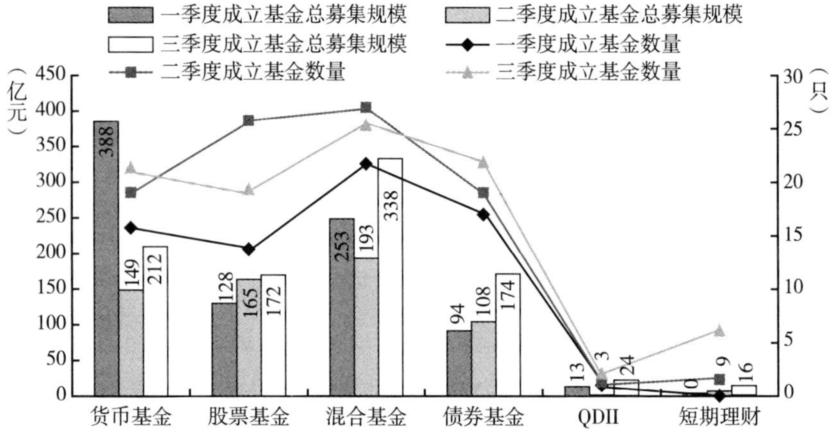

图 5 2014 年前三季度新发基金情况

资料来源：银河证券。

题型替代非主题型指数成为新发分级基金的主要类别，并且主题型基金的平均首发规模较 2013 年有所增加。据统计，截至 2014 年 9 月底，行业共发行股票型分级基金 10 只，募集规模为 53.19 亿元，其中，主题型分级基金 9 只，募集规模为 50.75 亿元，基均规模为 5.64 亿元，较 2013 年增加 2 亿元；非主题型指数分级基金 1 只，募集规模为 2.44 亿元（见表 2）。

表 2　2013 年～2014 年三季度新发股票型分级基金首发规模

单位：亿元

	基金简称	基金类别	设立日期	首发规模
主题型	国泰国证房地产行业指数分级	股票型基金	2013/2/6	3.21
非主题型	国泰国证医药卫生行业指数分级	股票型基金	2013/8/29	5.01
	信诚中证 800 医药指数分级	股票型基金	2013/8/16	3.37
	信诚中证 800 有色指数分级	股票型基金	2013/8/30	3.02
	信诚中证 800 金融指数分级	股票型基金	2013/12/20	2.63
	富国创业板指数分级	股票型基金	2013/9/12	3.57
	银河沪深 300 成长分级	股票型基金	2013/3/29	4.15
	招商沪深 300 高贝塔指数分级	股票型基金	2013/8/1	5.46
	银华中证 800 等权指数增强分级	股票型基金	2013/11/5	4.58
	建信央视财经 50 指数分级	股票型基金	2013/3/28	16.17
	国金沪深 300 指数分级	股票型基金	2013/7/26	3.23
主题型	申万菱信申银万国证券行业指数分级	股票型基金	2014/3/13	6.20
	富国中证军工指数分级	股票型基金	2014/4/4	9.82
	鹏华非银行分级	股票型基金	2014/5/5	3.89
	鹏华信息分级	股票型基金	2014/5/5	4.19
	申万菱信中证环保产业指数分级	股票型基金	2014/5/30	5.93
	申万菱信中证军工指数分级	股票型基金	2014/7/24	4.19
	富国中证移动互联网指数分级	股票型基金	2014/9/2	4.10
	新华中证环保产业指数分级	股票型基金	2014/9/11	9.84
	鹏华地产分级	股票型基金	2014/9/12	2.59
非主题型	银华沪深 300 指数分级	股票型基金	2014/1/7	2.44

资料来源：Wind 资讯。

（4）集中度分析

截至 2014 年 9 月，公募基金规模排名前十的基金公司如表 3 所示。与 2013 年比，基金公司 2014 年规模排名次序并未发生太大变化。

表3　截至2014年9月公募基金市场集中度

基金公司	管理基金数量(只)	基金资产净值(亿元)	市场占有率(%)
天　　弘	16	5479.91	14.05
华　　夏	45	3478.57	8.92
工银瑞信	48	2273.33	5.83
嘉　　实	66	2225.25	5.71
南　　方	53	1999.31	5.13
易方达	60	1632.75	4.19
广　　发	55	1482.15	3.80
兴业全球	14	1125.41	2.89
博　　时	52	1099.13	2.82
中　　银	42	1050.35	2.69
合　　计	451	21846.16	56.01

资料来源：银河证券。

公募基金市场具有较高的集中度。从图6可以看出，2009～2013年，规模排名前十的基金公司公募业务市场占有率达50%左右；由于货币市场基金的快速发展，2014年公募业务的集中度大幅增加，达56.01%。

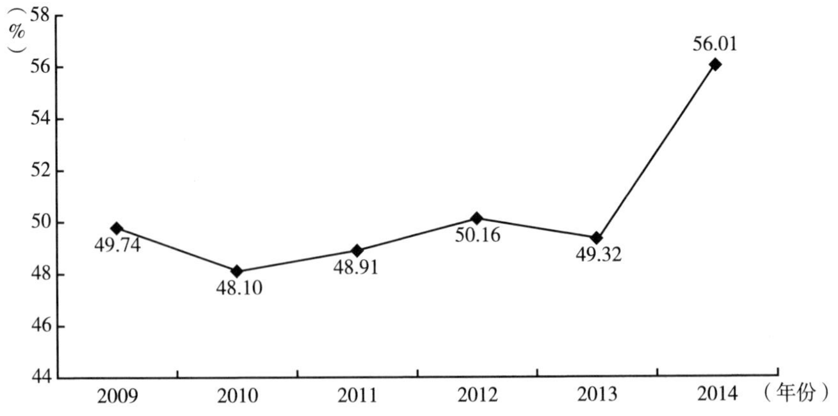

图6　公募业务集中度变化趋势

资料来源：银河证券。

（5）基金持有人结构

公募业务的持有人大体可分为个人投资者和机构投资者两大类。近些年，个人持有人占比呈现下降趋势，而机构持有人占比呈现上升的趋势。截至 2014 年 6 月，基金持有人结构按资产净值计，个人投资者持有净值占比达 73.15%，较 2013 年底下降 6.17 个百分点；机构投资者持有净值占比达 26.85%，较 2013 年底增加 6.17 个百分点（见图 7）。

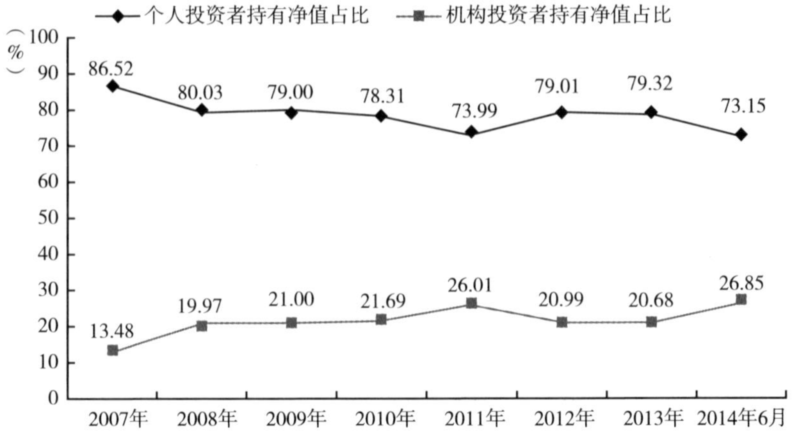

图 7　公募基金持有人结构

资料来源：银河证券。

（6）收益率

①普通股票型基金

截至 2014 年 12 月 29 日，2014 年以前成立并仍在运行的 380 只普通股票型基金 2014 年算数平均收益率为 24.72%；2014 年内新成立的 53 只普通股票型基金的算术平均收益率为 13.9%。433 只基金产品中，亏损超过 10% 的有 2 只，亏损在 0 ~ 10% 的有 21 只，盈利在 0 ~ 10% 的有 64 只，盈利在 10% ~20% 的有 101 只，盈利在 20% ~30% 的有 112 只，盈利在 30% ~ 40% 的有 74 只，盈利在 40% ~50% 的有 32 只，盈利在 50% 以上的有 26 只。收益率较高的为工银瑞信金融地产和海富通国策导向，分别为 94.84%

和74.31%（见表4）；收益率较低的为上投摩根内需动力和农银汇理策略精选，分别为-13.41%和-13.34%。

表4　2014年收益率排名前十的普通股票型基金产品

单位：%

排名	基金简称	成立时间	2014年以来收益率
1	工银瑞信金融地产	2013-8-26	94.84
2	海富通国策导向	2011-11-16	74.31
3	工银瑞信信息产业	2013-11-11	68.49
4	华泰柏瑞量化指数	2013-8-2	66.54
5	广发新动力	2014-3-19	64.20
6	宝盈策略增长	2007-1-19	62.48
7	交银阿尔法	2012-8-3	59.51
8	中邮核心主题	2010-5-19	59.24
9	财通可持续发展主题	2013-3-27	58.35
10	中邮战略新兴产业	2012-6-12	57.98

资料来源：Wind资讯。

②被动指数股票型

截至2014年12月29日，2014年以前成立并仍在运行的282只被动指数股票型基金2014年的算数平均收益率为37.49%；2014年内新成立的71只被动指数股票型基金的算术平均收益率为32.15%。353只基金产品中，亏损超过10%的有1只，亏损在0~10%的有10只，盈利在0~10%的有78只，盈利在10%~20%的有33只，盈利在20%~30%的有36只，盈利在30%~40%的有42只，盈利在40%~50%的有62只，盈利在50%以上的有91只。收益率较高的为申万菱信申万证券行业B和鹏华证券保险B，分别为362.99%和287.13%（见表5）；收益率较低的为万家中证创业成长B和南方中证500医药卫生ETF，分别为-11.79%和-6.15%。

表5　2014年收益率排名前十的被动指数股票型基金产品

单位：%

排名	基金简称	成立时间	2014年以来收益率
1	申万菱信申万证券行业B(净值)	2014-3-13	362.99
2	鹏华证券保险B(净值)	2014-5-5	287.13
3	申万菱信深成进取(净值)	2010-10-22	249.32
4	信诚中证800金融B(净值)	2013-12-20	161.17
5	申万菱信申万证券行业分级	2014-3-13	149.89
6	易方达沪深300非银ETF	2014-6-26	128.24
7	国泰国证房地产B(净值)	2013-2-6	128.19
8	鹏华中证800证券保险	2014-5-5	123.29
9	富国中证军工B(净值)	2014-4-4	109.23
10	浙商进取(净值)	2012-5-7	101.43

资料来源：Wind资讯。

③混合型基金产品

截至2014年12月29日，2014年以前成立并仍在运行的287只混合型基金2014年的算数平均收益率为20.51%；2014年内新成立的118只混合型基金的算术平均收益率为11.83%。405只基金产品中，亏损在0~10%的有20只，盈利在0~10%的有104只，盈利在10%~20%的有133只，盈利在20%~30%的有85只，盈利在30%~40%的有36只，盈利在40%~50%的有14只，盈利在50%以上的有13只。收益率较高的为宝盈核心优势A和宝盈核心优势C，分别为78.14%和76.03%（见表6）；收益率较低的为上投摩根转型动力和富国消费主题，分别为-7.07%和-5.43%。

④债券型基金产品

截至2014年12月29日，2014年以前成立并仍在运行的679只债券型基金2014年的算数平均收益率为17.79%；2014年内新成立的159只债券基金的算术平均收益率为10.64%。收益率较高的为招商可转债B和银华中证转债B，分别为257.78%和191.28%（见表7）；收益率较低的为鑫元合享分级B和海富通上证可质押城投债ETF，分别为-6.00%和-2.59%。

表6　2014年收益率排名前十的混合型基金产品（按子类型分布）

单位：%

子类型	排名	基金简称	成立时间	2014年以来收益率
灵活配置型基金	1	华商大盘量化精选	2013-4-9	54.00
	2	银河灵活配置A	2014-2-11	49.60
	3	银河灵活配置C	2014-2-11	48.90
	4	长盛同益成长回报	2014-4-4	43.23
	5	长盛航天海工装备	2014-3-11	41.00
	6	东方红产业升级	2014-6-6	39.30
	7	东方红新动力	2014-1-28	39.20
	8	长盛高端装备制造	2014-3-25	36.50
	9	华商价值共享灵活配置	2013-3-18	36.08
	10	华商新量化	2014-6-5	35.00
偏股混合型基金	1	宝盈核心优势A	2009-3-17	78.14
	2	宝盈核心优势C	2013-8-1	76.03
	3	华泰柏瑞积极成长	2007-5-29	62.82
	4	信达澳银精华	2008-7-30	60.33
	5	交银主题优选	2010-6-30	58.59
	6	诺安灵活配置	2008-5-20	56.74
	7	中海蓝筹配置	2008-12-3	55.93
	8	中邮中小盘灵活配置	2011-5-10	55.08
	9	新华优选分红	2005-9-16	53.08
	10	汇丰晋信动态策略	2007-4-9	52.88
偏债混合型基金	1	兴全可转债	2004-5-11	48.34
	2	银河收益	2003-8-4	47.34
	3	长城久利保本	2013-4-18	42.48
	4	天治财富增长	2004-6-29	33.40
	5	华安宝利配置	2004-8-24	33.00
	6	华安保本	2013-5-14	29.34
	7	招商安盈保本	2012-8-20	28.98
	8	新华阿里一号保本	2014-4-25	28.20
	9	国联安稳健	2003-8-8	28.11
	10	招商安泰平衡	2003-4-28	27.83

续表

子类型	排名	基金简称	成立时间	2014 年以来收益率
平衡混合型基金	1	宝盈鸿利收益	2002 - 10 - 8	52. 71
	2	大成景益平稳收益	2014 - 6 - 26	40. 40
	3	融通蓝筹成长	2003 - 9 - 30	33. 61
	4	大成价值增长	2002 - 11 - 11	29. 92
	5	交银定期支付双息平衡	2013 - 9 - 4	26. 06
	6	基金银丰(净值)	2002 - 8 - 15	25. 74
	7	南方稳健成长 2 号	2006 - 7 - 25	20. 55
	8	易方达平稳增长	2002 - 8 - 23	19. 51
	9	博时价值增长	2002 - 10 - 9	19. 26
	10	银华优势企业	2002 - 11 - 13	18. 25

资料来源：Wind 资讯。

表 7　2014 年收益率排名前十的债券型基金产品

单位：%

排名	基金简称	成立时间	2014 年以来收益率
1	招商可转债 B(净值)	2014 - 7 - 31	257. 78
2	银华中证转债 B(净值)	2013 - 8 - 15	191. 28
3	东吴中证可转换债券 B(净值)	2014 - 5 - 9	133. 50
4	建信转债增强 A	2012 - 5 - 29	91. 44
5	建信转债增强 C	2012 - 5 - 29	90. 79
6	长信可转债 A	2012 - 3 - 30	90. 77
7	长信可转债 C	2012 - 3 - 30	89. 83
8	嘉实多利进取(净值)	2011 - 3 - 23	85. 79
9	博时转债 C	2010 - 11 - 24	84. 51
10	博时转债 A	2010 - 11 - 24	84. 30

资料来源：Wind 资讯。

⑤货币市场型基金产品

截至 2014 年 12 月 29 日，2014 年以前成立并仍在运行的 265 只货币市场基金 2014 年的算数平均收益率为 4. 56%；2014 年内新成立的 164 只货币市场基金的算术平均收益率为 1. 62%。429 只基金产品中，盈利在 0 ~4% 的有 197 只，盈利在 4% ~5% 的有 158 只，盈利在 5% 以上的有 74 只。收益率较高的为大成月月盈 B 和大成月月盈 A，分别为 6.62% 和 6.31%（见表 8）。

表 8　2014 年收益率排名前十的货币市场基金产品

单位：%

排名	基金简称	成立时间	2014 年以来收益率
1	大成月月盈 B	2012－11－29	6.62
2	大成月月盈 A	2012－11－29	6.31
3	易方达双月利 B	2013－1－15	6.07
4	嘉实理财宝 7 天 B	2012－8－29	5.98
5	易方达月月利 B	2012－11－26	5.97
6	易方达双月利 A	2013－1－15	5.77
7	工银瑞信 60 天理财 B	2013－1－28	5.76
8	嘉实理财宝 7 天 A	2012－8－29	5.67
9	易方达月月利 A	2012－11－26	5.67
10	中加货币 C	2013－10－21	5.57

资料来源：Wind 资讯。

2. 2014年非公募业务发展概况

非公募业务由专户理财业务、社保基金和企业年金三大部分构成。截至 2014 年 9 月底，由基金公司管理的专户业务规模为 10327 亿元、社保基金业务规模为 5467 亿元、企业年金业务规模为 2807 亿元，较 2013 年底分别增加 96%、21% 和 16%（见图 8）。

（1）专户理财

在公募业务发展受到诸多限制的情况下，专户业务以其灵活多变、监管宽松和较高的业绩报酬预期等优势，在 2014 年呈现爆发性增长。据统计，截至 2014 年 9 月底，全行业专户业务规模已达 10327 亿元，占基金公司非公募业务的比重由 2013 年的 43% 提高到 56%，占基金公司资产管理总规模的比重由 2013 年的 12% 提高到 18%（见图 8）。

（2）全国社保基金受托管理

自 2000 年社保制度正式诞生以来，社保基金市场发展迅速。截至

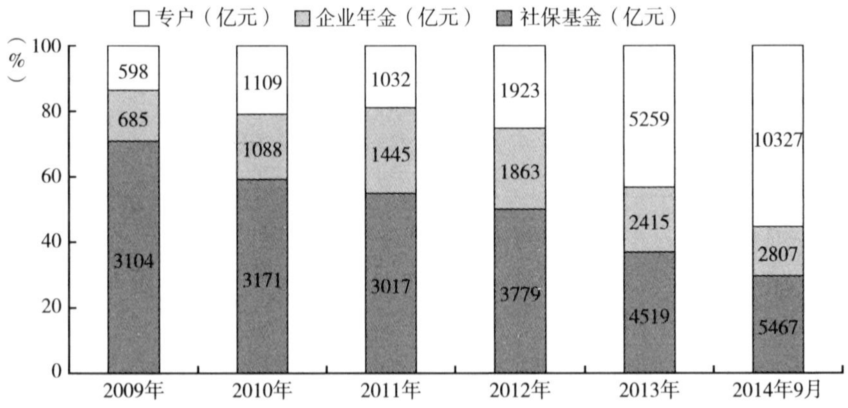

图8 非公募业务结构

资料来源：根据证券投资基金业协会资料整理。

2013年底，规模已达约1.24万亿元，较2012年底增加1355.27亿元，然而，由于财政拨款等资金来源的不确定性，社保基金规模增量波动性较大（见表9）。

表9 2007～2013年社保基金规模变化

单位：亿元，%

年份	社保总规模	社保规模增量	社保规模增速	增量占比
2007	4396.94	—	—	—
2008	5623.7	1226.76	27.90	21.8
2009	7766.22	2142.52	38.10	27.6
2010	8566.9	800.68	10.31	9.3
2011	8688.2	121.3	1.42	1.4
2012	11060.37	2372.17	27.30	21.4
2013	12415.64	1355.27	12.25	10.9

资料来源：根据全国社保理事会资料整理。

按社保基金投向划分，社保基金可以分为直接投资和委托投资两大类。从表10、表11可知，2013年委托投资总规模为5717.9亿元，较2012年底增加1164.2亿元。在社保委托投资中，基金公司管理的社保基金规模占比较为稳定，基本保持在79%～88%。

表10　2007～2013年社保基金委托投资规模

单位：亿元，%

年份	社保总规模	委托投资规模	委托投资规模占比
2007	4396.94	2069.4	47.06
2008	5623.7	2565.81	45.62
2009	7766.22	3621.15	46.63
2010	8566.9	3589.34	41.90
2011	8688.2	3647.08	41.98
2012	11060.37	4553.7	41.17
2013	12415.64	5717.9	46.05

资料来源：全国社保理事会。

表11　2009～2013年基金公司管理社保基金规模

单位：亿元，%

类　　别	2009年	2010年	2011年	2012年	2013年
社保委托投资规模	3621	3589	3647	4554	5718
基金公司管理社保基金	3104	3171	3017	3779	4519
基金公司管理社保基金规模占比	86	88	83	83	79

资料来源：全国社保理事会。

（3）企业年金受托管理

自2004年企业年金制度正式诞生以来，企业年金市场发展迅速，基金实际运作规模逐年增加。截至2013年底，最近4年基金实际运作规模年均增量超过1000亿元。

从企业年金增量结构来看，70%来自老组合持续增资，30%来自新组合推出。企业年金呈现增量逐年增加但增量占比逐年减少的趋势。截至2014年9月底，企业年金规模为6855.99亿元，较2013年底增加1072.39亿元，增幅为18.54%（见表12）。

表 12　2009 年～2014 年 9 月企业年金规模

时间	投资运作总规模(亿元)	年金规模增量(亿元)	年金规模增速(%)	增量占比(%)
2009 年	1591.02	—	63.20	—
2010 年	2452.97	861.95	54.18	35.14
2011 年	3325.48	872.51	35.57	26.24
2012 年	4451.62	1126.14	33.86	25.30
2013 年	5783.60	1331.98	29.92	23.03
2014 年 9 月	6855.99	1072.39	18.54	15.64

资料来源：全国企业年金基金业务数据摘要。

据统计，在实际运作的年金规模中，按投管人划分，券商约占 10%，保险机构约占 48%，基金公司占 42% 左右（见表 13）。

表 13　2009 年～2014 年 9 月基金公司管理的企业年金

单位：亿元，%

类　　别	2009 年	2010 年	2011 年	2012 年	2013 年	2014 年 9 月
企业年金实际运作规模	1591	2453	3325	4452	5784	6856
基金公司管理企业年金	685	1088	1445	1863	2415	2814
基金公司占比	43	44	43	42	42	41

资料来源：全国企业年金基金业务数据摘要。

3. 专户子公司业务发展概况

专户子公司自 2012 年底获准成立以来，业务规模快速增长，截至 2014 年 7 月底规模已达 2.29 万亿元（见图 9）。基金公司非公募业务和专户子公司业务规模合计已与公募业务规模基本相当。

（二）2015年证券投资基金业发展展望

1. 养老金体制改革的深化将推动养老金业务加速壮大

十八届三中全会以来，养老金体制改革持续推进。2013 年 12 月，财政部、人社部、国家税务总局联合发布的《关于企业年金职业年金个人所得

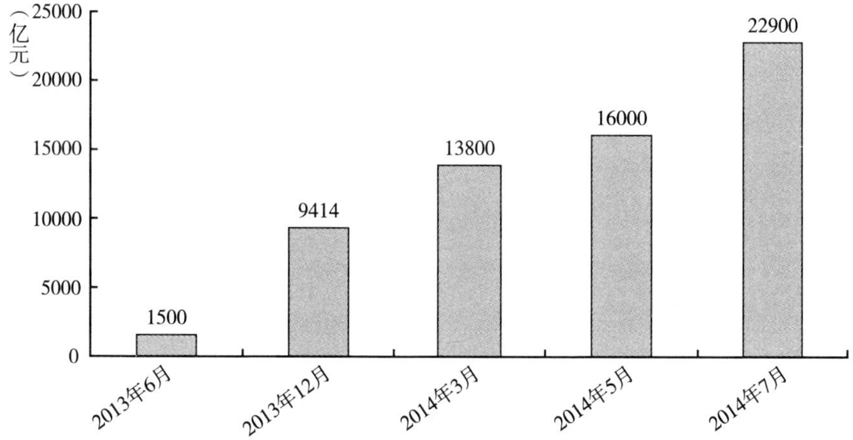

图9　基金专户子公司规模变化

税有关问题的通知》指出，自2014年1月1日起实施企业年金、职业年金个人所得税递延纳税优惠政策；2014年8月公布的《国务院关于加快发展现代保险服务业的若干意见》提出，个人税收递延型商业养老保险的相关试点工作有望在2015年内启动。据人社部统计，若职业年金全面推开，每年将带来2000亿~3000亿元的年金增量。2014年养老金业务得到了快速发展。2015年，随着养老金体制改革的深化，政策红利将逐步释放，养老金业务的发展势头将得以延续。

2. 放松管制、加强监管引导业务领域开拓创新，为基金公司带来制度红利

在“放松管制、加强监管”的政策导向下，行业管制逐步放开，基金公司的业务领域得以延伸。专户子公司的设立，使得基金公司的投资范围从二级市场拓展至一级市场，从标准化产品拓展至非标准化产品，业务范围从单纯的投资领域拓展至融资领域，业务链和产品线大幅延长和拓宽，盈利能力增强。

3. 公募业务结构正悄然发生变化

货币基金规模在经历了井喷式的发展后，增长速度趋缓。2014年，利

率市场化步伐的加快和互联网金融的蓬勃发展推动了货币市场基金的爆发式增长，使之超过主动股票投资成为规模最大的业务类型。截至2014年9月底，货币市场基金规模占比已达45.30%（见图4）。然而，相对于一季度73%的增长速度，二、三季度的增长已趋缓至10%左右（见图10）。这一现象可部分归因于货币基金收益率的持续下降和货币基金功能的局限性与同质性。随着利率水平的持续下降，预计2015年货币基金将进入“细水长流”式的增长模式。

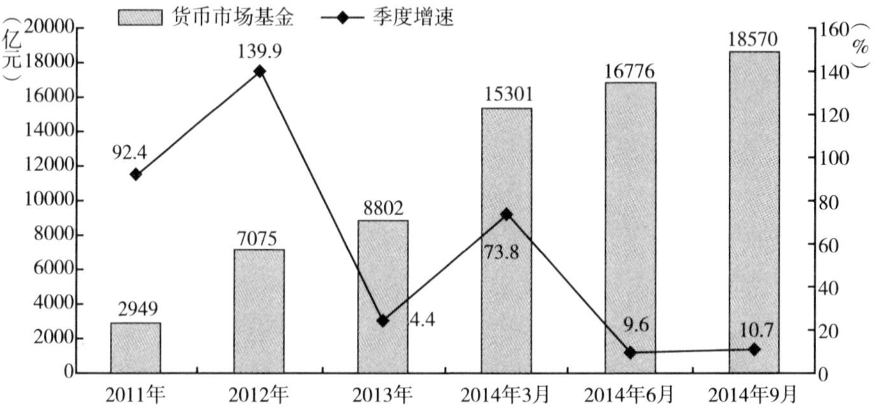

图10　2011年~2014年三季度行业货币市场基金的规模及变化

资料来源：银河证券。

4. 公募业务全面、激烈的竞争态势将持续蔓延

随着公募业务牌照的放开，参与竞争的机构数量快速增加。截至2014年11月底，境内基金管理机构数量已达100家。除标准化公募产品内部的竞争外，公募基金还面临信托产品、银行理财产品、券商集合理财计划、保险产品、私募产品等替代产品的严峻挑战。截至2014年7月底，证券公司资管规模已达7万亿元，在基金业协会注册的私募基金已超过1.96万亿元。随着牌照监管模式的持续深化，2015年的竞争将更为激烈，这也促使基金公司加快转型，并在专业化抑或多元化的路径选择上做出取舍。

5. 专户子公司将告别野蛮增长，业务转型迫在眉睫

自2012年底专户子公司获准成立以来，资产管理规模快速增长，截至2014年7月底，已达2.29万亿元。规模的快速增长创造了可观的利润，但粗放的增长模式也加剧了风险的累积。2014年4月底，证监会发布《关于进一步加强基金管理公司及其子公司从事特定客户资产管理业务风险管理的通知》，明确禁止了“资金池”业务和一对多通道业务，加强了对子公司的风险管理。2014年9月26日，证监会发布《证券公司及基金管理公司子公司资产证券化业务管理规定（修订稿）》，将基金子公司业务领域扩展至资产证券化。2015年，监管机构在继续丰富子公司业务范围的同时，将进一步提升风险管理要求，引导子公司业务转型，即由通道业务向主动资产管理回归。

6. 基金公司前、中、后台人才流动率普遍提高，流失加重

竞争的加剧，不但蚕食着基金行业的市场份额，也造成了作为基金行业核心资本的人才的流失。具体表现为，流失的人才类型从基金经理向前、中、后台各类人才蔓延；人才流动方向从基金行业内部不同基金公司之间的流动，演变为向行业外流失。据统计，截至2014年11月底，全行业全年共有296位基金经理离职，其中共14位任职年限超过10年的基金经理离开原属基金产品、基金公司，甚至公募行业。

二　2014年券商集合理财计划发展回顾与2015年展望

（一）2014年券商集合理财计划发展回顾

1. 规模及类型

截至2014年9月，券商集合理财计划规模为4585.79亿元，较2013年2008.34亿元增长128.34%。其中，股票型券商集合理财计划25.52亿元，占0.56%；另类投资型券商集合理财计划300.55亿元，占6.55%；

混合型券商集合理财计划 1144.29 亿元，占 24.95%；债券型券商集合理财计划 1848.86 亿元，占 40.32%；货币市场型券商集合理财计划 1201.90 亿元，占 26.21%；QDII 型券商集合理财计划 1.78 亿元，占 0.04%（见图 11）。

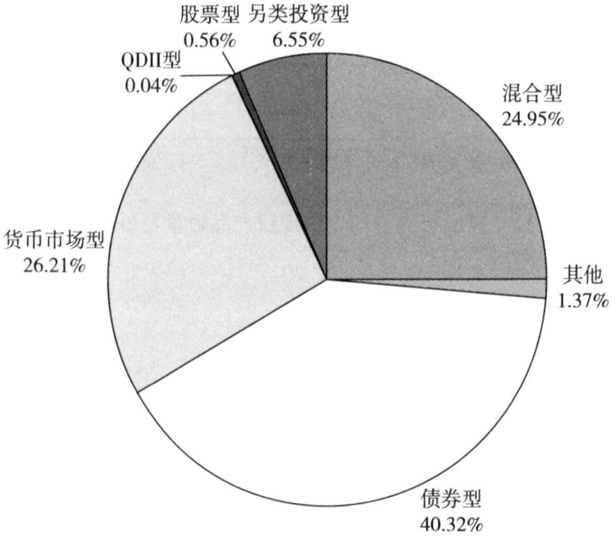

图 11　券商集合理财计划规模（投资类型分布）

资料来源：Wind 资讯。

2. 新成立的券商集合理财计划

2014 年，新发行券商集合理财产品 1778 只，较 2013 年 2005 只减少 227 只；发行规模为 927.36 亿份，较 2013 年 2104.03 亿份减少 55.92%（见图 12）。其中，股票型券商集合理财产品 95 只，募集规模为 61.44 亿份；混合型券商集合理财产品 479 只，募集规模为 314.23 亿份；债券型券商集合理财产品 728 只，募集规模为 254.93 亿份；货币市场型券商集合理财产品 51 只，募集规模为 59.71 亿份；另类投资型券商集合理财产品 424 只，募集规模为 234.52 亿份（见图 13）。

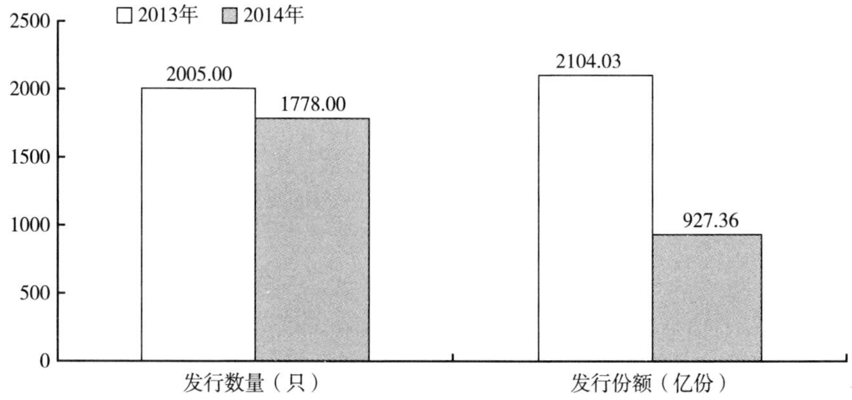

图 12　新发行的券商集合理财产品数量及份额规模

资料来源：Wind 资讯。

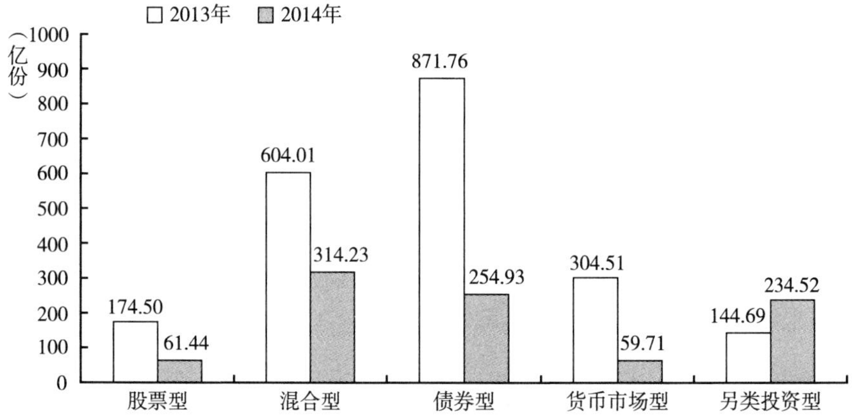

图 13　2013～2014 年新发行的券商集合理财产品份额规模（投资类型分布）

资料来源：Wind 资讯。

3. 收益率

（1）股票型

截至 2014 年 12 月 19 日，公布业绩的 25 只股票型券商集合理财产品中，2014 年以前成立的 20 只 2014 年的算数平均收益率为 42.98%，2014 年内新成立的 4 只的算术平均收益率为 4.97%。25 只股票型券商集合理财产品中，亏损的有3只，盈利在0~10%的有6只，盈利在10%~20%的有2只，盈利在20%~30%的有7只，盈利在30%~40%的有3只，盈利在40%~50%的有2只，盈利在50%以上的有2只。收益率较高的为安信安悦B和银河99指数，分别为455.27%和55.52%（见表14）；收益率较低的为国泰君安君享慧安一号和华龙金智汇量化1号B，分别为-25.47%和-14.54%。

（2）混合型

截至2014年12月19日，公布业绩的735只混合型券商集合理财产品中，2014年以前成立并仍在运行的360只2014年的算数平均收益率为22.71%，2014年内新成立的375只算术平均收益率为16.02%。735只混合型券商集合理财产品中，亏损在10%以上的有9只，亏损在0~10%的有46只，盈利在0~10%的有300只，盈利在10%~20%的有145只，盈利在20%~30%的有91只，盈利在30%~40%的有67只，盈利在40%~50%的有29只，盈利在50%以上的有48只。收益率较高的为国金慧泉ETF套利2号B和广发恒定10号进取级，分别为298.76%和253.87%（见表14）；收益率较低的为国联玉玲珑消费精选B和华宝量华对冲一期B，分别为-45.11%和-37.63%。

（3）债券型

截至2014年12月19日，公布业绩的986只债券型券商集合理财产品中，2014年以前成立并仍在运行的516只2014年的算数平均收益率为13.55%，2014年内新成立的470只的算术平均收益率为4.14%。986只债券型券商集合理财产品中，亏损在10%以上的有10只，亏损在0~10%的有50只，盈利在0~10%的有761只，盈利在10%~20%的有72只，盈利在20%~30%的有26只，盈利在30%~40%的有20只，盈利在40%~50%的有16只，盈利在50%以上的有31只。收益率较高的为海通年年升风险级和光大阳光北斗星B，分别为489.90%和278.22%（见表14）；收益率较低的为广发金管家沪深300多空杠杆看跌和广发金管家创业板多空杠杆看跌，分别为-87.18%和-51.96%。

（4）货币市场型

截至2014年12月19日，公布业绩的56只货币市场型券商集合理财产品中，2014年以前成立并仍在运行的54只2014年的算数平均收益率为3.13%，2014年内新成立的2只的算术平均收益率为8.55%。56只货币市场型券商集合理财产品中，亏损的有2只，盈利在0~5%的有51只，盈利在5%以上的有3只。收益率较高的为中信建投悠享财富3号和中信建投悠享财富1号，分别为16.01%和8.44%（见表14）；收益率较低的为太平洋14天现金增益和中银国际中国红货币增强，分别为-2.85%和-0.86%。

（5）FOF型

截至2014年12月19日，公布业绩的62只FOF型券商集合理财产品中，2014年以前成立并仍在运行的46只2014年的算数平均收益率为20.54%，2014年内新成立的16只的算术平均收益率为2.51%。62只FOF型券商集合理财产品中，亏损的有3只，盈利在0~10%的有26只，盈利在10%~20%的有15只，盈利在20%~30%的有11只，盈利在30%以上的有7只。收益率较高的为财富证券财富1号和国泰君安上证央企50，分别为96.88%和62.81%（见表14）；收益率较低的为财富富盈2号C和财富惠丰1号B，分别为-5.99%和-1.07%。

表14　2014年投资收益排名前十的集合理财计划（按投资类型划分）

单位：%

	简　称	成立日期	管理公司	2014年以来总回报
股票型	安信安悦B	2013-4-24	安信证券	455.27
	银河99指数	2010-12-21	中国银河证券	55.52
	华泰紫金中证800增强	2013-5-28	华泰证券	47.22
	高华证券盛享1号	2011-12-8	北京高华证券	46.66
	东北证券6号	2012-6-21	东北证券	34.96
	国泰君安君享弘利	2013-12-27	上海国泰君安证券资产管理	33.40
	中信卓越成长	2011-5-19	中信证券	30.90
	国泰君安君享博道精选一期	2013-10-21	上海国泰君安证券资产管理	29.49
	国泰君安君得悦	2013-2-28	上海国泰君安证券资产管理	27.82
	金中投结构优势B	2013-4-12	中国中投证券	24.00

续表

	简　称	成立日期	管理公司	2014 年以来总回报
混合型	国金慧泉 ETF 套利 2 号 B	2013 - 7 - 1	国金证券	298.76
	广发恒定 10 号进取级	2013 - 12 - 12	广发证券	253.88
	广发恒定 8 号进取级	2013 - 12 - 11	广发证券	236.78
	广发恒定 13 号进取级	2014 - 6 - 5	广发证券	221.11
	广发恒定 14 号进取级	2014 - 5 - 28	广发证券	218.38
	渤海定增宝 1 号 C	2013 - 10 - 29	渤海证券	191.59
	万联拓璞 2 号风险 B	2013 - 8 - 22	万联证券	176.18
	华龙金智汇 3 号 B	2013 - 3 - 25	华龙证券	161.80
	安信定享 2 号 B	2014 - 3 - 20	安信证券	156.16
	华龙金智汇 8 号次级	2014 - 2 - 18	华龙证券	139.55
债券型	海通年年升风险级	2013 - 5 - 29	上海海通证券资产管理	489.90
	光大阳光北斗星 B	2013 - 4 - 18	上海光大证券资产	278.22
	新时代新财富 8 号普通级	2013 - 11 - 22	新时代证券	187.34
	海通月月升风险级	2013 - 4 - 25	上海海通证券资产管理	181.63
	海通半年升风险级	2013 - 5 - 29	上海海通证券资产管理	161.63
	财通月月福 2 号普通级 B	2013 - 9 - 5	财通证券	111.08
	安信瑞泽 B	2013 - 6 - 19	安信证券	106.34
	海通年年鑫风险级	2013 - 5 - 13	上海海通证券资产管理	104.06
	华西证券红利来三号 B	2013 - 5 - 27	华西证券	102.12
	广发金管家沪深 300 多空杠杆看涨	2013 - 1 - 21	广发证券	96.17
货币市场型	中信建投悠享财富 3 号	2014 - 2 - 19	中信建投	16.01
	中信建投悠享财富 1 号	2013 - 6 - 18	中信建投	8.44
	中信建投悠享财富 2 号	2013 - 8 - 5	中信建投	5.93
	国泰君安君得利 1 号	2005 - 10 - 11	上海国泰君安证券资产管理	4.98
	国泰君安君得利 2 号	2010 - 12 - 23	上海国泰君安证券资产管理	4.92
	华泰紫金天天发 A	2012 - 8 - 21	华泰证券	4.89
	华泰紫金货币增强	2013 - 5 - 29	华泰证券	4.88
	中银国际中国红货币宝	2010 - 5 - 24	中银国际证券	4.79
	华安理财 5 号	2013 - 5 - 28	华安证券	4.79
	齐鲁稳固 21 天	2013 - 5 - 29	齐鲁证券	4.74

续表

	简　称	成立日期	管理公司	2014年以来总回报
FOF	财富证券财富1号	2010-6-9	财富证券	96.88
	国泰君安上证央企50	2010-7-15	上海国泰君安证券资产管理	62.81
	中信基金精选	2011-12-23	中信证券	51.13
	东方红基金宝	2010-6-24	上海东方证券资产管理	49.81
	安信基金宝	2011-8-1	安信证券	38.81
	广发理财4号	2007-2-9	广发证券	38.07
	中银国际中国红基金宝	2009-12-10	中银国际证券	33.44
	中投汇盈基金优选	2011-5-3	中国中投证券	28.73
	浙商汇金1号	2010-4-30	浙商证券	28.19
	东兴1号	2010-7-15	东兴证券	28.02

注：2014年新成立的集合理财计划2014年以来总回报为成立以来的总回报。
资料来源：Wind资讯。

（二）2015年券商集合理财计划发展展望

1. 定向资管通道业务逐步萎缩，集合资管逐渐占据核心地位

2014年，以通道业务为主的定向资管业务拉动券商资产管理规模大幅增长。2014年上半年，117家券商受托管理资金规模达6.82万亿元，远超2013年全年规模。截至2014年10月，券商资管规模已达7.22万亿元。随着券商资管规模的提升，资管业务收入占券商营业收入的比重也逐步提升。据证券业协会统计，2014年上半年券商资管业务净收入为47.03亿元，占当期总营业收入的5.2%。但与发达国家的证券市场相比，这一占比仍较低。并且，规模占比达93%的定向资管对营业收入的贡献较小，而集合资管的贡献超过50%。由于监管部门对银行非标投资监管力度加强，2015年，定向资管业务将萎缩，集合资管逐渐占据核心地位。

2. 资产证券化成为券商资管的新亮点

2014年，证监会发布的《证券公司及基金管理公司子公司资产证券化

业务管理规定》及上证所发布的《上海证券交易所资产证券化业务指引》均表明无论是政策层还是监管层都对资产证券化业务高度重视与支持。2015年，企业与金融体系的庞大存量资产将推动资产证券化业务的快速发展。资产证券化业务带来的承销费用及转让交易费用将为券商带来营业收入的提升。然而，基金子公司的参与以及可能推出的负面清单管理制度均给券商开展该项业务带来了一定的挑战。

三 2014年私募基金发展回顾与2015年展望

（一）2014年私募基金发展回顾

1. 规模

2014 年是阳光私募发展的第 10 年。十年间，私募基金管理资金规模和产品数量均有较大程度的增长。据中国基金报统计，截至 2014 年 12 月 25 日，有产品运行的阳光私募共 1192 家，运行产品 4391 只，管理资产规模达 4000 亿元，其中，公开产品管理规模超过 100 亿元的机构共 7 家，分别为景林资产 250 亿元、重阳投资 200 亿元、泽熙投资 150 亿元、乐瑞资产 150 亿元、青骓投资 110 亿元、朱雀投资 100 亿元、混沌投资 100 亿元。而据第一财经日报统计，2011 年，阳光私募管理资产规模仅为 1420 亿元左右，其中前十家公司管理资产规模为 460 亿元。因此，相比 2011 年，2014 年私募基金无论是总规模还是各大型机构的资产管理规模均有巨大幅度的增长。

2014 年，私募基金积极参与定向增发项目。据格上理财统计，截至 2014 年 12 月 25 日，参与定向增发的私募产品共 279 只，其中，2014 年新发行定向产品达 80 只。定增产品较多的 5 家私募机构为东源投资、双隆投资、浙商控股、盛世景投资和证大投资。

2. 收益率

（1）股票型

截至 2014 年 12 月，公布业绩的 4399 只股票型私募产品中，2014 年以前成立并仍在运行的1875只的算数平均收益率为23.86%，2014年内新成立的2524只的算术平均收益率为11.13%。成立满一年的1875只股票型私募产品中，亏损超过20%有1只，亏损在10%～20%的有0只，亏损在0～10%的有120只，盈利在0～10%的有388只，盈利在10%～20%的有337只，盈利在20%～30%的有410只，盈利在30%～40%的有236只，盈利在40%～50%的有144只，盈利在50%以上的有192只。收益率较高的为汇金聚富6期（第5期）和汇金聚富1期（第21期），分别为416.99%和387.56%（见表15）；收益率最低的为融金8号第25期和汇金聚富1期（第31期），分别为-65%和-45.92%。

表15　2014年收益率排名前十的股票型私募产品

单位：%

排名	简称	成立时间	2014年以来收益率
1	汇金聚富6期(第5期)	2013-3-21	416.99
2	汇金聚富1期(第21期)	2012-10-26	387.56
3	淘利策略指数进取1号	2013-10-24	240.05
4	泽熙3期(山东)	2011-12-13	215.84
5	泽熙3期	2010-7-7	214.56
6	福建滚雪球	2013-1-31	165.59
7	创势翔1号	2012-4-26	154.60
8	蕴泽1号	2011-1-6	136.36
9	海中湾1期	2013-12-19	122.20
10	得壹普泰11号	2013-12-11	121.18

资料来源：Wind资讯。

（2）债券型

截至2014年12月，公布业绩的债券型私募产品中，2014年以前成立并仍在运行的115只的算数平均收益率为8.9%，2014年内新成立的85只的算术平均收益率为8.44%。成立满一年的115只债券型私募产品中，亏损超过20%有1只，亏损在10%～20%的有0只，亏损在0～10%的有11只，盈利在0～10%的有75只，盈利在10%～20%的有18只，盈利在20%～

40%的有8只，盈利在100%以上的有2只。收益率较高的为金狮158号和耀之浙商，分别为117.59%和109.17%（见表16）；收益率较低的为同利和汇鑫6号银叶2期，分别为-20.76%和-7.36%。

表16　2014年收益率排名前十的债券型私募产品

单位：%

排名	简称	成立时间	2014年以来收益率
1	金狮158号	2012-8-3	117.59
2	耀之浙商	2013-8-26	109.17
3	进取1期	2013-9-26	31.26
4	富国金百临2号	2012-11-15	30.66
5	领新稳健1号	2013-12-23	29.09
6	天弘-鹏扬11期(次级)	2013-11-27	28.15
7	艾亿新融证券投资18号	2013-3-7	26.00
8	暖流18期	2013-4-11	25.60
9	久久红(2期)	2012-12-21	20.97
10	乐瑞强债2号	2013-12-20	20.44

资料来源：Wind资讯。

（二）2014年私募基金发展展望

1. 私募基金将迎来黄金发展时期

2015年A股市场将进入慢牛、长牛行情。随着A股市场的走强，大量从房地产、信托退出的资金纷纷进入A股市场，理性的资金会选择诸如私募等更为专业的机构代为管理，超过百亿资产管理规模的私募机构数量将增加。

2. 监管部门加强对私募基金的规范性管理

2014年，一系列政策法规的出台标志着私募基金被正式纳入监管，走上规范化发展道路。2014年2月7日，《私募投资基金管理人登记和基金备案办法（试行）》开始实施，私募基金备案制启动；2014年5月9日，国务院印发《关于进一步促进资本市场健康发展的若干意见》，要求建立健全私募发行制度、发展私募投资基金；2014 年 8 月 21 日，证监会发布《私募投资基金监督管理暂行办法》，在私募基金登记备案、资金募集、投资运作、合格投资者等方面做出规定。2015 年，政策层面将更加重视私募基金的发展，监管层面也将进一步推动私募基金的规范化运作，推进私募阳光化进程。

3. 私募基金与其他资产管理机构间的合作将更加紧密

2014 年，第一只法律意义上的私募基金——重阳 A 股阿尔法对冲基金成立，重阳投资成为首家自主发行基金的私募管理机构。随着自主发行产品数量的增加，私募基金与公募子公司、信托、券商、期货及更为专业的第三方机构的合作需求将加大。

4. 私募产品业绩分化的现象将更为明显

根据海通证券分析，2014 年 11 月私募基金业绩差异大幅扩大，首尾差异高达 80 个百分点左右。私募排排网数据显示，2014 年 12 月单月的期货管理类私募产品最高收益超过 200%，首尾差异达 288.88 个百分点。2014 年末的市场行情推升了新发私募产品的投资业绩，新发私募产品的规模也随之扩张。2015 年，伴随着市场行情的波动，上年度新发产品投资业绩的持续性和规模的承载力将受到考验，不同策略的产品间业绩分化将更为明显。

B.13
2014年股权投资行业发展回顾与2015年展望

张人支　闫凌云　方少含*

摘　要：2014年股权投资行业经历了政策、市场的深层变革。行业监管政策的推动、资本市场的市场化改革、投融退模式的创新和开拓，为股权投资市场的繁荣发展奠定了基础。2015年，在股权投资模式创新、注册制改革筹备，以及人民币国际化等市场和政策利好因素的推动下，股权投资行业将迎来新的契机。

关键词：股权投资　直接投资　市场化改革

一　2014年股权投资行业的运行特点及存在的问题

2014年是中国股权投资行业发展历程中重要的一年。行业竞争格局多元化，新“国九条”发布，注册制改革筹备，政策、监管方向趋于明朗，都使得股权投资行业的生态环境不断得到改善。尽管过去长期存在的许多问题并没有即刻得到全面的解决，但我们依旧可以看到市场和行业正在朝着健康的方向发展。

---

* 张人支，清华大学经济学硕士，现就职于建投投资管理部；闫凌云，中国人民大学金融学硕士，现就职于建投投资管理部；方少含，美国马里兰大学金融学硕士，现就职于建投投资管理部。

（一）政策引领行业持续健康发展

1. 基金募集设立

登记备案制的施行和论证，成为私募股权基金行业健康发展的基础。2014 年 1 月 17 日，中国证券投资基金业协会发布的《私募投资基金管理人登记和基金备案办法（试行）》对私募投资基金管理人及基金备案管理做了相关指导性规定。2014 年 3 月发布的《关于私募投资基金登记备案有关事项的通告》中规定，“各类私募基金管理人和私募基金（包括创业投资基金）均应当到中国证券投资基金业协会登记备案。否则，不得从事私募基金管理业务活动。已设立的私募基金管理人应当在 2014 年 4 月底前完成登记手续。”将私募证券投资基金、私募股权投资基金、创业投资基金等皆纳入《私募投资基金管理人登记和基金备案办法（试行）》的调整范围，要求其按规定向基金业协会履行登记手续及办理私募基金备案。该办法的施行，结束了私募基金近半年无人监管的状态，也正式开启了由证监会接替发改委对私募行业进行监管的新时代。

私募基金规范性的加强，意味着中国私募股权投资业“无章可循”的时代将结束。2014 年 8 月 21 日中国证监会发布的《私募投资基金监督管理暂行办法》主要明确了 5 项制度安排，包括：明确全口径登记备案制度；确立合格投资者制度；明确私募基金的募资规则；提出规范投资运作行为的有关规则；确立对不同类别私募基金进行差异化行业自律和监管的制度安排。该办法的正式出台为各类私募基金的投资发展提供了正式有效的法律依据，以有效应对私募基金市场失灵的状况，使神秘的私募基金透明化，通过对私募基金的监管，使投资者、管理者以及托管者的权利和义务得以明确。预留出更大的监管空间给市场参与者的契约自由、市场博弈与行业自律，灵活的发展空间将激发私募基金的创新动力，并通过基金业协会的备案登记管理与中国证监会的行政监督起到双管齐下的监管效果，保护投资者的正当权益。

新“国九条”对于培育私募股权投资市场，明确并提出了新的要求。2014 年 5 月 9 日，国务院发布了《关于进一步促进资本市场健康发展的若干意见》，即所谓的新“国九条”。新“国九条”共33个细项、9个大项，涉及方方面面。其中，对私募股权投资市场提出了两方面要求。一是建立健全私募发行制度。建立合格投资者标准体系，健全和规范募集行为，明确各类产品私募发行的投资者适当性要求和面向同一类投资者的私募发行信息披露要求。二是发展私募投资基金。按照功能监管、适度监管的原则，完善股权投资基金、私募资产管理计划、私募集合理财产品、集合资金信托计划等各类私募投资产品的监管标准。培育私募市场就是为一二级市场引入增量资金，进一步解放私募行业的生产力，将市场经济资源优化配置的作用充分发挥，从而有利于资本市场的长期理性发展。在新“国九条”的大力支持下，作为私募行业重要组成部分的股权投资行业必将拥有更加光明的前景。

2. 基金投资

基金投资方面，在贯彻“放松管制、加强监管”的市场化监管理念，强化信息披露、加强事中和事后监管的要求下进一步促进上市公司的行业整合。作为我国证券市场里程碑式的事件，股权分置改革逐渐分散了上市公司的股权结构，增强了股份流动性，公司股价表现成为并购重组的重要驱动力，并购重组的市场化程度明显提高。

2014年7月11日，中国证监会就修订《上市公司重大资产重组管理办法》和《上市公司收购管理办法》向社会公开征求意见，并于2014年10月23日正式发布《上市公司重大资产重组管理办法》和《上市公司收购管理办法》，自2014年11月23日起施行。这标志着资本市场进一步向市场化转变，在促进相关行业上市公司整合和产业升级，推动并购重组市场发展方面具有重要意义。该办法有以下几项突破：一是取消不构成借壳上市的上市公司的重大购买、出售、置换资产行为，两项要约收购豁免情形的审批；二是完成发行股份购买资产的定价机制；三是完善借壳上市的定义，执行标准等同于IPO要求，并强调创业板企业不可借壳上市；四是丰富并购重组的支付工具，为上市公司将发行优先股、定向发行可转换债券、定向权证作为并购重组支付方式预留制度空间，为上市公司根据自身交易需求设计支付方式提供多样化选择；五是放松了非关联第三方买卖股份的门槛限制，使更多的投资方能够成为上市公司并购重组的参与者，同时支付重组成本的方式也更加灵活；六是明确财务顾问的责任，明确财务顾问尽职调查的工作要求和工作标准，本着简化审核流程、规范审核标准、提高审核效率的目的，使申报文件标准化；七是分道制的审核，所谓“分道制”审核其实就是差异化审核。这种差异化审核就是证监会在对并购重组项目进行审核时，根据不同情况，将这种差异化审核制度安排具体分为豁免/快速审核、正常审核和审慎审核3种不同方式。而这其中的最大亮点就在于豁免/快速审核，即对“好的中介、好的公司、好的项目”实行快速审核甚至豁免审核。

3. 基金退出

建立多层次资本市场，丰富和健全股权投资基金的退出渠道。证监会对新股发行体制改革的方向是注册制和资本市场的市场化。成熟、活跃和多层次资本市场的建立必然有利于丰富股权投资机构的退出渠道，为市场建立信心和注入活力。

证监会于2014年5月16日正式发布《首次公开发行股票并在创业板上市管理办法》（以下简称《管理办法》）。该办法修订的总体思路是：健全多层次资本市场体系，进一步明确创业板市场定位，推动创业板市场真正成为支持创新型、成长型中小企业发展的资本市场平台。通过简化财务指标、取消财务指标增长的硬性要求，使收入在一定规模以上的企业只需要有一年盈利记录即可上市，真正将服务覆盖面扩大到中小企业。修订后的《管理办法》仍保留服务于成长型企业的市场定位，要求保荐人对发行人的成长性进行尽职调查和审慎判断并出具专项意见。《管理办法》同时简化了其他发行条件，强化信息披露约束并贯彻落实保护中小投资者合法权益和新股发行体制改革意见的要求。

新三板是我国多层次资本市场的重要组成部分，也是证券市场发展的“试验田”，新三板做市商交易系统于2014年8月正式上线。做市商制度增强了新三板的流动性和吸引力，有助于其进一步扩容，可以满足众多未达到上市标准的中小企业的融资需求，不仅可以作为主板、中小板和创业板的后备企业资源库，还可以提高资本市场的流动性。提高新三板的吸引力是目前

IPO“堰塞湖”的情况下丰富股权退出渠道的有效方式之一。同时，做市商受众掌握着大量的市场信息，其竞争关系也使各方报价更为合理。引入做市商制度后，通过多个做市商竞争报价，使企业股份价值更加贴近实际价值。因此，引入做市商制度有利于发现企业价值，而跟踪定价的形式可以反映企业和市场的实际情况。在做市商制度下，所有的证券投资者都与做市商进行交易，做市商对其做市的证券持有充足的库存，并拥有大量的资金，因此，做市商可以直接消化掉大宗的买盘或卖盘，为大宗交易创造更为便捷的方式。

（二）2014年股权投资市场的运行情况

2014 年前 11 个月，中国 VC/PE 市场基金募资业绩与 2013 年相比表现平平，从开始募集和完成募集的基金数量的角度看，全年募集完成基金的数量和规模呈现出收缩的趋势；在基金投资上，投资数量小幅下降但规模有所提升，制造业投资相对活跃，能源和矿业行业投资金额占比较大，成长性投资占据主流地位；在基金退出上，A 股 IPO 市场保持平稳，香港市场仍为内地企业海外上市的首选市场，中企赴美上市仍以互联网科技股为主。

1. 基金募集

基金募集的完成情况疲软，与开始募集的基金情况差距较大。根据 CVSource 投中数据终端统计，2014 年 1 ~ 11 月共披露 328 只基金开始募集及成立，总目标募集规模为 631.41 亿美元。同比 2013 年 1 ~ 11 月（新成立基金数量为 151 只，总目标募集规模为 296.29 亿美元），披露新成立基金数量及目标规模均有大幅度的提升，并打破了 2009 年至今开始募集基金的数量和规模的纪录。但 2014 年 1 ~ 11 月募集完成的基金数量和规模与之差距较大。2014 年 1 ~ 11 月共披露 191 只基金募集完成，募集完成的总规模共计 250.97 亿美元（见图 1、图 2）。

人民币基金占主导，风险投资基金和成长型基金募集情况表现出色。根据 CVSource 投中数据终端统计，328 只开始募集基金和 191 只募集完成基金的共同特点是，从募集基金数量的角度看，风险投资基金的数量最多，从募

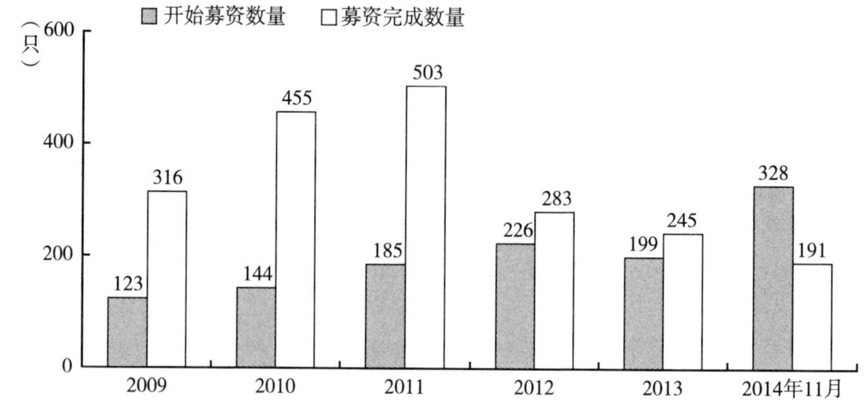

图1　2009年～2014年11月中国VC/PE投资市场募资基金数量

资料来源：CVSource。

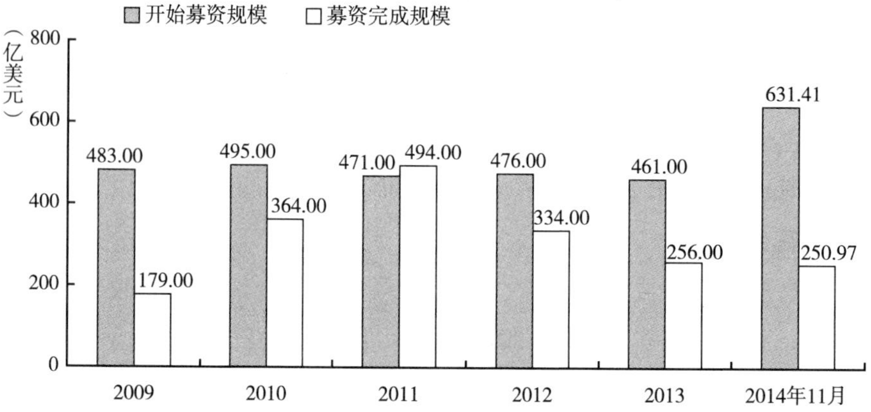

图2　2009年～2014年11月中国VC/PE投资市场募资基金规模

资料来源：CVSource。

资规模的角度看，成长型基金的规模最大。从募资的基金币种来看，其依然呈现出以人民币为主导的模式，但美元基金的表现也较为突出，在募集完成的成长型基金中，美元基金和人民币基金的规模相当。另外，值得注意的是，在募集完成的并购基金中，虽然只有3只并购基金完成了基金募集，但其规模却达到了约29.67亿美元，呈现出募集集中的趋势（见表1）。

表1　2014年1～11月募集完成基金的数量及募资规模

募集状态	类型	数量(只)	募资金额(百万美元)
募集完成	天使基金	4	34.20
	夹层基金	2	171.01
	FOF 基金	2	214.76
	Gov. Matching 基金	5	358.31
	基础设施建设基金	3	912.05
	房地产基金	4	1702.23
	并购基金	17	3648.27
	风险投资基金	94	3708.60
	成长型基金	60	14347.49
总计		191	25096.92
基金类型	币种	募集完成数量(只)	完成规模(百万美元)
风险投资基金	人民币	83	1428.43
	美元	10	2246.50
	台币	1	33.67
	总计	94	3708.60
成长型基金	人民币	42	6409.96
	美元	16	6130.85
	欧元	1	1767.00
	港元	1	39.68
	总计	60	14347.49
并购基金	人民币	14	681.60
	美元	3	2966.67
	总计	17	3648.27

资料来源：CVSource。

2. 基金投资

中国私募股权投资基金的投资趋势保持平稳。根据CVSource投中数据终端统计，2014年1～11月国内共披露私募股权投资案例216起，投资总额为290.42亿美元（见图3），与2013年1～11月（289起案例，投资总额为200.6亿美元）比分别下降25.26%和上升44.78%。中国PE市场活跃度自2011年开始呈现下滑态势，2012～2013年PE市场投资规模一直保持较低水平，但总体来看，PE 市场的投资趋势保持平稳。PE 投资虽然在数量上有些许幅度的下降，但在投资规模上有所提升。

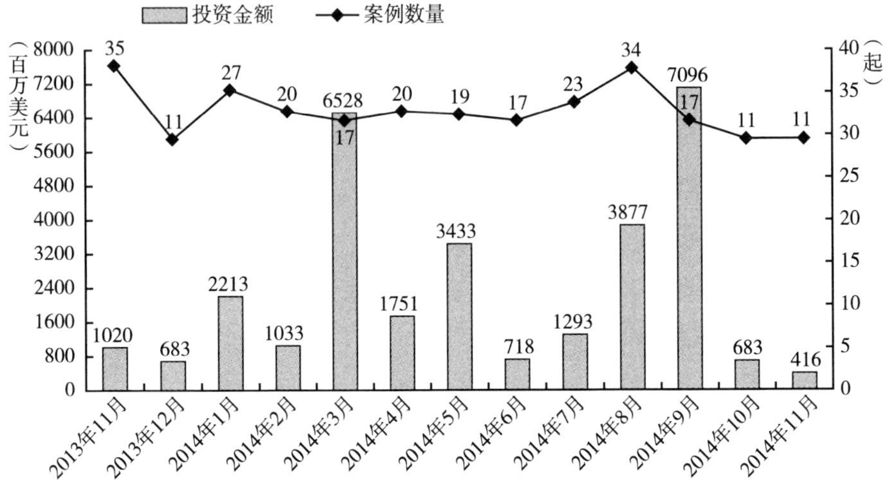

图 3　2013 年 11 月 ~2014 年 11 月中国私募股权投资市场投资规模

资料来源：CVSource。

制造业投资活跃度值得关注，能源及矿业行业整体投资规模较大。从 2014 年前 11 个月 PE 投资行业分布来看，1 ~11 月 PE 投资涉及 20 个行业。其中，制造业和能源及矿业最为活跃。从投资案例的数目来看，制造业的投资案例数目最多，31 起，占比为 14.4%，IT 和互联网业排名紧随其后，占比分别为 12.5% 和 9.3%。从投资规模来看，能源及矿业位居第一，投资规模约为 70.33 亿美元，占比为 24%，随后是连锁经营，占比为 21%（见表 2、图 4）。

从投资类型来看，成长型投资依然是 PE 投资的主要类型。2014 年前 11 个月，成长型投资披露的投资案例数目为 110 起，投资规模为 189.19 亿美元，占比分别为 50.93% 和 65.14%。PIPE 投资①表现抢眼，投资案例数为 92 起，投资规模为 83.36 亿美元，占比分别为 42.59% 和 28.70%。从类型投资数据可以看出，投资者最为追捧发展期和获利期的投资机会（见表 3）。

① Private Investment in Public Equity，是私募基金、共同基金或者其他的合格投资者以市场价格的一定折价率购买上市公司股份以扩大公司资本的一种投资方式。

表2　2014 年 1 ~ 11 月中国私募股权市场不同行业的投资规模

单位：起，百万美元

行业	案例数量	融资金额	平均单笔融资金额
能源及矿业	15	7033. 21	468. 88
连锁经营	8	6099. 07	762. 38
综合	8	2450. 96	306. 37
金融	10	2228. 61	222. 86
制造业	31	1937. 15	62. 49
互联网	20	1402. 70	70. 13
房地产	11	1353. 06	123. 01
电信及增值	7	963. 24	137. 61
交通运输	3	916. 29	305. 43
农林牧渔	7	911. 96	130. 28
医疗健康	15	881. 16	58. 74
IT	27	790. 63	29. 28
文化传媒	13	486. 27	37. 41
公用事业	5	353. 83	70. 77
食品饮料	7	294. 06	42. 01
建筑建材	6	240. 47	40. 08
汽车行业	11	228. 55	20. 78
教育及人力资源	5	223. 50	44. 70
化学工业	5	198. 55	39. 71
旅游业	2	48. 71	24. 35
总　计	216	29041. 96	134. 45

资料来源：CVSource。

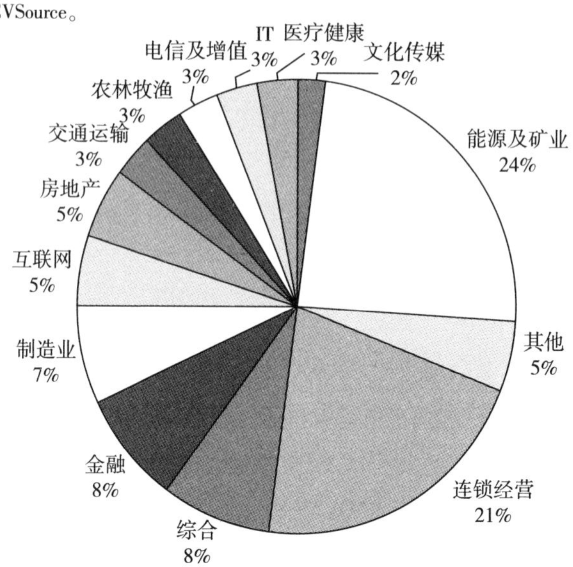

图4　2014 年 1 ~ 11 月中国私募股权市场行业投资金额比例

资料来源：CVSource。

表 3　2014 年 1～11 月中国私募股权市场类型投资金额比例

企业阶段	案例数量	融资金额（百万美元）	平均单笔融资金额（百万美元）
早　期	7	165.14	23.59
发展期	83	11796.27	142.12
扩张期	34	8780.87	258.26
获利期	92	8299.69	90.21
总　计	216	29041.96	134.45

资料来源：CVSource。

3. 基金退出

基金退出方面，国内和海外市场 IPO 各有特点。截至 2014 年三季度，A 股市场 IPO 发行节奏保持稳定，香港市场仍为内地企业海外上市的首选市场，中企赴美上市仍以互联网科技股为主，共有 71 家中国企业上市，较上季度增加 30 家；2014 年三季度中企 IPO 融资金额 2060.53 亿元，环比增长 329.42%，同比增长 1271.82%。中企 IPO 平均融资规模为 29.44 亿元，环比增长 151.52%。有 VC/PE 背景的 IPO 中企 26 家，合计融资 1883.39 亿元。机构 IPO 退出金额 4671.1 亿元，环比增长 341.25%（见图 5）。

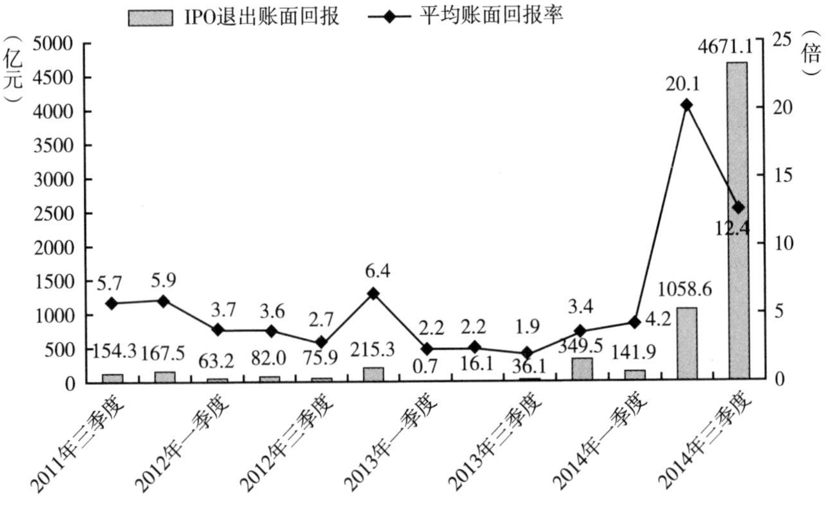

图 5　2011 年三季度～2014 年三季度 VC/PE 机构 IPO 退出账面回报情况

资料来源：CVSource。

（三）中国股权投资行业存在的问题

1. 中介服务体系不健全

在政策利好、私募股权投资快速发展的大背景下，国内相关中介机构的发展程度也需要提高。目前的投资市场尚未能建立起一套高效的投资中介服务体系，来为私募股权投资选择提供有效的评估和参考信息。

从资金需求方的角度来看，大多数处于成长期的企业对投资中介的服务功能不熟悉，更无法通过自身力量寻找投资方，处于明显的市场弱势。许多质量优良、具有良好发展前景的项目由于资金链断裂而难以为继。投资市场存在明显的信息不对称。市场未能在投资方和资金需求方之间建立有效的桥梁，让好的项目得到出资方的支持和持续的信任。

在健全中介服务体系方面，以下几点十分关键。私募股权投资基金行业应建立行业自律规则，提供人员培训和相关管理服务；通过培养具有高度专业化和资本运作经验的中介服务机构，鼓励相关的中介机构参与到私募股权投资基金的运作中，进行人员的交流和合作，不断完善诚实守信的中介服务体系，推动私募股权投资基金健康发展；通过建立知识产权的评估机构，建立科学的知识产权评估体系，丰富和完善知识产权的评估方法，追踪高新技术企业知识产权的形成过程，为高新技术企业的知识产权提供评估和估值服务，同时为高新技术企业的知识产权的转让提供基本标准，为私募股权基金的投资和退出提供便利。

2. 私募股权退出机制不健全

2014 年 IPO 开闸、证监会关于逐步推进注册制改革的政策促进了投资市场的升温。但国内主板、创业板上市存在明显的拥堵，受政策因素影响极大。A 股 IPO 盈利指标的准入门槛较高，也使得许多处于成长期的新兴企业失去了在国内挂牌上市的机会。相比较而言，国内 A 股市场依旧具有明显的“重历史业绩，轻未来潜力”的传统市场发展理念，不仅无利于引导市场资本投向新兴产业，而且也与经济转型、产业结构升级的大背景脱节。

另外，境外上市的企业数量虽有增加，但因成本较高等原因，境外上市依旧不是私募股权退出的主要渠道，且目前境外上市的企业行业集中度比较单一，主要在TMT行业。虽然新三板持续升温，但至今仍非股权投资机构广泛涉足的市场。总体而言，尽管多方均在努力，但私募股权的退出渠道还是显得相对单一。

私募股权退出机制的完善需要建立多层次的资本市场：加快我国证券市场（主板市场）的发展，鼓励企业境内上市；同时不断完善创业板市场，扩大创业板市场的容量；PE机构境外上市尽管成本较高，但仍是PE机构退出机制的选择之一。目前，PE机构在境外上市的市场包括美国的纳斯达克市场、英国的AIM市场以及中国香港地区的创业板市场等。其中，香港地区的创业板市场主要为香港及邻近地区的具有发展潜力的中小企业提供服务，这为大陆地区PE机构的上市提供了一种路径；场外交易市场是资本市场生态圈的重要组成部分，应在区域性柜台市场建设与发展的基础上，建立统一互联、分散做市的现代场外交易市场。

二 2015年股权投资行业的展望

2015年，随着股权投资基金在产业发展中的作用逐渐增强，股权投资市场的创新动力不断提高，受人民币国际化等市场和政策利好的持续驱动，股权投资行业将迎来全新的发展契机。

（一）基金投资引导产业发展

并购基金在并购市场的地位将不断增强。相较于西方发达国家，中国的并购基金还处于萌芽阶段。2014年初，证监会表示未来将引入定向可转债、优先股作为并购重组的支付工具，支持财务顾问提供并购重组过桥贷款，支持并购基金等创新工具发展。随后国务院正式下发《关于进一步优化企业兼并重组市场环境的意见》，要求充分发挥资本市场的作用，鼓励证券公司开展兼并重组融资业务，各类财务投资主体可以通过设立股权投资基金、创业投资基金、产业投资基金、并购基金等形式参与兼并重组。2015 年，在国内并购市场持续热潮的背景下，并购基金在并购市场的地位会进一步加强，是参与并购交易和推动并购市场发展的重要力量。中国经济的高速成长阶段已经过去，接下来的任务是产业整合。并购基金能够为企业储备更多的并购标的，缓解并购带来的资金压力，未来产业型基金、并购型基金将获得巨大的释放空间。

新兴产业创业投资引导基金将成为新的力量。国务院总理李克强于 2015 年 1 月 14 日主持召开国务院常务会议，决定设立国家新兴产业创业投资引导基金，助力创业创新和产业升级。会议强调基金要实行市场化运作、专业化管理，发挥政府资金杠杆作用，吸引有实力的企业、大型金融机构等社会、民间资本参与，形成总规模 400 亿元的新兴产业创投引导基金。从国务院会议精神来看，未来引导基金的规模有望进一步扩大，这对于提高创投引导基金对当地新兴产业的带动作用将有着十分重要的意义。2015 年政府将更多地以政府引导基金的方式，推进我国经济增长方式从过去依靠投资增长转变为依靠创新增长。政府引导基金一方面通过杠杆比放大财政扶持资金，并以市场化的运作方式将其投入到技改、技术进步和科研开发产业化等方面，加大产业重组、企业并购力度，促进经济结构调整、产业结构调整和资源优化配置；另一方面能够顺应国家产业发展的政策与方向，使注入行业的资本有更高的利用率，以保证行业在后期发展中具备较强的生命力。

（二）创新将为股权投资市场注入新的活力

股权投资行业在中国已经有十几年的发展历史了，中国资本市场一路磕磕绊绊，逐渐成长走向成熟。从中国资本市场的成长历程上看，既往的创新大多数是围绕监管体系展开的。十八届三中全会已明确提出：“发挥市场在资源配置中的决定性作用”，监管体系的创新趋势仍将继续下去，持续的监管创新会不断引起股权投资机构的自发性创新。

经过较长时间的研究以及历时一个多月的意见征求，中国证监会在

2014年8月正式发布《私募投资基金监督管理暂行办法》（以下简称《办法》），这意味着中国证监会开始对私募投资基金进行正式监管，这是私募股权投资行业最直接的监管创新举措。其中，“强制备案”制度在加强对私募基金行业监管的同时，给予行业创新一定的空间。《办法》的可操作性使中国私募股权投资行业正式迈入了规范化发展的时代。相关行业监管创新也对股权投资基金行业存在深远影响。2014年12月15日，保监会印发《中国保监会关于保险资金投资创业投资基金有关事项的通知》（以下简称《通知》），保险资金投资创业投资基金开闸。《通知》以基金管理机构为监管着力点，坚持分散投资原则，对投资创业投资基金的基本要求、行为规范、风险管控、监督管理等方面进行了具体规定。保监会要求保险机构投资的创投基金，不能是基金管理机构的首只基金。《通知》还要求保险公司应当强化分散投资原则，要求保险公司在遵守现有权益投资监管比例的基础上，确保投资创业投资基金余额不超过上季末总资产的2%，投资单只基金的余额不超过发行规模的20%。根据保监会《2014年1~10月保险统计数据报告》，行业总资产为96477.08亿元，可以预算，保险机构借助创业投资基金平台，将为小微企业间接提供近2000亿元的增量资金。

伴随着监管体制的逐步市场化，股权投资机构的自发性创新举措不断涌现。以“为实体经济发展助力”为目标，在募资渠道、产品设计、退出机制，以及业务模式上，中国股权投资市场都在尝试着自我创新。在募资渠道上，中国股权投资市场正在从单一的募资渠道向多元化的募资渠道转变；在产品设计上，围绕着实体经济的资金需求，产品架构设计将更加优化和完善，产品端的创造能力将成为金融机构在越发激烈的竞争中取得优势的关键因素；在退出方式上，虽然目前退出渠道仍较为单一，但是随着注册制改革的不断推进，以及新三板转板制度的落实，多元化退出机制的创新突破值得期待；在股权投资基金的业务模式上，凭借着基金管理人的专业能力并基于资产管理的定位，将逐步开展并购投资、不良资产投资、夹层投资、新三板投资等多种投资业务模式的探索。

（三）人民币国际化为中国企业“走出去”保驾护航

2014 年 12 月 24 日，在国务院召开的常务会上，李克强总理强调，要加大金融支持企业“走出去”力度，促进出口产业升级。加大对企业“走出去”的支持，既可以推动我国优势和富余产能跨出国门，促进中外产能合作，拓宽发展空间，又可以提高我国产品的国际竞争力，推进外贸结构优化升级，促进制造业和金融服务业向中高端水平迈进，是稳增长、调结构的重要举措，具有深远且广泛的意义。

中国企业积极“走出去”，是顺应中国经济阶段性发展的主动求变，“走出去”战略实施以来，中国企业对外直接投资持续快速增长。商务部发言人表示“2014 年全年，我国境内投资者共对全球 156 个国家和地区的 6128 家境外企业进行了直接投资，累计实现非金融类对外直接投资 6320.5 亿元人民币。以美元计，全年累计实现非金融类对外直接投资 1028.9 亿美元，同比增长 14.1%。其中，12 月当月，实现非金融类对外直接投资 804.1 亿元人民币，以美元计为 130.9 亿美元，同比增长 31.8%。中国未来 5 年对外投资增速会保持在 10% 以上，继续在世界投资大国的行列。”“中国已经到了资本输出的阶段，即将成为净资本输出国。”大量企业走出国门，必然增加对外汇资金供给、人民币跨境支付清算、境外投资、海外发行债券、并购、上市等多元化金融产品与服务的需求。

2009 年跨境贸易人民币结算开始试点，人民币国际化自此正式启程。5 年来，该进程不断加快，市场自由定价使人民币汇率波动幅度加大，人民币衍生品的层出不穷，离岸人民币债券市场的快速发展，资本项目下自由可兑换逐步推进等，都对中国企业产生了深远的影响。德意志银行预测，2015 年人民币跨境贸易结算量将达 7 万亿元，占中国全球贸易额的 25%，离岸人民币存款预计达 3.25 万亿元。此外，该行还预计离岸人民币债券净发行量将达到 2500 亿元。

随着人民币国际化进入新阶段，人民币的持续强势给国内资本向海外开拓打开了最好的时间窗口。此外，随着我国对外开放广度和深度的进一步扩大，稳步推进人民币资本项目可兑换和人民币汇率机制改革，都将有利于跨境资金流入流出的均衡发展。中国企业在应用该契机，更加积极地“走出去”的同时，也要关注外部环境变化所带来的战略、财务、法律、市场、政治等方面的海外风险。为了让中国企业未来在“走出去”的时候能够走得更稳、更远，我们必须逐渐培养全球风险管理的思维，增强风险意识和提高防范水平，在分享“走出去”所带来的资源与机会的同时，规避“走出去”的风险。

随着资本市场创新步伐的迈进，以及人民币国际化的重要举措的推进，股权投资基金将对中国产业形成更加深远的影响。2015 年中国直接股权投资市场将更好地发挥其对产业的引导和协同作用、对资产定价的指示作用，成为中国经济和中国产业发展中更加重要的力量。

参考文献

[1] 投中集团:《2014 年前 11 月 VC 投资大放异彩 PE 投资态势平稳》http://www. p5w. net/fund/gqjj/201412/t20141204_ 862860. htm。

[2] 投中集团:《产业资本垂涎 PE 已久多元化投资平台将成未来方向》，http://pe. hexun. com/2014 -08 -04/167246783. html。

[3] 投中集团:《新三板盛宴开席 VC/PE 横戈跃马》，http://research. chinaventure. com. cn/report964. html。

[4] 投中集团:《中国私募股权投资行业创新大趋势》，http://research. chinaventure. com. cn/report908. html。

B.14

2014年融资租赁行业发展回顾与2015年展望

课题组*

摘　要：2014年融资租赁行业的政策环境、法律法规环境和信用环境有所改善。租赁行业整体发展喜忧参半，行业发展潜力较大，承租人分布更加广泛，业务模式呈现多元化，融资渠道日益丰富，资本运作活跃，业务创新多点开花；但风险与收益走势背离，部分公司的经营亟待规范，资产管理、风险控制、融资能力有待提升。展望2015年，预计融资租赁行业将继续快速增长，租赁公司专业化经营步伐加快，产品创新力度加大，并购和上市案例增多，互联网金融、通用航空等新领域的市场机会开始显现，但同时一系列挑战并存，同业竞争加剧，人才争夺更趋激烈，经营风险加大，业内两极分化现象更加凸显。

关键词：融资租赁行业　市场环境　发展报告

一　2014年融资租赁行业运行状况

2014年，无论在政策扶持、信用体系建设，还是在法律法规等方面，

* 本课题组由中建投租赁有限责任公司秦群、涂俊、孙云峰、张一凡、郝雅丹、刘慧君、胡希哲组成。鸣谢中国外商投资企业协会租赁业工作委员会、工银租赁、交银租赁、远东租赁、建信租赁、国资租赁等单位（排名不分先后）对课题组调研工作的支持！

融资租赁行业的发展环境进一步得到了改善。融资租赁行业基本上走出了“营改增”初期的迟滞状态，在融资租赁公司数量、全行业合同金额等方面都继续保持高速增长势头。

（一）融资租赁发展环境概况

1. 行业政策

2014 年，融资租赁行业继续保持高速发展势头，对实体经济的支持作用不断增强。融资租赁得到决策层的认可，被正式纳入国家经济重点政策的范畴，行业的政策和法律环境显著改善。

国务院于 2014 年 7 月印发了《国务院关于加快发展生产性服务业促进产业结构调整升级的指导意见》（国发〔2014〕26 号，以下简称《意见》），其中融资租赁第一次在国家层面被明确为现阶段中国重点发展的生产性服务行业之一。《意见》明确提出了融资租赁发展的主要方向和目标，即“建立完善融资租赁业运营服务和管理信息系统，丰富租赁方式，提升专业水平，形成融资渠道多样、集约发展、监管有效、法律体系健全的融资租赁服务体系。”《意见》从融资租赁服务领域和对象、国际市场开拓、业务创新与制度创新、融资渠道拓展、租赁物公示、查询系统和融资租赁资产退出机制、法律法规、信用体系建设和行业自律、行业系统性风险防范等多个方面进行了进一步的阐述，为融资租赁行业实现高质量、可持续及快速发展奠定了基础。

财政部、海关总署、国家税务总局于 2014 年 9 月联合发布《关于在全国开展融资租赁货物出口退税政策试点的通知》（财税〔2014〕62 号），决定将现行在天津东疆保税港区试点的融资租赁货物出口退税政策扩大到全国统一实施，对融资租赁出口货物和融资租赁海洋工程结构物试行退税政策。该政策的实施，有利于发挥融资租赁特色，促进更多的设备以“融资租赁”方式走出去。

2014 年 9 月，国务院部署完善固定资产加速折旧政策，生物药品制造业，专用设备制造业，铁路、船舶、航空航天和其他运输设备制造业，计算机、通信和其他电子设备制造业，仪器仪表制造业等行业受政策利好较大。这将促进上述行业对设备投资的需求，或将为融资租赁拓展新的业务领域，成为融资租赁行业增长的新引擎。

2. 信用体系

2014 年 3 月，中国人民银行发布《关于使用融资租赁登记公示系统进行融资租赁交易查询的通知》（银发〔2014〕93 号），要求银行在办理资产抵押、质押和受让等业务时，有义务对抵押物、质物的权属和价值以及实现抵押权、质权的可行性进行严格审查，并登录融资租赁登记公示系统查询标的物的权属状况。这保护了融资租赁关系中出租人的租赁物权，减少了重复抵押、重复融资等情况的出现。上海也正在制定上海自贸区融资租赁物的登记公示等配套措施，结合自由贸易账户体系，以便于融资租赁资产的跨境交易。2014 年 12 月，商务部发布《关于利用全国融资租赁企业管理信息系统进行租赁物登记查询等有关问题的公告》，致力于更好地为内资融资租赁试点企业、外商投资融资租赁企业及相关企业、组织和个人提供公共信息、租赁物登记公示查询、交流合作等服务。

信用体系的不断完善，有利于破解长期困扰行业发展的租赁设备“一女二嫁”的难题。不过，融资租赁物的登记系统仍然缺乏足够的法律效力。虽然中国人民银行、商务部以及全国不少省、直辖市都设立了类似的登记系统，但是动产所有权的登记具有对抗善意第三人的效力只得到了天津市地方法规和司法解释的认可。在上位法和地方性法规缺失的情况下，目前国内大多数融资租赁物登记系统都不具有普遍的适用效力。

3. 法律法规

2014 年 2 月 27 日，《关于审理融资租赁合同纠纷案件适用法律问题的解释》（以下简称《解释》）正式发布，对业界一直存在争议的若干重要问题做出了明确的规定。其中包括无效融资租赁合同的认定标准、售后回租业务模式的性质问题、融资租赁合同和买卖合同的关系问题、出租人的物权保障问题、承租人违约时出租人的诉讼选择权行使问题等。尤其是对善意取得制度做出了细化规定，有效降低了出租人的经营风险。《解释》出台之前，第三人根据善意取得制度取得租赁物的所有权已经成为出租人的重大经营风险。实践中，某些租赁物只能登记在承租人名下，比如汽车租赁业务，还有些租赁物价值较高但移动性强，出租人没有很好的租赁物风险控制手段。为使出租人的权利在现有的制度框架下得到更好的保护，《解释》列举了第三人知道或应当知道交易标的物为租赁物的几种情形，作为判断第三人是否是善意取得的标准，并特别强调了业务操作中的租赁物贴牌公示的作用，出租人授权承租人将租赁物抵押给出租人并在登记机关依法办理抵押权登记的法律效力，以及出租人在融资租赁登记系统办理含有租赁物的登记可以对抗善意第三人的问题都得到了解决。这些规定为租赁业务的开展扫清了法律障碍并提供了支持。

《解释》还引导租赁公司在开展业务的同时必须注意业务的合规性。租赁公司一定要依托适宜的租赁物开展业务，资金流转必须以物为基础，否则融资租赁合同存在被判定不属于融资租赁交易的风险，《解释》关于物上清算的相关规定也提醒租赁公司在开展业务的同时要提高自身对租赁物价值的判定能力，做好债权和物权两方面的风险把控。

2014 年 3 月 13 日，银监会正式发布《金融租赁公司管理办法》（银监会令 2014 年第 3 号）。此次修订将出资人制度改为发起人制度，允许符合条件的金融租赁公司开办发行金融债、资产证券化以及在境内保税地区设立项目公司等业务；允许金融租赁公司设立子公司；强化股东风险和责任意识，实施分类管理。这些规定以放松管制、加强监管作为出发点，实现了金融租赁公司设立门槛的降低，对促进金融租赁公司扩大业务范围、引进各方资本、专业化发展、完善自身风险控制水平都具有积极意义。

（二）融资租赁公司发展概况

1. 融资租赁行业整体增长情况

随着一系列利好融资租赁行业政策的出台，中国融资租赁市场在经过 2013 年“营改增”政策冲击带来的短暂停顿后，再次呈现出快速发展的态势。

据中国租赁联盟和天津滨海融资租赁研究院统计，截至 2014 年底，全国在册运营的各类融资租赁公司（不含单一项目融资租赁公司、子公司和海外收购的公司）共 2202 家，比上年底的 1026 家增加了 1176 家，增长了 114.6%。整个行业注册资金约为 6611 亿元人民币，比上年底的 3060 亿元增长了 3551 亿元，增幅为 116.0%。2014 年中国融资租赁企业十强排行榜见表 1。

表 1　2014 年中国融资租赁企业十强排行榜（以注册资本为序）

单位：亿元

公司名称	注册地	成立时间	注册资金
工银金融租赁有限公司(简称工银租赁)	天津	2007 年	110.00
远东国际租赁有限公司(简称远东租赁)	上海	1991 年	84.60
国银金融租赁有限公司	深圳	1984 年	80.00
浦航租赁有限公司	上海	2009 年	76.60
平安国际融资租赁有限公司	上海	2012 年	75.00
天津渤海租赁有限公司	天津	2008 年	62.60
交银金融租赁有限责任公司(简称交银租赁)	上海	2007 年	60.00
招银金融租赁有限公司(简称招银租赁)	上海	2007 年	40.00
昆仑金融租赁有限责任公司	重庆	2010 年	60.00
长江租赁有限公司	天津	2004 年	58.00

资料来源：根据中国租赁联盟相关信息整理。

截至 2014 年底，全国融资租赁合同余额约为 32000 亿元人民币，比 2013 年 12 月底的 21000 亿元增加约 11000 亿元，增长幅度为 52.4%。其中，金融租赁合同余额约 13000 亿元，增长 51.2%；内资租赁合同余额约为 10000 亿元，增长 44.9%；外商租赁合同余额约为 9000 亿元，增长 63.6%（见表 2）。从 2013 ~2014 年合同余额季度环比增速变化可知，整个行业在 2014 年已经基本摆脱了 2013 年“营改增”的影响，增速水平重归 10% 以上（见图 1）。

由于监管要求的不同，金融租赁公司和内资租赁公司数量增长相对较慢，新增公司绝大部分是外资租赁公司。外资租赁公司虽然数量众多、增速最高，但单体规模较小，所以业务总量仍然位居金融租赁公司和内资租赁公司之后，占比仅为 28.1%。

表 2 2014 年全国融资租赁业务发展概况

单位：亿元，%

	2014 年底业务总量	2013 年底业务总量	2014 年底比上年底增加	2014 年底比上年底增长	2014 年底业务总量所占比重
金融租赁	13000	8600	4400	51.2	40.6
内资租赁	10000	6900	3100	44.9	31.3
外资租赁	9000	5500	3500	63.6	28.1
总　　计	32000	21000	11000	52.4	100.0

资料来源：中国租赁联盟、天津滨海融资租赁研究院。

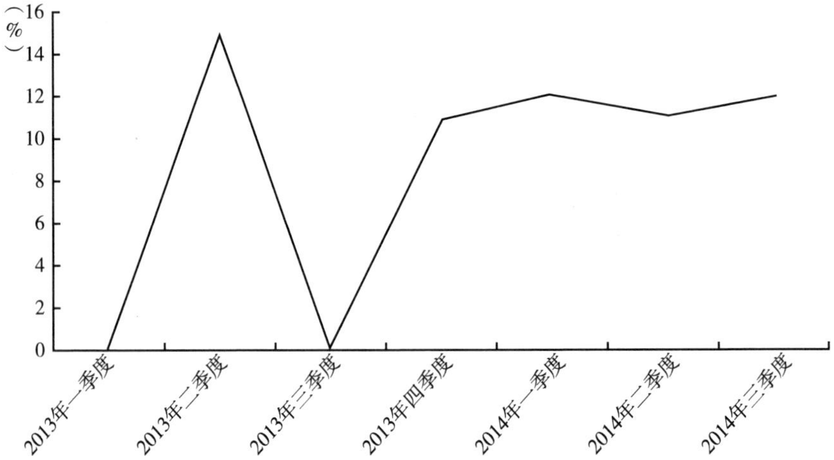

图 1 近期全国融资租赁合同余额季度环比增长率变化走势

资料来源：中国租赁联盟。

2\. 融资租赁公司发展情况

（1）金融租赁公司

2014 年，修订后的《金融租赁公司管理办法》正式发布，符合条件的 5 类机构均可作为发起人设立金融租赁公司，取消了主要出资人出资占比 50% 以上的规定。随着审批门槛的降低和速度的加快，金融租赁公司数量迅速增长，使得 2014 年成为金融租赁公司数量增长最快的一年。截至 2014 年 12 月 11 日，全国先后有 8 家城商行或农商行设立的金融租赁公司获批。城商行及农商行原本难以开展全国性业务，通过设立金融租赁公司则可以在一定程度上弥补这一短板。因此，越来越多的商业银行正在筹备设立金融租赁公司。

截至2014年12月11日，获批的金融租赁企业较2013年底增加8家（见表3），达到31家。金融租赁公司注册资金合计987亿元，比2013年底的769亿元增长约28%；总资产超过1.2万亿元，比2014年初增长20%以上。尽管金融租赁公司的注册资金仅占全国总数的20%，但业务总量占比接近40%。中国银行业协会的数据显示，金融租赁公司截至2014年9月底的净利润为120.25亿元，比2013年同期增长1.67%；不良资产率仅为0.77%，低于同期银行业平均水平；拨备覆盖率为236.91%，风险抵御能力普遍强于内资租赁公司和外资租赁公司。

表3　2014年新增的金融租赁公司（以注册资金为序，截至2014年12月11日）

单位：亿元

序号	企业名称	母公司/控股股东	注册地	注册资金
1	太平石化金融租赁有限责任公司	太平人寿、中石化	上　海	50
2	渝农商金融租赁公司	重庆农商行	重　庆	25
3	北银金融租赁有限公司	北京银行	北　京	20
4	哈银金融租赁有限责任公司	哈尔滨银行	哈尔滨	20
5	徽银金融租赁公司	徽商银行	合　肥	20
6	珠江金融租赁有限公司	广州农商银行	广　州	10
7	永赢金融租赁有限公司	宁波银行	宁　波	10
8	洛银金融租赁股份有限公司	洛阳银行	洛　阳	6

（2）内资租赁公司

2014年7月，商务部联合国家税务总局审批通过了第12批内资融资租赁业务试点企业，中建投租赁（上海）有限责任公司等29家企业获批成为内资融资租赁业务试点企业。截至2014年9月底，内资融资租赁业务试点企业有152家，注册资本合计约707亿元人民币。

现有的内资租赁试点企业分布在24个省、自治区、直辖市，其中第12

批新增了黑龙江省。目前，内资租赁公司主要集中在北京、上海、浙江、天津、江苏和山东6个地区，占全部152家企业的60%左右，其中北京最多，有27家，占总数的17.8%。内资租赁十强企业排行榜见表4。

表4　内资租赁十强企业排行榜（以注册资金为序，截至2014年12月31日）

单位：亿元

序号	企业名称	注册时间	注册地	注册资金
1	浦航租赁有限公司(原大新华船舶)	2009年	上　海	76.60
2	天津渤海租赁有限公司	2008年	天　津	62.60
3	长江租赁有限公司	2004年	天　津	38.30
4	中航国际租赁有限公司	2004年	上　海	37.90
5	国泰租赁有限公司	2007年	济　南	30.00
6	汇通信诚租赁有限公司	2011年	乌鲁木齐	21.60
7	中建投租赁有限责任公司	2011年	北　京	20.00
8	中联重科融资租赁(北京)有限公司	2006年	北　京	15.02
9	重庆银海融资租赁有限公司	2006年	重　庆	12.00
10	中建投租赁(上海)有限责任公司	2014年	上　海	10.00

资料来源：根据中国租赁联盟相关信息整理。

（3）外资租赁公司

自2009年商务部将外资融资租赁公司的审批权限下放至省一级商务主管部门之后，外商投资融资租赁公司的数量连年大幅增加。2014年6月，商务部发布《关于改进外资审核管理工作的通知》，在出资比例、出资期限等方面进一步放宽了外资准入。

据外商投资企业协会租赁业工作委员会的统计，截至2014年上半年，外资融资租赁公司已经超过了1300家，公司数量占到全行业的85%以上。而根据中国融资租赁联盟的统计，截至2014年底，外资融资租赁公司已经超过2000家，公司数量占全行业的90%以上，比2013年底的880家增加1140家，增幅为129.5%（见图2）。

外资融资租赁公司数量的井喷给行业监管带来了很大的挑战。商务部通过对最近两年外资融资租赁公司审计报告进行分析发现，部分公司存在单一客户集中度高、关联交易比较大、业务模式有待规范等问题。虽然商务部会同相关主管部门加强了对外资融资租赁公司的业务监管，但部分融资租赁公司的经营仍然存在不规范问题。目前，商务部正开展调研，研究修订现行外商投资租赁业管理办法的可行性，以进一步引导外资融资租赁公司更多地投向实体经济领域，并更好地服务国家产业调整和区域协调发展。

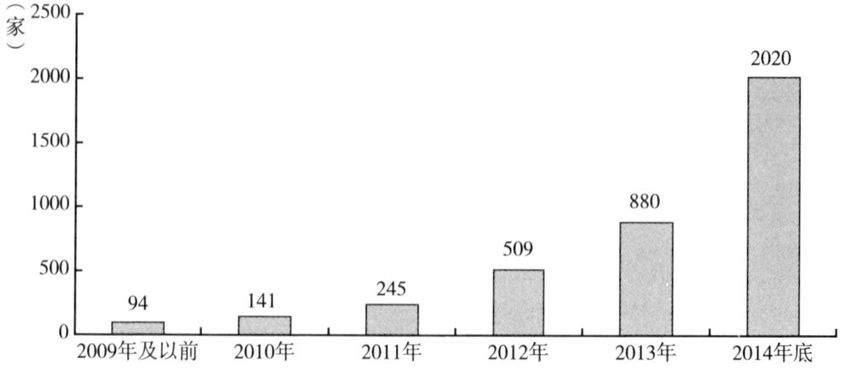

图2　中国外资融资租赁企业公司数量

资料来源：中国外商投资企业协会租赁业工作委员会。

3. 区域发展情况

（1）全国分布情况

为全面了解和掌握我国融资租赁企业的发展状况，商务部流通业发展司自2013年起根据全国融资租赁企业管理信息系统的信息，对由商务部监管的内资融资租赁试点企业和外资融资租赁企业发展情况进行了全面统计①。

统计显示，从区域分布上看，东部地区的融资租赁企业数量占据绝大多数，高达全国总数的91.16%；东北地区融资租赁企业数量最少，仅占全国总数的1.10%（见图3）。从租赁业务投放量看，东部地区租赁业务

① 本节所述融资租赁行业仅包括商务部监管的内资融资租赁试点企业和外资融资租赁企业，不含银监会监管的金融租赁公司。

也居首，投放量达到全国总量的91.72%；其次分别为西部地区4.4%、中部地区3.31%、东北地区0.57%。总体上看，2014年全国融资租赁企业数量增加显著，企业当年新增投放量较大，租赁业务仍是主要融资租赁企业的主营业务和发展重点，但内外资之间、地区之间发展不平衡的现象依然十分突出。上海、天津、北京成为我国融资租赁公司的集聚地，三市融资租赁公司数量占全国总数的48.8%。上海市融资租赁公司数量最多，其次为天津和北京。从注册资本金看，注册资本金总量最多的是上海市，达到757.91亿元，占全国总量的近1/4，其次为天津市和北京市，分别为556.86亿元和331.68亿元。这3个市融资租赁公司注册资本金占全国总量的近60%。上海市融资租赁公司当年新增业务投放量也最多，达到1333.83亿元，占全国当年新增业务投放量的34.52%，其次为北京和天津，分别为910.77亿元和481.63亿元，三市新增业务投放量超过全国总量的70%。

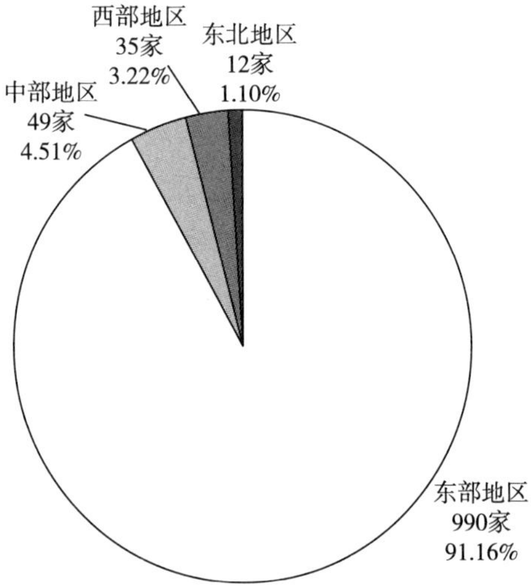

图3　融资租赁企业区域分布对比

（2）天津、上海、深圳前海三大主要自贸区及试验区融资租赁发展情况

天津凭借其原有的融资租赁行业发展基础，不断吸引新的投资者设立融

资租赁公司。而上海自贸区、深圳前海试验区也加速发展和扶植与融资租赁相关的业务，融资及财税政策逐步落地。各路资本纷纷看好上述地区融资租赁行业的发展，加快“跑马圈地”。

2014年，天津迎来京津冀协同发展、自由贸易区申报以及多领域深化改革等政策叠加机遇，其自贸区方案也主打“融资租赁”牌，为天津实现自贸区金融改革先试先行创造条件。未来的天津自贸区在功能上将有别于上海，高端制造业、航运和贸易优势将确立天津自贸区在京津冀区域内的独特作用，也为当地融资租赁行业的专业化、国际化发展奠定了基础。据天津市租赁行业协会统计，截至2014年9月30日，天津市融资租赁合同余额约为8400亿元人民币，业务总量占全国29000亿元的29.0%，同比上年（27.4%）提升了1.6个百分点。天津市共有融资租赁企业280家（不含单一项目租赁公司），其中有264家分布在天津滨海新区（见表5）。2014年以来，在国家赋予东疆飞机租赁试点区域的政策支持下，东疆飞机租赁业务发展速度得到了快速提升，而海工租赁、挖掘租赁等领域也是东疆重点创新尝试的新蓝海。根据东疆保税港区管委会统计，东疆保税港区截至2014年

表5　天津滨海新区融资租赁企业地区分布统计（截至2014年9月30日）

单位：家，%

分布地区	金融	内资	外资	合计	占比
东疆港	0	4	132	136	48.6
开发区	2	3	41	46	16.4
保税区	1	3	30	34	12.1
高新区	0	2	29	31	11.1
生态城	0	0	6	6	2.1
商务区	2	0	7	9	3.2
于家堡	0	0	1	1	0.4
汉沽区	0	0	1	1	0.4
总　计	5	12	247	264	94.3

资料来源：天津市租赁行业协会。

9月底推动完成的租赁业务，涉及飞机、飞机发动机、国际航运船舶、海工设备租赁资产等的总额达249亿美元。目前，租赁产业的贡献率占到区域增加值的50%、固定投资的80%、税收的近4成、外贸的一半。

上海作为国务院批准建设的国际金融中心和国际航运中心，凭借其相对发达的专业服务市场、强大的经济辐射能力、良好的自贸区契机等综合要素，成为国内融资租赁公司选址的另一最佳区域。根据上海市租赁行业协会统计①，截至2014年8月底，上海共成立了384家融资租赁公司（不包括在综合保税区、自贸区设立的各类单机单船公司），与2013年底比较增加145家，增长60%。其中，内资试点融资租赁企业16家，外商投资融资租赁企业364家，金融租赁企业4家。上海市384家租赁公司的资产规模呈金字塔形，存在显著分化：有3家千亿级的公司（远东租赁、交银租赁、招银租赁），也有296家公司的资产规模小于2亿元。从股东背景看，73%的股东是实业公司，27%为金融机构。股东金融机构中私募股权基金占比近6成，银行则屈指可数。从股东设立动机看，35%的租赁公司是实业背景股东为探索金融板块业务而设立的，租赁业务与股东原业务并无关联；24%的租赁公司的股东是银行、证券、保险、基金等金融机构，设立目的是丰富其金融产品；19%的租赁公司的设立目的是服务母公司的上下游企业；14%的租赁公司的设立目的是促销母公司所生产的设备；8%的租赁公司是海外母公司租赁业务在中国大陆的延伸。上海融资租赁行业资产总规模约7889亿元，比2013年底增加近1900亿元，增长31%，资产规模约占全国总规模的30%。上海租赁业概况见图4。上海租赁业共涉及28个业务领域，其中新兴领域有光伏、新能源汽车、文化娱乐、海工装备、农业机械等。上海主要租赁业务领域分布见图5。

根据公开信息统计，截至2014年10月底，深圳拥有融资租赁公司160多家，其中在前海注册的达到135家左右。深圳前海由于背靠香港，又有珠

① 本节数据统计及分析引自上海市租赁行业协会于2014年发布的《2014年上海市租赁行业年度报告》。

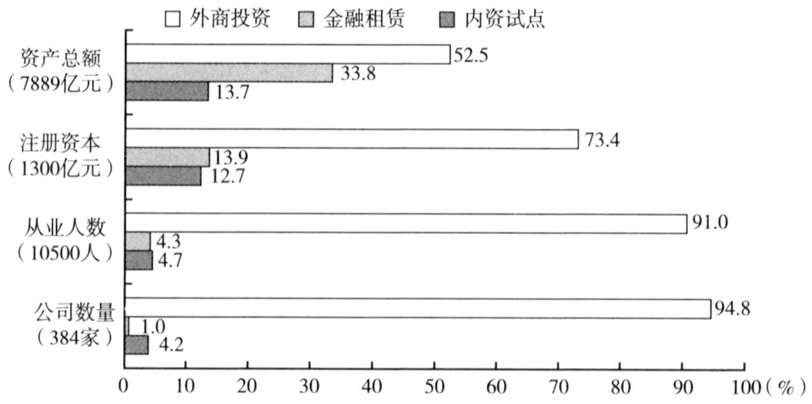

图 4　上海租赁业概况

资料来源：上海租赁行业综合信息服务与交易平台（SLSE）研究中心。

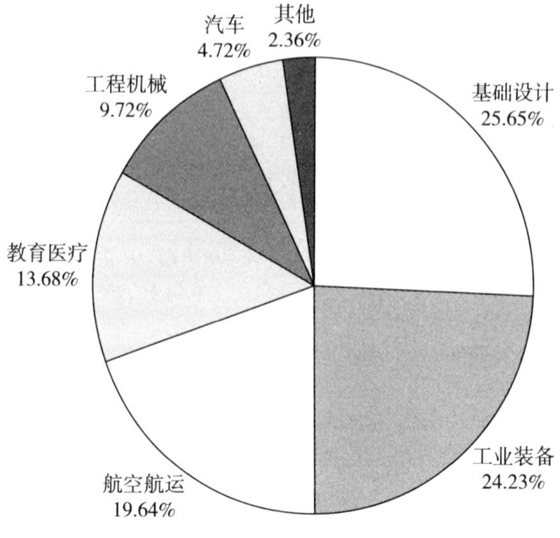

图 5　上海主要租赁业务领域分布

资料来源：上海租赁行业综合信息服务与交易平台（SLSE）研究中心。

三角巨大的产业支撑，同样拥有广阔的市场空间。2014 年初，深圳市金融办和深圳市经济贸易和信息化委员会联合印发了《关于推进前海湾保税港区开展融资租赁业务的试点意见》，从市场准入、海关政策、跨境融资政策等三大方面提出了8条试点意见以支持前海开展融资租赁业务。2014年9月5日，深圳市前海融资租赁金融交易中心（以下简称广金所）正式开市，成为国内首家融资租赁金融交易中心。广金所开业两个月就吸引了2.5万注册用户，实现交易额10亿元。目前，国内各地现有的融资租赁发展政策均比较积极，但贯通境内外资金的通道始终难以形成，而前海依托其所具有的跨境人民币贷款以及未来可实现的其他跨境融资方式，为发展融资租赁业形成了后发优势。前海借助其政策导向及地缘渠道，以赶追上海与天津为目标，逐步成为中国珠三角融资租赁产业基地。

天津、上海、前海融资租赁行业规模和主要优惠政策比较见表6。

表6　天津、上海、前海融资租赁行业规模和主要优惠政策比较

	天津东疆港保税区	上海综合保税区	深圳前海
业务规模	截至2014年9月30日,天津市融资租赁合同余额约为8400亿元人民币,业务总量占全国29000亿元的29.0%	截至2014年8月,上海融资租赁行业资产总规模约7889亿元,比2013年底增加近1900亿元,增长31%,资产规模约占同期全国总规模的30%	尚无租赁资产规模统计数据。但前海跨境人民币贷款备案金额截至2014年12月已达到677亿元,在全国各区域中最高
企业支持	天津市政府将东疆产生的地方税收全部留存东疆;融资租赁企业3%即征即退的税收优惠由区税所执行,返还时间为1~2个月内;自开业年度起,给予增值税地方留成部分5年70%资金支持;自获利年度起,给予企业所得税地方留成部分5年70%资金支持	对新引进到位资本金超过1亿元(含)的融资租赁企业给予一次性落户奖励;酌情对新引进的融资租赁企业给予财政补贴;对于融资租赁企业购入新区先进制造企业所生产设备的,按合同金额的0.5%给予融资租赁企业补贴;对于融资租赁企业购入新区企业制造的飞机、船舶的,按合同金额的1%给予融资租赁企业补贴;对于融资租赁企业新购入船舶和飞机,给予登记费100%补贴;对于融资租赁企业设立在综合保税区和陆家嘴金融贸易区的飞机和船舶租赁项目子公司,前两年给予100%财政补贴,后三年给予50%财政补贴	允许探索拓宽境外人民币资金回流渠道,配合支持香港人民币离岸业务发展,构建跨境人民币业务创新试验区;设立在前海的银行机构发放境外项目人民币贷款;香港银行机构对设立在前海的企业或项目发放人民币贷款;在前海注册、符合条件的企业和金融机构在国务院批准的额度范围内发行香港人民币债券,用于支持前海的开发建设;在制定产业准入目录及优惠目录的基础上,对前海符合条件的企业减按15%的税率征收企业所得税

续表

	天津东疆港保税区	上海综合保税区	深圳前海
保税（港）区境内关外政策	国内货物入港区视同出口，实行退税；对境外运入保税港区的企业加工出口所需的原材料、零部件、元器件、包装物件以及转口货物在区内存储的实行保税；对于保税港区企业生产供区内销售或运往境外的产品，免征区内加工环节增值税；对港区内企业之间的货物交易免征增值税和消费税；对进区货物实行"只检疫，不检验"	保税区企业可以开展国内企业无法开展的境外到境内、境内到境外、境外到境外的全流向业务；保税区企业购买境外货物入区实施保税，货物不受国内各类批准证书的约束；保税区企业的租赁物租给境内承租人时，由境内承租人办理进口报关手续，并可按租期分期缴纳进口关税和进口环节增值税；保税区企业购买的境内货物运抵保税区即可享受出口退税政策；保税区企业之间的货物交易免征增值税；保税区企业向境外提供租赁服务时免征增值税；对在自贸区内注册的各类融资租赁公司及项目子公司，实施融资租赁货物出口退税的试点政策；允许融资租赁公司兼营与主营业务有关的商业保理业务	国内货物入保税港区视同出口，实行退税；保税港区内企业耗用的水、电、气，按政策规定的出口货物适用的出口退税率执行；国外货物入保税港区保税；保税港区内企业之间的货物交易不征增值税和消费税；注册在保税港区的企业从事离岸服务外包业务取得的收入，免征营业税；注册在保税港区的符合规定条件的现代物流企业享受试点物流企业按差额征收营业税的政策

（三）目标租赁市场发展情况

2014年租赁行业的目标市场仍然以传统的制造业、交通运输业、采矿业、专业设备（如印刷设备、医疗设备等）领域为主。各细分目标市场的发展趋势差别较大，制造业、采矿业（尤其是煤炭产业相关）融资整体增速放缓，交通运输业融资趋旺，航空航运从区域性政策中受益，社会服务业融资规模有所增长，清洁能源和节能环保需求有所增长，煤炭等传统能源面临困难，办公用品、印刷、医疗等专业设备的直租交易份额占比有所下降。

2013～2014年上市公司承租人行业分布见图6。

1. 制造业企业融资增速放缓

在宏观经济形势对制造业不利的情况下，制造业企业普遍减小了投资力度，转而更多地基于债务结构的调整需求或投资末期的资金需求进行融资。

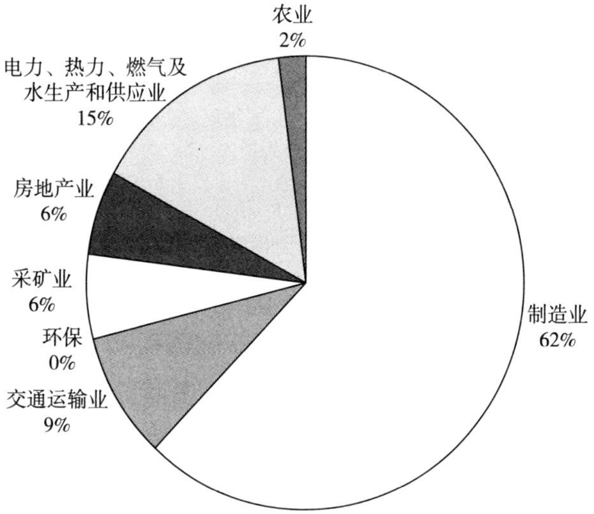

（a）2013年上市公司承租人行业分布（按交易金额统计）

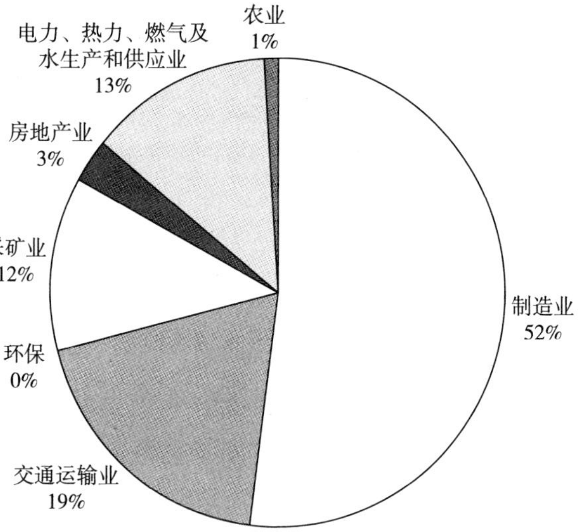

（b）2014年上市公司承租人行业分布（按交易金额统计）

图 6　2013 年、2014 年上市公司承租人行业分布（按交易金额统计）

资料来源：根据上海证券交易所、深圳证券交易所网站信息统计。

以工程机械行业为例，建筑地产、机械加工市场需求锐减引致行业景气度下降，企业销售回款周期拉长、资金链紧张等因素使得整体行业面临融资困难的窘境。印刷设备、信息技术设备、医疗设备等领域受行业景气度下降的影响，需求增速回落，直租业务增速明显放缓。不过，高速铁路、城市轨道等细分领域进入新一轮建设高潮，使得交通运输行业的占比在2014年有所增长。

2. 航空与航运冰火两重天

飞机租赁是国际航空公司较为重要的融资来源，在国内航空公司中，也约有一半的飞机采用租赁方式。特别是上海自贸区、深圳前海以及天津东疆等地纷纷出台税收返还、政府补贴、特殊目的机构（Special Purpose Vehicle，SPV）准入等诸多对航空租赁利好的优惠政策，对租赁公司和航空公司具有较强的吸引力，有力促进了航空行业和航空租赁服务的大发展。例如，交银租赁通过上海自贸区的SPV公司为全球第三大班轮公司达飞海运集团提供了集装箱船舶的经营性租赁；前海渤海一号租赁有限公司利用跨境人民币贷款由香港引入两架货机，助推顺丰航空的业务扩张。三地中又以天津东疆最为集中——自2013年以来，天津东疆保税港区交付的飞机数量占到我国以租赁贸易引进的飞机数量的9成。截至2014年10月底，在天津东疆注册的飞机租赁公司已超过500家，占当地租赁公司总数的63%，完成飞机租赁业务共428架。

与之相反，受航运市场持续低迷以及航运业全面进入微利和“深寒”状态的影响，船舶租赁业务仍然在低谷挣扎，中小规模航运企业经营艰难，也难以获得租赁公司的大力支持。2014年末，天津自贸区负面清单的提出和上海自贸区负面清单的瘦身修订，将有助于促进自贸区内航运业的发展，但航运租赁的普遍回暖仍然要等待航运市场的触底回升、全球贸易规模的增长，以及自贸区的进一步开放。

3. 清洁能源行业的需求提升

国内普遍的雾霾状况使得环境保护日趋受到重视，清洁能源利用成为趋势，加之国家对光伏产业结构的调整，产业重心由单纯光伏组件移向光伏应用。政策层面上光伏并网电价每年将稳步下调的政策预期，催生了光伏电站建设资金需求，这一需求自2014年以来呈现趋旺的态势。融资租赁方式创新性地解决了诸多设计采购施工（Engineering Procurement Construction，EPC）总包商企业在项目贷款到位前的建设期资金需求。

新能源公交车对黄标公交车的替代也成为2014年各地政府投资的重点任务，融资租赁方式成为政府及公交公司引进外部资金完成车辆更新的重要手段。

全国各地天然气管输企业进入管线网络投资建设攻坚期，河北、山西、山东等地区的天然气公司、煤层气公司融资需求旺盛，区域的独家垄断优势和稳定的燃气价差收益使得这些承租人备受租赁公司青睐。

4. 节能环保受到重视但占比仍不大

2014年，节能改造和大气治理等相关计划不断推出，大型钢铁、水泥、电力、印刷等传统企业日趋承压。“十二五”期末的环境达标检查促使诸多“两高”企业加快实施节能改造，例如，为包钢、武钢等特大型企业做节能改造的服务商成为众多租赁公司手中活跃的客户。但是，由于环保减排企业服务的多为高耗能企业，在融资准入上存在不同程度的障碍。节能环保项目的审批、操作常常由政府部门主导，配套有专项的财政资金或补贴，使得融资租赁公司进入的机会有限，加之节能融资租赁项目再融资难度大、来自承租人的经营风险偏高、单体项目金额低等原因，节能环保行业租赁交易额在整体融资租赁业务中的占比仍然难以大幅度提升。以外资融资租赁公司为例，节能设备的租赁业务占比仅为2% ~3%。

5. 产能过剩行业经营风险上升

2014年，诸如煤炭及煤化工、平板玻璃、电解铝、钢铁等过剩或需求迅速下滑的行业经营风险上升，在去产能和去库存过程中呈现出盈利能力不足和现金流状况恶化的现象。受制于低迷的煤炭市场和需求的严重不足，煤企过剩的产能无法在短期内得到消化，内蒙古、山西地区的多家煤企资金链紧张。在信托业已经对煤企拉响警报的同时，煤企以及煤化工产业链上的企业努力寻找多元化流动资金以熬过行业低谷期。平板玻璃、钢铁行业企业受下游市场需求不振以及价格低位徘徊的影响，陷入资金链紧张、再融资难的窘境。中东部地区电解铝企业受高电价成本的影响，盈利持续不足，从而导致融资困难。这些行业的下游市场仍然相对低迷，新建投资项目投资大但预期效果差，产能过剩也使得行业整体盈利能力不足，这都使得租赁公司保持审慎和观望态度。而且，预计这一困难局面在2015年的上半年仍将延续。

二　融资租赁行业运行特点及存在的问题

2014年的融资租赁行业喜忧参半，呈现出一些与往年不同的特点：行业规模高歌猛进，但市场需求受到宏观经济环境的拖累而放缓，不良率水平明显上升；承租人的行业分布更为广泛，但节能、通航等新兴细分市场仍然增长乏力；盈利模式多元化，但仍以售后回租为主，直接融资租赁为辅，经营性租赁占比较小；融资渠道更加丰富，但融资成本并未显著下降。新成立的中小型融资租赁公司在风险控制、融资成本、业务渠道等方面存在短板，有一些经营不规范。

（一）盈利模式稳中有变

1. 全额偿付的融资性租赁仍是主流

与2013年相比，2014年的租赁交易仍以全额偿付的融资性租赁方式为主。以上市公司承租人的租赁交易方式分布为例，售后回租业务的占比仅从88%降至86%，仍然占绝大多数（见图7）。

略有变化的是一些中等规模的第三方租赁公司开始尝试与生产制造型厂商探索“以租促售+厂商回购担保”的合作方式。这一方面加快了这些新晋的中等规模租赁公司的发展，另一方面也促进了制造企业的产品销售。

2. 跨境业务仍以实力较强的租赁公司为主

随着国内需求增长逐渐放缓和国内企业“走出去”对海外租赁业务需求的增长，资金实力较为雄厚的租赁公司越来越多地将视野转向境外承租人。2014年国银租赁签下了与巴西蔚蓝航空的整机租赁协议，工银租赁签订了与俄罗斯洲际航空6架空客整机的经营租赁项目。在中国进出口银行的推动下，工银租赁实现了与法国油服供应商波邦公司的回租合作，促成中国

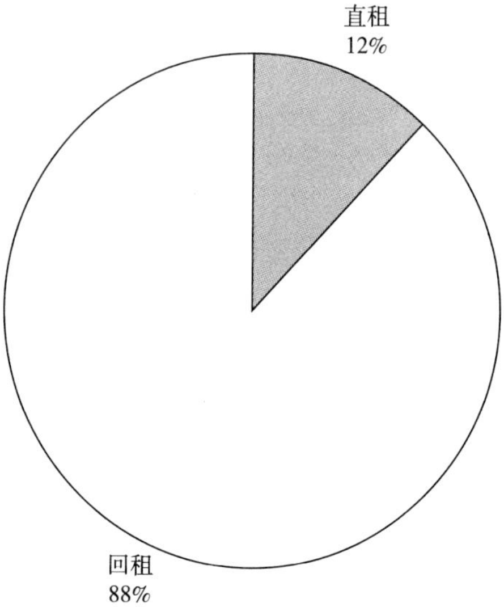

（a）2013年上市公司承租人租赁交易中直、回租交易方式分布

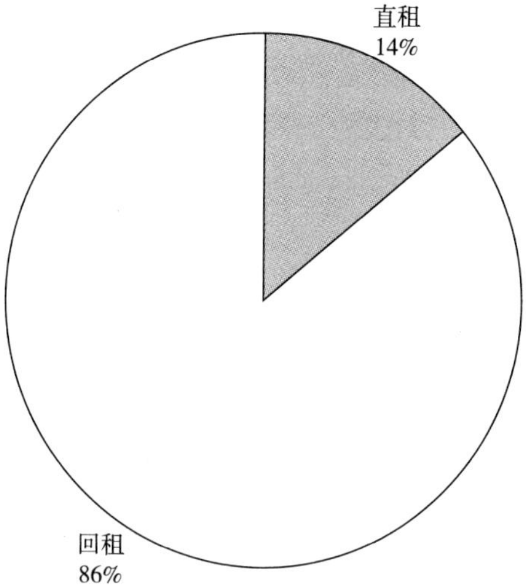

（b）2014年上市公司承租人租赁交易中直、回租交易方式分布

图7　2013 年与 2014 年上市公司交易方式分布对比（按交易项目笔数）

资料来源：根据上海证券交易所、深圳证券交易所网站信息整理。

制造的海工船只以租赁的方式为境外承租人所使用。2014 年 5 月，工商银行泰国租赁有限公司配合国内厂商在泰国开展工程机械、机床设备等领域的销售，将开启以租赁方式促进国内过剩产能转移到东南亚国家的新局面。

3. “银租合作”模式得到强化

2014 年随着融资租赁公司业务渠道的扩展，融资租赁公司（特别是第三方租赁公司）与商业银行的渠道合作进一步强化，突破了以往产品替代的局面，形成竞合兼备的关系，更趋于优势互补。

第一，租赁公司通过商业银行赢取承租客户，同时商业银行获得相应的中间业务、资金结算、应收租赁款归集、资金账户监管服务业务，尤其是 2014 年各家银行存款压力显著提高更促使银行加强与租赁公司的合作；第二，部分银行系租赁公司高杠杆率的现实情况，已经制约了其资产规模的快速扩张，使其需要置换原有租赁资产；第三，银行系租赁公司执行总行风险控制的要求，主动退出高风险行业，使其他租赁公司也获得一定的市场机会。上述因素使得商业银行的贷款客户在有资金需求和设备引进需求时，不再将银行系租赁公司视为承租人唯一的选择，第三方租赁公司灵活多变的融资方案和快捷的审批手续使得“银租合作”模式得到延伸发展。

另外，随着各家租赁公司跨境租赁业务的实现，内保外贷等银租合作模式在跨境融资方面有所增加，实力较强的公司可通过内保外贷方式为其境外平台提供融资便利。例如，2014 年 5 月，在中建投租赁有限责任公司的担保下，中银澳门向其香港子公司提供了期限 5.5 年、金额 3250 万美元的项目融资。这一模式为融资租赁公司节省了银行融资性保函费用，显著降低了融资成本。

（二）融资渠道日益丰富

1. 银行贷款仍为租赁公司的主要融资渠道

2014 年以来，受利率市场化、资本市场进一步改革、监管部门减少行政审批、国家鼓励企业扩大直接融资等的影响，融资租赁公司创新有所增加，但从上市融资租赁公司融资结构看，银行信贷融资仍占全部融资的 80% 左右，银行信贷仍为租赁公司的主要融资渠道。融资方式主要包括有追索权保理（类质押贷款）、无追索权保理、同业拆借、流动资金贷款、银团贷款、银行理财融资和银行承兑汇票等。

2. 非银行系融资租赁公司首入银行间市场

根据国际租赁同业发展经验，租赁公司的发展离不开期限长、低成本、可流动的资金支持，而这恰恰符合债券募集资金的特点。因此，债券融资对于租赁公司具有重要战略意义。2009 年，央行与银监会联合发布公告，允许符合条件的金融租赁公司和汽车金融公司发行金融债券，此后华融金融租赁、交银金融租赁、江苏金融租赁、招银金融租赁等陆续发行金融债券，特别是 2013 年以来发行规模有所提高。但在此期间，非银行系融资租赁公司一直未能进行相关债务融资工具的注册发行。2014 年，远东租赁、恒信金融租赁分别于 9 月、11 月发行中期票据 15 亿元、4 亿元。中国银行间市场交易商协会网站显示，另有中建投租赁、中航国际租赁、中飞租融资租赁短期融资券及中期票据处于审核中。其中，短期融资券注册金额为 21 亿元，中期票据为 46.4 亿元；3 年期债券注册金额为 28 亿元，5 年期债券注册金额为 18.4 亿元（见表 7）。3 年期品种占比远高于 5 年期，体现出租赁公司对于控制成本的考量。随着国内金融环境的变化和融资租赁公司业务规模的提升，债务融资工具未来有望成为融资租赁公司重要的融资工具之一。

表 7　非银行系融资租赁公司注册发行债券情况

单位：亿元

发行人	品种	注册金额	期限	注册通知书文号
中建投租赁有限责任公司	短期融资券	9	1 年	—
中建投租赁有限责任公司	中期票据	9	3 年	—
中航国际租赁有限公司	短期融资券	12	1 年	—
中航国际租赁有限公司	中期票据	11	3 年	—
中飞租融资租赁有限公司	中期票据	3.4	5 年	—
恒信金融租赁有限公司	中期票据	8	3 年	中市协注[2014]MTN331 号
远东国际租赁有限公司	中期票据	15	5 年	中市协注[2014]MTN269 号

资料来源：根据中国银行间市场交易商协会网站数据整理。

3. 租赁资产证券化加速

根据2014年修订的《金融租赁公司管理办法》，经营状况良好、符合条件的金融租赁公司，经批准后可开办资产证券化业务。2014年11月，华融金融租赁公司、交银金融租赁公司获银监会批复开展租赁资产证券化，成为全国首批获准开办此项业务的非银行金融机构。据不完全统计，2014年度租赁资产证券化的发行金额为2013年的3.9倍，租赁公司资产证券化开始驶入快车道。2014年11月，银监会、证监会先后发布《关于信贷资产证券化备案登记工作流程的通知》（银监办便函1092号文）、《证券公司及基金管理公司子公司资产证券化业务管理规定》及配套规则，对租赁资产证券化改为“备案制”的相关业务流程进行了明确，这将进一步提高租赁资产证券化发行效率。资产证券人产品发行情况见表8。

表8　资产证券化产品发行情况

单位：亿元

公司名称	2013年	2014年	融资产品
远东租赁	—	24.19	远东三期专项资产管理计划
恒信租赁	1.49		海通恒信1号集合资产管理计划
华融租赁	5.33	9.00	恒进1号限额特定集合资产管理计划(2013) 平安汇通－华融租赁1期专项资产管理计划(2013) 租赁资产支持证券(2014)
广汇租赁	10	—	汇元一期专项资产管理计划
中航租赁	—	4.55	—
交银租赁	—	8.95	交融2014年第一期租赁资产证券化
国泰租赁	—	11.96	国泰一期专项资产管理计划
河北金租	—	6.68	广发恒进·河北金租1期集合资产管理计划
合　计	16.82	65.53	—

资料来源：根据上交所、中国债券信息网、证券公司网站、浙江省银监局网站公告信息整理。

4. 跨境人民币融资渐活跃

2014年，深圳市金融办、经贸信息委、中国人民银行上海总部先后印发《关于推进前海湾保税港区开展融资租赁业务的试点意见》《中国人民银行上海总部关于支持中国（上海）自由贸易试验区扩大人民币跨境使用的通知》，分别明确融资租赁公司可以通过香港、境外金融机构叙做跨境人民币借款，为融资租赁公司进一步拓宽融资渠道带来了政策便利。受此影响，中广核国际融资租赁、交银金融租赁分别从中国香港、新加坡融入跨境人民币借款3亿元、7亿元。中建投租赁也与香港恒生银行开展合作，融入1.7亿元跨境人民币借款。未来，随着人民币进一步国际化，以及中国外汇管制的相对放松，跨境人民币必将成为租赁公司融资的又一重要渠道。

5. 其他融资渠道成为有益补充

外商投资融资租赁公司利用自身优势，通过借用外债进行海外融资；金融租赁公司在银行间同业拆借市场进行同业拆借；股东背景较好的租赁公司通过股东发行债券融资或直接开展股东借款等，为融资租赁公司丰富融资渠道和获得持续的资金提供了多方面的选择。同时，各类融资租赁公司发挥独特的资金优势，也为增强各自竞争力奠定了一定的基础。

（三）新领域的探索和业务创新

1. 首次出现与互联网金融的对接

2014年，国内互联网金融迅猛发展，投资者对“宝宝”等产品的关注度大幅提升，融资租赁公司“触网”的案例也迅速增加，主要方式是通过P2P平台拓宽项目资金来源。其动因一是拓宽融资渠道，增加资金来源；二是通过产品设计，实现租赁资产“出表”，提高净资产收益率。据不完全统计，截至2014年11月，通过互联网金融发行的产品主要如表9所示。

表9　融资租赁公司嫁接互联网金融情况

租赁公司	服务方	融资模式	期限	成本	融资规模(亿元)
无锡金控融资租赁	拾财贷	P2P债权转让	1~12个月	8%~13%	10.000
财和融资租赁等	爱投资	P2P项目融资	6~24个月	11%~14%	0.260
上海同岳租赁	积木盒子	P2P项目融资	3~11个月	9%~12%	0.044

资料来源：根据SLSE研究中心、积木盒子网站数据整理。

融资租赁公司通过互联网金融平台进行的融资目前规模尚小，且融资成本较高，在行业中的规模占比微乎其微。值得注意的是，已经出现了融资租赁产品在互联网金融平台上的违约案例。例如，某个通过 P2P 平台融资的租赁公司，被指通过虚构项目标的套取资金，产生了上千万元的违约，这一事件截至目前仍悬而未决。

2. 租租合作范围扩大

2014 年租赁公司之间携手合作，联手为同一承租客户服务的趋势更加明显。在银行系租赁公司合作方面，2014 年 9 月，工银 SPV 携手农银 SPV 完成了国内飞机联合租赁第一单，采用了外币租金分成方式，为国内租赁公司合作模式添加了新的尝试。在内资租赁公司与银行系租赁公司合作方面，中建投租赁自 2013 年就开始租租合作业务，是国内第三方租赁公司与银行系租赁公司开展租租合作的先行者之一，2014 年进一步与工银租赁、交银租赁开展合作，在制造业、燃气业、新能源等领域共同开拓新业务。

一般而言，中等规模租赁公司面对客户一次性、大规模的融资需求时，或者金融租赁公司受到客户集中度或授信额度限制时，较难独自以单笔贷款或保理资金对接，而倾向于采取租租合作模式，即再引入一家或多家租赁同业，共同承接大客户的需求。其中一家租赁公司作为主出租人或牵头出租人来主导项目谈判，另一家租赁公司进行配合。

另外一种模式是大型租赁公司与厂商系同业合作，前者做租赁批发业务，既降低大量基础客户的管理成本，又有效地控制了风险，后者则做零售业务，既促进了厂商产品的销售，又获得了稳定的融资来源。

3. 文化产业租赁受到关注

随着实体经济受到经济增速放缓的影响，加之消费升级的拉动，文化产业越来越受到各方重视，也正在成为一些租赁公司产品创新的方向。2014 年伊始，北京市文化科技融资租赁股份有限公司成立，是国内首家文化融资租赁公司，旨在服务于文化产业承租人。以中技桩业为代表的一批制造业企业转而涉足手游、电影投资，进军文化产业，试图在产业周期性、资产类型、现金流等方面实现均衡发展。这些以制造业为基础、以文化产业为新增亮点的承租人，未来将成为融资租赁的热点客户。

4. 农机租赁取得阶段性发展

我国农机租赁一直以来发展相对缓慢，2014 年，随着城镇化和土地流转的推进，农机租赁领域的需求得到进一步释放。8 月，农业部《关于推动金融支持和服务现代农业发展的通知》给予农机金融租赁政策支持。江西首家农机产业基金“赣农农机产业基金”以农机融资租赁为切入点，解决种粮大户、家庭农场、合作社等在购置农业机械中的资金需求；农业部和农业银行合作，以创新使用财政资金补贴农机租赁中利息的方式解决新疆棉花采收季节的设备引进。

5. 租赁公司兼营商业保理步伐加大

2014 年 2 月，《中国（上海）自由贸易试验区商业保理业务管理暂行办法》出台，在自贸区设立的租赁公司取得相应的商业保理牌照后，可兼营与主营业务有关的商业保理业务。此前，虽然在天津东疆也有租赁公司兼营商业保理的先例，但上海自贸区相关政策的推出，使得租赁业在与商业保理相结合的方向上可以跨出更大的步伐。租赁公司新增的商业保理产品，不仅能够解决承租客户应收账款对资金的占用，也为租赁公司打通了沿着租赁价值链开展多元化经营的新通道。

（四）融资租赁业资本运作活跃

受国内资本市场改革不断深化、投资者对融资租赁行业认知逐步加深的影响，同时，也为纾解租赁公司自身资金瓶颈，2014 年以来，租赁公司资本运作日益活跃。中飞租融资租赁母公司中国飞机租赁集团控股有限公司于 2014 年 7 月在香港联合交易所主板挂牌上市；聚信国际租赁在上交所上市事宜进入预披露阶段；12 月 5 日，融信租赁股份有限公司在全国中小企业股份转让系统（俗称“新三板”）挂牌上市，成为中国融资租赁行业第一家挂牌新三板的企业。此外，狮桥融资租赁获贝恩资本 80% 股权收购，国家核电选择三一集团作为发展混合所有制经济的首位合作伙伴，签署了中国康富的股权转让协议，成为中国康富公司控股股东。个别实力较强的融资租赁公司积极参与全球租赁市场竞争，通过海外并购方式完善租赁产业链条。2014 年 8 月，中航租赁母公司中航资本公告，拟以自有资金和银行贷款参与收购爱尔兰飞机租赁公司 AVOLON。渤海租赁继 2013 年以 81 亿元收购全球第六大集装箱租赁公司 Seaco SRL 后，又于 2014 年 11 月公告，拟收购全球第八大集装箱租赁商 Cronos 80% 的股权，这一交易预计耗资超过 37.5 亿元。

（五）融资租赁公司仍面临一系列问题和挑战

1. 风险与收益走势背离

从长周期看，“风险与收益匹配”是投资市场的基本规律。但是 2014 年融资租赁行业面临的风险上升，收益却在收窄，呈现短期背离趋势。国内资金市场逐渐宽松，资金利率开始步入下行通道，加之市场仍由售后回租业务主导，各家租赁公司对于租赁物的争夺日益激烈。受上述因素影响，租赁公司收益率呈明显下降的趋势。同时，由于国内经济增长趋缓，经济结构调整加速，船舶、钢铁及煤炭等受政策调整及宏观经济下行影响波动较大的产业以及高污染、高耗能、过剩产能相关行业受到冲击较大，涉及上述行业的承租人还款出现一定困难，导致租赁行业整体不良率上升，信用风险显著走高。以上海一中院和二中院联合发布的《2009 ~ 2013 年融资租赁合同纠纷审判白皮书》为例，融资租赁案件基本呈逐年递增的趋势，案件标的额在金融民商事纠纷案件中居前列。以远东宏信为例，其净息差及不良资产率走势见图 8。

2. 租赁资产管理面临较多困难

由于专业经验的缺乏和发展环境的限制，我国融资租赁公司对资产管理的水平仍然不高，资产管理面临许多实际困难。一是租赁物的权属确权不清晰，极易引发纠纷。目前各租赁公司在回租业务中均以发票加章的模式确权，于法无据。实际上，发票从未被法律赋予物权的确权效力，一旦出现重复融资或转移隐匿资产的情况，租赁公司进行法律确权较难。二是租赁资产张贴标识的阻力较大。承租人目前对张贴标识均有抵触情绪，由此引出资产

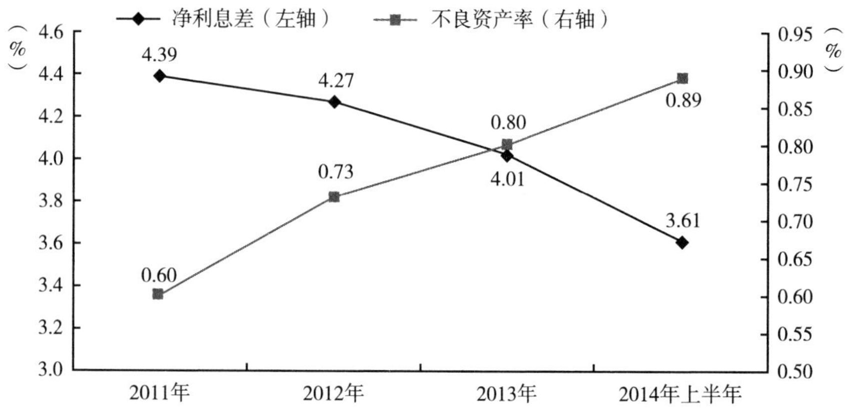

图8　远东宏信净息差及不良资产率走势

资料来源：根据远东宏信历年报告整理。

管理中的保险续保困难、财务报表催缴困难、后期管理不配合等诸多问题。三是资产管理后期的服务创新不够。国内某厂商曾经开发过一套信息系统，对车的油耗、驾驶习惯、保养维护等进行远程监控，可以为承租人提供车队管理所必需的咨询增值服务，丰富了资产管理的盈利点。但是类似的产品和创意在业内仍然较少，资产管理的增值服务不够。

3. 租赁资产交易仍不活跃

与发达国家相比，我国融资租赁资产的交易市场仍不发达。资产交易市场主要包括两类，一类是二手设备的流通市场，另一类是租赁同业之间的租赁资产流通市场。如果这两类市场能够尽快发展成熟，资产管理和风险控制中的很多难题将会迎刃而解。

近期，虽然北京金融资产交易所、深圳前海金融资产交易所均推出了与融资租赁资产相关的资产交易品种，但从交易所公开的数据看，暂未实现有效的融资租赁企业挂牌交易。天津金融资产交易所公开披露显示，共计1032个租赁资产产品、累计金额1235亿元处于挂牌交易中。不过，从目前交易的情况来看，成交量较小，交易并不活跃。

在租赁资产流动性较差的情况下，一旦承租人出现违约，租赁公司除了利用担保、质押等保证措施外，很难实现租赁物的变现及有效退出，缺乏有效的保护机制。这不仅使得资产处置的成本居高不下，增加了租赁公司的经营风险，而且也倒逼租赁公司要求承租人提供足额担保，进而加重了承租人的融资负担。退出通道的缺乏，不但制约了融资租赁行业的发展，也导致实体经济的融资成本难以真正降低。

4. 部分公司经营亟待规范

在租赁行业快速发展、新设融资租赁企业不断增长的背景下，金融租赁与外资租赁和内资租赁公司分散监管的状况没有改变。融资租赁行业内部良莠不齐，能力差距较大。一些新设立的中小型融资租赁公司缺乏足够的风险控制经验和能力，有的甚至将融资租赁简单视为货物销售，忽略了对信用风险、市场风险、操作风险等风险的监控，很容易在行业内造成新的不良的资产。根据《2009～2013年融资租赁合同纠纷审判白皮书》，外资租赁公司涉及的案件达114宗，占比达79%。

部分租赁公司，特别是小规模的外资租赁公司，实际业务脱离主业，有一些则沦为“僵尸公司”，没有实际经营。下一步，如何充分发挥协会等自律性行业组织的行业引导作用，加强政府监管部门的行业指导和有序监管，使更多的租赁公司回归主业，确保行业的健康稳定发展，是亟待解决的问题之一。

5. 税务操作仍有模糊地带

2013年，财政部和国家税务总局联合印发《关于将铁路运输和邮政业纳入营业税改征增值税试点的通知》（财税〔2013〕106号）。经过2014年的“磨合”，不少地方的税务部门对租赁业务有了进一步的了解，在实践中对回租业务进行“松绑”。山东、福建、河北、新疆等地国税部门陆续发布相关指引，指出“融资性售后回租服务中的承租方收取有形动产价款本金，可以开具普通发票，作为出租方据以差额扣除的合法有效凭证，承租方开具发票不征收增值税”，这有利于释放回租业务市场需求。但是，上述措施尚未在全国推开，一些地方的税务操作仍然存在模糊地带，在一定程度上束缚了租赁公司开展业务的规模和效率，影响了融资租赁业务支持实体经济功能作用的发挥。

6. 中小融资租赁公司融资难、融资贵

中小融资租赁公司受限于自身股东背景、注册资本、业务规模等，往往在银行等金融机构中的信用评级不高。同时，受上述因素制约，其得到投资者的认可程度偏低，通过发行债券或者资产证券化等实现资本市场融资的概率较小，总体存在融资难、融资贵的难题。

三　2015年融资租赁行业的展望

展望2015年，融资租赁行业的发展环境将继续得到改善，在连接实体经济与金融市场方面将发挥更大的作用；融资租赁公司机构数量和业务规模继续增长，但增幅将回落；在市场和人才方面的竞争更趋激烈，信用风险进一步上升；资本运作和投资并购步伐加快，不排除迎来新一轮洗牌的可能性。

（一）行业发展环境

1. 政策环境更加有利于行业健康发展

受新一轮政府转变职能、释放改革红利的利好，国务院各部委、地方政府陆续出台简政放权的各项举措。随着融资租赁行业规模的快速扩大，整个行业将越来越得到政策层面的关注。特别是为了解决实体经济和中小企业融资困境、消化过剩产能，各级政府对融资租赁的支持政策还将陆续推出，区域政策环境的进一步改善值得期待。预计监管层在对境内外投资者新设立租赁公司的审批上将会趋紧，监管将会更加严格，这对于鼓励合规经营、保持整个行业健康、可持续发展具有重要意义。

2. 法律和信用环境改善空间较大

最高院司法解释已经发布，预计2015年的重点在于司法解释在执行层面的“再解释”和落实。同时，司法解释第九条为融资租赁登记制度的建立留出了空间，预计有关部门会尽快制订相关制度与司法解释进行衔接。目前，融资租赁公司主要依据的是中国人民银行征信中心的企业信用报告和中征动产融资统一登记平台，以及上海、重庆等地的一些地方性的企业联合征信系统。2015 年，个人征信及企业征信可能进一步普及和推广，上海自贸区等地区的融资租赁登记系统有望建立，这都将为融资租赁行业培育有利的信用环境。

3. 政府融资平台面临较高的不确定性

2014 年 10 月，国务院发布《关于加强地方政府性债务管理的意见》（国发〔2014〕43 号）（以下简称 43 号文），规定“经国务院批准，省、自治区、直辖市政府可以适度举借债务，市县级政府确需举借债务的由省、自治区、直辖市政府代为举借”“政府债务只能通过政府及其部门举借，不得通过企事业单位等举借”。43 号文明确指出“地方政府对其债务负有偿还责任，中央政府实行不救助原则”“商业房地产开发等经营性项目，要与政府脱钩，完全推向市场，其债务等同于一般竞争性企业债务”，等等。43 号文的出台，成为地方债管理和政府融资模式转变的分水岭。政府融资平台一直以来也是众多租赁公司的承租客户，预计一些财政收入较低的地方政府融资平台，尤其是地市级以下政府平台，很难得到融资租赁资金的支持。而那些财政收入较好的地方政府融资平台是否会继续扩大债务融资（特别是租赁融资），还存在较高的不确定性，需要看 43 号文如何落地执行。

（二）行业发展趋势

1. 行业规模继续增长

我国融资租赁渗透率仍处于 5% 左右的水平，与欧美发达国家 20% ~ 30% 的渗透率水平相比，仍有较大发展空间。随着我国产业结构调整步伐的加快，例如，传统装备制造业的升级，先进制造业的发展，医疗、环保和新能源需求的提升，信息技术水平的提高，新的租赁融资需求将不断涌现。特别是随着“一带一路”等国家战略的推广，以及国内企业“走出去”步伐的加快，跨境租赁需求也有望继续释放。总体上，预计融资租赁公司数量和行业规模会保持增长势头，但受基数增大、经济增速下降的影响，行业增速会相对放缓。

2. 有利于构建多层次投融资市场

2014 年末，融资租赁总规模超过 3 万亿元，这一水平相当于当年社会融资总量的 18.22%，超过了当年企业债券净融资和非金融企业境内股票融资之和。这标志着融资租赁在我国投融资中已经开始扮演较为重要的角色。特别是在融资端，融资租赁丰富了企业债券融资的手段，以“融资 + 融物”结合的方式连接金融市场与实体经济，符合李克强总理“优化金融资源配置，用好增量、盘活存量”的战略要求。在投资端，虽然目前的主要资金来源仍然是银行贷款，但随着租赁资产证券化、公司债、银行间市场债券产品等融资渠道限制的逐步放宽，融资租赁资产将更好地与不同投资者的需求相对接，有利于投资者开展多元化投资，改善资产配置。

3. 风险与收益走势继续背离

随着中国经济进入“新常态”，实体经济遭遇的困难很难在短期内得到充分缓解。预计风险与收益走势背离的状况将在 2015 年持续。一方面，新增融资租赁项目面临的信用风险仍然较高，未来一段时间内难有改观。信用风险和市场风险将继续上升，全行业的不良率持续增高，租赁资产质量整体上不容乐观。另一方面，降息通道的打开，以及持续不断的新竞争者涌入，将会继续压缩利差空间，使得行业总体收益率水平下降。

4. 租赁公司并购和上市增多

在建设多层次资本市场的过程中，各路资本对融资租赁行业的关注度日渐增强，实力较强的融资租赁公司也在积极寻求上市，预计 2015 年至少有 1 ~2 家在境内外主要交易所上市。同时，租赁公司发展的“马太效应”愈发明显——那些具备规模优势和行业特色的租赁公司的产品创新、人力资本、产融结合和资金优势将得到更好的发挥，而缺乏专业特色的中小租赁公司却在市场竞争中面临人力资本、资金等多重瓶颈，发展相对滞后。在大浪淘沙的过程中，资产规模、营业收入、利润稳定增长的融资租赁公司将迎来并购扩张的机会，并购标的主要是一些在细分领域拥有特长的中小型租赁公司，不排除一些资质较好但遇到短期困难的公司被并购的可能性。

（三）同业竞争与合作趋势

1. 竞争加剧，优胜劣汰

一方面，融资租赁公司数量在快速增加，另一方面，对融资租赁服务的有效需求的增速正在放缓，这势必使得租赁公司对客户的争夺越来越白热化。同质化竞争将拉低平均收益水平，而抬高对承租人的风险容忍度。

金融租赁公司较多地受益于其母行的资金优势，其客户和项目也通常依托母行渠道获得。因已经过母行审核，客户和项目的信用风险往往相对可控。从整体竞争态势看，金融租赁规模较大，与外资租赁面向的细分市场不同，与内资租赁有一定的重合，其主要的竞争对象并非租赁同业而是银行。进入降息通道之后，由于资金成本下降和银根相对宽松，特别是其主要客户都为大型国企，通常议价能力较强，预计部分客户会向银行回流，金融租赁公司在与银行的竞争中会受到更多的掣肘。此外，一些金融租赁公司杠杆较高，面临发展瓶颈，过于依赖传统业务，新业务发展相对缓慢。值得注意的是，2014 年金融租赁行业整体不良率显著上升，主要受到影响的行业包括船舶、钢铁及煤炭等受国家政策调整及宏观经济下行影响波动较大的产业。因此，预计金融租赁公司会在 2015 年进一步缩减在这些领域的业务投放，转而通过提升专业化水平，继续在一些平均单体投放规模较大的领域建立和巩固自身优势，主要包括航空、船舶海工、轨道交通、基础设施建设等。

与外资租赁相比，内资融资租赁业务试点企业的审核门槛较高，而且多数是由国内拥有较强实力的产业集团投资设立的，因此内资租赁企业的质量总体相对较好。但是，内资租赁公司既没有金融租赁公司的银行支持，也没有外资租赁公司的外债额度，在资金成本、业务渠道等方面并不占优势。下一步，内资租赁公司的竞争重点将集中在“两端”：在融资端，必须尽力将融资成本降低到与金融租赁公司和外资租赁公司相近的水平，同时通过上市、发债、资产证券化等多元化的融资手段提升融资规模；在投放端，必须向自身擅长的细分行业下沉，凭借专业优势更好地经营风险，获取超额收益。在这两端均没有优势的租赁公司，只能获取行业的平均收入，但同时承担行业的系统风险，甚至被淘汰出局。

在外资租赁公司中，以知名国际制造厂商为代表的厂商系租赁公司因为持续走专业化道路，将继续保持稳健的发展势头。一些新兴的、有能力为客户量身定制产品并不断提升自身资产管理能力的外资租赁公司将逐渐赢得领先优势，其中实力较强的公司会进一步在业内或沿产业上下游开展一定的收购兼并。同时也会有一批经营不规范的公司因为不符合监管要求或暴露风险而被淘汰。

2. 专业人才争夺激烈

2010 年至今，融资租赁公司数量在短短四五年时间里膨胀了近 10 倍。而融资租赁人才的培养和供给却不可能同速激增。每新成立一家融资租赁公司，就需要有经验的前台市场人员和后台运营人员，在新人供给不足的情况下，行业内部的人才争夺将更加激烈。

在人才流动方向上，由于经济增速放缓、信用风险推高，预计有越来越多的专业人士从高风险、激进型的公司回流到那些风控能力较强、发展相对稳健的公司。此外，那些实力较强、有境内外上市计划的公司，也会因为股权激励计划、跨境工作平台等突出优势，吸引更多高素质的专业人才加入。

3. 租租合作进一步深化

租租合作的本质是通过充分发挥双方比较优势、利用各自资源禀赋、通过合作及优势互补达成共赢。总体而言，其主要体现在资金、渠道、资产管理和专业特色等方面的合作上。银行系租赁公司、独立第三方租赁公司与厂商系租赁公司各具特色，彼此的互补性越来越明显：一方面，厂商系租赁公司具有丰富的租赁业务资源，具备较好的渠道优势，而银行系租赁公司和独立第三方租赁公司在资金端具备一定的优势，通过租租合作可以有效整合资源，实现共赢；另一方面，部分银行系租赁公司业务规模已达监管上限，有将部分资产转让的需求，其他租赁公司也可以通过开展租租合作承接部分优质资产，接力发展。此外，一些业务方向较为明确的公司将进行更加细化的资产分类，把一部分不具备比较优势的资产转让给更专业的租赁公司，从而优化各自的资产配置，这必将是未来租租合作的重点方向之一。预计 2015

年将有更多的租租合作案例出现，特别会体现在跨类型租赁公司和跨资产分类之间的合作上。

（四）业务发展趋势

1. 租赁业务国际化机会更多

中国参与经济全球化步伐的加快、融合程度的加深，为中国租赁企业参与国际市场提供了难得的机遇。2015 年国内企业“走出去”的趋势还将继续，国内租赁公司必然会抓住这一机遇，在租赁业务、资金筹措、风险控制、资产处置、人力资本等方面寻求国际化的发展机会。同时，国内企业还将继续通过融资租赁方式引进国外先进技术设备，如公务机、轮船、高端装备等，助推技术进步和产业升级，促进国际收支平衡。不过，跨境租赁同时带来了涉外资产管理的新课题——海外租赁物的管理必须综合考虑当地的政治、法律、税收、地方习俗等多重因素，如何结合当地环境特点进行有效的境外资产管理，是考验各租赁公司能否真正“走出去”的试金石。对汇率风险、国别风险等以前从未接触过的风险进行科学管控，也是许多刚刚走出国门的租赁公司所必经的考验。

2. 租赁公司融资创新动力足

在融资端，2014 年下半年以来，国内资金市场逐步宽松，利率有望进入下行通道。经济“新常态”下，经济结构调整成为重中之重，货币政策也将围绕这一目标开展，预计 2015 年将实施稳健的货币政策。开展融资创新、丰富融资渠道和融资品种、获得低成本资金，成为各家租赁公司角逐的另一战场。加之国内债券市场放开、发行资产证券化等行政审批取消、互联网金融活跃，租赁公司无论从自身内部发展考量，还是从其面对的有利外部环境出发，均有大力开展融资创新的动力。

3. 盈利模式沿价值链延伸

未来，经济增速下滑、利率市场化推进，以及同业竞争加剧等因素交织，将使融资机构的利差收窄，商业银行的风险偏好将有所提升，势必挤压租赁公司的部分业务。同时，大多数租赁公司的租赁业务高度同质化。从客户需求角度看，除了简单的融资以外，客户的需求也越来越多样化。

因此，在行业内外部压力的共同传导下，传统的租赁业务模式已无法支持融资租赁行业的长期可持续发展。要想在未来的竞争中取得先机，租赁公司越来越不满足于单一的租赁利差，而必须加大产品创新和服务创新力度，向融资租赁价值链延伸。融资租赁公司的盈利模式将从原来单一的直租和回租，向经营性租赁、商业保理、分成租赁、具有投资属性的委托租赁产品，以及参与企业并购、项目融资等的杠杆租赁等方向延伸。相应的，主要盈利来源也将从单一的利差向“利差 + 增值服务 + 资产余值收益 + 其他”的多元化方向发展。

当然，盈利模式的多元化是一个长期趋势。具体到 2015 年，售后回租模式仍将是租赁公司满足客户资金需求的最主要手段。此外，国有企业改革的顶层设计方案预计将在 2015 年推出，央企可能迎来新一轮的“大瘦身”，相当一部分存量资产将被压缩调整。融资租赁服务有帮助客户盘活存量资产、改善财务报表的优势，可能会在央企“瘦身”中找到新的机遇。

4. 与互联网的融合“痛并快乐着”

缺乏融资租赁的互联网金融是不完整的，融资租赁与互联网金融的融合是大势所趋。然而，二者之间的合作还处在探索期，在税务处理、风险分摊、投资者教育、内部控制等方面都有较多不足，需要相当一段时间的磨合，也要等待外部信用、税务、投资环境的完善。因此，二者之间的融合在 2015 年将呈现“痛并快乐着”的局面，即一方面，融资租赁公司持续不断地涌入互联网平台；另一方面，一些风控能力不足的租赁公司或网络平台面临要么违约、要么自掏腰包补足亏损的窘境。

5. 通用航空等新领域的政策红利值得期待

通用航空（General Aviation），是指“定期航班和利用取酬的或租用合同下进行的不定期航空运输以外的任何民用航空活动”。简而言之，是指除军事、警务、海关缉私飞行和公共航空运输飞行以外的航空活动，包括从事工业、农业、林业、渔业、矿业、建筑业的作业飞行和医疗卫生、抢险救灾、气象探测、海洋监测、科学实验、遥感测绘、教育训练、文化体育、旅游观光等方面的飞行活动。通航飞机种类各异，机型庞杂，生产厂商繁多，在中国仍属于朝阳新兴行业。由于低空空域的严格管制和繁复的报批手续，通用航空在我国发展非常滞后。不过，在2014年11月底结束的全国低空空域管理改革工作会议上传出了好消息：我国1000米以下低空有望于2015年放开。相关航空管制政策的陆续放松，将给通用航空业带来井喷式的发展。融资租赁作为航空业的天然伙伴，也将在航空器引进、航空基础设施建设、航材采购等领域发挥越来越重要的作用。

6. 汽车租赁市场潜力巨大

伴随着互联网的高速发展、手机客户端的用户体验升级，与汽车金融相关的业务大量涌现。随着中国驾照持有人数的快速增长，以及主要城市对汽车限购、限行政策的推出，驾车人对汽车租赁的理念在不断改变，汽车融资租赁市场呈现出大幅增长的态势。2014年9月，神州租车在香港上市；11月，一嗨租车在纽交所上市，显示出资本市场对中国汽车租赁市场的信心。租车市场的快速发展，也为融资租赁公司与汽车经营性租赁公司之间的合作打下了基础。

参考文献

［1］杨海田主编《2014年第三季度中国融资租赁业发展报告》，中国租赁联盟，2014。

［2］商务部流通业发展司：《中国融资租赁业发展报告》，http：//ltfzs. mofcom. gov. cn/article/wtojiben/wtojieshao/201410/20141000777116. shtml。

［3］高传义主编《2014年上海市租赁行业年度报告》，上海市租赁行业协会，2014。

B.15

2014年我国互联网金融行业发展回顾与2015年展望

李纪军*

摘　要：2014年是中国互联网金融回归理性的一年，也是移动支付、移动金融全面进入人们生活的一年。互联网金融对中国金融业的影响已日趋深入且趋于理性，传统金融机构全面布局互联网金融，无论是整体战略，还是产品创新，都展现出对互联网金融前所未有的重视。两类互联网金融的新型业态——P2P网络借贷和众筹融资在监管部门的默许下得以快速生长，并伴随出现了许多发展初期的问题。以BAT为代表的互联网企业在深耕自己互联网业务的基础上，将战略触角实质性地延伸到监管严格的金融领域，取得了两张互联网银行牌照和两张征信牌照，筑起了实现“普惠金融”的梦想，推动了产融一体化发展。可以说，在未来的几年里，传统金融机构与互联网企业的竞争与合作决定着中国互联网金融甚至整个中国金融业的发展方向。

关键词：互联网金融　P2P网络借贷　众筹融资支付　征信　大数据金融

* 李纪军，理学硕士，高级工程师，中国建银投资有限责任公司投资研究院研究员。

一　互联网金融行业观察视角与主要业态

（一）互联网金融行业观察视角与范围

互联网金融的本质依然是金融，并没有因为互联网的出现而使货币和金融的基本功能发生根本性的改变，改变或影响的只是金融功能的某种实现过程和形式，在行业实践中其具体表现为一些新的金融功能实现形式和一些新的金融组织与产品模式。互联网金融是发展中的新生事物，尚不成熟，即便是在国际上，互联网金融的模式无论是从概念上讲，还是从实践中看，也都尚未形成统一的定式。因此，本报告主要从内涵上把握，将互联网金融定位于“互联网金融的本质是基于互联网的金融创新”，将其金融形态与模式划分为：新的金融中介/机构（P2P网络借贷与众筹融资）、新的支付手段或模式（互联网支付与移动支付）、新的运营方式/产品（金融互联网化）、商业实体与金融紧密结合的“产融一体化”模式（基于产融结合一体化的大数据金融模式）四大模式。

（二）互联网金融的主要业态与模式

互联网金融在中国的发展，目前也主要呈现为以上四种模式。

1. 新的金融中介/机构（P2P网络借贷与众筹融资）。新的金融中介是指互联网融资中介，包括P2P网络借贷与众筹融资两种面向小微企业与个人的新型投融资模式。

2. 新的运营方式/产品（金融互联网化）。新的运营方式是指金融互联网化，即“传统金融机构+互联网”。例如，传统存款货币类机构与产品+互联网（即无实体网络银行），传统证券类机构或产品+互联网等。

3. 新的支付手段或模式（互联网支付与移动支付）。新的支付模式是指互联网的支付创新，主要是“PC互联网支付+移动互联网支付”，即不依托特定的专有网络，主要以第三方支付为代表的零售支付创新，当然，银行也是推动零售支付创新的重要主体。

4. 商业实体与金融紧密结合的“产融一体化”模式，也称大数据金融模式。其有两个含义，一是指互联网企业（或电商企业）设立金融机构，或开展金融业务，即根据网络经济的发展需求，在互联网平台和商业大数据的支持下，进行资源配置类金融服务，包括针对平台产业链客户和消费者的融资或信用的支持服务等。二是指互联网征信，即互联网多层次金融信用体系建设、信用数据的积累、大数据的金融信用信息管理与信息服务创新。

产融一体化是指实体经济企业将业务边界拓展至金融领域，依托实体平台积累的信息优势，将实体业务与金融业务融为一体。这种新型的产融结合实际上就是产业实体与金融机构的一体化。

二 2014年中国互联网金融主要模式发展状况

2014 年总的来说是互联网金融在经历了 2013 年狂热之后回归理性的一年，尽管还有争论，但政策界、业界和学界对互联网金融的认识也逐渐趋于理性。无论是过分渲染的“颠覆论”，还是因 P2P 网络借贷平台的“跑路”事件而对各种互联网金融创新的“彻底否定论”，都不符合互联网技术革命与金融结构变迁的新趋势和新需求。在这样的理性氛围下，2014 年中国互联网金融呈现出如下几个行业特点。

第一，以普惠金融、小微金融为特征的互联网融资中介模式（P2P 网络借贷、众筹融资）在相对宽松的监管环境下得以低水平快速发展，同时伴随着发展初期的各种问题。

第二，以运营方式创新为特征的“金融互联网化”开启了传统金融机构新一轮的信息化进程。对于金融机构来说，2014 年可谓是全面布局互联网金融的一年。其不管是从整体战略上，还是从产品创新上，都展现出对互联网金融前所未有的重视。

第三，以支付创新（手机钱包、移动支付）为特征的“O2O 应用场景争夺”成为互联网企业竞争的制高点，改变着人们的生活。

第四，以“产融结合一体化”为特征的大数据金融迈出实质性的步伐。以 BAT① 为代表的互联网企业深耕互联网多年，积累了海量的数据和客户，并通过支付和余额宝涉足金融业。2014 年，腾讯和阿里率先取得了互联网银行和征信牌照，渗透金融业的战略取得实质性的进展。互联网企业涉足金融，其基础和优势就在于互联网平台积累下来的大数据（即消费与行为大数据），所谓“产融结合”就是以“产”的大数据去开发“融”的业务，拓展实体产业的边界至金融领域。大数据金融是互联网金融最有前景的、也最具创造力的金融服务模式。

（一）互联网融资中介模式

P2P 网络借贷与众筹融资是两种主要的互联网金融业态，本质上是借助互联网技术突破地域的限制，为资金提供者与资金需求者提供一个自行配对的投融资平台，是一类典型的金融脱媒业态，其对金融行业的影响和意义就在于创造了一个新的金融市场。国内 P2P 网络借贷和众筹融资与国外相比，跟进步伐不可谓不快，但受征信问题频出和征信环境极度不完善的制约，其运营模式严重扭曲，发生了很大的变异。最为明显的差别就在于，国内 P2P 网络借贷和众筹融资更多的是一种互联网融资中介，而非金融脱媒，确切地说，是一类异化了的 P2P 网络借贷与众筹融资。正因为如此，中国的 P2P 网络借贷与众筹融资模式极具自身特点，既可以说是一种变异，也可以说是一种“中国实践”，其优劣只能由实践和市场来检验了。从目前的格局看，其暴露出来的问题与混乱多于积极的一面，且创新不足，这在 2014 年的市场中表现得尤其明显。

1. P2P 网络借贷平台

2014 年，国内 P2P 行业的发展表现为如下几个特点。

（1）平台数量和成交量增长迅速，问题平台不断涌现。

---

① 即百度、阿里巴巴和腾讯。

网贷之家发布的行业统计数据显示，2014 年底网贷运营平台已达 1575 家（见图 1），全年累计总成交量高达 2528 亿元，是 2013 年的 2.39 倍。由于问题平台不断涌现，2014 年正常运营的网贷平台增长速度有所缓减，月均复合增长率为 5.43%，但绝对增量已经超过 2013 年。据不完全统计，历年问题平台累计已达到 367 家，其中，2014 年全年问题平台达 275 家，是 2013 年的 3.6 倍（见图 2）。2014 年“诈骗/跑路”类和“提现困难”类问题平台的数量占比分别达 46% 和 44%，其余的问题平台多因为停业或者经济犯罪侦查介入等其他原因而被曝光（见图 3）。平台之所以频频出现提现困难的问题，主要原因是运营不规范，从而造成流动性风险，一些网贷平台拆标现象严重，加上资金实力和风险控制能力较弱，一旦发生负面消息，容易引发挤兑现象。当然，行业监管的空白也是问题平台频繁暴露的一个重要原因。

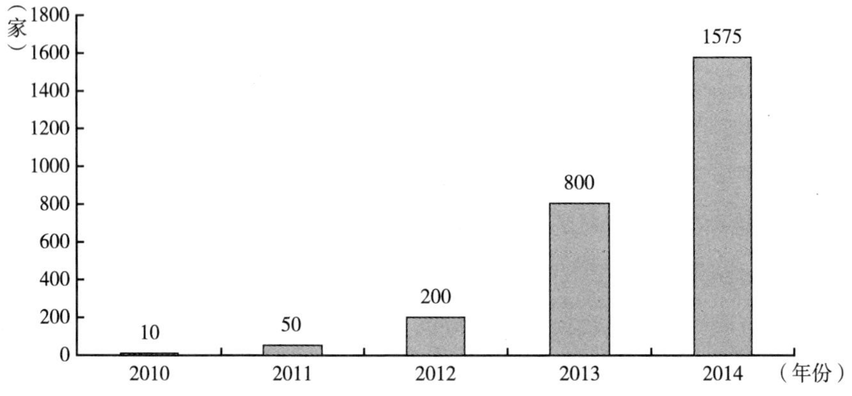

图 1　各年网贷运营平台数量

资料来源：网贷之家。

（2）各路资本涌入网贷行业，加速行业布局。

2014 年，银行、国资、上市公司、风投资本涌入网贷行业，加速行业布局。据不完全统计，网贷行业中获得风投青睐的平台多达 29 家，国资国

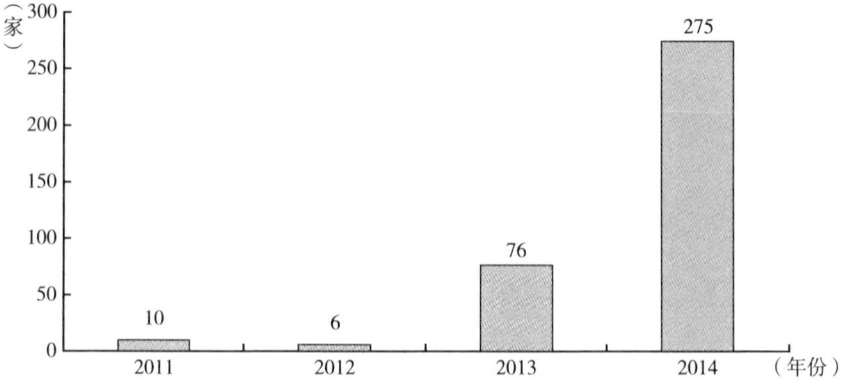

图 2　各年问题平台数量

资料来源：网贷之家。

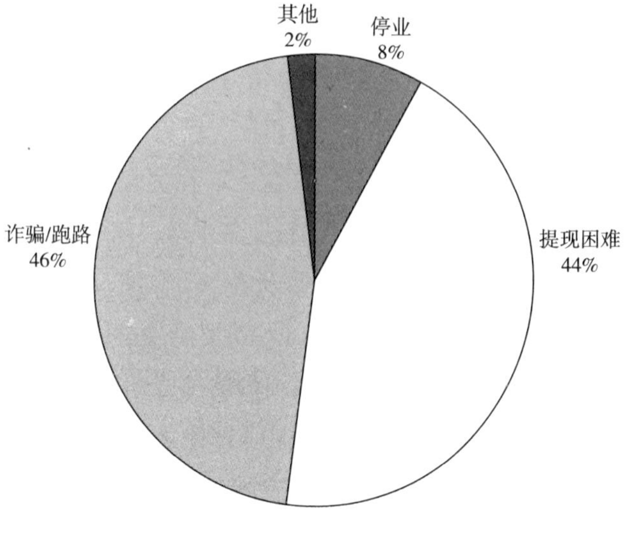

图 3　2014 年问题平台事件类型

资料来源：网贷之家。

企、上市公司入股的平台各 17 家，银行背景平台 12 家（见图 4）。这些平台以自身背景为信用背书，其综合收益率一般在 12% 以下。但这些平台目前并没有迅速做大，行业仍以民营系平台为主。

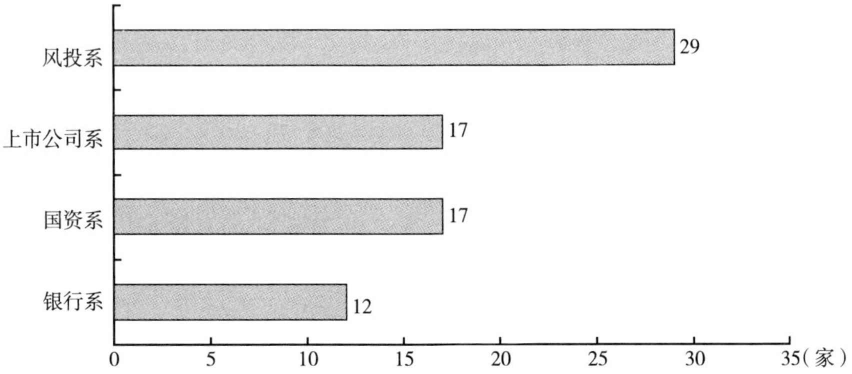

图4　各背景网贷平台数量

资料来源：网贷之家。

（3）市场集中度低，模式严重分化。

与国外相比，国内P2P行业市场格局相当分散。网贷之家发布的数据显示，2014年新上线的网贷平台超过900家（含问题平台），平均注册资金约为2784万元，与2013年的1357万元相比，增长了约1倍。2014年新上线平台注册资金在1亿元以上的多达48家。而在美国，由于美国证券交易委员会对P2P注册设立了很高的门槛，行业集中度很高，P2P市场基本上为网贷平台"Lending Club"和"Prosper"所占领，二者2013年交易量约24亿美元。可见，适度的行业监管和市场集中度是行业健康发展的基本前提。

与国外典型的P2P网络借贷相比，国内的模式出现了严重分化，发展出各具特点的运营模式。国外平台大多是从网络上直接获取投资人和借款人，直接撮合借贷双方，不承担过多的中间业务，模式单纯。而国内P2P行业则要对借贷的各个环节予以细化，形成各种各样有差异的网络借贷模式。之所以形成这种局面，倒不是因为模式创新，而是受限于国内征信环境的缺失而不得已增加了许多线下环节，以加强风险控制。除"拍拍贷"等少数平台基本参照国外主流P2P网络借贷的发展模式以外，大部分国内P2P公司采用的都是有担保的线上模式（如红岭创投），以及完全线下模式（如宜信）。由此可见，造成模式变异、运营成本急剧增加的根本的原因还在于征信体系严重缺失。外部征信支持的缺失使得国内P2P网络借贷平台不得不亲自承担征信职责，花大量的精力做大量的尽职调查，对借款人的信用情况进行搜集、整理和评估，事实上，除极少数平台之外，绝大多数平台都要以线下为主，亲力亲为。正是因为信用环境的社会性缺陷，国内P2P平台不得不通过引入资金垫付、担保或准备金等方法来保障出资人的利益。这么做事实上使风险从投资人转移到平台自身，从而使平台被迫增加其风险控制的成本，降低了运营效率，并从客观上使得平台运营越来越偏离了互联网金融的本质。

P2P网络借贷的真正价值即在于小微金融服务，为居民提供丰富的投资产品，增加金融交易信用建设与信息积累，促进民间融资的阳光化。面对这么多行业问题，P2P网络借贷确实需要回归价值，回到应有的弥补现有小微金融服务缺失的价值轨道上。

2. 众筹融资平台

2014年，国内众筹融资行业有如下几个特点。

（1）平台数量急剧攀升，市场相对集中。

零壹数据监测显示，2014年成立的众筹平台共有84家。截至2014年底，国内已有128家众筹平台，其中，商品众筹平台78家（2014年成立46家），占比达60.9%；股权众筹平台32家（2014年成立24家），占比为25%；纯公益众筹平台4家，另有14家股权+商品性质的混合型平台。2014年度，15家主要商品众筹平台成功完成筹资的项目总数为3014个（见图5），成功筹款金额约为2.7亿元，活跃支持人数至少在70万人以上。股权众筹方面，可获取的数据显示，成功完成筹资的项目有261个，筹资总额为5.8亿元，考虑到第一梯队的天使汇、创投圈、原始会等平台未公开具体项目数据，预计筹资总额在15亿元以上。

从成功完成的项目数量上看，众筹网遥遥领先，比其后的淘宝众筹整整多出1000个，再加上点名时间、京东众筹、乐童音乐和追梦网，6家平台成功完成的项目合计占到项目总数的91.66%（见图5），市场集中度比较高。

（2）众筹融资的影响力和交易规模远远不及P2P网络借贷。

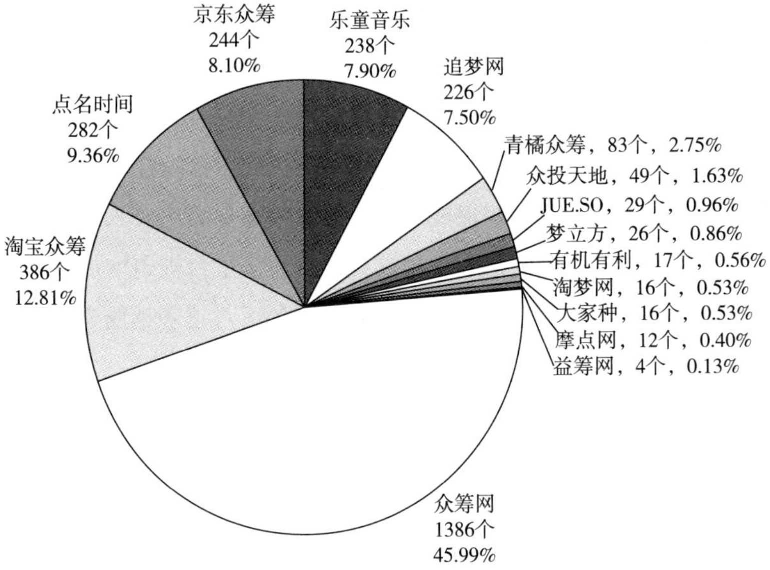

图5　2014年15家平台成功完成筹资项目数量分布（数量，占比）

资料来源：壹零数据

从前面的统计数据看，众筹融资2014年一年的总额充其量不过10多亿元，数量级不能和P2P网络借贷相比。虽同样是新的投资渠道，面对的同样是风险较高、虚拟的互联网，但众筹的股权形式有收益不确定的特性，特别是国内的股权融资容易触及政策“红线”，与P2P网络借贷相比，众筹融资的影响力和交易规模在中国目前的制度环境下还难以望其项背。究其原因，除了征信体系、信用环境缺失外，还有一个与众筹融资初衷密切相关的重要因素约束了国内众筹行业的发展，那就是创新项目严重缺乏，需求不足，市场尚未培育成熟。众筹融资的初衷就是提供一种机制，扶持创业和创新项目。而这是国内众筹平台面临的最大问题。当然这也跟国内用户更倾向于“逐利”而非“投资”的文化差异有关。在美国，《工商初创企业推动法》（即《JOBS法案》）签署后，众筹的模式受到法律保护，人人都可以作为“天使”进行投资，可以以股权、资金作为回报的方式，而在中国，股权众筹的模式还仅仅处于摸索阶段。如果证监会能够尽快出台类似于美国

《JOBS 法案》等用以规范股权众筹的法规，突破原来非法集资或非法证券活动的政策“红线”，先从法规制度上给予积极引导和规范，消除监管方面的不确定性，相信市场需求将会逐步实现稳定增长，众筹行业将会迎来一个突破“瓶颈”的机会。

另外一个约束股权众筹本土化发展的因素是国内股权众筹至今尚未形成自己独特的经营风格和盈利模式。很多众筹平台建设的动机只是抓住时机，迅速实现融资。其仅仅将众筹作为一个快速融资的模式，而忽视了具体项目的管理经验与经营能力，忘记了扶持项目的成功才是众筹的根本，融资只是手段。众筹的使命不仅仅是帮助创业项目获得资金，还要着眼于帮助融到资金的创业项目获得成长，提高创业的成功率，提高投资者的收益机会。众筹的流程，自始至终，应覆盖整个创业服务的过程。这是众筹融资的本质所在。

由于缺乏经营特色，目前国内的股权众筹平台尚处于简单复制和低水平同质化竞争的状况，市场中缺乏高知名度的可靠众筹平台，这使得行业盈利的实现面临很大困难。如果法律风险消除、监管环境改善，相信融资平台会迎来更多的创新机会，市场结构也会有相应的变化。

（二）金融互联网化

如果说 2013 年是互联网金融元年，那么，对于金融机构来说，2014 年可谓是全面布局互联网金融的一年。2014 年，金融机构开启了新一轮的信息化进程，可以说 2014 年是金融机构互联网化的“元年”。

1. 银行的互联网化

在互联网金融效应的影响下，商业银行明显加快了步伐，深度融合互联网，除支付领域的创新外，还重点推进了电商平台的建设。2014 年初，随着工商银行“融 e 购”上线，五大行的电商平台（建行“善融商务”、中行“中银易商”、农行“磐云”、交行“交博汇”）全部投入运营，囊括了购物支付、转账、理财、融资、清算、信息等各类综合金融服务。工商银行的信息化银行战略最为清晰和系统，体现了其对互联网金融的理解已经到了一个新高度。工商银行提出的“三大平台+三大产品线”初现其互联网金融的系统轮廓，很有代表性。三大平台包括：电商平台、即时通信平台、直销银行；三大产品体系包括：支付、融资、投资。涵盖面不可谓不全。此外，银行还纷纷抢占P2P市场，大都推出“闪电贷”等有着互联网基因的创新服务与产品。具体模式有：银行自建P2P平台，如招商银行的“小企业e家”、包商银行的“小马Bank”；投资入股新建独立的P2P公司，如国开金融设立的“开鑫贷”；银行集团设立的独立P2P公司，如平安集团的“陆金所”。

2. 证券的互联网化

伴随着互联网金融的兴起，证券与互联网的结合发生了根本性的变化，过去网络证券的发展主要是基于互联网建构销售平台，而现在的互联网证券则更多的是希望借助互联网思维实现证券的内涵。其目前还主要体现在产品创新上，如国金证券与腾讯合作推出的首只互联网证券服务产品“佣金宝”。可以预期，随着越来越多的券商试水互联网金融，更多的创新将雨后春笋般涌现。

政策方面，证监会正极力推进互联网证券的发展，步伐积极。继2014年4月4日首批6家证券公司，到2014年12月26日第4批11家证券公司获准开展互联网证券业务试点，共有35家证券公司获得互联网证券试点批文。互联网证券涉及内容广泛，全面体现互联网思维。举例来说，平台方面可包括互联网理财产品、财富云平台服务、经纪云平台服务、投资云平台服务、理财云平台等。服务方面可包括互联网综合金融服务平台建设、理财商城、开户引流、增值服务产品销售、数据服务、网络运营管理等。理财云平台则以互联网理财账户为核心，以移动和PC端为平台，实现投资、融资、支付一体化等。从这些内容看，互联网证券的内涵是极其丰富的，不是传统业务的简单延伸，而是互联网化的重塑与改造。这是证券业的一件大事，具有里程碑式的深远意义。

3. 余额宝与互联网理财

天弘基金2014年三季度报告显示，截至三季度末余额宝规模达5349亿元，用户数为1.49亿人。余额宝的成功使得各基金公司纷纷紧随其后，互联网理财在中国实现了爆发式发展，催生了银行各种“宝”类产品。从某种意义上讲，是余额宝掀起了互联网金融市场化收益率的竞争，触动并促进了利率市场化改革。无论是余额宝还是各种“宝”类产品，本质上都是货币市场基金的互联网化，只是新的竞争环境对基金管理，特别是对流动性管理能力提出了更高的要求。事实上，余额宝真正独特之处就在于它的大数据资源和大数据分析能力，正是因为具备这个能力，基金管理者可以通过大数据分析掌握购买者的资金使用习惯，从而可以从容地调度安排资金，增强基金流动性管理能力。从这个意义上说，余额宝最深层的贡献在于它促进了金融与实体经济的深度融合，这是互联网金融本质意义上的一个体现。

（三）互联网支付与移动支付

支付是互联网金融的起源和核心，按其发展路径可分为：线下支付、线上支付和移动支付。2014年可以说是移动互联网全面进入人们生活的一年。第三方支付发展到今天，已经步入移动支付时代，以支付为起点向多元综合性经营的方向发展。支付在2014年呈现出如下几个特点。

1. 移动支付和移动金融迅速发展，成为各方争夺的战略制高点

从微信红包，到出租车打车补贴“大战”，再到“双12”二维码支付，手机钱包以“大尺度”让利促销的方式得以迅速普及，人们的生活悄然发生了改变，网购已不是中国年轻人独有的生活方式。事实上，手机钱包即意味着移动金融的个人账户，二维码支付、近场支付即意味着移动支付，出租车补贴“大战”即意味着“应用场景”的战略性争夺。打车软件使用移动支付是移动支付典型的O2O场景应用，在全国范围内掀起了一次移动互联网金融大普及。移动互联网取代传统互联网的趋势已逐渐显现。移动金融由于具有“3A”（Anytime，Anywhere，Anyway）特性，以及近场支付和远程支付的潜力，最有可能实现金融平台的全面融合，也最有可能给金融行业带来积极的变革。移动支付不仅刺激了人们的网络消费，还能激活移动理财、移动财富管理，推高金融账户活跃度。互联网渠道和移动渠道将成为网络理

财的两大主要模式。

“百度钱包”于2014年4月15日正式推出，这是百度2014年度重量级的战略之一。“百度钱包”上线后，在移动支付场景布局、支付技术革命，特别是互联网金融创新上给行业造成了巨大的冲击。百度一方面，与百胜集团、中国联通、中粮集团、中信出版等巨头合作，构建移动支付生态圈，并推出创新的“拍照付”与“刷脸支付”，以抢占市场；另一方面则以创新颠覆姿态，在互联网金融领域开疆拓土，推出了人气理财产品“百赚利滚利”、话费理财“沃百富”、消费金融“百发有戏”，以及国内首个互联网数据指数“百发100指数”和2014年度最受欢迎的互联网理财产品“百发100指数基金”。“百发100指数”被誉为首次真正打破互联网公司与金融机构分工界限、互联网参与内核产品设计的标志性事件。可以说，“百度钱包”为2014年的互联网金融创新做出了杰出贡献，“百发100指数”“百发有戏”“沃百富”等，是真正将互联网因子与金融深度结合的产品，引领了互联网金融的升级发展。“百度钱包”的品牌升级，也使得BAT再次聚首在移动支付及互联网金融领域展开战略竞争。

2. 银行和支付机构开始由合作转向竞争

伴随着以第三方支付为代表的互联网支付的飞速发展，第三方支付机构和银行之间的关系已渐渐从原来单纯的合作转向竞争。2014年，这一特点已显露无遗。这种竞合转变是创新发展的必然结果，积极地看，这有利于强化各自的专长，在竞争中取长补短。以第三方支付起家的互联网新兴企业，已经有了丰富的积累，包括海量的用户和海量的大数据，从实体经济向金融业渗透、向多元化、综合性经营的方向发展已是必然趋势。反过来，金融机构为了应对移动互联网时代的竞争，也必然要扩展自己的边界，贴近人们的生活，在场景争夺战中找到自己的位置，通过线上线下服务的方式保持与客户的联系，以互联网的方式渗透实体经济。从产融一体化的角度看，双方的这种相互渗透和竞争是一种大趋势，符合市场发展的规律，合理而且有着深远的意义。可以预见，双方的竞争与合作将拉开新一轮的繁荣与金融创新的序幕。

（四）基于产融结合一体化的大数据金融模式

基于产融结合一体化的大数据金融模式是指以实体经济提供的大数据为支撑所提供的金融服务，特指那些互联网新兴企业（如阿里巴巴、腾讯等）向金融领域的拓展，也就是实体经济企业（尤其是电商）依靠互联网商业平台（如电商平台）提供的信息优势（即大数据）开展有针对性的金融服务。互联网的这种信息优势为实体经济与金融活动的结合提供了机会。从交易费用理论的角度看，这种新型的产融结合，实际上就是实体经济企业与金融机构的一体化。大数据金融就是这种产融结合后的一体化业态，以实体经济企业为主体提供金融服务，其实质就是从互联网平台上集合海量非结构化数据，分析和挖掘客户的交易数据，从中提炼出各类行为主体的行为模式，进而对其信用等级进行评估，使金融服务平台的营销和风险控制能够有的放矢。这是互联网金融最具活力、最有前景的一类模式，也是大数据应用领域最具创新思想、最为扎实的一类模式，因为它深化了实体经济与金融之间的联系。从金融功能改善的角度看，基于大数据的互联网金融必然会带来金融服务的巨大改进，甚至还可能带来整个金融业的重大变革。从目前发展的情况看，大数据金融主要在三个方向上推进发展，轮廓清晰，已经获得了一定程度的实质性进展：一是走向产融一体化的电商金融，二是走向专业化服务的互联网征信，三是产融一体化的金融布局。

1. 电商小贷与电商金融

电商小贷一般是在自营的电商平台和数据业务基础上发展起来的新型金融业务模式。其优势主要集中在数据和风控两个方面，而且基础扎实可信，坏账率低（据 2013 年末的数据，阿里的整体不良贷款率约为 1.12%）。目前 BAT、京东和苏宁等互联网巨头都有自己的电商小贷平台。电商小贷的模式主要有两种：一是以阿里和苏宁为代表的直接放贷模式；二是以京东为代表的与银行合作的放贷模式，在这种模式中，电商主要负责提供客户源并将平台数据转化为一定的信用额度，供银行审批放贷。

电商小贷的命脉是电商平台，是电商平台积累下来的大数据。电商小贷服务的客户就是平台的客户。脱离了电商平台这个根本，电商小贷就会失去发展的土壤。在BAT旗下的小贷公司中，阿里小贷最具代表性。阿里系由其3家小贷公司组成，分别是2010年6月成立的浙江阿里巴巴小额贷款公司、2011年6月成立的重庆阿里巴巴小额贷款公司以及2013年8月成立的阿里巴巴小微小额贷款公司。中国电子商务研究中心监测数据显示，截至2014年上半年，阿里小贷累计发放贷款突破2000亿元，服务的小微企业达80万家。阿里小贷最有特色的部分是它从贷前、贷中和贷后等多个层面建立起来的一套较为完善的风险预警和控制体系。与传统金融行业相比，互联网金融更多地依赖数据分析，越接近互联网金融的模式，数据分析人员的占比就越高。以阿里金融为代表的电商金融正在展示着它所带来的实体经济与金融深度融合的力量，这种融合在阿里金融的体系中逐渐形成一个有机的整体，任何环节都难以被人为割裂开来。随着电子商务的进一步发展，供应链上越来越多的环节得以上网流转，这种纯粹的电子商务平台或许还可以演化为一种更为先进的供应链金融模式。

2. 互联网征信

大数据、金融信息与信用管理之间有着天生的内在联系。尤其是随着小微金融和消费金融的迅速发展，金融信息管理与信用管理的联系越来越紧密，构建多层次的信用信息供给体系的需求愈加迫切。同时，随着国内互联网金融的蓬勃发展，对征信系统的呼声也越来越高。中国人民银行在2015年1月初发出《关于做好个人征信业务准备工作的通知》，要求芝麻信用管理有限公司、腾讯征信有限公司等8家机构做好个人征信业务的准备工作，准备时间为6个月。这件具有里程碑意义的标志事件，意味着这8家机构（芝麻信用管理有限公司、腾讯征信有限公司、深圳前海征信中心股份有限公司、鹏元征信有限公司、中诚信征信有限公司、中智诚征信有限公司、拉卡拉信用管理有限公司、北京华道征信有限公司）或将成为中国首批个人信用商业征信机构，标志着个人征信市场化开闸。个人征信市场化意味着允许依法设立的个人信用征信机构对个人信用信息进行采集和加工，然后依法向合法的信息查询人提供个人信用历史记录。央行此举既表明其对个人征信机构的态度发生根本转变，标志着个人征信市场化的破冰，也是关于推进社会信用体系建设、建立健全社会征信体系等一系列方针政策的具体落实。

此前，国内已有两家有代表性的针对互联网金融的第三方个人征信平台上线。一家是由北京安融惠众征信有限公司创建，以会员制同业征信模式为基础的“小额信贷行业信用信息共享服务平台”（MSP），于 2013 年 3 月上线，采用封闭式的会员制共享模式，主要为 P2P 公司、小额贷款公司、担保公司等各类小额信贷机构提供同业间的借款信用信息共享服务，旨在帮助业内机构防范借款人多重负债，降低坏账损失，建立行业失信惩戒机制。另外一家是由中国人民银行征信中心旗下上海资信有限公司设计开发的网络金融征信系统（NFCS），于 2013 年 6 月正式上线运营，成为全国首个基于互联网共享 P2P 网络借贷行业信息的专业化电子服务平台。目标是将数量众多的 P2P 网贷企业征信数据纳入该系统，从而实现网络借贷企业征信共享。

虽然上述专业互联网征信平台的出现，对于完善我国征信体系意义重大，但是受数据可获得范围的限制，其发展水平相对还比较落后。其思路还主要停留在结构化数据的利用上，海量非结构化数据的分析利用与上述电商金融的应用水平还有很大差距，将社交网络资料转化为个人互联网信用基本上还不在他们的视线范围内。当然，与国外相比，国内的社会征信管理还处于起步阶段。一方面，信用平台建设还非常滞后，但另一方面，也出现了部分积极的探索，例如，阿里小微贷款就充分运用了其电商平台的信息支撑，而商业银行也在积极布设电商平台，试图把信息、信用与业务充分结合起来。随着芝麻信用、腾讯征信、深圳前海征信等具备丰富的大数据资源与强大的大数据处理能力的实力派民间力量的加入，征信体系的前景将一片光明。征信是互联网金融的基础，它的好坏决定了互联网金融的前景。

3. 产融一体化金融布局

经过多年的积累，BAT、京东等互联网巨头已经具备了产融一体化金融布局的必要条件。2014 年 7 月 25 日，腾讯的深圳前海微众银行、温州民商银行和天津金城银行成为首批正式获批筹建的 3 家民营银行。12 月 13 日，深圳前海微众银行获得银监会开业批复。阿里的浙江网商银行于 9 月 29 日获批筹建。阿里任大股东的浙江网商银行与腾讯任大股东的深圳前海微众银行备受公众瞩目，两家银行都将定位于“互联网银行”，以“普惠金融”为概念，面向小微企业和个人消费者用户，利用互联网平台开展业务，依托平台与其他金融机构展开合作。2014 年 10 月 16 日，蚂蚁金融服务集团（以下简称蚂蚁金服）正式宣告成立。蚂蚁金服囊括了支付宝、支付宝钱包、余额宝、招财宝、蚂蚁小贷及筹备中的浙江网商银行等品牌。蚂蚁金服的业务体系，主要有支付、理财、融资、保险四大板块。战略上，蚂蚁金服明确要走平台化道路，并把主要的服务对象定位为小微企业和个人消费者。蚂蚁金服的成立是 2014 年互联网金融业的大事件，它集成了阿里在金融领域的强大势力，标志着阿里产融一体化金融布局战略的全面落地。

2014 年 9 月 24 日，京东金融高调对外发布消费金融战略，提出未来三年白条用户数将与京东用户体量匹配。京东首度将消费金融提升至战略高度，京东白条的推出，成为互联网金融向传统金融信用引入新模式、改变传统授信模式的标志。电商布局金融、实施产融一体化的战略推升出中国互联网金融发展的新高潮。

三　2015年互联网金融行业展望

互联网金融的新鲜力量正在成为中国金融创新活力的市场力量和动力源泉，有些作用与影响已经开始显现。金融基础设施也在酝酿着一场巨大的变革。有着互联网开放基因的新金融观念也正在悄然形成，这种新观念是传统金融得以再造和重生的思想力量。

（一）以 BAT 为代表的互联网巨头将进一步扩张互联网金融版图，征信体系建设有望获得新突破

2015 年将成为个人征信业务的起步之年，征信体系的持续改善对于 P2P 网贷行业的正向影响将逐步得以释放。BAT 积累了大量的用户行为数据，客观上为互联网征信平台的建设打下了一个良好的基础。阿里以天猫、

淘宝的用户大数据为基础，推出了基于用户消费信用评级的芝麻信用。利用其大量持续有效、可跟踪的用户行为数据，BAT 向个人征信市场的扩展应该是 2015 年一个可以预测到的趋势。

政府和市场有强大的动力推动征信平台发展。个别征信平台会极力推动主要电商平台、互联网企业以及现有的央行、商业银行、基金公司、保险公司等传统领域的征信数据进一步对接，探索建立从大中型企业到小微企业、再到个人的覆盖完整、数据全面的征信共享平台。

在中国，目前互联网金融发展的瓶颈主要集中在征信环节上。互联网征信有很多空白点和技术难题需要填补和攻克，即便是拥有丰富数据资源的 BAT，也同样面临着许多世界性的技术难题，如非结构化数据的挖掘技术和应用建模问题。非结构化大数据的应用与分析还有非常大的创新空间需要填补。征信行业将在 2015 年迎来一个令人振奋或许是意想不到的创新浪潮。互联网征信业能否抓住这一机遇，用互联网的力量改变过去我们无力改变的东西，值得人们期待。寄予厚望的芝麻信用与深圳前海征信有望成为大数据征信创新的引领者。

（二）部分以第三方支付为基础的互联网企业将为客户提供综合性的金融账户服务，推动产融结合一体化

2015 年，第三方支付行业的竞争将更为激烈，一些无支付牌照的企业将会通过收购第三方支付牌照介入互联网金融，以完善自身商业生态。第三方支付企业间有可能强强联合，以求更丰富的业务范围、应用场景和市场份额。

由于北上广等一线城市虽拥有适合支付产业发展的大市场，但已处于相对饱和的状态，未来互联网支付市场的争夺将蔓延至线下和二三线城市，O2O 商业环境下多种技术及模式创新将会增多，线下市场将成为支付企业争夺的新焦点。

2015 年，典型的第三方支付将向移动支付发力，理财产品将出现新变化，网络信贷将渗入成熟电商企业，金融机构的互联网化将在 2014 年的战

略指引下继续推进，其强大的发展势头将逐步显现，产品创新体验也越来越趋于互联网化。

互联网券商和互联网银行在综合经营的基础上有可能走向混业经营，为投资者提供一揽子投资、融资、交易的超级账户将会出现；特色化、面向某一类行业的银行将会出现。

（三）创新型互联网金融模式会有新突破

2015 年有模式创新又符合监管要求的新型 P2P 有望诞生，P2P 将逐步回归理性，回到应有的、弥补现有小微金融服务“缺失”的价值轨道。部分 P2P 与众筹将出现融合，相关产品会大量增加，会有更多的 P2P 贷款行业联盟和行业自律组织出现，形成针对不同地域、不同贷款行业、不同营运模式的多维度自监管体系。总的来说，2015 年仍然是 P2P 行业继续高速度、低水平发展的一年，大银行、保险公司、上市公司的纷纷介入，将掀起兼并“洗牌”潮，这个行业最混乱的时代行将结束。随着 P2P 贷款行业联盟和行业自律组织的出现，业内标准将逐步趋向统一，监管政策法规也将陆续出台，行业业态有望得到规范与市场化整合。

2014 年，众筹在中国尚未找准突破口，2015 年有望在影视和文化领域取得一些突破，政府将出台股权众筹监管政策，众筹将逐步走向规范化，迎来一小波创新、创业潮。

参考文献

［1］杨涛：《互联网金融理论与实践》，经济管理出版社，2015。

Abstract

"Blue Book of Investment" series is the essence of China Jianyin Investment's deep reflection on various aspects of China's investments during years of experience in this field. The report aims to help professional investors making investment decisions.

"Annual Report on the Development of China's Investment (2015)" analyses the macro economic situation and investment issues in important industries, from the aspects of macro economy, relevant industries and sectors.

This report consists of two sections: general reports and subject reports. General reports delve meticulously and thoroughly into the macroeconomic situation of China in 2014 as well as made a forecast on the development trend and investment opportunities in 2015 under the "new normal". The subject reports part contains three reports including subject Investment, industrial Investment and Financial Investment. Subject Investment part (including 3 reports) mainly discusses the investment situation and opportunities involving hot topics such as SOE reforms, technological innovation and new urbanization. Industrial Investment part (including 5 reports) exerts a profound analysis on key industries pioneering the economic structure upgrade such as advanced manufacturing, technology & information, service for the aged, medical and health and culture media and analyses the development trend and investment opportunities. Financial Investment part (including 5 reports) analyzes the current state and future trend of existing and newly emerged types of finance vehicles such as trust fund, asset management, financial lease, private equity Investment and Internet Finance.

In 2014, China's economy has witnessed profound changes in economic structure and development mode. In the meantime, policies customized to help the economy adapt to the "new normal" have been gradually developed and implemented, which prove to be the cornerstone of economic stability, vitality and structure optimization. Looking into 2015, the global economy is still in recovery, structural reform and re-industrialization will probably be the leading force in reviving the global economy. Chinese government will keep on enforcing various measures of economic reform, realizing the transform to the two higher stages, striving to raise China's status on the global economic stage. Under the "new normal" in 2015, investors should follow the investment logic of pinpointing technical progress, deepening reform、compartmentalization and integration, conform with the trend of economic structure adjustment and upgrade, focus on investment opportunities in advanced manufacturing, TMT, health care, Culture and New Finance, adapt to the "new normal", and gain the initiative in future investments.

Keywords: Macro Economy; Subject Investment; Industrial Investment; Financial Investment

Contents

Ⅰ General Reports

Abstract: The pace of global growth slowed down in 2014. Although the recovery is uneven, the advanced economies have gained the highest growth rate since 2010. Growth in US picked up in 2014 as private domestic consumption and investment strengthened. The euro zone emerged from recession while the growth of Japan's economy still kept sluggish. In the emerging markets and developing countries, economic increasing speed declined, coexisting with highlights and risks. And China's growth shadowed by economic transition. In 2015, the growth rate of the world will be higher on account of the optimistic fundamental of US. The euro zone countries and Japan will still face downside risks. Under the new normal, China will achieve the goal of ' Steady Growth' and GDP growth rate is expected to around 7%. Internet, new energy, medical treatment & health service and so on will be the potential investment opportunities.

Keywords: Macro Economy; Review and Outlook; Prediction of Situation; Investment Opportunities

Abstract: In 2014, A – Share Market got a bull market, and the blue chip stocks, represented as securities and banks, soared sharply. But on the other hand, the return of small and medium board and venture capital board is limited. The new issuance scale of debt market grew quickly, and the yields rose. And according to the both bull market of stocks and debts, most of the fund indexes rose. By the weak economy influence, the commodity futures performance poorly, and the price of crude oil fell deeply. Real estate entered a period of adjustment, the trust scale slowdown, VC/PE market has warmed up, and the market size of bank financing grew rapidly. Looking forward to 2015, under the background of economy bottoming, reform accelerating and liquidity easing, we expect that the stock market will continue to rise. The debt market will increase volatility. The commodity market will maintain concussion situation. Real estate will continue to destocking. The yield of bank financing and trust will maintain stable. VC/PE market will maintain active posture.

Keywords: Investment Market; Investment Rating; Review; Outlook

B Ⅱ Subject Investment

Abstract: In the era of changing times, you have to move forward, or you'll fall behind. The fifth scientific and technological revolution brings not only the change of people's work and life style, but also the reconstruction of industry development and national competitiveness. It's a focus that new generation of revolution of science and technology will occur in which area and will impact on what industry. Government, enterprises and people all focus on how to catch the chance of the reconstruction of national competition pattern and the revolution of industry. The report analyses in which area technology progress would occur and its revolutionary impact on industry. Based on the analysis of the prospect, we give the suggestion on the important area of investment.

Keywords: Advanced Technology; Industry Revolution; Investment Opportunities

Abstract: With the encouragement and support of the national policies, a new round of state-owned enterprises reform will be an important investment opportunity for social capital. Social capital has opportunities in the process of reform, development and internationalization of the state-owned enterprises. Social capital with adequate resources and abilities should choose appropriate investment objects, take effective way and avoid relating risks to obtain the expected return.

Keywords: SOEs Reform; Investment Opportunities; Development Internationalization

Abstract: The development of Integration of Beijing – Tianjin – Hebei helps to solve the big cities' problems. It mediates some non-core functions transferring to peripheral area, builds satellite cities, and will impact some areas of Shandong province, Shanxi province and Inner Mongolia autonomous region, so as to constitute a large economic circle and create the third pole of China's economic growth. Rail delivery, environmental protection, new energy development and utilization, real estate, social security and pension industry, the state-owned enterprise reform, and social services all will face new investment opportunities.

Keywords: New Urbanization; Capital Economic Circle; Satellite Cities; Industry Investment

B Ⅲ Industrial Investment

Abstract: The industry transformation of traditional manufacturing to advanced manufacturing has become the development direction of current global manufacturing industry. In the international division of the global manufacturing industry, the developed countries occupy the dominant position. Firstly, they are occupying a commanding position in the field of advanced manufacturing. Secondly, they are outsourcing low value-added manufacturing sectors. China has become a big manufacturing country, but not a powerful manufacturing country. In the past 10 years, Chinese advanced manufacturing industry obtained a considerable development. In 2014, although its growth rate slowed down by the impact of the economic downturn, it still showed a quite promising future. Driving by many aspects, i. e. the policy, the industry demand and the progress of technology, the advanced manufacturing industry in China will follow the trend of the world's rapid development. The key investment industries are equipment manufacturing, information technology, energy saving and environmental protection, new energy, productive service. And the preferred investment zone is in the eastern China, including the capital economic cycle, the Yangtze river Delta region and the pearl river delta region.

Keywords: Advanced Manufacturing; Industry Analysis; Investment Opportunities

Abstract: In 2014, the IT industry of China experienced a rapid development. A lot of opportunities were produced at the same time. The Mobile Devices instead of PC became the key of the whole IT industry. In 2014, the investment leaded by some big companies like BAT was developing faster than 2013 and have reached a peak since 2011. The hot areas of investment include Electronic Commerce, Games & Animations, Smart Hardware, m-Medical and Distance Education. In 2015, IT industry and related investment will still keep a high growth rate. Investment will focus on m-Medical, Distance Education, Mobile Devices and Information Security.

Keywords: IT Industry; Mobile Internet; Investment Analysis

Abstract: In 2014, China's cultural media industry continued to show the differentiation trend in its steady development. The operating conditions of the traditional publishing industry that represented by newspaper and periodical kept declining, while the digital publishing, network literature, Internet advertising, search engine, and film and television industry have maintained a momentum of rapid growth. Against this backdrop, the country is vigorously promoting the integrative development of traditional media and emerging media, and a batch of media enterprises taking the lead in transformation have reaped harvest. In the future, the investment opportunities will sprout up in the field of digital publishing, film and television production, emerging pan media etc., surrounding the theme of culture enterprises restructuring and transformation, innovation of content production mode, integrative development of Internet and media.

Keywords: Industry Opportunities; Integrative Development; Capital Boost

B.9 The Development Trend and Investment Opportunities of the Senior Living Industry

Abstract: With related pension policies landing in 2013, 2014 became the policy landing year. The participation of social forces provide a large number of products and service for the Senior living, and the development models also begin to pay attention to the service essence. Considering the experiences of the developed countries, such as Japan and American, the senior living industry in China is still in the exploratory stage, existing many problems, such as systems and policies are not perfect, the industrial model is not clear, and so on. In 2015, the senior living industry in China will continue to maintain the momentum of rapid growth, the needs will be more personalized and diversified, the development pattern will enter the active period of innovation, and suppliers focusing on the subdivided market will gradually increase. From the investment point, investors need to integrate external resources to provide more comprehensive and high quality services for customers, and then make the investment profit maximization.

Keywords: Senior Living Industry; Trend of Development ; Investment Opportunities

Abstract: The health and medical care is one of the core competitiveness of a country It is devoted to the field of life sciences providing leading innovative solutions so as to provide better and more high-quality medical service for users. The medical and health industry generally includes three parts of medical services, medical devices and equipment, medical manufacturing industry. The developed countries have long attached great importance to the development which are medical and health industry. The GDP Ratio of health industry has remained at about 15%. Comparison of expenditure in the medical and health industry in our country, we can see that the medical and health industry still has great development space. Since the second half of 2014, the domestic macroeconomic environment and medical manufacturing industry have undergone great changes, the prelude of reform era has been opened. In this new situation, policy, planning, layout of medical industry will release a new medical demand.

Keywords: Medical Health; Trend of Development; Investment Opportunities; Financial Investment

B Ⅳ Financial Investment

Abstract: China's trust industry has sustained relatively continuous growth in 2014 again, and has gained greater importance in financial industry and macro-economy. The amount of assets under management has reached 13. 95 trillion at the end of third quarter of 2014. Meanwhile the future of trust industry has caught more attention owing to the slowdown of growth and the outbreaks of product crises.

For 2014, many changes, such as the tightening of regulations, have taken place, which led to the transition of companies and industry. Looking ahead to 2015, a great number of challenges and opportunities will co-exist in traditional investment fields, while profitable chances will emerge in areas such as mergers and acquisitions, and wealth management, which shall become the new impetus for industry growth.

Keywords: Trust industry; Transition; Outlook of the Market

Abstract: Together with policies orienting for a mature financial market with less controls and more regulations, the asset management industry maintained a high growth rate in 2014. For instance, public funds have already reached 4. 54 trillion yuan. However, the asset management industry appeared several specific features under the "new normal" environment, including the trend of electronic trading, multiple financial product lines, an improved pension system, and more market supervisions together with fierce market competition. In 2015, the competition will persistent as the effectiveness of reforms gradually be released and the top design moves on. As a result, asset management institutions have to make trade-offs between specialization and diversification.

Keywords: Asset Management; Financial Products; Securities Investment Fund; Aggregate Asset Management; Private Equity

Abstract: The direct equity investment industry has experienced far-reaching changes in 2014, including the new regulatory policies, the market oriented reforms, and the innovation of VC/PE business model. In 2015, the innovation of equity investment patterns, the transformation of securities issuance systems, and the internationalization of RMB will create more opportunities for the industry.

Keywords: Equity Investment; Direct Investment; Marketization Reforms

Abstract: The environment of financial leasing, such as relative policies, legislation and credit, was improved in 2014. The outlook of financial leasing sector is mixed. It is one of the most promising sectors, with more varied clients, more diversified profit model, broader channel of raising money, more M&A activities, and constant innovation. However, there were mismatch between return and risk. Some of the leasing companies failed in regulatory compliance, and suffered from weakness in asset management, risk management and financing. The authors expected the financial leasing sector to continue rapid development in 2015. Leasing companies would become more and more professional and innovative, embracing opportunities in areas including internet finance, general aviation and vehicles. There will be more cases of M&A and IPO. In the mean while, the sector is facing a series of challenges, such as fierce competition, talent war, increasing risk, and the Matthew Effect.

Keywords: Financial Leasing; Market Environment; Development Report

Abstract: 2014 is the year that China's Internet finance returns to rationality.

Meanwhile, mobile payment and mobile banking have made full access to people's lives. The impact of Internet finance market on China's finance industry has entered in depth and rationality. Traditional financial institutions have not only showed unprecedented attention on Internet finance market, but also taken actions on the overall strategy and product innovation to enter the market. Represented by BAT, Internet companies based on deepening their own Internet business have extended strategic tentacles substantially to the famously heavily regulated financial "club". Internet companies have obtained two bank licenses and two credit licenses, and they are building the great dream of building a "grassroots" financial empire. It can be said that in the next few years, the competition and cooperation of traditional financial institutions and BAT (Internet companies) – representing two forces – will determine the future development of China's Internet finance industry or even finance industry as a whole.

Keywords: Internet Finance; P2P Lending through Internet; Crowdfunding; Payment; Credit Investigation; Big Data Finance

皮书起源

“皮书”起源于十七、十八世纪的英国，主要指官方或社会组织正式发表的重要文件或报告，多以“白皮书”命名。在中国，“皮书”这一概念被社会广泛接受，并被成功运作、发展成为一种全新的出版型态，则源于中国社会科学院社会科学文献出版社。

皮书定义

皮书是对中国与世界发展状况和热点问题进行年度监测，以专业的角度、专家的视野和实证研究方法，针对某一领域或区域现状与发展态势展开分析和预测，具备权威性、前沿性、原创性、实证性、时效性等特点的连续性公开出版物，由一系列权威研究报告组成。皮书系列是社会科学文献出版社编辑出版的蓝皮书、绿皮书、黄皮书等的统称。

皮书作者

皮书系列的作者以中国社会科学院、著名高校、地方社会科学院的研究人员为主，多为国内一流研究机构的权威专家学者，他们的看法和观点代表了学界对中国与世界的现实和未来最高水平的解读与分析。

皮书荣誉

皮书系列已成为社会科学文献出版社的著名图书品牌和中国社会科学院的知名学术品牌。2011 年，皮书系列正式列入“十二五”国家重点图书出版规划项目；2012~2014 年，重点皮书列入中国社会科学院承担的国家哲学社会科学创新工程项目；2015 年，41 种院外皮书使用“中国社会科学院创新工程学术出版项目”标识。

权威报告·热点资讯·特色资源

皮书数据库

ANNUAL REPORT(YEARBOOK) DATABASE

当代中国与世界发展高端智库平台

WWW.PISHU.COM.CN

皮书俱乐部会员服务指南

1. 谁能成为皮书俱乐部成员?

- 皮书作者自动成为俱乐部会员
- 购买了皮书产品（纸质书/电子书）的个人用户

2. 会员可以享受的增值服务

- 免费获赠皮书数据库100元充值卡
- 加入皮书俱乐部，免费获赠该纸质图书的电子书
- 免费定期获赠皮书电子期刊
- 优先参与各类皮书学术活动
- 优先享受皮书产品的最新优惠

3. 如何享受增值服务?

（1）免费获赠100元皮书数据库体验卡

第1步 刮开附赠充值的涂层（右下）；

第2步 登录皮书数据库网站（www.pishu.com.cn），注册账号；

第3步 登录并进入“会员中心”—“在线充值”—“充值卡充值”，充值成功后即可使用。

（2）加入皮书俱乐部，凭数据库体验卡获赠该书的电子书

第1步 登录社会科学文献出版社官网（www.ssap.com.cn），注册账号；

第2步 登录并进入“会员中心”—“皮书俱乐部”，提交加入皮书俱乐部申请；

第3步 审核通过后，再次进入皮书俱乐部，填写页面所需图书、体验卡信息即可自动兑换相应电子书。

4. 声明

解释权归社会科学文献出版社所有

S 子库介绍
Sub-Database Introduction

中国经济发展数据库

涵盖宏观经济、农业经济、工业经济、产业经济、财政金融、交通旅游、商业贸易、劳动经济、企业经济、房地产经济、城市经济、区域经济等领域，为用户实时了解经济运行态势、把握经济发展规律、洞察经济形势、做出经济决策提供参考和依据。

中国社会发展数据库

全面整合国内外有关中国社会发展的统计数据、深度分析报告、专家解读和热点资讯构建而成的专业学术数据库。涉及宗教、社会、人口、政治、外交、法律、文化、教育、体育、文学艺术、医药卫生、资源环境等多个领域。

中国行业发展数据库

以中国国民经济行业分类为依据，跟踪分析国民经济各行业市场运行状况和政策导向，提供行业发展最前沿的资讯，为用户投资、从业及各种经济决策提供理论基础和实践指导。内容涵盖农业，能源与矿产业，交通运输业，制造业，金融业，房地产业，租赁和商务服务业，科学研究环境和公共设施管理，居民服务业，教育，卫生和社会保障，文化、体育和娱乐业等 100 余个行业。

中国区域发展数据库

以特定区域内的经济、社会、文化、法治、资源环境等领域的现状与发展情况进行分析和预测。涵盖中部、西部、东北、西北等地区，长三角、珠三角、黄三角、京津冀、环渤海、合肥经济圈、长株潭城市群、关中—天水经济区、海峡经济区等区域经济体和城市圈，北京、上海、浙江、河南、陕西等 34 个省份及中国台湾地区。

中国文化传媒数据库

包括文化事业、文化产业、宗教、群众文化、图书馆事业、博物馆事业、档案事业、语言文字、文学、历史地理、新闻传播、广播电视、出版事业、艺术、电影、娱乐等多个子库。

世界经济与国际政治数据库

以皮书系列中涉及世界经济与国际政治的研究成果为基础，全面整合国内外有关世界经济与国际政治的统计数据、深度分析报告、专家解读和热点资讯构建而成的专业学术数据库。包括世界经济、世界政治、世界文化、国际社会、国际关系、国际组织、区域发展、国别发展等多个子库。